Surur Abdul-Hussain

Genderkompetenz in Supervision und Coaching

Integrative Modelle in Psychotherapie, Supervision und Beratung

Herausgegeben von
Prof. Dr. mult. Hilarion G. Petzold, Prof. Dr. Antonia Lammel und Prof. Dr. Anton Leitner

Psychotherapie, Beratung und Supervision sind Formen moderner, „biopsychosozialer" Hilfeleistung, aber auch ressourcen- und potentialorientierter Entwicklungsförderung in komplexen und oft risikoreichen Lebenswelten. Letztere erfordern heute interdisziplinäre Ansätze und integrative Modelle, die Schulendenken überschreiten und neues Wissen in das Feld der Praxis transportieren. Die rasanten Fortschritte in der Psychologie und den klinischen Sozial- und Neurowissenschaften zeigen, dass der Polylog – der Austausch zwischen den Diszipinen und zwischen Praktikern, Theoretikern, Forschern und Klienten bzw. Patienten – gefördert werden muss. Nur so wird effektive, nachhaltige und menschengerechte Hilfe und eine exzellente Professionalität möglich. Die Reihe sieht sich diesen Zielsetzungen und dem „neuen Integrationsparadigma" in Psychotherapie, Beratung und Supervision verpflichtet.

Surur Abdul-Hussain

Genderkompetenz in Supervision und Coaching

Mit einem Beitrag
von Ilse Orth und Hilarion G. Petzold
zu „Genderintegrität"

VS VERLAG

Bibliografische Information der Deutschen Nationalbibliothek
Die Deutsche Nationalbibliothek verzeichnet diese Publikation in der Deutschen Nationalbibliografie; detaillierte bibliografische Daten sind im Internet über http://dnb.d-nb.de abrufbar.

1. Auflage 2012

Lektorat: Julia Klös | Eva Brechtel-Wahl

VS Verlag für Sozialwissenschaften ist eine Marke von Springer Fachmedien.
Springer Fachmedien ist Teil der Fachverlagsgruppe Springer Science+Business Media.
www.vs-verlag.de

Umschlaggestaltung: KünkelLopka Medienentwicklung, Heidelberg
Satz: www.text-plus-form.de
Gedruckt auf säurefreiem und chlorfrei gebleichtem Papier
Printed in Germany

ISBN 978-3-531-16754-1

Inhalt

Zum Geleit

„Gender" ist insgesamt im öffentlichen Diskurs ein „junges" Thema, „Gender-Mainstreaming" gewinnt wachsende Aktualität. Beide Themen sind mit der gleichfalls im europäischen Raum jüngst aufgekommenen *„diversity debate"* verbunden. Der gesamte Themenkomplex steht in einer zum Teil noch durchaus strittigen Diskussion – der wissenschaftlichen, der politischen und der sozialinterventiv-praxeologischen. In den psychosozialen, pädagogischen und klinischen Praxisfeldern, den Bereichen der Personalarbeit im Profit- und Non-Profit-Sektor – *und das sind auch die zentralen Felder der Supervision, des Coachings, der Beratungsdienstleistungen* – stellen sich Fragen, die mit Frauen und Männern, ihrer Verschiedenheit, ihren Positionen, Benachteiligungen und Chancen zu tun haben, in immer drängenderer Weise. Gender ist ein „In-Thema" geworden und die Probleme, die mit den damit einhergehenden *Verschiedenheiten* und ihrer Handhabung (*gender mainstreaming, diversity management*) zu tun haben, mit Alter, Schicht, Ethnie, Religion, Bildung, Behinderung, sexueller Orientierung, Gesundheit, sind sind für Angehörige psychosozialer, pädagogischer, klinischer Berufsgruppen von grosser aktueller Bedeutung: für Psychologen und Psychologinnen, Sozialarbeiterinnen und Sozialarbeiter, Pädagoginnen und Pädagogen, für Medizinerinnen, Psychotherapeuten und für Führungskräfte in allen Bereichen, insbesondere im Personalwesen. Genderfragen betreffen alle, die in sozialen Kontexten tätig sind, gehen alle „Menschenarbeiter_innen" an. Durch die komplexen und oft noch nicht in allen Bereichen durch hinlänglich breite Konsensbildungen abgesicherten Positionen, die zum Teil auch aufgrund ihrer Ideologielastigkeit problematisch sind, entsteht ein durchaus divergierendes Spektrum von Auffassungen und damit immer wieder auch ein Klärungsbedarf. Supervisorinnen und Supervisoren, Coaches sind hier aufgerufen, „Ko-respondenzuprozesse", Konsens-Dissens-Klärungen anzuregen und zu begleiten, dabei ausgewogene Beiträge zur Verdeutlichung von Standpunkten und zur Konsolidierung von Divergenzen zu leisten, oder, wo dies nicht möglich ist, einen zumindest „respektvollen Konsens" darüber zu fördern, dass man Dissens hat und im Gespräch bleiben muss. Für diese wichtigen Aufgaben fehlte bislang eine breite, sozialwissenschaftlich solide und *kompakte* Informationsbasis, die den Diskurspartner_innen zur Verfügung steht. Mit dem vorliegenden Buch von *Surur*

Abdul-Hussain wird ein solches Kompendium geboten. Es stellt die wichtigsten Positionen der Gender-Diskussion übersichtlich dar und macht dadurch die verschiedenen Diskurse in ihrer Bedeutung zugänglich, bietet Möglichkeiten, die eigenen Standpunkte zu klären, und zeigt aus einer *differentiellen* und *integrativen* Perspektive Wege der interventiven Umsetzung für Beraterinnen und Berater, Supervisoren und Supervisorinnen und alle, die sich professionell als Führungskräfte oder als Mitarbeiter_innen in Organisationen und Institutionen oder aus rein persönlichen Interessen mit dem Genderthema befassen wollen.

Gender- und Diversity-Fragen sind immer auch mit Problemen der **Macht**, der **Benachteiligung** und der **Chancen**, mit konfligierenden Interessen, mit Potentialen und Profiten verbunden (*Knoth* 2006; *Page* 2007), mit Diskriminierung, ja Stigmatisierung und mit Antidiskriminierung und Forderungen nach Gleichstellung und Gewährleistung von Entwicklungschancen (*Koall* et al. 2007; *Abdul-Hussain, Baig* 2009). Damit kommen unabweisbar ethische und demokratietheoretische Themen in die Diskussion (Petzold, Orth, Sieper 2010; Petzold, Sieper 2011), die eine hohe praxeologische Relevanz gewinnen, denn sie verlangen Handlungskonsequenzen. *Ethik erweist sich im Vollzug ethischen Handelns und Demokratie in engagierter, staatsbürgerlicher Lebenspraxis.* Beides muss sich auch in der Vielfalt der beruflichen Felder realisieren. Hier zu konsensfähigen und interventionsrelevanten Leitpositionen zu kommen, ist nicht einfach. Deshalb haben wir in einem „ko-reflexiven Diskurs" zum Text von *Surur Abdul-Hussain* das Konzept der „**Genderintegrität**" vorgestellt, wie es in Theorie und Praxis des Integrativen Ansatzes der Supervision und Psychotherapie zur Sicherung von Identität und zum Umgang mit der Machtthematik im Rekurs auf grund- bzw. menschenrechtliche und auf intersubjektivitätsethische Positionen entwickelt wurde (*Orth* et al. 1995; *Petzold* 1998h, 2009d). „**Genderintegrität**" wird als ein „neues Leitparadigma" für die Praxis von gendersensibler Beratung und Therapie (*Schigl* 2011), ja ganz allgemein für eine genderspezifische Arbeit mit Menschen vorgeschlagen. Es bietet durchaus auch praxeologische Perspektiven für die Diversity-Thematik.

Heute werden schulen- und richtungsübergreifende Modelle und Methodologien für eine moderne Beratungs- und Bildungsarbeit, für Supervision, Therapie, Coaching und Personalführung erforderlich, die für Weiterentwicklungen offen sind. Das vorliegende Buch ist einem solchen interdisziplinären und transversalen Ansatz verpflichtet. Es bietet reichhaltige Informationsmaterialien und innovative Anregungen, die für vielfältige Arbeitsfelder relevant sind. Die vorgestellten Konzepte und methodischen Ansätze können in effektiver Weise dazu beitragen, die theoretische Reflexionsarbeit zum

Genderthema und eine respektvolle, die Integrität von Frauen und Männern gender- und diversitätsbewusst sichernde Handlungspraxis zu fördern und zu entwickeln.

Univ.-Prof. Dr. mult. Hilarion G. Petzold
Europäische Akademie für psychosoziale Gesundheit
Hückeswagen, Beversee

Einleitung

In Supervision und Coaching – verstanden als Beratungsformate im Arbeitskontext – haben wir es stets mit Mikrokosmen zu tun, die ein Abbild des gesellschaftlichen Makrokosmos sind. In Bezug auf Gender ist das ebenso. Doch welches gesellschaftliche Genderbild zeigt sich beispielsweise in Österreich? Das Bundeskanzleramt/Bundesministerin für Frauen hat statistische Vergleichsanalysen zu Situationen von Frauen und Männern herausgegeben (2007 und 2010) und stellt interessantes Zahlenmaterial zu den verschiedensten Lebensbereichen bereit:

Im Jahr 2009 lebten gemessen an der Gesamtbevölkerung 51,3 % Frauen und 48,7 % Männer in Österreich (vgl. Bundeskanzleramt – Bundesministerin für Frauen und öffentlicher Dienst 2010, S. 13), obwohl im langjährigen Durchschnitt 5,5 % mehr Jungen geboren werden (vgl. ebd., S. 14). Gleichzeitig liegt die **Lebenserwartung** von Frauen 5,6 Jahre über jener der Männer. Das heißt, Frauen hatten 2006 eine Lebenserwartung von 82,7 Jahren und Männer von 77,1 Jahren (vgl. ebd., S. 4–5). Laut Prognosen der STATISTIK AUSTRIA nähert sich die Lebenserwartung von Männern und Frauen jedoch an und der Unterschied wird 2030 voraussichtlich bei 5,1 Jahren liegen. Schon im jungen Erwachsenenalter ist die **Sterblichkeit** bei Männern höher als bei Frauen und mit zunehmendem Alter steigt sie, sodass vor allem das hohe Lebensalter eine weiblich dominierte Lebensphase ist. (Vgl. ebd.)

Seit den 1960er-Jahren ist das **Bildungsniveau** von Frauen deutlich angestiegen. Frauen und Männer schließen zu gleichem Prozentanteil (14 %) mit Matura ab und der Unterschied bezüglich einer abgeschlossenen Hochschulbildung beträgt nur noch 2 Prozentpunkte (11 % Männer und 9 % Frauen) (vgl. Bundeskanzleramt – Bundesministerin für Frauen 2007, S. 12). Laut Prognosen soll durch das steigende Bildungsniveau von Frauen auch der Prozentsatz an weiblichen Führungskräften in Österreich steigen. Dieser Trend zeichnet sich allerdings noch nicht ab: Lediglich 9 % der vollzeitbeschäftigten Akademikerinnen waren 2008 in einer Führungsposition tätig. Bei Männern mit vergleichbarer Ausbildung liegt der Prozentsatz mit 23,3 % deutlich höher. (Vgl. Bundeskanzleramt – Bundesministerin für Frauen 2010, S. 151)

Interessant sind auch die Zahlen über die Verteilung der **Haushaltsführung**. In den letzten Jahrzehnten ist der Anteil an ausschließlich haushaltsführenden Frauen deutlich gesunken: Lediglich 9% der Frauen sind ausschließlich „Hausfrauen" (1951 waren es noch 27%), bei Männern sind es 2 von 1000. (Vgl. Bundeskanzleramt – Bundesministerin für Frauen 2007, S. 9)

Dementsprechend deutlich hat sich die **Erwerbstätigenquote** der Geschlechter verändert: Im Jahr 2008 sind 68,6% der Frauen und 81,4% der Männer im erwerbsfähigen Alter (15 bis 64 Jahre) erwerbstätig (vgl. Bundeskanzleramt – Bundesministerin für Frauen und öffentlicher Dienst 2010, S. 127). Diese im Sinne eines geschlechterdemokratischen Verständnisses attraktiven Zahlen müssen etwas relativiert werden, wenn man die **Teilzeitarbeitsquote** in den Blick nimmt: 84% der Frauen und 7% der Männer sind teilzeitbeschäftigt (vgl. Bundeskanzleramt – Bundesministerin für Frauen 2007, S. 31). 15% der teilzeitbeschäftigten Männer führen die Betreuung von Kindern oder Erwachsenen bzw. andere familiäre Gründe als Motiv für die Teilzeitarbeit an. Mehr als die Hälfte der teilzeitbeschäftigten Frauen (1997 waren es noch 65%) begründen ihre Teilzeitbeschäftigung auf die gleiche Weise. (Vgl. ebd., S. 33)

In engem Zusammenhang mit der Teilzeitarbeitsquote stehen die **Einkommensunterschiede**, wonach das Einkommen von Frauen 60% des Vergleichswertes von Männern darstellt (vgl. ebd., S. 38). Ein weiterer Grund für die Einkommensunterschiede liegt in der branchenabhängig unterschiedlichen Bezahlung, so waren 2005 beispielsweise im Gesundheits-, Veterinär- und Sozialwesen 80% Frauen beschäftigt (vgl. ebd.). Die aus den 1970er-Jahren stammende Forderung „Gleiches Geld für gleiche (gleichwertige) Arbeit" ist demnach nicht erfüllt.

Für Supervision und Coaching ergeben sich daraus vielfältige Themen rund um Karriereverläufe, Umgang mit Betreuungspflichten, Stundenverteilungen, Gehaltsunterschiede und vieles mehr.

Beim Versuch, diese empirischen Daten theoretisch zu begründen, bekommen wir aus den *gender studies* eine Vielfalt von Antworten. Aus dem Diskurs um die Gleichstellung von Frau und Mann könnte eine Antwort sein, dass Frauen und Männer dieselben Fähigkeiten aufweisen und die Unterschiede beispielsweise im Ausmaß der Erwerbstätigkeit und im Einkommen daher auf Unterschiede in den Rahmenbedingungen und Rechten für Frauen und Männer hinweisen. Vor diesem Hintergrund ginge es um die Forderung nach rechtlicher und struktureller Gleichstellung von Frauen und Männern. Seit Mitte der 1990er-Jahre setzt die EU dafür die Strategie Gender Mainstreaming ein. Bestätigung für diesen Ansatz könnten die statistischen Ergebnisse zum Bildungsniveau bieten, wonach kaum ein Unterschied zwischen Frauen und Männern besteht (ein Porträt dieses Ansatzes siehe Kapitel 4.1). Geschlechterdifferenztheoretisch gelesen würden die statistischen Unterschiede in der

Lebenserwartung, der Sterblichkeit, der Haushaltsführung, der Erwerbstätigkeit und des Einkommens die Annahme der historischen, biologischen und ontologischen Differenz zwischen Frauen und Männern bestätigen: Da Frauen und Männer per se unterschiedlich sind, verhalten sie sich unterschiedlich und haben daher auch unterschiedliche Lebenslagen. Sie sind in unterschiedlichen Branchen tätig, beteiligen sich unterschiedlich an Kinderbetreuung und Haushaltsführung etc. Vor diesem Hintergrund ginge es darum, diese Differenz als gleichwertig anzuerkennen und kein Geschlecht zu diskriminieren (zum Porträt dieses Ansatzes siehe Kapitel 4.2). Diversitätstheoretische Ansätze würden betonen, dass diese Gegenüberstellung an sich zu kurz greift, weil die Unterschiedlichkeit unter Frauen und jene unter Männern ausreichend berücksichtigt werden müsste. So wäre es aus diesem Ansatz heraus notwendig, die Situation von Migrantinnen und Migranten, von lesbischen Frauen und schwulen Männern, von Frauen und Männern mit Behinderungen, Religionsunterschiede und vieles mehr zu berücksichtigen. Erst dann könnten adäquate Maßnahmen zur Veränderung der Situation entwickelt werden (eine Übersicht zu diesem Ansatz siehe Kapitel 4.3). Sozialkonstruktivistische Ansätze würden uns verkürzt gesagt vermitteln, dass dieses Geschlechterverhältnis beispielsweise im Erwerbsleben und damit verbunden im Einkommen über Sozialisations- und Enkulturationsprozesse entsteht. Weiblichkeiten und Männlichkeiten sind vor diesem Hintergrund erlernt und inkorporiert, daher aber auch veränderbar. Ansatzpunkte aus dieser Theorie heraus wären beispielsweise geschlechtssensible Pädagogik vom Kindergarten an, geschlechtssensible Berufsorientierung in der Schule, Unterstützung von Väterkarenz, Programme für Frauen und Technik u.Ä. (eine Darstellung dieser Theorie siehe Kapitel 4.4). Versucht man den Subtext dieser statistischen Analysen zu lesen und die ihnen innewohnenden Werte und Normen zu erheben, wird deutlich, dass die Geschlechterrollenbilder des Mannes als Ernährer der Familie und der Frau als teilzeitbeschäftigter Erwerbstätiger, Mutter und Hausfrau nach wie vor die Normvorstellungen prägen. Darüber hinaus ist es möglich, die höhere Sterblichkeitsrate von Männern im jungen Erwachsenenalter mit ausgeprägterem Risikoverhalten zu erklären, und diesem Verhalten könnte wiederum eine Vorstellung des jungen Helden zugrunde liegen. Vor diesem Hintergrund wäre es notwendig, Normvorstellungen zu reflektieren und eine Vielfalt von Idealvorstellungen beispielsweise über Medien wie Film und TV zu transportieren (eine Beschreibung dieses Ansatzes siehe Kapitel 4.6). Damit verbunden könnte diskurstheoretisch festgehalten werden dass das Theoriemodell hegemonialer Männlichkeit (Kapitel 4.5) nach wie vor zusammen mit Diskursen über Mutterschaft und der mehrfachbelasteten Frau,

Vorstellungen der Zweigeschlechtlichkeit und in diesem Zusammenhang Diskurse aus den Rechtswissenschaften, der Biologie und Medizin dominieren und damit Geschlecht definieren, aber auch idealisierte und meist traditionelle Geschlechterrollenbilder erzeugen. Hier ginge es darum, auch weniger populäre theoretische Ansätze in den Diskurs zu bringen (eine Darstellung dieser Theorie siehe Kapitel 4.6). Die *Queer Theory* (Porträt siehe Kapitel 4.7) schließlich würde die Normen, die sich aus den Zahlen lesen lassen, wie zum Beispiel traditionelle Familienmodelle und die damit verbundene Norm der Heterosexualität und Zweigeschlechtlichkeit, in Frage stellen. Sie würde zu einem Perspektiven verrückenden Blick einladen und normierte Identitätsvorstellungen neu denken. Vor diesem Hintergrund ist auch die in diesem Buch eingesetzte besondere Schreibweise mit dem Unterstrich zu sehen (z.B. Supervisor_innen). Die Normvorstellung der Zweigeschlechtlichkeit drückt sich auch in gendersensiblen Sprachformen aus, so die Kritik, und der Unterstrich („_") ermöglicht es, in der schriftlichen Form einen Raum für viele weitere Geschlechtsidentitäten wie intersexuelle, transidente, transsexuelle ... Menschen zu denken (vgl. Baumgartinger 2007). Auch diese Schreibweise hat ihre Grenzen im Heraustreten aus der Polarisierung weiblich/männlich. Mir ist es jedoch ein Anliegen, diese Schriftform zu wählen, weil ich nicht nur viele Genderidentitäten anerkenne und denke, sondern Menschen aller Geschlechter in Supervision und Coaching ihren Platz haben sollen.

So wie ich hier exemplarisch das statistische Material über Frauen und Männer in Österreich mehrperspektivisch betrachtet habe, kann auch in Supervision und Coaching mehrperspektivisch vorgegangen werden, und zwar mithilfe der zentralen Theorien der *gender studies*, die im vierten Teil dieses Buches ausführlich dargestellt werden. Auf diese Weise kann die Verknüpfung von Gendertheorie und Genderpraxis in den Reflexionsprozessen von Supervision und Coaching zu zufriedenstellenden Erkenntnisprozessen, alternativen Perspektiven, neuen Positionen und handlungsweisenden Ideen führen.

Gender ist jedoch in der Supervisions- und Coachingtheorie, -praxis und -forschung im Moment noch eine seltene Materie. Nur wenige nahmen sich bisher diesem Thema an, obwohl – wie ich vermute – sich viele für Genderfragen interessieren und die Bedeutung der Strukturkategorie „Gender" für die Supervision durchaus hoch eingeschätzt wird. So schreibt etwa Hilarion Petzold, wie wichtig das Einnehmen der Genderperspektive in der mehrperspektivischen supervisorischen Arbeit (vgl. Petzold 1998a, S. 111), in der Arbeit mit dem Mehrebenen-Modell der Supervision (vgl. ebd., S. 199f.) und in der Institutionssupervision sowie in der Organisationsentwicklung (vgl. ebd., S. 334f.) ist. René Reichel weist darauf hin, dass ein „umfassendes Hinschauen aus der Genderperspektive" (Reichel 2005, S. 7) Aspekte psychosozialer Arbeit verdeutlichen und erklären könnte, welche „jetzt nur mit Achselzucken zur Kenntnis genommen werden" (ebd.), und Andrea Lehner-Hartmann plädiert dafür, „Gender als notwendige Analysekategorie in die Supervisionstheorie und -arbeit aufzunehmen" (Lehner-Hartmann 1998, S. 24).

Die supervisorische und Coaching-Theoriebildung und -forschung zeigt, wie selten das Thema Gender in der Supervision behandelt wird. So stellt etwa Sabine Scheffler fest, dass die Bedeutung der Strukturkategorie „Geschlecht" in der supervisorischen Theorie und Praxis bisher nur wenig thematisiert wird (Scheffler 2000, S. 182). Gabriele Bargehr und Gabriele Marth meinen überhaupt, dass die traditionellen und auch gegenwärtigen Supervisionstheorien, welche von der Neutralität der Beratenden ausgehen, „die subjektive wie politische Faktizität der Differenz der Geschlechter" (Bargehr, Marth 2000, S. 67) ignorieren. Und wenn es zu einer Thematisierung komme, erfolge ein Rückgriff auf die Vorstellung einer essentiellen Differenz der Geschlechter (vgl. ebd.). Auch Hilarion Petzold, Brigitte Schigl, Martin Fischer und Claudia Höfner (2003, S. 142) stellen der „Genderdebatte" in der Supervisionsforschung kein gutes Zeugnis aus. Sie fanden bis zum Jahr 2003 nur 12 Beiträge in der Supervisionsliteratur, die sich mit Fragen zum Thema Gender beschäftigen, und sie stellen fest: „Grundsätzlich gibt es keine neuen Ergebnisse, vielmehr Altbekanntes, das methodologisch schlecht reproduziert und größtenteils geleitet von veralteten Theorien der 80er Jahre interpretiert wurde" (ebd., S. 143). Seither sind einige Beiträge – wie etwa jene in der Zeitschrift *Supervision* mit dem Titel „Gender-Perspektiven" – erschienen, die sich auf aktuelle Gendertheorien beziehen und eine Reihe von Reflexionsfragen für die Supervision aufwerfen (siehe auch Kapitel 2).

Noch größeren Seltenheitswert hat das Thema Gender in Supervision und Coaching, wenn wir einen Blick in die Ausbildungscurricula werfen. So stellt etwa Sabine Scheffler fest, dass sich Fragestellungen zur Genderperspektive und zu Geschlecht als Analysekategorie u.a. in den Curricula der Supervisions- und Coachingausbildungen nicht etablieren konnten (vgl. Scheffler 2008, S. 651), und René Reichel meint, dass die Genderperspektive in Beratungsausbildungen noch immer ein Stiefkind ist (vgl. Reichel 2005, S. 47). Die Europäische Akademie für psychosoziale Gesundheit – Fritz Perls Institut, kurz EAG/FPI, hat allerdings für Integrative Therapie, Supervision und Coaching eine Gender- und Antidiskriminierungserklärung (2006) veröffentlicht, in welcher unter anderem die Integration einer gender- und diskriminierungssensiblen Perspektive in alle Bereiche der EAG/FPI postuliert wird.

Dieses Buch widmet sich den Beratungsformaten Supervision und Coaching und schließt die Perspektive auf Psychotherapie aufgrund der Qualifikationen der Autorin, die keine Psychotherapeutin ist, aus. Deshalb soll zumindest auf jene Autor_innen hingewiesen werden, die sich im Kontext der Integrativen Therapie mit Genderthemen auseinandergesetzt haben: Brigitte Schigl (1992, 1999, 2006, 2007, 2010a, 2010b) setzt sich in ihren zahlreichen Arbeiten mit gendersensibler und frauenspezifischer Therapie und Beratung auseinander und postuliert eine Erhöhung der Genderkompetenz für TherapeutInnen. Dieser Schwerpunkt müsse auf der Interaktion von Berater_innen liegen, in der sich gesellschaftliche Genderkonstruktionen abbilden und die Arbeitsbeziehung modulieren. Auch Sabine Scheffler (1986, 2003, 2004, 2007) beschäftigt sich mit verschiedenen Aspekten gendersensibler Psychotherapie und psychosozialer Beratung und verweist auf die Notwendigkeit einer geschlechterdifferenzierenden Perspektive im Sinne einer Berücksichtigung struktureller Positionierungen von Frauen und Männern, welche entsprechende Coping-Strategien erfordert. Ilse Orth (2007, 2010) beschäftigt sich insbesondere mit weiblicher Identität und Leiblichkeit sowie Genderperspektiven für die Integrative Psychotherapie. Sie lädt unter anderem zu einer laufenden Auseinandersetzung mit und Reflexion von subjektiv- und kognitiv-mentalen Repräsentationen ein. Auch Silke Birgitta Gahleitner und Elena Ossola (2007) beschäftigen sich mit Genderaspekten in der Integrativen Psychotherapie und weisen auf die Gefahren der Missachtung von Genderaspekten hin. Über die bereits genannten Forderungen nach einer Genderperspektive in der Integrativen Praxis hinaus beschäftigt sich Hilarion Petzold in seinen jüngeren Texten mit dem Thema Gender in Bezug auf die Evolution der Menschwerdung (2005t), Machtaspekte in Supervision und Coaching (2009d) und zusammen mit Johanna Sieper und Ilse Orth in Bezug auf Integrität im Integrativen Ansatz (Sieper, Orth, Petzold 2010; siehe vor allem Beitrag von Petzold, Orth in diesem Band). In der Auseinandersetzung mit Männlichkeit im psychotherapeutischen Setting haben sich Armin Baumann (2008), Eckard Grimm (2009) und Martin Schölzhorn (2009) verdient gemacht, wobei Baumann eine mehrperspektivische und multitheoretische Betrachtung von Männlichkeit vornimmt, Grimm sich mit männlicher Selbst-, Leib- und Körperwahrnehmung auseinandersetzt und Schölzhorn eine differentielle Vorgehensweise für die therapeutische Arbeit mit Missbrauchs- und Gewalttätern vorstellt.

Den Seltenheitswert wird dieses Buch dem Thema „Gender in Supervision und Coaching“ nicht nehmen können. Es soll allerdings einen Beitrag zu einer differenzierten und theoriegeleiteten Auseinandersetzung mit dem Thema leisten und einen Entwurf von genderkompetenter Supervision und genderkompetentem Coaching bereitstellen. Es wird dargestellt, welche gendertheoretischen Grundlagen für die Theorie und Praxis von Supervision und Coaching von Belang sind, welche Erkenntnisse die Supervisionsforschung und -theoriebildung im Moment zur Verfügung stellen, was genderkompetente Supervision und genderkompetentes Coaching bedeuten und wie diese umgesetzt werden können.

Der erste Teil dieses Buches beschäftigt sich mit der Frage, wofür der Begriff Gender steht, woher er kommt und welcher Genderbegriff für Genderkompetenz in Supervision und Coaching hilfreich sein kann. Im zweiten Teil werden die Grundlagen von Integrativer Supervision und Integrativem Coaching erläutert und mit den Grundlagen zu Gender vernetzt. Das dritte Kapitel beinhaltet eine Auseinandersetzung mit Genderkompetenz und -performanz an sich und stellt das Konzept für genderkompetente Supervision und genderkompetentes Coaching vor. Im vierten Teil dieser Publikation werden zentrale Diskurse der Gendertheoriebildung vorgestellt und ihre Bedeutung für die Supervision diskutiert sowie ihre Entsprechungen in der Supervisions- und Coachingtheoriebildung und -forschung erläutert. Dieser Teil soll dazu dienen, Alltagstheorien über Gender in Frage zu stellen, eine differenzierte und eine theoriegeleitete Auseinandersetzung zu ermöglichen, um schließlich bei den eigenen Gendervorstellungen und denen der Supervisand_innen anschließen zu können.

In allen diesen Kapiteln finden sich Fallvignetten aus meiner Supervisions- und Coachingpraxis. Dazu ist festzuhalten, dass zur Wahrung der Integrität und der Anonymität der angesprochenen Personen die Situationen verfremdet und mit weiteren ähnlichen Situationen verwoben, verdichtet und abstrahiert wurden. Die Beschreibungen stellen also keine realen Situationen dar. Die Beispiele sind komplexitätsreduziert, auf die Genderebene fokussiert und idealtypisch dargestellt, um immer wiederkehrende Genderphänomene in Supervision und Coaching auf den Punkt zu bringen. Die Wiederholung war neben der Vernetzung mit den gendertheoretischen Aspekten ein zentrales Kriterium der Auswahl der Fallvignetten.

Das fünfte Kapitel widmet sich der Praxis und bietet Vorschläge für genderkompetentes Arbeiten in Supervision und Coaching an. Hier werden anhand eines realen Abteilungsklausur-Prozesses ausgewählte und in der Praxis erprobte Übungen und Reflexionsfragen vorgestellt und erläutert, mit deren Hilfe einerseits Gender in Supervision und Coaching thematisiert und reflektiert werden kann und die andererseits zur Selbstreflexion genutzt werden können. Des Weiteren wird ein multitheoretisches Fragenset (Kapitel 5.12) zur Verfügung gestellt, das Anregungen für die Reflexion von Supervisions- und Coachingprozessen in Bezug auf Gender bieten soll. Die verschiedenen theoretischen Aspekte zu Gender sowie die zentralen Gendertheorien aus dem vierten Teil werden hier als „iterative Optiken" (Jakob-Krieger, Petzold et al. 2004) eingesetzt, um auch in genderkompetenter Supervision und genderkompetentem Coaching eine integrative und mehrperspektivische Herangehensweise zu gewährleisten. Dieses Vorgehen soll jene dem Thema so naheliegenden und im Alltag so bestimmenden verzerrten Wahrnehmungen von Gender einschränken helfen, die Supervisions- und Coachingprozesse erschweren oder Supervision bzw. Coaching sogar zur Behinderung machen können. Die Erweiterung theoretisch fundierter und methodisch geschulter Kompetenz, Performanz und Mehrperspektivität eröffnet uns die Möglichkeit, Genderphänomene in Supervision und Coaching zu erfassen, deren Thematisierung und Reflexion professionell umzusetzen und damit einen wesentlichen Beitrag zu Genderintegrität (Petzold 1990g zit. n. Sieper, Orth, Petzold 2010, o. S.; siehe vor allem Beitrag von Petzold, Orth in diesem Band) zu leisten. In der Vielfalt der Perspektiven, so hoffe ich, eröffnen sich die Intensität und Faszination von Genderkompetenz in Supervision und Coaching.

Dieses Buch ist durch viele Jahre hindurch in meinen Gedanken und Reflexionen gewachsen. Die Umsetzung wäre ohne die unermüdliche Hilfe und Unterstützung vieler nicht möglich gewesen: Prof. Dr. mult. Hilarion Petzold danke ich herzlich für seine Mühen und seine überaus hilfreiche inhaltliche Kritik sowie sein laufendes Engagement in diesem Buchprojekt. Darüber hinaus bedanke ich mich bei Prof. Dr. mult. Hilarion Petzold und Dipl. Sup. Ilse Orth für unsere wertvollem und bereichernden Ko-Reflexionen, wie sie in diesem Buch sichtbar werden. Dr.[in] Brigitte Schigl danke ich herzlich für unsere bereichernden inhaltlichen Diskussionen sowie ihre stetige Unterstützung bei besonders kniffligen Fragen. Meinem Kollegen DSA Heinz Baumann danke ich für unsere bereichernden Gespräche und die jahrelange gemeinsame Arbeit an und mit dem Thema Genderkompetenz. Mein Dank gilt auch meinen Kolleg_innen Mag.[a] Sigrid Fischer, Mag. Martin Koschat und Mag. Bernhard Obermayr, die mir Übungen zur Verfügung stellten, Textpassagen lasen und mir mit ihrer fachlichen Unterstützung zur Seite standen. Ganz besonders möchte ich mich bei der Leiterin jener in Kapitel 5 dargestellten Abteilung dafür bedanken, dass ich den gemeinsamen Klausurprozess in diesem Buch zur Illustration genderkompetenten Arbeitens beschreiben durfte. Ebenso gilt mein Dank Mag.[a] Verena Hauser, einer Expertin für Texte und Schreiben, die mich im gesamten Schreibprozess unterstützt hat. Schließlich möchte ich mich bei Kea Brahms und Eva Brechtel-Wahl vom VS Verlag für Sozialwissenschaften | Springer Fachmedien Wiesbaden herzlich für die angenehme Kooperation und ihre sorgfältige Betreuung dieses Projektes bedanken.

1 Gender – ein komplexer Begriff

Die Bedeutung von Gender entspringt einer Reihe psychologischer, philosophischer, soziologischer, biologischer, medizinischer und feministischer Diskussionen um Geschlecht und Geschlechtlichkeit. Im Rahmen der Frauen- und Geschlechterforschung, der *Gender Studies*, der *Gay and Lesbian Studies* und mittlerweile auch der *Black*, *Queer* und *Postcolonial Studies* werden diese Herangehensweisen zusammengetragen und diskutiert. Gender ist allein aufgrund der Interdisziplinarität, der Verknüpfung verschiedener Herangehensweisen und der gesellschaftlichen sowie legislativen Entwicklungen zu einem komplexen Begriff geworden. Die zentralen Diskurse und Argumentationen zu Geschlecht, Geschlechterverhältnissen und zur Bestimmung von Gender werden in Kapitel 4 ausführlich dargestellt und beleuchtet und sollen dazu beitragen, die Breite des Themas begreiflich zu machen. Diese Diskurse sind zum einen sehr widersprüchlich und kontrovers, zum anderen werden Bezüge zueinander hergestellt. Für mich ist es wichtig, die Breite des Themas zu erfassen und diese Diskurse als Sichtweisen zu begreifen, die entweder gesellschaftlich oder in den jüngsten Thesen der Gender Studies vorherrschen und vernetzt werden können, wie sich in Kapitel 5 zeigen wird. Im folgenden Abschnitt werden grundlegende Aspekte von Gender vorgestellt, die im Zusammenhang mit Supervision und Coaching essentiell sind. Historische, biologische, soziokulturelle, machtbezogene und politisch-rechtliche Aspekte werden im Überblick dargestellt.

1.1 Historische Aspekte

Der Begriff Gender kommt über die medizinisch-psychiatrische Diskussion zum Thema Transsexualität in die Frauen- und Geschlechterforschung und später in die Gender Studies. Anlass war für die Sexualwissenschaftler John Money und John Hampson in den 1950er-Jahren die Herausforderung, mit biologischen und soziokulturellen Aspekten von Geschlecht einen Umgang zu finden. Sie arbeiteten mit Menschen, welche biologisch dem weiblichen oder männlichen Geschlecht zugewiesen worden waren und sich selbst sozial dem jeweils anderen Geschlecht zugehörig fühlten. Um diesen Prozess der biologischen Geschlechtstransformation professionell begleiten zu können, zogen sie die in der englischen Sprache zur Verfügung stehende Unterscheidung von Sex (biologisches Geschlecht) und Gender (grammatikalisches Geschlecht) heran und führten sie in das medizinisch-psychiatrische Feld ein. Damit konnten sie das Auseinandertreten von Geschlecht (Sex) und Geschlechtsidentität (Gender) (vgl. Becker-Schmidt/Knapp 2000, S. 69) bezeichnen. Robert Stoller entwickelte diese Unterscheidung in seiner Studie „Sex and Gender: On the Development of Masculinity and Femininity" (1968) weiter und integrierte in das Genderkonzept auch die Geschlechtsrolle.

Anfang der 1970er-Jahre wurde die Unterscheidung Sex–Gender in feministischen Kontexten übernommen (vgl. Becker-Schmidt/Knapp 2000, S. 68). Feministinnen stellten fest, dass Frauen und Männer mit gesellschaftlichen Vorstellungen konfrontiert sind, die ihnen aufgrund ihres biologischen Geschlechts zugeschrieben werden. So wurde die starke gesellschaftliche Trennung von Produktions- und Reproduktionsarbeit beginnend mit den 1970er-Jahren intensiv diskutiert. Kinderbetreuung, Karriere, Beruf und Familie, Hausarbeit, die Verteilung von Aufgaben, Sexualität und Körperlichkeit sind die zentralen Überschriften dieser Diskussionen. Viele Frauen strebten nach größeren sozialen und gesellschaftlichen Spielräumen für Frauen und wurden meist mit biologistischen „das ist die Natur der Frau"-Argumentationen zurückgewiesen. In diesem Zusammenhang erschien die begriffliche Trennung von biologischen und sozialen Aspekten des Geschlechts aus politisch-strategischen Überlegungen als hilfreich, weshalb die Benennungen „Sex" und „Gender" aus der medizinisch-psychiatrischen Diskussion übernommen wurden (vgl. ebd.). „Sex" beschreibt dabei das biologische Geschlecht, welches durch Anatomie, Morphologie, Physiologie, Hormone und Gene bestimmt ist. „Gender" wird als das soziale oder kulturelle Geschlecht benannt, welches im Verlauf von Enkulturations[1]- und Sozialisationsprozessen[2] erworben wird

---

[1] „**Enkulturation** ist der Prozess der differentiellen Übermittlung und subjektiven Übernahme von ***Kultur(en)*** als Gesamtheiten kultureller Güter (Sprache, Wissen, Geschichte, Traditionen, Menschen- und Weltbilder, Werte, Ideale, kulturelle Selbstverständnisse und Identitätsmarker, kulturelle Monumente, Kunst, Staats- und Rechtsformen, Strategien der Ökonomie und Politik etc.) in Form von *kollektiven Kognitionen, übergreifenden emotionalen und volitiven Lagen und Lebenspraxen mit ihren … Inhalten* durch ein Individuum bzw. durch Gruppen von Individuen, die **enkulturiert** werden zugleich aber auch in *die Kultur zurückwirken* und **Kulturarbeit** leisten" (*Petzold* 2003m/2007; *Petzold/Orth* 2004b zit. n. Petzold 2007c, S. 29).

[2] „**Sozialisation** wird im Integrativen Ansatz als die wechselseitige Beeinflussung von Systemen in multiplen *Kontexten* entlang des *Zeitkontinuums* (*Petzold, Bubolz* 1976) aufgefaßt als der – gelingende oder mißlingende – Prozess der Entstehung und Entwicklung des Leibsubjekts und seiner Persönlichkeit in komplexen Feldern bzw. Feldsektoren, sozialen

und mit geschlechtsspezifischer Arbeitsteilung korrespondiert, aber auch veränderbar ist (vgl. Gildemeister/Wetterer 1992, S. 205). In dieser Bestimmung von Gender liegt eine Erweiterung der ursprünglichen Definition, die sich auf die Geschlechtsidentität konzentriert hat. Die Neubestimmung integriert eine Reihe von sozialen und kulturellen Aspekten, Werten und Normen, die über die Definition von Money und Hampson hinausgehen: Gender ist ein sozialwissenschaftlicher Begriff und umfasst „alle Vorstellungen, Normen, ideologischen Aspekte des Geschlechts sowie ihre institutionellen, politischen und sozialen Sedimentierungen" (Villa 2003, S. 148).

Diese Unterscheidung und Abgrenzung von Sex und Gender hat zu sehr kontroversen Diskussionen geführt und vielerlei Kritik vor allem aus sozialkonstruktivistischen, ethnomethodologischen und diskurstheoretischen Positionen heraus erfahren (siehe dazu Kapitel 4.4 und 4.6). Zu großer Bekanntheit brachten es vor allem die kritischen Überlegungen von Judith Butler, einer Poststrukturalistin unter den Gendertheoretiker_innen. Sie stellt grundsätzlich die Trennung von Sex und Gender in Frage und liest in dieser Trennung eine Natur-Kultur-Implikation, welche das von Descartes u. a. hergeleitete moderne Denken der Trennung von Körper und Geist reproduziert (vgl. Butler

---

Netzwerken und Konvois (*Hass, Petzold* 1999) über die *Lebensspanne* hin, in denen die gesellschaftlich generierten und vermittelten sozialen, ökonomischen und dinglich-materiellen Einflüsse und *Feldkräfte* unmittelbar und mittelbar den Menschen in seiner Leiblichkeit mit seinen kognitiven, emotionalen, volitiven und sozial-kommunikativen Kompetenzen und Performanzen prägen und formen durch positive und negativ-stigmatisierende Attributionen, emotionale Wertschätzung, Ressourcenzufuhr oder -entzug, Informationen aus dem kommunikativen und kulturellen Gedächtnis (*J. Assmann* 1999), Förderung oder Mißhandlung. Dabei wird der Mensch als ‚produktiver Realitätsverarbeiter' (*Hurrelmann* 1995, 66) gesehen, der in den Kontext zurückwirkt, als ‚Mitgestalter seiner eigenen Identitätsprozesse' (vgl. *Brandtstädter* 1985, 1992) durch Meistern von ‚Entwicklungsaufgaben' (*Havighurst* 1948), durch Identitätsentwürfe, Ausbildung von ‚Identitätsstilen', Wahl von *life styles* und *social worlds*. In Prozessen multipler Reziprozität, der Ko-respondenz und Kooperation, der Kokonstruktion und Kokreation interpretiert und gestaltet er die materielle, ökologische und soziale Wirklichkeit gemeinschaftlich (*Vygotsky* 1978) in einer Weise, dass die Persönlichkeit, die relevante ökologische und soziale Mikrowelt und gesellschaftliche Meso- und Makrofelder, ja die Kultur (*Müller, Petzold* 1999) sich beständig verändern und er sie und sich mit allen Ressourcen, Kompetenzen und Performanzen entwickelt. Dies geschieht in einer Dialektik von *Vergesellschaftung* (Generierung von ‚social worlds', kollektiven Kognitionen, Klimata und Praxen) und *Individuation* (Generierung subjektiver Theorien, Atmosphären und Praxen). Ihr Ergebnis ist eine je spezifische, in beständigen **konnektivierenden** und **balancierenden Konstitutionsprozessen** stehende, **flexible, transversale Identität** des in Weltkomplexität **navigierenden** Subjekts und seiner sich beständig **emanzipierenden** Persönlichkeit in einer wachsend globalen, transkulturellen Gesellschaft mit ihren Makro-, Meso-, Mikrokontexten und deren Strukturen und Zukunftshorizonten" (*Petzold* 2001p zit. n. Petzold 2007c, S. 29).

1991, S. 31). Diese Trennung führt ihres Erachtens zu einer gesellschaftlichen Zuordnung von Körper und Weiblichkeit sowie von Geist und Männlichkeit, mit der die gesellschaftliche Hierarchie zwischen Frauen und Männern argumentiert und aufrechterhalten wird (vgl. ebd.). Am meisten Aufsehen erregten allerdings Butlers Überlegungen zum biologischen Geschlecht. Dieses analysiert sie als Konstrukt der Naturwissenschaften, der Medizin und der Rechtswissenschaften, welche politische und gesellschaftliche Interessen unterstützen und, verkürzt gesagt, diskursiv eine Trennungslinie entlang körperlicher Verfassungen ziehen und damit die Menschen in Frauen und Männer unterteilen. Wesentlich in dieser Analyse ist, dass Sex genauso wie Gender ein soziales Konstrukt darstellt. Weitere Überlegungen und Konzepte von Judith Butler werden in den Kapiteln 4.6 und 4.7 ausgeführt.

Die Kritikpunkte von Judith Butler wie auch jene ihrer sozialkonstruktivistischen und ethnomethodologischen Kolleginnen und Kollegen führten zu vehementen Diskussionen über das Verhältnis von Natur und Kultur, das nach wie vor mithilfe unterschiedlicher und wechselnder theoretischer Bezugsrahmen, wie z.B. der Sprachwissenschaften oder der Neurowissenschaften, andauert.

1.2 Biologische Aspekte

Betrachten wir die biologischen Aspekte von Geschlecht, würden sehr viele Menschen erwarten, dass Geschlecht in der Biologie eindeutig definier- und zuordenbar ist. Eine genauere Auseinandersetzung ergibt jedoch ein differenzierteres Bild. Die Herausbildung der geschlechterdifferenzierenden Morphologie (= körperliches Erscheinungsbild) erfolgt in fünf aufeinanderfolgenden Etappen. Carol Hagemann-White hat diese in ihrem umfassenden Werk zur Sozialisation in Bezug auf Geschlecht zusammengefasst (vgl. 1984, S. 33ff.; vgl. auch Bischof-Köhler 2006, S. 178ff.):

1. **Das Chromosomengeschlecht:** Es wird aufgrund jener Chromosomen bestimmt, welche Einfluss auf die biologische Geschlechtsentwicklung nehmen, also X- und Y-Chromosome. In diversen Untersuchungen hat sich gezeigt, dass keineswegs alle Menschen entweder ein XX-Chromosomenpaar (weiblich) oder ein XY-Chromosomenpaar (männlich) aufweisen. Vielmehr wurden auch Varianten beobachtet, wie das Fehlen des geschlechtsbestimmenden Chromosoms (X0) oder zusätzliche Chromosomen (XXX, XXY, XYY etc.). Eine Zusammensetzung von Chromosomen

dieser Art kann sich in Auffälligkeiten und Abweichungen von der biologischen „Norm" zeigen, oder auch nicht.

2. **Das Keimdrüsen- oder Gonadengeschlecht:** Die Geninformation der Geschlechtschromosomen verursacht im Allgemeinen innerhalb der ersten 3 Monate nach der Befruchtung eine Differenzierung der Keimdrüsen zu Eierstöcken oder Hoden. Diese wiederum übernehmen in der Folge die Hormonsteuerung der Geschlechtsdifferenzierung. Fehlt das zweite Geschlechtschromosom (Xo), kann diese Differenzierung unterbleiben oder es treten Störungen auf, d.h., die Keimdrüsen bilden sowohl Eierstock- als auch Hodengewebe aus.
3. **Das morphologische Geschlecht:** Diese Geschlechtsbestimmung unterscheidet zwischen inneren und äußeren Geschlechtsorganen sowie dem geschlechtstypischen Körperbau. Die Entstehung des morphologischen Geschlechts erfolgt maßgeblich durch die Hormone und nur indirekt durch Geninformation (vermittelt über das Keimdrüsengeschlecht). Es kann in sich unstimmig sein oder nicht mit dem Chromosomengeschlecht übereinstimmen. Entstehen können diese Varianten entweder durch eine Hormonunempfindlichkeit der Körperzellen, durch eine zu hohe oder zu niedrige Hormonproduktion der Eierstöcke bzw. der Hoden in Bezug auf die Empfindlichkeit der Körperzellen oder durch die Zufuhr von künstlichen Hormonen vor oder nach der Geburt. Im Gegensatz zum Keimdrüsengeschlecht kann das morphologische Geschlecht vollständig entwickelt und im Widerspruch zum Chromosomengeschlecht sein.
4. **Das Hormongeschlecht:** Definiert wird dieses anhand der unterschiedlichen Konzentration der Geschlechtshormone. Die Ausprägung dieses Unterschiedes erfolgt in jener Phase, die der Pubertät unmittelbar vorausgeht und sie einleitet. Das Hormongeschlecht bestimmt die Entwicklung des morphologischen Geschlechts auch in der Pubertät, sofern die Hormonempfindlichkeit im „normalen" Bereich liegt.
5. **Das „Hirngeschlecht":** Das hypothalamisch-hypophysäre System steuert die Ausschüttung gonadotroper Hormone und damit verschiedene Lebenszyklen, wie z.B. Sexualität, Körperwärme, Schlaf-Wach-Rhythmus, den Menstruationszyklus der Frau und den Hormonzyklus des Mannes. Die Hypophyse steht dabei unter der Kontrolle des Hypothalamus, dessen Aktivität bei beiden Geschlechtern einem unterschiedlichen Verlaufsmuster folgt.

Diese Ausführungen machen deutlich, dass keine „streng biologische und zugleich eindeutige Geschlechtsdefinition existiert" (Hagemann-White 1984,

S. 34). Damit stellt Hagemann-White die herrschende Einordnung in nur zwei biologische Geschlechter entscheidend in Frage. Judith Lorber und Susan A. Farell halten 1991 basierend auf diesen und späteren Forschungsergebnissen fest, dass weibliches und männliches biologisches Geschlecht nicht mehr in zwei entgegengesetzte, einander ausschließende Kategorien gefasst werden können, sondern vielmehr als Kontinuum verstanden werden müssen, welches sich aus genetischem Geschlecht, Keimdrüsengeschlecht und Hormongeschlecht zusammensetzt. Diese Faktoren müssen weder miteinander übereinstimmen, noch wirken sie unabhängig von ihrer Umwelt (1991, S. 7 zit. n. Gildemeister, Wetterer 1992, S. 209).

Wie stellt sich nun aber die Konnektivierung mit sozialen und kulturellen Aspekten dar? Während Judith Butler die sozialen Aspekte biologischer Grundlagen verdeutlicht, können wir auch die biologischen Aspekte soziokultureller Grundlagen betrachten. Doris Bischof-Köhler beschäftigt sich in ihrem Werk „Von Natur aus anders. Die Psychologie der Geschlechtsunterschiede“ sehr genau mit den biologischen Aspekten menschlichen Verhaltens[3]. Sie arbeitet relevante biologische Grundlagen heraus und setzt sie mit Forschungsergebnissen aus der Frauen- und Geschlechterforschung in Verbindung. Aufgrund ihrer Auseinandersetzungen kommt sie zu der Überzeugung, dass sich nicht nur die morphologische Geschlechtlichkeit bei Frauen und Männern unterscheidet, sondern „dass sich auch die psychologischen Dispositionen der Geschlechter wie z.B. Interessen, Motive, Stil oder Emotionalität voneinander unterscheiden“ (Bischof-Köhler 2006, S. 40). Diese Unterschiede sind ihres Erachtens aus der evolutionsbiologischen Entwicklung heraus erklärbar. Allerdings betont sie immer wieder, dass wir in unseren Anlagen als Frauen und Männer zwar unterschiedliche Dispositionen haben, in unserem Verhalten aber nicht determiniert seien, vielmehr legen uns diese Dispositionen bestimmte Verhaltensweisen näher als andere (ebd.).

Damit macht sie aber auch deutlich, dass wir Menschen Kulturwesen sind, die zur Selbstreflexivität fähig sind und damit unser Verhalten reflektieren und verändern können. Doris Bischof-Köhler kann mit ihren Überlegungen zu den Unterschieden zwischen zwei Geschlechtern gendertheoretisch den Differenztheoretiker_innen zugeordnet werden. Welche Denktradition damit

[3] Ganz unkommentiert möchte ich Doris Bischof-Köhler nicht zitieren. Ihre Aufbereitung und Ergebnisse sind sehr beeindruckend. Allerdings trägt ihr unangemessener Ton gegenüber den Sozial- und Geisteswissenschaften nicht zur Aufklärung der Konflikte zwischen den Natur- und den Geistes- und Kulturwissenschaften insbesondere in der Genderforschung bei. Somit erschwert auch sie die Konnektivierung von naturwissenschaftlichen und sozialwissenschaftlichen Erkenntnissen.

verbunden ist und auch welche kritischen Aspekte in dieser zum Tragen kommen, wird in Kapitel 4.2 deutlich.

Zum Verhältnis von biologischen und soziokulturellen Grundlagen lässt sich somit festhalten, dass aus evolutionsbiologischer und -psychologischer Perspektive Gender schon immer Sex war, während aus einer poststrukturalistischen Position heraus gedacht Sex immer schon Gender war. Die Rekursivität von Natur und Kultur argumentierend schreibt Hilarion Petzold: „Wir müssen vielmehr – Männer wie Frauen, persönlich wie gesellschaftlich – mit diesem Problem [dem Natur-Kultur-Problem, Anm. d. Verf.] umgehen lernen, und das wird möglich sein, weil wir aufgrund unserer *biologischen Natur Kulturwesen* sind, so dass wir keineswegs gezwungen sind, **Natur** und **Kultur** in einen Antagonismus zu bringen. Wir sind Wesen, die ihre **Natur** kultivieren können, ja müssen, blicken wir auf die gefährlichen Seiten unserer Natur, die in unserer Frühkultur durchaus nützlich und lebenssichernd waren" (Petzold 2005t, S. 36).

Die anthropologische Grundposition des Integrativen Ansatzes ermöglicht darüber hinausgehend eine Integration und Überschreitung der Differenz von Natur und Kultur:

> *„Menschen – Frauen und Männer – verfügen in ihrer Hominität[0], ihrem Menschenwesen, über körperliche[1], seelische[2], geistige[3] Dimensionen und leben in sozialen[A] und ökologischen[B] Lebenskontexten und in einem Vergangenheits-Gegenwarts-Zukunfts-Kontinuum[C]. Sie sind Leib-Subjekte[4] in der Lebenswelt"* (Petzold 2000h, 2003a zit. n. 2009c, S. 25).

Mit der Triade Körper-Seele-Geist und dem die Triade überschreitenden und sie einschließenden Leibbegriff löst Petzold dualistisches Denken von Körper und Geist oder Natur und Kultur auf. [0] ***Hominität*** meint die Menschennatur als Natur- und Kulturwesen auf ihrer individuellen und kollektiven Ebene. Dabei wird sie als biopsychosozial verfasst und kulturell eingebunden verstanden (vgl. Petzold 2007c, S. 27). [1] ***Die körperliche Dimension*** erfasst alle körperlichen Prozesse sowie das darauf gründende Körpergedächtnis als Resultat von Lernprozessen, -erfahrungen und -ergebnissen (vgl. ebd.). [2.] ***Die seelische Dimension*** beschreibt alle „Gefühle, Motive/Motivationen, Willensakte und schöpferischen Impulse" (ebd.). Sie gründen in körperlichen Prozessen (s.o.) und wirken auf diese zurück in Form des Leibgedächtnisses, welches auch antizipierte Emotionen wie Hoffnungen, Wünsche und Befürchtungen enthält (vgl. Petzold 2007c, S. 27f.). [3] ***Die geistige Dimension*** benennt alle *„kognitiven bzw. mentalen, transmateriellen* ***Prozesse***" (ebd., S. 28). Sie erfassen etwa persönliche Überzeugungen, Werte und Glaubenshaltungen *(individuell)* oder z.B. Weltanschauungen, Staatsformen, Kunst oder Wissenschaft *(kollektiv)*. Dazu gehören darüber hinaus individuell und kollektiv kulturell archivierte gemeinschaftliche Lernprozesse, Erfahrungen und Wissensbestände (*sozial mentale Repräsentationen*, siehe Kapitel 1.3.1) und mögliche antizipatorische Leistungen und Perspektiven wie etwa Ziele, Pläne, Entwürfe und Visionen (vgl. Petzold 2007c, S. 28).

[4] ***Das Leib-Subjekt*** ist eingebettet in Kontext und Kontinuum und definiert alle „sensorischen, motorischen, emotionalen, volitiven, kognitiven und sozial-kommunikativen *Schemata* bzw. *Stile*" (ebd.). Sie konstituieren zusammen mit dem verleiblichten Niederschlag ihrer Inszenierungen den *„informierten Leib"* (Petzold 1996a, S. 283 zit. n. Petzold 2007c, S. 28). Im Konzept des *„informierten Leibes"* wird die **Rekursivität von Körper, Psyche und Geist** deutlich. Danach nimmt der Leib Informationen über die Welt in sich auf und inkorporiert erlebte Welt und Lebenswelt (vgl. Petzold 1970c zit. n. Petzold 1998a, S. 79). Der *informierte Leib* wird damit zu einem bedeutenden Wahrnehmungsorgan menschlichen Seins. Sehr oft können wir etwas leiblich spüren, noch bevor wir es bewusst benennen können – etwa An- oder Entspannung in bestimmten Situationen. Wir **spüren**, dass etwas nicht stimmt, die Atmosphäre **fühlt** sich unangenehm an usw. Hier stellt uns das Konzept des „informierten Leibes" Möglichkeiten zur Verfügung, um diesen Wahrnehmungen und Gefühlen nachzugehen, indem das Leibgedächtnis befragt wird, der Leib zum Sinn wird und die Wahrnehmungen ins Bewusstsein dringen können. [A, B, C] In den ***sozialen und ökologischen Kontext*** und das ***soziale und ökologische Kontinuum*** ist das Leibsubjekt mit all seinen Dimensionen eingebettet. Der *Kontext* bezeichnet historische (auch persönliche) Bedingtheiten in ihren kulturellen, politischen und sozialen Aspekten sowie ökonomische und ökologische Determinierungen, welche in permanenter Veränderung begriffen sind. Das *Kontinuum* bettet das Leibsubjekt in seinen Dimensionen von Vergangenheit, Gegenwart und Zukunft ein, in seiner Leibzeit und Lebenszeit, seiner sozialen Zeit und seiner Zeitgeschichte (vgl. Petzold 2003a, S. 118f.). Für alle Dimensionen der anthropologischen Grundposition gilt, dass sie in der Dialektik von Unizität und Plurizität stehen (vgl. Petzold 2007c, S. 28): „Menschsein erfordert die Gewährleistung von Einheitlichkeit, Einzigartigkeit und Kohärenz des Subjekts, eine ***Unizität*** und zugleich eine Kreativität und Differenzierungskraft, welche Vielfalt, Mannigfaltigkeit des Subjekts ermöglicht, eine ***Plurizität***, die sich jeder Uniformität und Standardisierung widersetzt, denn Menschheit wurde als Vielheit von vielfältigen und zugleich klar erkennbaren Einzelnen" (Petzold 1970c, S. 21 zit. n. Petzold 2003e, S. 33).

Zusammenfassend kann der Mensch als Mann und Frau[4] im Integrativen Ansatz als reflexives, kreatives und schöpferisches Leibsubjekt in der Lebenswelt betrachtet werden, das sich in der Welt erlebt, verhält und denkt und das die Welt, deren Teil es ist, reflektiert und gestaltet, d.h. sinnlich realisiert und mit Bedeutung versieht. Es ist ein Bild von Frauen, Männern, transidenten, trans- und intersexuellen Menschen in der Welt, in die sie hineinwirken und die auf sie wirkt. Dieses Menschenbild eignet sich insofern für die Arbeit mit Gender in Supervision und Coaching, als es alle Dimensionen menschlichen Seins einbezieht und die Vorstellung der Unizität und Plurizität von Gender ermöglicht. Vor allem genderstereotype Vorstellungen können Menschen in ihrem Genderleben massiv eingrenzen und damit ihre „Genderintegrität" (Petzold 1990g zit. n. Sieper, Orth, Petzold 2010, o.S.; Petzold, Orth in diesem Buch) gefährden. Mit diesem Menschenbild sind Frauen, Männer, transidente, trans- und intersexuelle Menschen aber kreative Wesen, die im Zusammenspiel von körperlichen, seelischen und geistigen Dimensionen in ihrem Kontext und Kontinuum Gender aktiv gestalten und zur Reflexion dieses Prozesses fähig sind – eine wesentliche und sinnvolle Grundlage für genderkompetente Supervision und genderkompetentes Coaching.

1.3 Soziale und kulturelle Aspekte

Während die Evolutionsbiologie und die Evolutionspsychologie davon ausgehen, dass Gender biologisch angelegt wird und sich in Enkulturations- und Sozialisationsprozessen herausbildet und weiterentwickelt, beschäftigen sich ethnomethodologische Gendertheoretiker_innen mit der Entstehung von Gender in Enkulturations- und Sozialisationsprozessen, indem sie den Fokus auf alltägliche Interaktionen legen. Poststrukturalistische Denker_innen wiederum greifen auf sprachtheoretische Grundlagen zurück, um die Konstruktion von Gender zu erklären. Eine gemeinsame Basis bildet die Annahme, dass Gender in Enkulturations- und Sozialisationsprozessen (weiter)entwickelt wird und diese vom jeweiligen sozialen und kulturellen (auch historischen) Kontext abhängig sind. In diesem Zusammenhang hat sich die Vorstellung durchgesetzt, dass Gender sozial konstruiert wird. Über welche Mecha-

[4] Die Differenzierung des Menschen in Mann und Frau in der anthropologischen Grundposition der Integrativen Theorie wurde 1988 aus gendertheoretischen und -politischen Gründen ergänzt, womit in den metatheoretischen Grundlagen von Beratungsverfahren ein Meilenstein gesetzt wurde, da in dieser Zeit androzentristische Denkweisen vorherrschend waren.

nismen diese Konstruktion erfolgt, zeigen mehrere Ansätze auf, wobei der ethnomethodologische Ansatz von Harold Garfinkel, Erving Goffman, Don Zimmermann und Candace West sowie Carol Hagemann-White und der diskurstheoretische Ansatz von Michel Foucault und Judith Butler zentral sind. Wesentlich genauer werden die sozialkonstruktivistischen Ansätze in Kapitel 4.4., 4.5 und 4.6 beschrieben.

1.3.1 Social Worlds, kollektiv- und subjektiv-mentale Repräsentationen

Bevor ich hier auf die Konstruktionsmechanismen von Gender genauer eingehe, möchte ich auf die Kontext- und Kontinuumsbezogenheit von Enkulturations- und Sozialisationsprozessen aufmerksam machen, indem ich auf die Konzepte der *„social worlds"*, der „sozialen Repräsentationen" und der „persönlichen Repräsentationen" eingehe.

Hilarion Petzold definiert *„social world"* folgendermaßen:

*„Unter ‚**sozialer Welt**' (**social world**) verstehe ich die von einer sozialen Gruppe (einem Mikronetzwerk) geteilte Perspektive auf die Welt, eine ‚Weltsicht' (mit ihren belief-systems, Wertvorstellungen, Basisüberzeugungen im Mikro- und Mesobereich), eine ‚Weltanschauung' im (Makro- und Megabereich) als kollektive **mentale Repräsentation**. Soziale Welten in Makrobereichen prägen etwa über einen ‚Zeitgeist' Mikro- und Mesobereiche entweder konformierend – man stimmt zu – oder divergierend – man lehnt sich auf, stemmt sich gegen die Strömungen des Zeitgeistes. Sozialwelten formieren sich in Gesprächs- und Erzählgemeinschaften in Prozessen kollektiver Interpretationsarbeit bzw. Hermeneutik" (Petzold 2000h; vgl. idem 2001b zit. n. Petzold 2003a, S. 679).*

Auf die Auseinandersetzung mit Gender bezogen wird deutlich, dass in den unterschiedlichen sozialen Welten, an welchen wir im Laufe unseres Lebens partizipieren oder von denen wir ausgeschlossen werden, unterschiedliche Sichtweisen auf die Welt bzw. unterschiedliche Weltanschauungen und Überzeugungen vorherrschend und prägend sind. Eine Auswahl so beschaffener Weltanschauungen aus der Gendertheorieentwicklung heraus stellt das vierte Kapitel zur Verfügung. In der supervisorischen Arbeit und im Coaching begegnen wir unterschiedlichen Gendervorstellungen in den verschiedenen sozialen Welten, etwa wenn wir im Krankenhausbereich Supervision anbieten, wo das Geschlechterverhältnis und die Interaktionen zwischen Frauen und Männern durch die historische Geschlechterhierarchie aufgrund der Geschlechterverteilung in den Berufen des Arztes (und heute auch der Ärztin) und der „Krankenschwester“ (heute Gesundheits- und Krankenpflegerinnen und -pfleger) mitbestimmt ist. Anders ist es im sozial- und heilpädagogischen Wohnbereich, wo zwar Männer nach wie vor unterrepräsentiert sind, die Zusammenarbeit aber grundsätzlich meist egalitär angelegt ist, indem alle gemeinsam produktive und reproduktive Aufgaben zu bewältigen haben. Wiederum anders sieht es aus, wenn wir an Universitäten oder an den Kinder- und Jugendbereich denken.

Einen Schritt weiter können wir gehen, wenn wir kollektiv-mentale und subjektiv-mentale Repräsentationen betrachten:

> „**Komplexe soziale Repräsentationen** – auch ‚**kollektiv-mentale Repräsentationen**‘ genannt – sind Sets kollektiver Kognitionen, Emotionen und Volitionen mit ihren Mustern des Reflektierens bzw. Metareflektierens in polylogischen Diskursen bzw. Ko-respondenzen und mit ihren Performanzen, d.h. Umsetzungen in konkretes Verhalten und Handeln“ (*Petzold* 2000h zit. n. *Petzold* 2007c, S. 9).

Kollektiv-mentale Repräsentationen gehen somit über Glaubens- und Wertvorstellungen der sozialen Welten hinaus und beschreiben die Kollektivität von Denken, Fühlen und Willen. Es geht also stärker um Formen und Stile der Wirklichkeitserkenntnis, darum, wie wir miteinander kommunizieren und interagieren. Arabische Frauen bspw., die in einer körperbedeckten Welt enkulturiert und sozialisiert sind, könnten leicht bekleidete Männer und Frauen als nackt **empfinden**, was bei ihnen entsprechende Gefühle wie z.B. Abneigung oder Anziehung auslösen und auf Basis ihrer Wertvorstellungen zu kognitiven Zuschreibungen wie z.B. „unehrenhaft“, „frei“ oder aber auch „unverschämt“ führen könnte. In diesem fiktiven Fall werden vermutlich beim Anblick von leicht bedeckten Männern und Frauen je nach Geschlecht unterschiedliche Gefühle und Kognitionen ausgelöst werden, je nachdem in welchen sozialen Welten die betreffende Person enkulturiert und sozialisiert ist. Ilse Orth weist besonders darauf hin, dass das kollektive Moment nicht unterschätzt werden darf (2010, o.S.), und sie führt aus: „Gerade bei den Genderidentitäten, den Geschlechterrollen, bei der Art und Weise, ‚wie eine Frau als Frau zu sein hat‘, ein ‚Mann als Mann zu sein hat‘, lasten Wertung und Normen auf den Menschen, die oft Jahrhunderte an Geschichte in sich tragen und die uns durch unsere Kultur, in der so genannten ‚Enkulturation‘, und durch unseren gesellschaftlichen Zusammenhang in der so genannten ‚Sozialisation‘ vermittelt werden. Wir erlernen in unserem familiären Kontext, in Schule und

Elternhaus Männerrollen und Frauenrollen, diese werden uns ‚auf den Leib geschrieben'. Das, was wir von unseren Rollenvorbildern vermittelt bekommen, jeweils spezifische Männer- und Frauenrollen, gehen uns ‚in Fleisch und Blut über'" (Orth 2010, o.S.). Wie wir mit diesen Werten und Normen auf der persönliche Ebene umgehen, beschreibt das Konzept der subjektiv-mentalen Repräsentationen:

„**Komplexe persönliche Repräsentationen** – auch **subjektiv-mentale Repräsentationen** genannt – sind die für einen Menschen charakteristischen, lebensgeschichtlich in *Enkulturation* bzw. *Sozialisation* interaktiv erworbenen, d.h. emotional bewerteten (*valuation*), kognitiv eingeschätzten (*appraisal*) und dann verkörperten Bilder und Aufzeichnungen über die Welt. Es sind eingeleibte, erlebniserfüllte ‚mentale Filme', ‚serielle Hologramme' über ‚mich-Selbst', über die ‚Anderen', über ‚Ich-Selbst-mit-Anderen-in-der-Welt', die die Persönlichkeit des Subjekts bestimmen, seine *intramentale* Welt ausmachen. Es handelt sich um die ‚subjektiven Theorien' mit ihren kognitiven, emotionalen, volitiven Aspekten, die sich in interaktiven Prozessen ‚*komplexen Lernens*' über die gesamte Lebensspanne hin verändern und von den ‚kollektiv-mentalen **Repräsentationen**' (vom Intermentalen der Primärgruppe, des sozialen Umfeldes, der Kultur) nachhaltig imprägniert sind und dem Menschen als Lebens-/Überlebenswissen Kompetenzen für ein konsistentes Handeln in seinen Lebenslagen, d.h. für *Performanzen* zur Verfügung stehen" (*Petzold* 2002b zit. n. *Petzold* 2007c, S. 10f.).

Zusammengefasst geht es hier um Theorien und Erklärungen des Subjekts über sich selbst, Andere und das Miteinander, die dem Subjekt dabei helfen, handlungsfähig zu sein. Eine exemplarische Aussage im supervisorischen Zusammenhang könnte lauten: „Meine Eltern haben eine Beratungsstelle für Menschen mit Behinderungen gegründet und ich bin in dieser quasi aufgewachsen. Deshalb bin ich Frauen und Männern mit Behinderungen immer egalitär begegnet und tue mir schwer, wenn ich mit ansehen muss, wie Kolleginnen und Kollegen Menschen mit Behinderungen wie Kinder behandeln."

Für die Annäherung an den Begriff Gender und daran, wie es zu Konstruktionen von Gender kommt, ist es den obigen Ausführungen entsprechend unabdingbar, die Konzepte der „sozialen Welt" sowie der „kollektiv-mentalen und subjektiv-mentalen Repräsentationen" zu berücksichtigen, da sie die Konstruktionsprozesse maßgeblich mitbestimmen, erweitern oder aber auch eingrenzen. Dabei gilt es zu beachten, dass diese Konzepte eng miteinander verschränkt sind und wir Menschen in unseren Identitätsprozessen und damit auch Genderprozessen uns an der Schnittstelle von und zwischen diesen sozialen, kollektiven und individuellen Momenten bewegen.

Ilse Orth beschäftigt sich insbesondere mit dem Konnex von Identitätsprozessen und Weiblichkeit. In diesem Zusammenhang weist sie darauf hin, dass Identität und damit auch Gender in gesellschaftlichen Zusammenhängen gebildet wird und durch das Zusammenwirken von Selbst- und Fremdzuschreibungen entsteht, weshalb Negativzuschreibungen und Stigmatisierungen Leid verursachen und Schaden anrichten (Orth 2010, o.S.). Daher, so meint sie weiter, müssen die kollektiv-mentalen Repräsentationen in Bezug auf die Konzepte von Weiblichkeit und Männlichkeit verändert werden (vgl. ebd.). „Solange moderne Lebens- und Berufswelten Identität so ausschließlich über Beruf, Status, beruflichen Erfolg definieren, ist es nur schwer möglich, eine vielfacettige Identität in einer pluralen, nicht durch Genderstereotype festgelegten Weise zu entwickeln, die unterschiedliche Identitätsbereiche ermöglicht, fördert und ausbaut" (ebd.). Supervision und Coaching können zur Entwicklung dieser „vielfacettigen Identität" im Sinne einer Sicherung und Wahrung von „Genderintegrität" (Petzold 1990g zit. n. ebd., siehe auch Kapitel 2.1) entscheidend beitragen, indem *social worlds, subjektiv-mentale* und *kollektiv-mentale Repräsentationen* reflektiert und damit gegebenenfalls verändert werden können.

Vor dem Hintergrund dieser Konzepte wird klar, dass sich Enkulturations- und Sozialisationsprozesse in verschiedenen gesellschaftlichen und soziokulturellen Kontexten vollziehen, welche jeweils unterschiedliche Freiheitsgrade und Aufforderungen in der Repräsentation von Gender und somit im Fühlen, Denken und Handeln der Person bereitstellen. Diese Konzepte bilden somit auch den Rahmen für die folgenden Ausführungen.

1.3.2 Doing Gender

Für den ethnomethodologischen Konstruktivismus bildet Harold Garfinkels Fallstudie (1967) über die Transsexuelle Agnes einen bedeutenden Ausgangspunkt. Durch die akribische Beobachtung der Geschlechtstransformation von Agnes konnte Garfinkel herausarbeiten, wie wir – bestimmte soziokulturelle Gruppen – in unseren alltäglichen Interaktionen Gender inszenieren und konstruieren. Er belegt mit seiner Studie, dass alle alltäglichen Handlungen und Interaktionen durch Geschlecht geprägt sind, wir also in jeder Situation unser und das Geschlecht aller anderen Personen wahrnehmen und dementsprechend gesellschaftlich gesehen angemessen agieren. Durch diese Omnipräsenz von Geschlecht wird Gender aber auch (all)täglich neu konstruiert und inszeniert. Dieser Prozess gründet nach Garfinkel auf wechselseitigen Verhaltenserwartungen und -entsprechungen in jeder Interaktion. Ein klassisches Beispiel für Verhaltenserwartungen und -entsprechungen, das auch im Film oftmals zu sehen ist: Ein verliebtes Paar sitzt am Abend auf einer Bank und sie zieht die Schultern zusammen, weil ihr kalt ist. Was passiert weiter? Selbstverständlich fragt er sie, ob ihr kalt ist, und bietet ihr seine Jacke an (obwohl ihm dann höchstwahrscheinlich auch kalt ist). Auf diese Weise konstruiert dieses Paar sein Geschlechterverhältnis von der bedürftigen Frau und dem rettenden Mann. Alternative Varianten wären etwa, dass beide genug warme Sachen bei sich haben, sich zusammen unter eine mitgebrachte Decke kuscheln oder sie ihm als Ausgleich für die Jacke ihren Pulli zur Verfügung stellt. „Weiblichkeit" und „Männlichkeit" sind demnach nicht einfach an biologische Faktoren gebunden, sondern stellen eben dieses Konglomerat aus Verhaltenserwartungen und -entsprechungen dar. Alltag bedeutet für uns alle also, eine permanente Konstruktion von Gender zu bewältigen. Für diesen Prozess der Genderdarstellung und Genderwahrnehmung im Alltag wurde in der Ethnomethodologie der Begriff „doing gender" eingeführt (u. a. ebd., S. 26; Hagemann-White 1993, S. 70; Gildemeister, Wetterer 1992, S. 233).

Doing Gender bietet auch für Supervision und Coaching einen interessanten Anknüpfungspunkt, denn beide Settings sind interaktive Face-to-Face-Settings, in welchen Frauen und Männer, Frauen und Frauen, Männer und Männer, transexuelle, intersexuelle und transidente Menschen in unterschiedlichen Rollen und Funktionen miteinander agieren und miteinander oft auch erlebte Interaktionen zwischen Menschen unterschiedlichsten Geschlechts vor dem Hintergrund ihrer *social worlds* und *subjektiven* und *kollektiven mentalen Repräsentationen* reflektieren. Nehmen wir als Beispiel die Konstellation, dass eine männliche Führungskraft, Leiter einer Einrichtung im sozialpädagogischen Kontext, zu einer feldkompetenten Frau ins Coaching kommt. Diese Konstellation ist insofern interessant, als gesellschaftlich gesehen dem Mann ein höherer Status als der Frau zukommt. Gleichzeitig ist sie in dieser Situation aufgrund ihrer Expertise und der beratenden Funktion in einer machtvolleren Position. Welches Doing Gender wählen die beiden, damit ihr Verhalten gesellschaftlich angemessen ist und sie einander nicht irritieren? Reflexionen in meinem Umfeld zeigen, dass der Coachee von seiner Coach immer wieder eine Form von mütterlichem Verhalten erwartet und es ist eine Möglichkeit für die Coach, diesen Erwartungen zu entsprechen. Sie kann aber auch versuchen, auf Augenhöhe ein kollegiales Miteinander zu bieten. Die Möglichkeiten sind nahezu unendlich. Damit wird aber auch klar, dass im Supervisions- und Coachingsetting Gender laufend konstruiert wird, und zwar konventionell, alternativ, geschlechterdemokratisch oder originell, der Vielfalt sind keine Grenzen gesetzt.

Candace West und Don Zimmerman bauen auf den Arbeiten von Garfinkel auf und beschreiben Gender folgendermaßen:

> „Es ist die Handhabung situationsgerechten Verhaltens im Lichte normativer Vorgaben und unter Berücksichtigung der Tätigkeiten, welche der eigenen Geschlechtskategorie angemessen sind. Geschlechtlich bestimmtes Alltagshandeln ergibt sich aus der sozialen Zugehörigkeit zu einem Geschlecht und bekräftigt den Anspruch auf diese Zugehörigkeit" (1991, S. 14f. zit. n. Gildemeister, Wetterer 1992, S. 213).

Damit beschreiben West und Zimmerman Gender als „Fähigkeit, das eigene Verhalten so zu managen, dass die alltäglichen Praktiken mit der vorgenommenen Zuordnung übereinstimmen" (Faulstich-Wieland 2004, S. 177). Hier wird besonders deutlich, wie sehr Gender durch gesellschaftliche Normen und Werte geprägt ist, welche darüber bestimmen, welches Verhalten aufgrund morphologischer Zuordnungen angemessen ist und welche Verhaltensweisen sich außerhalb der Norm bewegen. Entscheiden sich Menschen dazu, sich außerhalb der Gendernorm zu bewegen, löst das bei ihren Gegenübern meist Irritationen, Unsicherheit, Hilflosigkeit, Aggressionen, aber möglicherweise auch Überraschung oder angenehme Gefühle aus. Janet M. Stoppard und Carla D. Gunn Gruchy (vgl. 1993 zit. n. Mühlen Achs 2003, S. 121 f.) stellen fest, dass geschlechterrollenkonformes Verhalten, im Sinne von den gesellschaftlichen Werten und Normen angemessenes Verhalten, von Frauen und Männern erwartet und positiv bewertet wird, während entgegengesetztes Verhalten ignoriert, missbilligt oder negativ sanktioniert wird. Dieser Umgang mit Doing Gender verstärkt daher die Bereitschaft zu geschlechterrollenkonformem Verhalten.

1.3.3 Performing Gender

Die diskurstheoretische Herangehensweise konzentriert sich auf Sprache und Diskurs als Momente der Konstruktion von Gender. Judith Butler ist jene Theoretikerin, welche die Grundlagen für diese Herangehensweise erarbeitet hat. Sie bezieht sich in ihrem Diskursbegriff auf den französischen Philosophen Michel Foucault und versteht Diskurse als Systeme des Denkens und Sprechens und somit auch als privilegierte Orte der Konstruktion von Gender (vgl. Villa 2003, S. 18ff.), in denen Machtdispositive zum Tragen kommen. Diskurse bilden somit einen Rahmen, in dem Wörter und Sprache ihre Bedeutungszuschreibungen erlangen und in dem gewisse Denk- und Ausdrucksweisen integriert sind, während andere (machtvoll) ausgeschlossen werden.

Übertragen auf den angloamerikanisch-europäischen Diskurs um Gender kann zunächst festgestellt werden, dass dieser durch Diskurse der Biologie, Medizin, Psychologie und der Rechtwissenschaften geprägt ist. In diesen Kontexten gibt es zwei und nur zwei Geschlechter, welche die Namen „Frauen" und „Männer" tragen und laufend als zwei entgegengesetzt Verschiedene definiert werden. In Biologie und Medizin werden die unterschiedlichen körperlichen Verfasstheiten von Frauen und Männern beschrieben. Die Psychologie erforscht und definiert unterschiedliche Verhaltensweisen von Frauen und Männern und in den Rechtswissenschaften werden zum Teil noch immer unterschiedliche Rechte für Frauen und Männer festgehalten. In all diesen Zusammenhängen wurden eigene Sprachsysteme entwickelt, die wiederum bestimmte Vorstellungen produzieren und transportieren und ihnen damit zur Existenz verhelfen, während andere Vorstellungen völlig ausgeschlossen werden und damit nicht existieren. Für Butler bilden zu den eben genannten Diskursen die Diskurse der Zweigeschlechtlichkeit und der Zwangsheterosexualität den Rahmen für die Konstruktion von Gender. Beide Normen halten einander stets aufrecht, bedingen einander und unterstützen einander. Damit werden nur bestimmte Formen von gelebtem Geschlecht benannt und somit auch anerkannt. Judith Butler spricht in diesem Zusammenhang auch von „intelligiblen Geschlechtern". Mit Intelligibilität bezeichnet Butler die Sinnhaftigkeit, die soziale Verständlichkeit und Nachvollziehbarkeit von Begriffen und Konstruktionen (vgl. ebd., S. 21).

Zur Frage nach der konkreten Konstruktion von intelligiblen Geschlechtern rekurriert Judith Butler auf John L. Austins (1979) Sprechakttheorie, wonach Sprechakte, also konkretes Sprechen von konkreten Personen, Handlungscharakter haben und etwas Bestimmtes ausführen, z.B. erklärt eine Pfarrerin ein Paar zu Mann und Frau oder ein Richter spricht ein Urteil oder eine Jury bestimmt die Nobelpreisträgerin des Jahres. Dementsprechend werden diese Sprechakte auch als „performative Sprechakte" bezeichnet (vgl. Austin 1979). Mit Hilfe dieser Theorie beschreibt Butler jedes Sprechen als performativen Sprechakt, womit wir durch unser Sprechen handeln und auf diese Weise Gender konstruieren: z.B. „Du bist eine coole Mutter", „Herr Mayer ist ein verantwortungsvoller Vater, er geht sogar in Karenz". Performative Sprechakte sind immer eingebettet in Diskurse und entwickeln unter bestimmten

Bedingungen eine besondere Wirksamkeit. Nähere Ausführungen dazu sind in Kapitel 4.6 nachzulesen.

1.3.4 Gender Bias

Gerade Supervisor_innen und Coaches sind an der Konstruktion von Systemwirklichkeiten entscheidend mitbeteiligt, weil sie aufgrund ihrer Rolle und Funktion eine große und kaum reflektierte Definitionsmacht haben, auch wenn sie noch so verantwortungsvoll damit umgehen und in egalitärer Ko-respondenz[5] mit den Supervisand_innen und Coachees arbeiten. Die eben beschriebenen Konstruktionsmechanismen, die in der Regel auf klassischen Diskursen in der Biologie oder Medizin und eben auf den gesellschaftlichen Diskursen der Zweigeschlechtlichkeit und Heterosexualität beruhen und in die komplexen interagierenden Prozesse von *sozialen Welten* und *kollektiv-mentalen* sowie *subjektiv-mentalen Repräsentationen* eingebettet sind, könnten demnach dazu führen, dass Supervisand_innen und Coachees, welche darüber hinausgehende Formen der Genderkonstruktion leben, ausgeschlossen oder nicht entsprechend wahrgenommen werden. Ihnen wird der Raum genommen, wenn Supervisor_innen keine Benennungen finden oder diskriminierende Situationen unterstützen, indem sie eine unreflektierte Sprache verwenden oder die eigene Genderwahrnehmung nicht reflektieren. Unsere durch den Alltag geschulte Wahrnehmung der morphologischen Zweigeschlechtlichkeit kann immer wieder zu Wahrnehmungsverzerrungseffekten, dem so genannten „Gender Bias" führen (Eichler, Fuchs, Maschewsky-Schneider 2002 zit. n. Bundesministerium für Familie, Senioren und Jugend 2007, S. 1). Das Fundament für Gender Bias bilden meist drei grundlegende Annahmen:

---

[5] „,Ko-respondenz ist ein synergetischer Prozeß direkter und ganzheitlicher Begegnung und Auseinandersetzung zwischen Subjekten auf der Leib-, Gefühls- und Vernunftsebene über ein Thema unter Einbeziehung des jeweiligen Kontextes/Kontinuums.'
,Ziel von Ko-respondenz ist die Konstituierung von Konsens/Dissens, der in Konzepten Niederschlag finden kann, die von Konsensgemeinschaften getragen werden und für diese zur Grundlage für Kooperation werden.'
,Voraussetzung für Ko-respondenz ist die in der prinzipiellen Koexistenz alles Lebendigen gründende, wechselseitige Anerkennung subjektiver Integrität, die durch Konsens bezeugt wird, und sei es nur der Konsens darüber, miteinander auf der Subjektebene in den Prozeß der Ko-respondenzen einzutreten oder konsensuell Dissens festzustellen und als solchen zu respektieren.'
,Scheitern von Ko-respondenz führt zu Entfremdung, Frontenbildung, Krieg." (Petzold 2003a, S. 117)

- „die Annahme der Unterschiedlichkeit von Frauen und Männern dort, wo (möglicherweise) keine besteht,
- die Annahme der Gleichheit von Frauen und Männern dort, wo Gleichheit nicht vorhanden ist,
- die unterschiedliche (Be-)Wertung von Faktoren, die bei beiden Geschlechtern auftreten" (ebd.).

Übertragen auf Supervision und Coaching kann davon ausgegangen werden, dass es immer wieder zu einer Grenzziehung zwischen Frauen und Männern kommt, welche nicht nur alle weiteren Geschlechter ausschließt, sondern möglicherweise Gemeinsamkeiten, aber auch andere Unterscheidungslinien wie Bildung, Arbeitszeit, Alter, Dauer der Organisationsangehörigkeit etc. verdeckt. Zum Beispiel arbeiten im sonder- und heilpädagogischen Kontext immer wieder in der Profession ausgebildete Frauen und über den Zivildienst quereingestiegene Männer zusammen. Divergenzen in der Herangehensweise könnten in diesem Fall der Geschlechtszugehörigkeit unterstellt werden, obwohl sie mehr mit der unterschiedlichen Berufsausbildung zu tun haben.

Gleichzeitig kann eine Beobachtung der Gleichheit zwischen verschiedenen Geschlechtern deren Unterschiedlichkeit aus dem Blickfeld rücken. Eines der bekanntesten Beispiele dafür ist das der Normalerwerbsbiografie. Es bildet die Grundlage für Reformen, Gesetzesnovellen, arbeitsmarktpolitische Maßnahmen etc. und trifft hauptsächlich auf Männer zu und in wesentlich geringerem Ausmaß auf Frauen – man denke etwa daran, dass 58,5 % aller erwerbstätigen Frauen teilzeitbeschäftigt sind (STATISTIK AUSTRIA 2009, S. 39), die Normalerwerbsbiografie aber eine Vollzeitbeschäftigung definiert.

Für die unterschiedliche Interpretation von gleichen Verhaltensweisen bei verschiedenen Geschlechtern sind Natasha Josefowitzs „Impressions from an office" ein besonders eindrückliches Beispiel (zit. n. Gardenswartz, Rowe 2003, S. 38f.):

"The family picture is on HIS desk.
Ah, a solid, responsible family man.

    The family picture is on HER desk.
    Umm, her family will come before her career.

HIS desk is cluttered.
He's obviously a hard worker and a busy man.

    HER desk is cluttered.
    She's obviously a disorganized scatterbrain.

HE is talking with his co-workers.
He must be discussing the latest deal.
SHE is talking with her co-workers.
She must be gossiping.
HE's not at his desk.
He must be at a meeting.
SHE's not at her desk.
She must be in the ladies' room.
HE's not in the office.
He's meeting customers.
SHE's not in the office.
She must be out shopping.
HE's having lunch with the boss.
He's on his way up.
SHE's having lunch with the boss.
They must be having an affair.
The boss criticized HIM.
He'll improve his performance.
The boss criticized HER.
She'll be very upset.
HE got an unfair deal.
Did he get angry?
SHE got an unfair deal.
Did she cry?
HE's getting married.
He'll get more settled.
SHE's getting married.
She'll get pregnant and leave.
HE's having a baby.
He'll need a raise.
SHE's having a baby.
She'll cost the company money in maternity benefits.
HE's going on a business trip.
It's good for his career.
SHE's going on a business trip.
What does her husband say?
HE's leaving for a better job.
He knows how to recognize a good opportunity.
SHE's leaving for a better job.
Women are not dependable."

Aus diesen Beispielen für klassische Gender Bias wird deutlich, dass wir als Supervisor_innen und Coaches dazu aufgefordert sind, uns fundiertes Wissen über Gender, Geschlechterverhältnisse und Genderforschung anzueignen, uns selbst unter Genderaspekten zu reflektieren und unsere Wahrnehmung bezüglich Gender zu schulen. Auf diese Weise können wir unreflektierte Interpretationen des Verhaltens unserer Klient_innen zumindest einschränken. Bezüglich der aufgrund des Geschlechts unterschiedlichen Interpretation von gleichen Verhaltensweisen bietet sich eine sehr einfache **Übung** an: *Nehmen Sie das Verhalten einer Frau, einer transidenten Person oder eines Mannes möglichst bewusst und genau wahr und vergegenwärtigen Sie sich, wie dieses Verhalten auf Sie wirkt, was es bei Ihnen auslöst und wie Sie es bewerten. Versuchen Sie dann, das Geschlecht der Person auszutauschen, und nehmen Sie wahr, wie dieses Verhalten auf Sie wirkt, was es auslöst und wie Sie es bewerten.* Ein Beispiel: In einer Teamsupervisionssitzung eines Teams von fünf Frauen und drei Männern entsteht ein Konflikt. Eine Frau sagt ruhig und mit verschränkter Körpersprache: „Ich halte mich da raus und möchte mich dazu nicht äußern." Wie interpretieren Sie diese Aussage? Wie wirkt sie auf Sie? Was löst sie aus? Wie bewerten Sie diese Aussage? Tauschen Sie nun das Geschlecht aus. Wie interpretieren Sie diese Aussage, wenn Sie von einem Mann kommt? Usw. Bei diesem Tauschtest ist es darüber hinaus hilfreich, wenn an diesem Punkt weitere Diversitätskategorien wie Alter, Ethnie, sexuelle Orientierung, Klasse oder Bildung einbezogen werden (siehe auch Kapitel 4.3.).

Die Auseinandersetzung mit Werten und Normen sowie *kollektiv-* und *subjektiv-mentalen Repräsentationen* und die Beschäftigung mit Verhaltenserwartungen und -entsprechungen auf Genderebene sowie die daraus folgenden sprachlichen und körpersprachlichen Wahrnehmungen und Handlungen sind es, die zum Mittelpunkt der Reflexionen werden, wenn Supervision und Coaching genderkompetent durchgeführt werden.

1.4 Machtbezogene Aspekte

In jeder sprachlichen und körpersprachlichen Kommunikation und Interaktion wird ein Bezug zueinander, die Beziehung zueinander zum Ausdruck gebracht, repräsentiert oder auch ausverhandelt. Es können symmetrische, aber auch asymmetrische Beziehungen zum Ausdruck gebracht werden, also von Gleichwertigkeit oder von Hierarchie geprägte. *„Macht ist ein Beziehungsbegriff"*, schreibt Hilarion Petzold (1998a, S. 327), „denn ‚Entscheidungsmacht' über und zwischen Menschen bestimmt das Leben in Systemen, ihr gutes oder schlechtes Funktionieren." Angesichts dieser Bedeutung ist Macht im Felde psychosozialer Arbeit und damit auch in Supervision und Coaching von großer Gewichtigkeit, auch wenn es in diesem Zusammenhang gerne vermieden wird (vgl. Petzold 2009d, S. 2).

Doing Gender als zentrales Moment jeder Kommunikation und Interaktion ist demnach aufs Engste mit Macht verwoben. Vor allem die Körpersprache übermittelt zuverlässig vielfältigste Informationen wie z.B. über „Gefühle und Einstellungen, über das eigene Selbstbild und das Verhältnis zu anderen Menschen, über soziale Rollen und den gesellschaftlichen Status einer Person" (Mühlen Achs 2003, S. 16). Gitta Mühlen Achs (2003) beschreibt eindrucksvoll, wie einverleibte Gendervorstellungen die Hierarchie zwischen Frauen und Männern laufend rekonstruieren und aufrechterhalten und wie schwierig es ist, wie viel Kreativität und Originalität und mitunter Mut es bedarf, aus diesen asymmetrischen Begegnungen zwischen den Geschlechtern symmetrische und damit gleichwertige zu machen.

Doch von welchem Machtbegriff spreche ich hier? Das Beziehungsmoment und auch die Aspekte Hierarchie, Unterordnung und Gleichwertigkeit wurden schon genannt. Macht kann aber nicht thematisiert werden, ohne die bekannteste und im psychosozialen Kontext meist negativ konnotierte Definition von Macht vorzustellen, jene des Soziologen Max Weber (1976, S. 28): „Macht bedeutet jede Chance, innerhalb einer sozialen Beziehung den eigenen Willen auch gegen Widerstreben durchzusetzen, gleichviel worauf diese Chance beruht."

Im Kontext von Gender stellt sich aufgrund Webers Definition die Frage nach den Chancen, den eigenen Willen durchzusetzen, und in diesem Zusammenhang vor allem nach den Machtgrundlagen und ihrer Teilhabe daran. Wesentliche Machtgrundlagen haben bspw. John R. P. French und Bertram Raven beschrieben (1959 zit. n. Nienhüser 2003, S. 155ff.): Belohnungsmacht, Bestrafungsmacht, Legitimationsmacht, Expertenmacht, Informationsmacht und Identifikationsmacht. All diese Formen von Macht kommen im supervisorischen Setting oder im Coaching zwischen Frauen und Männern, aber auch unter Frauen und unter Männern zum Tragen, sowohl unter den Supervisand_innen oder Coachees wie auch zwischen Supervisor_in bzw. Coach und Supervisand_innen oder Coachees. Wer darf wen loben? Wer darf wen kritisieren? Wer ist mit welcher Aufgabe ausgestattet und darf daher was bestimmen? Wer hat die benötigte Expertise? Wer verfügt über die relevanten Informationen? Wer ist ein *role model*? Je nachdem, worum es geht, können sich die Machtkonstellationen unterschiedlich gestalten. Fokussieren wir alleine auf die Legitimationsmacht, wird in Bezug auf Gender klar, dass nach wie vor Leitungspositionen überwiegend mit Männern besetzt sind. Gleichzeitig sind in Österreich wesentlich mehr Frauen (64,6 %) als Männer (35,4 %) in Supervision und Coaching tätig (Knopf 2005, S. 2). Bei French und Raven ausgeklammert, aber gerade auf der Genderebene von großer Bedeutung ist jener Machtbereich, auf den Frauen meist reduziert werden: weibliche Attraktivität im Sinne von körperlicher Attraktivität und der Erfüllung allgemeiner Schönheitsstandards (Mühlen Achs 2003, S. 12). Diese Machtgrundlage ist allerdings angesichts körperlicher Vergänglichkeit auf Sand gebaut.

Offen bleibt in Webers Definition unter anderem die Auseinandersetzung mit der Legitimität von Macht auf verschiedenen Ebenen und damit verbunden mit einer angemessenen Umsetzung legitimierter Macht (vgl. Petzold 2009d, S. 3). Im integrativen Ansatz haben sich Hilarion Petzold, Ilse Orth und Johanna Sieper die Mühe gemacht, eine transdisziplinäre Herangehensweise zu entwickeln, die möglichst viele Aspekte von Macht integriert. In diesem Sinne entwickelten sie eine „transversale Machttheorie" (Petzold 1998a, S. 327 ff.). Im Kontext dieser Theorie wird Macht folgendermaßen definiert:

„Wir verstehen ‚**direkte Macht**' als ausgeübte oder ausübbare, als die willensgeleitete Möglichkeit von Personen (Gruppen, Institutionen), durch das Verfügen über Informationen, materielle Ressourcen und Mittel der Gewalt die Willensentscheidungen, das Leben und die Lebensumstände von Menschen in einer Weise zu bestimmen, die von diesen nicht direkt beeinflusst werden kann, sondern für sie den Rekurs auf Instanzen der Machtkontrolle – so sie vorhanden sind – erforderlich macht (*Petzold* 1968f. II, 12). Ausgeübte und erfahrene Macht ist konfigurativ (Macht-Ohnmacht-Struktur), eingebunden in **Machtgefüge**, die Freiräume bemessen und kontrollieren" (*Petzold* 1998a, S. 336).

„**Indirekte Macht** und **strukturelle Gewalt** sehen wir als eine Vernetzung anonymer, diffus verteilter Wirkmechanismen der Unterdrückung, der nicht legitimierten Reglementierung und Normierung in sozialen Netzwerken, Institutionen, Gesellschaften, ja unbewusste Selbstzwangsapparaturen in den Köpfen und Herzen, in den Mustern des Denkens, Fühlens und Wollens der Menschen, in den Texturen ihrer Gesellschaft und Kultur. Indirekte Macht durchfiltert die direkte an jeder Stelle, verhindert Wirklichkeitserkenntnis und die elementare Freiheit der Wahl" (ebd.).

Supervisor_innen und Coaches sind besonders gefordert, sich mit ihrer „direkten Macht" auseinanderzusetzen und mit ihren Supervisand_innen und

Coachees deren „direkte Macht“ gegenüber ihren Klient_innen oder Mitarbeiter_innen zu reflektieren. Schließlich sind sie es, sowohl die Supervisor_innen und Coaches als auch die Supervisand_innen und Coachees, die aufgrund ihrer Ausbildung, Funktion und Aufgabe mit Interventions- und Expertenmacht ausgestattet sind (vgl. Petzold 2009d, S. 5). In einem meiner ersten Supervisionsprozesse stand ich vor der Herausforderung, mich mit sexualisiertem Machtmissbrauch in einem Betreuungsverhältnis auseinanderzusetzen.

Reflexion: *Wenn Sie den Begriff „sexualisierter Machtmissbrauch“ lesen, welche Genderbilder tauchen da bei Ihnen auf? Und wenn wir unsere machtvollen* subjektiv *und* kollektiv-mentalen Repräsentationen *befragen:*

Welche Bilder tauchen auf, wenn …

- *… eine Betreuerin eine Klientin sexuell missbraucht?*
- *… ein Betreuer eine Klientin sexuell missbraucht?*
- *… eine Betreuerin einen Klienten sexuell missbraucht?*
- *… ein Betreuer einen Klienten sexuell missbraucht?*

Und wie unterscheiden sich diese Bilder voneinander?

Sexualisierter Machtmissbrauch ist ein ganz furchtbares Vergehen mit traumatisierenden Folgen für das Opfer. In diesem Fall konnte ich mit dem Team und der Leitung erarbeiten, dass das Macht-Ohnmachts-Gefüge so rasch wie möglich aufgelöst wurde, indem die missbrauchende Betreuungsperson sofort suspendiert und später gekündigt wurde. Die betreute Person wurde anteilnehmend versorgt und unterstützt und das Team organisierte umgehend eine psychotherapeutische Begleitung. Das machtvolle Handeln, also die Interventions- und Expert_innenmacht der Supervisorin und der beteiligten Supervisand_innen war in dieser Situation darauf ausgerichtet, die Integrität der betreuten Person so weit wie möglich zu restituieren und die Arbeitsfähigkeit aller Beteiligten so gut wie möglich zu erhalten, zu unterstützen bzw. wiederherzustellen. Die kleine Übung oben zeigt, wie unterschiedlich die Szenarien sind, je nachdem welches Geschlecht bzw. welches Gender die beteiligten Personen leben.

Kommunikation, Interaktion und damit Beziehungen sind engstens verflochten mit Gender und Macht. Es ist daher notwendig, Gender auch unter einem fundierten Machtaspekt wahrzunehmen, zu reflektieren und dem Streben nach einer geschlechterdemokratischen Gesellschaft und der Erhaltung von *Genderintegrität* entsprechend zu intervenieren. Dazu benötigen wir Gender- und Machtexpertise.

1.5 Politische und rechtliche Aspekte

Spätestens seitdem die feministische Frauenbewegung der 1970er-Jahre den Begriff „Gender" in ihre Debatte aufgenommen hat, haben politische Aspekte in der Auseinandersetzung mit Gender Eingang gefunden. So ist es auch nicht verwunderlich, dass „Gender" von Beginn an in politischen Zusammenhängen seine Verbreitung fand, wobei man fast von Dekadensprüngen in der zeitlichen Ausdehnung sprechen kann. In den 1980er-Jahren wurde Gender in internationalen entwicklungspolitischen Zusammenhängen thematisiert (vgl. Frey 2003, S. 78f.), nachdem festgestellt wurde, dass entwicklungspolitische Programme zur Unterstützung und Verschärfung von Geschlechterhierarchien in den betreffenden Ländern führten. In den 1990er-Jahren wurde „Gender" auch in EU-politischen Zusammenhängen engagiert diskutiert. Als Ausgangspunkt dieser Debatte kann der so genannte Amsterdamer Vertrag (1996 und Ratifizierung 1999) und im Besonderen dessen Artikel 13 gesehen werden, worin der Europäische Rat dazu beauftragt wurde, geeignete Vorkehrungen zu treffen, um Diskriminierungen aus Gründen des Geschlechts, von *race* (Hautfarbe), der ethnischen Herkunft, der Religion oder der Weltanschauung, einer Behinderung, des Alters oder der sexuellen Orientierung zu bekämpfen. Dieser Artikel 13 bildete die Basis für darauffolgende Richtlinien und Aktionsprogramme der Europäischen Gemeinschaft, um Diskriminierungen aus den genannten Gründen zu bekämpfen und ihnen entgegenzuwirken (vgl. Stuber 2004, S. 41; Gutschlhofer 2006, S. 44f.). Die Maßnahmen sind breit angelegt und werden unter den Begriffen Gender Mainstreaming und Diversity Management zusammengefasst.

In Deutschland wurden diese Richtlinien im Allgemeinen Gleichbehandlungsgesetz (AGG) umgesetzt. Es regelt Diskriminierungen aus den genannten Gründen und bezieht sich auf das Berufsleben, die soziale Sicherheit, den Zugang zu Bildung und Gütern sowie Dienstleistungen der Öffentlichkeit und auf die Wahrung der Würde (vgl. Bundesministerium der Justiz 2006). In Österreich finden diese Richtlinien zum einen im Bundes-Behinderten-Gleichstellungsgesetz (BGBl), das mit 1.1.2006 in Kraft getreten ist, und zum anderen mit dem 2004 beschlossenen Gleichbehandlungsgesetz (GlBG) ihre Entsprechungen (vgl. Gutschlhofer 2006, S. 44f.). Es regelt in den ersten beiden Teilen die Gleichbehandlung von Frauen und Männern sowie die Gleichbehandlung ohne Unterschied der ethnischen Zugehörigkeit, der Religion oder Weltanschauung, des Alters oder der sexuellen Orientierung in der Arbeitswelt (vgl. ebd.). Diese legislativen Maßnahmen in Österreich und Deutschland verbieten sämtliche Formen der Diskriminierung, welche in den Gesetzestexten beschrieben sind. Darüber hinaus wurden in Deutschland Antidiskriminierungsstellen und in Österreich Anwaltschaften für Gleichbehandlung (GAW) eingerichtet. Mit diesen Ausführungen wird deutlich, dass die politische und legislative Implikation des Genderbegriffs deutlich auf Gleichbehandlung ausgerichtet ist. Damit verbunden sind Feststellungen der Ungleichbehandlung und Wertvorstellungen von Fairness, *political correctness*, Gerechtigkeit und vieles mehr. Entsprechend kontroversiell sind Diskussionen und politische Äußerungen im Alltag und in der Öffentlichkeit.

Viele weitere politische Ziele und Ansprüche werden in den in Kapitel 4 vorgestellten gendertheoretischen Diskursen deutlich. Ich persönlich identifiziere mich im Integrativen Sinne mit dem Anspruch auf die Anerkennung pluriformer und vielfältiger Lebenswelten und Lebensmöglichkeiten im Genderleben und -erleben im Rahmen humanitärer Grenzen mit dem Ziel der gesellschaftlichen Weiterentwicklung hin zu Gendergerechtigkeit und Genderintegrität.

Für den Umgang mit Gender in Supervision und Coaching sind diese Aspekte von großer Relevanz, weil es meines Erachtens notwendig ist, arbeitsrechtliche und politische Grundlagen zumindest im Überblick zu kennen. Vor allem die rechtlichen Aspekte geben vielen Supervisand_innen und Coachees den legislativen Rahmen für ihre Tätigkeit. Und wenn wir an die *sozialen Welten* und ihre Wertvorstellungen denken, so ist es naheliegend, dass kontroverse genderpolitische Diskussionen in Supervision und Coaching zu tiefer gehenden Konflikten führen können. Supervisor_innen und Coaches sind dann angehalten, vor dem Hintergrund biologischer, soziokultureller, machtbezogener und politisch-rechtlicher Aspekte von Gender zu agieren.

1.6 Gender – eine Definition

Wenn wir uns nun die begriffsgeschichtlichen, biologischen, soziokulturellen, machtbezogenen und politisch-rechtlichen Aspekte von Gender vergegenwärtigen, wird deutlich, mit welch komplexen Zusammenhängen wir es hier zu tun haben. Für genderkompetentes Arbeiten in Supervision und Coaching bedeutet dies, mit und auf allen diesen Ebenen zu arbeiten. Es ist notwendig, Bewusstsein darüber zu schaffen, dass es auf der Genderebene um komplexe soziokulturelle und biologische Prozesse mit machtbezogenen, politischen und legislativen Implikationen und Voraussetzungen geht. Einem genderkompetenten Arbeiten in Supervision und Coaching kann somit folgender Genderbegriff zugrunde gelegt werden:

Gender beschreibt soziokulturelle Aspekte der Geschlechtlichkeit von Subjekten, welche sie in Enkulturations- und Sozialisationsprozessen und in Rekursivität mit ihren biologischen Prozessen in ihren jeweiligen soziokulturellen Kontexten erwerben und gestalten. In *sozialen Welten* werden Wert- und Normvorstellungen von Gender ausgebildet, welche von Machtdiskursen und -konstellationen geprägt sind und sich in *kollektiv- und subjektiv-mentalen Repräsentationen* des Denkens, Fühlens und Handelns in ihren Interaktionsmustern und ihrer Körpersprache (*Doing Gender*) sowie ihrer sprachlichen Performanz (*Performing Gender*) zeigen mit ihren Auswirkungen bis in die neurobiologischen Strukturen.

2 Supervision und Coaching im Integrativen Ansatz

Der Integrative Ansatz ist von der Leitidee der „*Offenheit für die Pluralität von Lebensformen*“ (Petzold 1998a, S. 44) getragen, zielt auf eine Integration von verschiedensten Theorien und Methoden ab und arbeitet an der Sicherung und Förderung der Integrität aller Beteiligten (vgl. ders. 2003e, S. 94). Die Sicherheit und die Förderung der Integrität aller Beteiligten in und Betroffenheit von Supervisions- und Coachingprozessen ist eine wesentliche ethische Grundlage Integrativer Praxis. Dabei wird Integrität folgendermaßen definiert:

> *„**Integrität** sehen wir in einer Doppelqualität: einerseits als die Qualität der **psychophysischen Unversehrtheit** des Menschen*[6] *als „**personalem Subjekt**“, dessen Unverletzbarkeit und Würde gesichert werden muss,*
> *und andererseits als die Qualität des von interiorisierten und reflexiv bejahten Werten und Prinzipien einer Wertegemeinschaft geleiteten „**moralischen Subjekts**“, das diese Werte vertritt und in Treue zu sich selbst für sie eintritt.*
> ***Integrität** bedarf in beiden Qualitäten der Sicherung und des Schutzes, denn die Verletzung der einen ist durch reziproke Wirkungen mit der Beschädigung der anderen verbunden. Beide können verloren gehen*[7] *und müssen dann restituiert werden. **Integrität** hat in beiden Qualitäten aber auch ein Entwicklungspotential und kann deshalb in ihrer je gegebenen Eigenheit und Schönheit entfaltet werden. Das gilt es zu fördern“* (Petzold 2000h zit. n. Sieper, Orth, Petzold 2010, o.S.).

---

[6] „Jeder Mensch hat das Recht auf Leben und körperliche Unversehrtheit. Die Freiheit der Person ist unverletzlich. In diese Rechte darf nur aufgrund eines Gesetzes eingegriffen werden“ (Grundgesetz für die Bundesrepublik Deutschland Art. 2 Abs. 2).

[7] Z.B. durch Folter und Erniedrigung von Menschen (Qualität 1), was zugleich auch eine Selbstbeschädigung des perpetrators in seiner menschlichen Integrität (Qualität 2) ist; oder durch Verrat und Korruption (Qualität 2), die damit zugleich auch als Beschädigung der eigenen Integrität als Mensch zu sehen ist (Qualität 1). Auf einer tiefen Ebene sind beide Integritätsqualitäten verbunden. Die brutale Verdinglichung eines Menschen führt immer in die Selbstverdinglichung des Täters durch Verrohung. Durch Herzlosigkeit verliert man sein Herz (Petzold 2010k).

Für Supervision und Coaching aus Integrativer Perspektive gilt daher das Ziel, die Integrität aller Beteiligten und ihres Umfeldes bzw. Arbeitszusammenhanges zu erhalten und einen Rahmen für die Entwicklung und Entfaltung von Identität anzubieten. Dies gilt entsprechend für die Wahrung und Sicherung von „Genderintegrität" (Petzold 1990g zit. n. Sieper, Orth, Petzold 2010, o. S.; Petzold, Orth in diesem Buch), ein Aspekt, der in Supervision und Coaching genauso wichtig wie vernachlässigt ist (vgl. Petzold, Sieper 1998 zit. n. Orth 2010, o. S.). Die Integrität alles Lebendigen und damit auch Genderintegrität ist ein sinnvoller Bezugspunkt für genderkompetente Supervision. Supervisor_innen, die sich nicht mit Gender und den damit verbundenen Auswirkungen und Diskriminierungsprozessen auseinandersetzen, laufen Gefahr, Diskriminierungen zu unterstützen, und tragen somit möglicherweise zur Verletzung der Integrität von Supervisand_innen und Coachees bei.

Im Folgenden werden zur Verortung von Supervision und Coaching die Definitionen und Grundlagen des Integrativen Ansatzes vorgestellt und mit dem Thema Gender konnektiviert. Aufbauend auf dieser Vernetzung werden erste Überlegungen für Genderkompetenz in Supervision und Coaching angestellt.

2.1 Integrative Supervision

Integrative Theorie wird in den Kontext sozialkonstruktivistischer, postmoderner, dekonstruktivistischer und pluralistischer Überlegungen gestellt. Wirklichkeit bzw. Realität wird in diesem Zusammenhang als vielfältig und sich laufend vervielfältigend verstanden, womit die Komplexität von Lebenssituationen deutlich wird. „Supervision als *Überschau* über komplexe Gegebenheiten wird stets von dieser **Komplexität** selbst bestimmt" (Petzold 1998a, S. 110).

Der Integrative Ansatz fasst Supervision sehr weit und versteht sie als „kritische und anwendungsbezogene Sozialwissenschaft" (Petzold 1998a, S. 4), aber auch als „Metadisziplin" (ebd.), die sich unter anderem auf Theorien der angewandten Human-, Sozial- und Organisationswissenschaften bezieht. Diese Theorien werden auf der Metaebene zusammengeführt und genutzt, um komplexe Beratungssysteme interdisziplinär und multitheoretisch unterstützen zu können (vgl. ebd.). Hilarion Petzold spricht deshalb auch von „Systemsupervision" (ebd., S. 5). Auf die Praxis bezogen ist Supervision grundsätzlich ein berufsbezogenes Beratungsverfahren, das sich mit allen Themen rund um das Berufs- und Arbeitsleben auseinandersetzt. Petzold definiert Supervision als Methode folgendermaßen:

> *„Supervision ist eine interdisziplinär begründete Methode zur Optimierung zwischenmenschlicher Beziehungen und Kooperation, z. B. in der psychosozialen, pädagogischen und therapeutischen Arbeit durch mehrperspektivische Betrachtung aus ‚exzentrischer Position', eine aktionale Analyse und systematische Reflexion von Praxissituationen (Situationsdiagnostik) auf ihre situativen, personenabhängigen und institutionellen Hintergründe hin. Sie geschieht durch die Ko-respondenz zwischen Supervisor und Supervisanden in Bündelung ihrer Kompetenzen (joint competence) an theoretischem Wissen, praktischen Erfahrungen, differentieller Empathie, Tragfähigkeit und common sense, so daß eine allgemeine Förderung und Entwicklung von Kompetenzen und ihrer performatorischen Umsetzung möglich wird, weshalb wir Supervisionsgruppen auch als ‚Kompetenzgruppen' bezeichnen"* (Petzold 1973, S. 1, zit. n. Petzold 1998a, S. 21).

Im Mittelpunkt dieses Vorgehens stehen die aktionale Analyse und systematische Reflexion von Praxissituationen. Dies geschieht zum einen durch „Mehrperspektivität", also die Fähigkeit, Situationen aus einer außenstehenden Position und mittels verschiedener Blickwinkel und theoretischer Hintergründe zu beobachten und wahrzunehmen (vgl. Petzold 1998a, S. 233). Gender bildet in diesem Zusammenhang eine sehr wesentliche Perspektive, die, wie sich in Kapitel 5 noch zeigen wird, differenziert werden kann, indem gendertheoretische Ansätze als multiple iterative Optiken, also als spezielle Blickwinkel, eingesetzt werden. Auf dieser Basis können aus den genderperspektivischen Betrachtungen eine genderorientierte aktionale Analyse sowie eine systematische Reflexion der Praxissituation erfolgen. Gender wird dabei mit allen anderen Perspektiven, Analysen und Reflexionen konnektiviert.

Mit „Konnektivieren" kommt ein weiteres wesentliches Moment Integrativer Supervision hinzu: „Konnektivierung" und mit ihr in engem Zusammenhang „Transversalität" bilden wichtige Voraussetzungen für Integratives Arbeiten. „Konnektivierung" beschreibt eine Art des Vernetzens von unterschiedlichem Wissen und verschiedenen Theorien, die zur Erhellung von Situationen beiträgt und somit Einseitigkeiten oder Dogmatismen entgegenwirkt (vgl. ebd., S. 34). Gerade für den Umgang mit Gender ist die Vernetzung von Wissensbeständen von zentraler Bedeutung, weil sich ohne sie die Komplexität von Gender (siehe Kapitel 1) und ihre Auswirkungen in sozialen Prozessen gar nicht erfassen ließen. Konnektivierung lässt sich aber ohne „Transversalität" nicht erreichen. Dieser Begriff beschreibt ein „nicht-lineares, pluriformes

Denken von Vielfalt“ (ebd., S. 34f.), das in laufenden Übergängen und mehrperspektivischem Reflektieren, Überdenken, Nachdenken und Durchdringen nach und nach die Komplexität von sozialen Situationen erschließt. Integrative Supervision stellt sich somit die Aufgabe, mit vielgestaltigen und komplexen (Lebens-)Situationen angemessen umzugehen und Berufstätige zu ermächtigen, diese Vielfalt und Komplexität in ihrem Alltag bewältigen zu können. Dafür arbeitet sie multitheoretisch, mehrperspektivisch, konnektivierend und transversal.

Diese Prozesse der Mehrperspektivität, Konnektivierung und Transversalität finden in Ko-respondez zwischen Supervisor_innen und Supervisand_innen statt. Damit sind wir bei einer zentralen Grundlage jeglicher Beratungsform im Integrativen Ansatz, dem Ko-respondenzmodell. Es ist das Kernstück der metatheoretischen, theoretischen und praxeologischen Arbeiten von Hilarion G. Petzold. Ko-respondenz wird im Integrativen Ansatz als interaktionales, diskursives und „polyloges“ Geschehen aufgefasst. Der „Polylog“ bildet eine wesentliche Grundlage von Ko-respondenzprozessen und bezeichnet die „vielstimmige Rede, die den Dialog zwischen Menschen umgibt und in ihm zur Sprache kommt, ihn durchfiltert, *vielfältigen Sinn* konstituiert oder einen hintergründigen oder untergründigen oder übergreifenden **Polylogos** aufscheinen und ‚zur Sprache kommen‘ läßt“ (Petzold 1988t/2002c zit. n. 2007c, S. 53). Petzold meint damit, dass in jeder Interaktionssituation zwischen zwei Menschen nicht nur die physisch anwesenden Menschen präsent sind, sondern auch deren Einbettung in ihre sozialen Systeme, jene Mitmenschen, die sie entscheidend mitgeprägt haben, jene, von denen sie viel gelernt haben, und viele mehr. Denn, so betont Petzold immer wieder, „Menschen sind nicht aus Dyaden, sondern aus **Polyaden** hervorgegangen“ (ders. 2002h, zit. n. 2007c, S. 23). Vor diesem Hintergrund wird Ko-respondenz folgendermaßen definiert:

*„**Ko-respondenz** ist ein synergetischer Prozeß direkter und ganzheitlicher Begegnung und Auseinandersetzung zwischen Subjekten auf der Leib-, Gefühls- und Vernunftsebene über ein Thema unter Einbeziehung des jeweiligen Kontextes/Kontinuums.‘*
*‚Ziel von **Ko-respondenz** ist die Konstituierung von **Konsens/Dissens**, der in **Konzepten** Niederschlag finden kann, die von Konsensgemeinschaften getragen werden und für diese zur Grundlage für **Kooperation** werden.‘*
*‚Voraussetzung für **Ko-respondenz** ist die in der prinzipiellen **Koexistenz** alles Lebendigen gründende, wechselseitige Anerkennung subjektiver Integrität, die durch **Konsens** bezeugt wird, und sei es nur der Konsens darüber, miteinander auf der Subjektebene in*

> *denProzeß der Ko-respondenzen einzutreten oder konsensuell* ***Dissens*** *festzustellen und als solchen zu respektieren.'*
> *‚Scheitern von Ko-respondenz führt zu Entfremdung, Frontenbildung, Krieg'"* (Petzold 2003a, S. 117).

Das Ko-respondenzmodell beschreibt sowohl die Beziehungsebene eines Coaching- bzw. Supervisionsprozesses als auch den Prozess selbst. In diesem Prozess geht es um eine gemeinsame Auseinandersetzung zu einem Thema, in die sich alle Beteiligten mit ihrem Sein in ihrem Kontext und Kontinuum mit ihrer Vielstimmigkeit einbringen und austauschen. Über diesen ganzheitlichen Austausch unter Einbeziehung von Kontext/Kontinuum kann und soll Konsens, übersetzt Mit-Sinn, also gemeinsamer Sinn, entstehen. Das Ziel von Ko-respondenzprozessen liegt demnach im Finden von gemeinsamer Wirklichkeit, in der ganzheitlichen und intersubjektiven Verständigung über das Thema und seine Wirklichkeiten, die gemeinsam konstruiert werden. Kann kein Konsens gefunden werden, bleibt noch immer die Feststellung des Dissens, also kein gemeinsames Verstehen des Themas und seiner Aspekte im gegenseitigen Respekt und Wissen darüber. Gelingt ein Konsens, können auf dieser Basis gemeinsame Konzepte entwickelt werden, die durch das gemeinsame Tragen von Konsensgemeinschaften zu Kooperationen werden können. Voraussetzung für Ko-respondenz ist die wechselseitige Anerkennung subjektiver Integrität, ein wesentlicher Orientierungspunkt im Integrativen Ansatz (s. o.). Diese wechselseitige Anerkennung wird durch Konsens bezeugt; das kann auch ein Konsens über den Dissens sein, der als solcher respektiert wird.

Darüber hinaus liegt das Besondere des Integrativen Ansatzes in seiner sozialphilosophischen Fundierung. Für Supervision bedeutet das Folgendes:

> *„Supervision als sozialphilosophisch fundierte D i s z i p l i n mit interventiver Zielsetzung wurzelt im Freiheitsdiskurs moderner Demokratie und im Engagement für Grund- und Menschenrechte. Auf dieser Basis legitimiert sie sich als ein praxisgerichtetes Reflexions- und Handlungsmodell, das auf die Förderung personaler, sozialer und fachlicher Kompetenz und Performanz von Berufstätigen gerichtet ist, um Effizienz und Humanität professioneller Praxis zu sichern und zu fördern. Sie verwendet hierfür ein breites Spektrum sozialwissenschaftlicher Theorien und greift auf erprobte Methoden psychosozialer Intervention zurück. Sie leistet damit Arbeit im Gemeinwesen für das Gemeinwesen"* (Petzold 1973, S. 1, zit. n. Petzold 1998a, S. 21).

Gerade im Rahmen des momentanen gesellschaftlichen Diskurses um Ökonomie und Effizienz ist es notwendig, sich auf das Engagement für Grund- und Menschenrechte sowie auf das Ziel der Humanität in der professionellen Arbeit zu besinnen. Diese Wurzeln und Anliegen haben die feministische Frauenbewegung, die Schwulen- und Lesbenbewegung und die kritische Männerbewegung schon immer eingeschlossen. Wir wissen, dass tradierte Gendervorstellungen die persönliche Freiheit und in vielen Gesellschaften und beruflichen Bereichen die Grund- und Menschenrechte verletzen. Das in Österreich 2004 verabschiedete Gleichbehandlungsgesetz stellt so gesehen einen großen Fortschritt dar, auf den wir uns als Supervisor_innen im Sinne der Humanität berufen können.

2.2 Integratives Coaching

Coaching verfügt im Allgemeinen über besonders vielfältige Formen in den verschiedensten Branchen – Sport, Wellness, Lernen etc. Wie eine Studie von Hilarion Petzold (1994q) über das Verständnis von Coaching im beruflichen Kontext aufzeigt, ist Coaching eine Beratungsform für Führungskräfte, um deren berufliche Leistungsfähigkeit zu steigern (vgl. Petzold 2002g/2004, S. 10). Im Integrativen Ansatz haben sich Hilarion Petzold, Astrid Schreyögg, Jürgen Lemke, Ilse Orth, Peter Uffelmann u.a. um ein fundiertes Coachingkonzept bemüht, indem sie einen Anschluss an die Counselling Psychology gewährleisteten und Coaching in einen für organisationale Zusammenhänge ausgelegten, komplexen, sozialwissenschaftlich fundierten Supervisionsansatz stellten (vgl. ebd., S. 12, Supervisionsansatz siehe Kapitel 2.1). Sie definieren Coaching folgendermaßen:

„**Integratives und differentielles Coaching** wird gesehen als eine prozessuale Beratung von Führungskräften und professionellen Expert_innen (Coachees) als Personen in ihren Positionen, Rollenkonfigurationen, Funktionen und Kontexten durch einen spezifisch (sozial- und organisationswissenschaftlich) ausgebildeten Beratungsfachmann (Coach) in einem interpersonalen Ko-respondenzprozeß. Dessen Zielsetzung ist, den Coachee darin zu unterstützen, seine Selbstwirksamkeit und persönliche Souveränität weiterzuentwickeln, um seine beruflichen Aufgaben und Ziele in möglichst effektiver Weise zu verwirklichen. Das Coaching soll dazu beitragen, sein Planungs-, Risiko- und Entscheidungsverhalten, seine Führungs-

und Kooperationsstile metazureflektieren und zu optimieren, damit er sein Portfolio, seine Ressourcen und Innovationspotentiale so einzusetzen, zu nutzen und zu entwickeln vermag, daß in seinen Arbeits- und Verantwortungsbereichen effektive Kommunikation, hohe Wertschöpfung, Mitarbeitercommitment, Arbeitszufriedenheit erreicht wird und eine zukunftsgerichtete Entwicklungsdynamik wirksam werden kann" (Petzold 1994q zit. n. Petzold 2002g/2004, S. 14).

Wesentliche Momente dieser Definition sind zum Ersten die Betonung, dass es sich um eine Beratungsform mit prozessualem Charakter handelt. Zum Zweiten nimmt diese Definition im Unterschied zu vielen anderen Coachingdefinitionen keine Einschränkung auf Führungskräfte vor, sondern inkludiert auch andere „professionelle Experten" (ebd.) und Expertinnen, wie bspw. Projektleiter_innen, Dozent_innen, Techniker_innen, Politiker_innen u. v. m. Zum Dritten wird der personenzentrierte Charakter hervorgehoben und der Einbezug von Status, Position und das Rollenhandeln in den Mittelpunkt gestellt.

Integratives und differentielles Coaching ist demnach eine spezielle Beratungsform für Führungskräfte und professionelle Expert_innen, die theoretisch und praxeologisch in den Integrativen Supervisionsansatz gestellt und damit auf dasselbe theoretische Fundament gesetzt wird. In Bezug auf Gender kann mit diesen beiden Beratungsformaten genauso verfahren werden. Für Supervision und Coaching können dieselben gendertheoretischen Grundlagen herangezogen werden, da in jeder Form von Beratung Kommunikation und Interaktion zentral sind und somit Genderkonstruktionen und -inszenierungen repräsentiert und (re-)konstruiert werden.

3 Genderkompetenz und -performanz in Supervision und Coaching

Die Genderkompetenz von Supervisor_innen und Coaches wird dann ein Thema, wenn sie fehlt. Diese Erkenntnis konnte Sabine Karlinger (2010, S. 100) im Rahmen ihrer Master Thesis gewinnen. Sie befragte neun Supervisand_innen aus dem psychosozialen Kontext, wie sie die Genderkompetenz ihrer Supervisor_innen wahrnehmen und was sie unter Genderkompetenz verstehen. Karlinger konnte vier zentrale Ergbnisse dazu generieren: Für die befragten Supervisand_innen ist Genderkompetenz wichtig und daher wird sie von Supervisor_innen erwartet (ebd.), wobei die Wahrnehmung von Genderkompetenz durch die persönliche Genderkompetenz der Supervisand_innen beeinflusst ist (ebd., S. 101). Es scheint allerdings leichter zu sein, das Fehlen von Genderkompetenz festzustellen, als Genderkompetenz zu beschreiben. So wird Genderkompetenz im Auswahlverfahren vor allem an gendersensibler Sprache festgemacht (ebd., S. 102). Genderkompetenz rückt hauptsächlich in Team- und Fallsupervisionen in den Fokus der befragten Supervisand_innen, insbesondere wenn es um Themen wie Zusammenarbeit im Team und mit Führungspersonen, um die Arbeit mit Klient_innen und um die Auswahl von Supervisor_innen geht (ebd.).

Ich spreche in der Überschrift dieses Kapitels von Genderkompetenz **und** -performanz, weil im Integrativen Ansatz Kompetenz und Performanz als eng miteinander verknüpft verstanden werden. Kompetenz kann dabei als das Wissen und die Fähigkeiten eines Subjekts verstanden werden, während Performanz die Fertigkeiten und die Umsetzung dieses Wissens umfasst (vgl. Sieper, Petzold 2002, S. 26, zit. n. Petzold, Engemann, Zachert 2003, S. 38). Beides fließt ineinander und bedingt einander – das Wissen und die Fähigkeiten bedingen die Umsetzung und umgekehrt.

Im Folgenden werden Genderkompetenz und -performanz in Supervision und Coaching differenziert beschrieben, indem die Begrifflichkeit definiert und auf Zielsetzungen, Aufgaben, erforderliches Wissen, die Rolle von Supervisor_innen und Coaches, spezielle Herausforderungen und den Auswahlprozess als besonderes Moment eingegangen wird. Bezugsquellen bilden Publikationen zu Genderkompetenz im Supervisions- und Coachingkontext, die Überlegungen zu Gender in Kapitel 1 und das Integrative Supervisions-

und Coachingverständnis (Kapitel 2). Dabei wird mit den Begriffen „Genderkompetenz in Supervision und Coaching“ gearbeitet, wobei damit, so es nicht anders ausgewiesen ist, die Verschränkung von Genderkompetenz und Genderperformanz gemeint ist.

3.1 Definition Genderkompetenz und -performanz

Genderkompetenz in Supervision und Coaching bedeutet im Grunde Supervision und Coaching auf der Genderebene. Das heißt, dass in alle supervisorischen und Coachingprozesse Gender als Thema und als Perspektive integriert wird. Demnach wird Genderkompetenz und -performanz folgendermaßen definiert:

> **Genderkompetenz und -performanz** in Supervision und Coaching gründen auf einem sozialpsychologisch, biologisch, ethnomethodologisch und diskurstheoretisch, machttheoretisch, rechtlich und politikwissenschaftlich begründeten Genderbegriff (vgl. Kapitel 1.6) und bedeuten, supervisorische und Coachingkompetenz und -performanz mit Genderkompetenz und -performanz zu verknüpfen und Gender als einen zentralen Aspekt menschlichen Miteinanders zu verstehen. Genderkompetenz und -performanz beschreiben die Fähigkeit und die Umsetzung der bewussten und theoriegeleiteten aktionalen Analyse und systematischen Reflexion von Praxissituationen, Strukturen, Denksystemen, Organisationen und Institutionen aus Genderperspektive, um daraus adäquates und gendergerechtes Handeln zu entwickeln und bei der Umsetzung dieses Handelns Unterstützung zu bieten.

Mit dieser Schlüsselqualifikation, die mit der allgemeinsupervisorischen Kompetenz und Performanz vernetzt wird, sind Supervisor_innen und Coaches dazu imstande, Genderthemen wahrzunehmen, zu erfassen, zu verstehen und zu erklären (die hermeneutische Spirale, vgl. Petzold 1998a, S. 111) und diese Lernprozesse bei ihren Supervisand_innen und Coachees anzuregen und zu begleiten.

3.2 Zielsetzungen von genderkompetenter Supervision und genderkompetentem Coaching

Die Zielsetzung von genderkompetenter Supervision und genderkompetentem Coaching leitet sich aus der Zielsetzung von Integrativer Supervision und Integrativem und differentiellem Coaching ab: Sie umfasst die Optimierung zwischenmenschlicher Beziehungen, indem die personale, soziale und fachliche Kompetenz und Performanz der Supervisand_innen und Coachees unterstützt werden. Auf der persönlichen Ebene bedeutet dies, die Selbstreflexion und Eigenverantwortung der Supervisand_innen und Coachees bei ihrer Konstruktion von Gender zu unterstützen. Auf der Organisationsebene heißt das, Hilfestellungen bei einer geschlechtersensiblen Gestaltung der Organisationsbeziehungen anzubieten, und auf der Handlungsebene, die Entwicklung von neuen und vielfältigen Handlungsmöglichkeiten auf der Genderebene zu fördern. Mit diesen Zielen sollen genderkompetente Supervision und genderkompetentes Coaching darüber hinaus die Humanität professioneller Praxis im Sinne eines geschlechterdemokratischen Miteinanders sichern und fördern und damit einen entscheidenden Beitrag zur Sicherung und Entfaltung von „Genderintegrität" (Petzold 1990g zit. n. Sieper, Orth, Petzold 2010; Petzold, Orth in diesem Buch) leisten.

Auf der persönlichen Ebene können die Genderkonstruktionen der Personen in der Praxissituation in den Blick genommen werden. Ein **Beispiel:** Ein Team einer Wohngemeinschaft für Menschen mit Behinderungen thematisierte in der Supervision ein in der WG lebendes Paar und deren Verhütungsmöglichkeiten. Ein Kollege meinte bei diesem Gespräch: „Wir müssen schauen, dass sie die Pille nimmt, denn das mit den Kondomen klappt nicht." Seine Aussage blieb unwidersprochen und alle Frauen und Männer des Teams überlegten gemeinsam, wie die Pilleneinnahme der Bewohnerin am besten und verlässlichsten organisiert werden könnte. Erst eine Nachfrage meinerseits, warum das mit den Kondomen nicht klappen würde, machte deutlich, dass im Verständnis aller der Geschlechtspartner für die Kondome zuständig sei und dieser Bewohner in seiner Feinmotorik zu eingeschränkt ist, um ein Überstülpen des Kondoms zu bewerkstelligen. Die nächste Idee war ein Üben mit allen WG-Bewohnern anhand eines Kondom-Übungsmodells. Erst die Infragestellung der Zuständigkeit für Kondome ermöglichte noch weitere Varianten der Aufklärung. So kam letztendlich auch das Üben mit den Bewohnerinnen zur Sprache bzw. die Aufklärung über alle möglichst verlässlichen Verhütungsmöglichkeiten. Die Supervision endete mit dem Vorhaben, mit diesem Paar alle Verhütungsmöglichkeiten zu thematisieren und sie zu ermächtigen, die gewählten umzusetzen.

Des Weiteren sollten Geschlechterverhältnisse im System und Genderkonstruktionsaufforderungen durch die Diskurse und sozialökonomischen Aspekte in der Organisation und Institution reflektiert werden. Als **Beispiel** können die Ergebnisse einer Genderanalyse in einem Organisationsberatungsprozess dienen: Bei der Analyse mit einer Bildungseinrichtung wurde klar, dass die Kurse zu den Themen EDV und Arbeitsrecht von Männern geleitet wurden, während Sprachkurse, Seminare zu sozialer Kompetenz und Kurse im Kunstbereich von Frauen durchgeführt wurden. Hier zeigte sich also eine klare Aufgabenverteilung zwischen Frauen und Männern, die traditionellen Vorstellungen entspricht. An dieser Stelle konnten wir die traditionellen Vorstellungen transparent machen, reflektieren und Maßnahmen entwickeln.

Das Transparentmachen von Genderkonstruktionen auf allen Ebenen ist ein zentraler Teil von Genderkompetenz in Supervision und Coaching. Damit können Supervisand_innen und Coachees in der Entwicklung ihrer personalen, sozialen und professionellen Genderkompetenz unterstützt werden und diese können wiederum ihre Klient_innen genderreflektiert begleiten.

3.3 Aufgaben von genderkompetenter Supervision und genderkompetentem Coaching

Im Integrativen Ansatz können wir auf sechs Tätigkeitsfelder zurückgreifen, die Hilarion Petzold als Aufgabenbereiche für Supervision definiert hat, die so genannten „Sechs Tätigkeitsaspekte" (STA) der Integrativen Supervision (vgl. Petzold 1998a, S. 87). Sie können in der supervisorischen Praxis und im Coaching je nach Kontext, Aufgabenstellung und Kontrakt in unterschiedlicher Art und Weise zum Tragen kommen und werden hier für die Auseinandersetzung mit Gender übernommen. Im Folgenden werden diese sechs Tätigkeitsaspekte vorgestellt und mit Gender verknüpft:

„a) Optimierungsaspekt/gesellschaftspolitische Dimension
b) Weiterbildungsaspekt/agogische Dimension
c) kommunikativer Aspekt/soziotherapeutische Dimension
d) supportiver Aspekt/psychohygienische Dimension
e) methodologischer Aspekt/ameliorative Dimension
f) aufdeckender Aspekt/psychotherapeutische Dimension"
(Petzold 1998a, S. 87)

In Bezug auf den *Optimierungsaspekt* und die *gesellschaftspolitische Dimension* haben Supervision und Coaching die Aufgabe, das optimale Funktionieren von Systemen zu fördern und dabei die Verbesserung ihrer Möglichkeiten und ihrer Wirkungen auf den gesellschaftlichen Kontext im Blick zu haben. Dabei sollen auch normative und ethische Probleme thematisiert werden. Genderkompetenz in Supervision und Coaching sollte in diesem Zusammenhang einen gesellschaftspolitischen Beitrag für eine gendergerechte Gesellschaft leisten. Dieser könnte die Erweiterung von Handlungsmöglichkeiten aus Genderperspektive ermöglichen und somit auch die Erweiterung gesellschaftlich ethischen Handelns unterstützen. Genderkompetenz in Supervision und Coaching würde aus diesem Tätigkeitsfeld heraus gedacht die Aufgabe haben, mit Blick auf die gesamtgesellschaftliche Optimierung die normativen und ethischen Aspekte von Gender in die Praxis von Supervision und Coaching einzubringen und zu reflektieren. Dies könnte auf persönlicher, systemischer, organisationaler, institutioneller und gesellschaftlicher Ebene erfolgen. Pamela O. Paisley (1994, S. 3) und Verena Bruchhagen (2005, S. 12) fordern in diesem Zusammenhang dazu auf, präventiv zu intervenieren, wenn Supervisor_innen und Coaches in der Organisation Entwicklungen hin zu diskriminierenden Bedingungen wahrnehmen, und Dominanz- und Machtstrukturen im Geschlechterverhältnis kritisch zu reflektieren.

Der *Weiterbildungsaspekt* und die *agogische Dimension* von Supervision und Coaching zielen auf die Entwicklung und Erweiterung von fachlicher Kompetenz und Performanz ab, wobei dieser Prozess durch Know-how-Transfer eine Verknüpfung von Theorie, Forschung und Praxis ermöglichen soll. Genderkompetenz und -performanz leben von der Verknüpfung von Theoriebildung, Forschung und Praxis. Demnach bedeutet Genderkompetenz in Supervision und Coaching, dass Supervisor_innen und Supervisand_innen bzw. Coaches und Coachees relevante Aspekte der Gendertheorie und -forschung sowie erprobtes genderkompetentes Handeln einbringen, um die Weiterentwicklung der Professionalität aller zu unterstützen und sie für die Praxis nutzbar zu machen.

Der *kommunikative Aspekt* und die *soziotherapeutische Dimension* betonen die Entwicklung und Erweiterung kommunikativer Kompetenz und Performanz und sollen somit zur Beseitigung von Störungen oder Beeinträchtigungen in sozialen Interaktionen des Systems bzw. zu einer gelungenen Kommunikation beitragen. Bringen wir dieses Tätigkeitsfeld von Supervision und Coaching mit dem in Kapitel 1.6 beschriebenen Begriff von Gender in Verbindung, können wir feststellen, dass dieser Genderbegriff auf jede Form von zwischenmenschlicher Kommunikation abzielt. Wir können weiter feststellen, dass sich Genderkompetenz mit dem aus Genderperspektive kompetenten Umgang mit kommunikativen Situationen auseinandersetzt. Für Genderkompetenz in Supervision und Coaching bedeuten diese Feststellungen, dass in jeder Kommunikation und sozialen Interaktion Gender eine Rolle spielt und Genderkompetenz in Supervision und Coaching somit zur kommunikativen Kompetenz und Performanz und zur Klärung von Störungen in der Kommunikation beiträgt.

Der *supportive Aspekt* und die *psychohygienische Dimension* sind zentrales Element jedes Supervisions- und Coachingprozesses. Supervision und Coaching sollen zur Entlastung in Stresssituationen und zur Förderung von Arbeitszufriedenheit beitragen. Übertragen auf die Frage nach Genderkompetenz in Supervision und Coaching, sollte diese Gender vor allem dort als Aspekt berücksichtigen bzw. als Analysekategorie integrieren, wo Genderaspekte zu Belastungen und Stress in der Arbeit beitragen oder die Art und Weise des Doing Gender zum Hindernis wird.

Der *methodologische Aspekt* und die *ameliorative Dimension* beschreiben die Unterstützung in der Anwendung von Interventionsmethoden und -techniken. Vor allem dort, wo Supervisand_innen und Coachees mit Menschen arbeiten, intervenieren sie und reflektieren daher auch in der Supervision und im Coaching ihre Vorgangsweisen. Supervision soll zur Weiterentwicklung dieser beitragen. Die Erweiterung von Methodenkompetenz und Interventionstechniken sind nicht nur als Tätigkeitsfeld von Supervision und Coaching, sondern auch als Tätigkeitsfeld von Genderkompetenz in Supervision und Coaching zu sehen, wobei Gender in weiten Bereichen das Thema darstellt, welches mit den jeweiligen Techniken und Methoden zu bearbeiten ist. Für die Übertragung braucht es erfahrungsgemäß Unterstützung, weil mit der Bearbeitung von Genderthemen durch ihre Identitätsdimension eine spezielle Dynamik einhergeht.

Zuletzt, aber deshalb nicht weniger bedeutend, ist in der Supervision der *aufdeckende Aspekt* bzw. die *psychotherapeutische Dimension* wesentlich. Supervision und Coaching haben diesbezüglich die Aufgabe, unbewusste Vorgangsweisen auf der individuellen und Gruppenebene aufzudecken, sie bewusst und damit auch handhabbar zu machen. Für diese Anforderung werden bei Supervisor_innen und Coaches grundlegende psychotherapeutische Kenntnisse und Methoden vorausgesetzt. Gerade beim Thema Gender kommt es in Gruppen, Teams und Organisationen oft zu unbewussten und manchmal auch hinderlichen Genderkonstruktionen. Genderkompetenz in Supervision und Coaching hat in diesem Zusammenhang die Aufgabe, unbewusste Genderkonstruktionen bewusst, bearbeitbar und reflektierbar zu machen (siehe auch Kapitel 3.2).

3.4 Erforderliche Kompetenzen und Performanzen

Eine der ersten Vorstellungen von genderkompetenter Supervision hat Andrea Lehner-Hartmann vorgelegt. Sie beschreibt, wie wichtig die Analysekategorie Geschlecht ist, und untermauert ihre Argumentationen am Beispiel von zentralen anthropologischen Prämissen, anhand derer sie beleuchtet, dass ein Ignorieren der Genderperspektive zu androzentristischen Vorstellungen führen kann, welche sowohl Frauen generell wie auch Männer, die nicht den traditionellen Vorstellungen entsprechen, ausschließen (vgl. Lehner-Hartmann 1998, S. 14ff.): „Die Ungerechtigkeiten, die Frauen und manche Männer durch die an traditionell männlichen Leitbildern orientierten Systeme erfahren, finden im Kontext der Supervision ihre Fortschreibung, wenn der/die SupervisorIn keine ‚awareness' in diesem Bereich mitbringt. Supervision steht dann im Dienste der Stabilisierung eines bestimmten – ungerechten – Systems" (ebd., S. 18). Für eine genderkompetente Supervision ist ihrer Meinung nach das Alltagswissen zum Thema Geschlecht nicht ausreichend, vielmehr benötigen Supervisor_innen soziologisches und sozialisationstheoretisches Wissen über Gender und sind dazu aufgefordert, sich vor diesem Hintergrund selbst zu reflektieren (ebd.).

Verena Bruchhagen ist eine weitere Autorin im deutschsprachigen Raum, die differenzierte Überlegungen zu Genderkompetenz in Supervision und Coaching vorgelegt hat. Sie setzt Genderkompetenz an der Schnittstelle von Person und Organisation an und sieht den Anlass für die Auseinandersetzung mit Gender in Supervision und Coaching in der steigenden Erwerbsquote von Frauen und den damit verbundenen veränderten Rollenanforderungen für Frauen und Männer in Organisationen (vgl. Bruchhagen 2005, S. 10). Darauf aufbauend geht sie davon aus, dass Genderkompetenz in Supervision und Coaching an den „Erfordernissen der Gestaltung von Rollen wie an der Gestaltung sozialer Systeme" (ebd.) ansetzt. „Sie umfasst also Rollenkompetenz und Systemkompetenz" (ebd.). So gesehen erfordert Genderkompetenz für Bruchhagen eine berufliche Nachsozialisation aus Genderperspektive, eine Kombination von biografischem Erfahrungswissen und Genderwissen und die Wahrnehmung von Dynamiken von impliziter und expliziter Geschlechterrelevanz (vgl. ebd., S. 10f.). Genderkompetenz in Supervision und

Coaching kann so „Prozesse der persönlichen Bewältigung und Gestaltung von Geschlechterbeziehungen in Organisationen thematisieren und Wechselwirkungen von Personen und Organisationen beobachten und reflektieren" (ebd., S. 7f.). Aus ihrer Sicht sind die Ebenen „Selbstbild und Rollenverständnis, Beziehungsgestaltung und Interaktion, Organisations- und Institutsdynamik" (ebd., S. 10) von Bedeutung für Genderkompetenz in Supervision und Coaching.

Verwebe ich die Überlegungen zu Gender aus Kapitel 1, die Definition von Genderkompetenz (Kapitel 3.1) und das Supervisions- und Coachingverständnis aus Kapitel 2 miteinander, wird – wie auch Lehner-Hartmann und Bruchhagen schon aufzeigen – deutlich, dass für Genderkompetenz in Supervision und Coaching fundiertes gendertheoretisches Wissen erforderlich ist. Dieses Wissen sollte folgende Disziplinen und Theorieansätze umfassen:

- Wissen über genderspezifische Enkulturations- und Sozialisationsprozesse,
- über sozialpsychologische Grundlagen – im Speziellen ist es sinnvoll, sich mit *social worlds, subjektiv-mentalen* und *kollektiv-mentalen Repräsentationen* auseinanderzusetzen, welche sich z.B. in gendertheoretischen Diskursen (siehe Kapitel 4) zeigen,
- damit verbunden Wissen über gendertheoretische Diskurse,
- über sozialkonstruktivistische und diskurstheoretische Kenntnisse zum alltäglichen Kommunizieren, Interagieren und Handeln auf Genderebene,
- über biologische und soziologische Grundlagen in Bezug auf Gender, im Speziellen organisations- und institutionssoziologische Forschungsergebnisse im Genderbereich
- sowie über relevante Genderforschungsergebnisse im jeweiligen Berufsfeld.

Mit Hilfe dieses Wissens können in Supervisions- und Coachingprozessen professionelle aktionale Analysen und systematische Reflexionen von Praxissituationen auf der Genderebene vorgenommen werden. Auf der Performanzebene geht es demnach um die Umsetzung dieses Wissens im supervisorischen und Coachinghandeln. Darüber hinaus sind eine systematische und fundierte Selbstreflexion über das eigene gelebte Gender und prägende Gendervorstellungen sowie soziale und Methodenkompetenz Voraussetzung, um Genderaspekte in Supervision und Coaching einbringen und dort bearbeiten zu können.

3.5 Die Rolle im genderkompetenten Vorgehen

Als Basis für die Bestimmung der Rolle im genderkompetenten Vorgehen werden die Rollendefinitionen von Integrativer Supervision und Integrativem und differentiellem Coaching herangezogen. In der Integrativen Supervision fungieren Supervisor_innen als „Feedback-Instanz, Katalysator, Berater in personaler Auseinandersetzung (…) ganz wie es Kontext und Situation erforderlich machen" (Petzold 1998a, S. 21). Im Integrativen und differentiellen Coaching können Coaches vielfältige Rollen und Funktionen haben: „die eines fachlichen Beraters, eines innovativen Impulsgebers, eines advocatus diaboli, Mahners und Warners, eines exzentrischen, durchaus kritischen Partners, der Unterstützung und Herausforderung gleichermaßen bietet. In ‚virtuellen bzw. mentalen scenarios' ist er Mitspieler, Gegenspieler, Analyst, kokreativer Mitautor von Handlungsdrehbüchern und Innovationsentwürfen. In realen Problem- bzw. Konfliktsituationen, in denen er zu lösungsorientierter Beratung oder Begleitung gebeten wird, ist er ‚interconnector' von verschiedenen möglichen Positionen, zuweilen ist er ‚mediator' für die Konfliktparteien. Immer geht es um eine Verbesserung der **Kompetenz** (Fähigkeiten, Wissen, concepts) und der **Performanz** (Fertigkeiten, Können, Skills)" (Petzold 2002g/2004, S. 14). In beiden Beratungsformaten ist die Rolle der Begleitung sehr flexibel angelegt und so ist auch die Rolle der Supervisor_innen und Coaches im genderkompetenten Vorgehen flexibel und funktionsorientiert. Sie bildet zusammen mit der egalitären Beziehungsgestaltung *(Ko-respondenz)* und der im Prozess bestimmten Zielorientierung den Boden für eine konstruktive Auseinandersetzung mit Genderaspekten im beruflichen Feld.

Zur Funktion und Aufgabe von Supervisor_innen und Coaches gehört es auch, als *Role Model* zu fungieren. Für genderkompetentes Vorgehen gilt das in besonderem Maß. So können Supervisor_innen und Coaches mit der Art, wie sie Gender vorleben, und ihrem Umgang mit Gender und Genderthemen alternative Handlungsvarianten ermöglichen und zu einem gendergerechten Umgang anregen.

Die Beratungsbeziehung im genderkompetenten Vorgehen gründet ebenfalls im Verständnis von jenem des Integrativen Ansatzes. Genderkompetenz in Supervision und Coaching geschieht demnach in „Ko-respondenz zwischen Supervisor und Supervisanden in Bündelung ihrer Kompetenzen (joint competence) an theoretischem Wissen, praktischen Erfahrungen, differentieller Empathie, Tragfähigkeit und common sense" (Petzold 1998a, S. 21). In einem gemeinsamen Austausch mit egalitärer Voraussetzung werden demnach Genderkompetenzen wie gendertheoretisches Wissen und praktische Erfahrung im Umgang mit Genderaspekten zusammengetragen, indem mit Hilfe von wechselseitiger Empathie und gegenseitiger Wertschätzung gemeinsames Verstehen der von Gender geprägten Situation und Fragestellung erarbeitet werden. Im „gemeinsamen Bemühen von Supervisor und Supervisanden, vorgegebene Sachelemente, vorhandene Überlegungen und Emotionen in ihrer Ganzheit, ihrer Struktur, ihrem Zusammenwirken zu erleben, zu erkennen und zu handhaben" (ebd.) erfolgen integrative Supervisionsprozesse. Genderthemen und Genderaspekte werden demnach mit Überlegungen dazu und den damit verbundenen Emotionen in ihrer Ganzheit erfasst und in ihrem Zusammenwirken mit den Genderstrukturen er- und durchlebt, geklärt und reflektiert.

3.6 Herausforderungen im genderkompetenten Vorgehen

Die Herausforderungen für genderkompetentes Vorgehen in Supervision und Coaching liegen im Detail. So beschreiben etwa Gabriele Bargehr und Gabriele Marth, dass sich die Frage stellt, wie wir „in Supervisionen einerseits Unterschiede zwischen den Geschlechtern und innerhalb der homogenen Gruppe sichtbar machen und andererseits dadurch keine weiteren genderspezifischen Zuschreibungen und deren Manifestationen fördern" (Bargehr, Marth 2000, S. 67) können. Aus gendertheoretischer Perspektive wird dieser Fragestellung auch in Kapitel 4.4 nachgegangen.

Andrea Lehner-Hartmann hat sich mit Widerstandsphänomenen in Gender-Mainstreaming-Prozessen beschäftigt. In Supervisionen und Coachings finden wir immer häufiger Organisationen vor, in welchen Gender Mainstreaming implementiert wird und demnach Widerstandsphänomene auftreten können. Sie formuliert die Herausforderungen für Supervisor_innen und Coaches in diesem Zusammenhang folgendermaßen: „Um solche möglichen Reaktions- und Agitationsweisen müssen Supervisor_innen wissen, um situationsadäquat im Supervisionsprozeß entscheiden zu können, wann und wo Wahrnehmungen [aus Genderperspektive, Anm. d. Verf.] thematisiert werden können. Falsch platzierte oder überfallsartig aufgedeckte Diagnosen und Interventionen können derartige Ängste und Verunsicherungen auslösen, daß – gegen die Absicht des/der SupervisorIn – das Geschlechterverhältnis in unausgesprochenem Einverständnis zum Tabuthema erklärt und somit aus dem Supervisionsprozeß hinaus katapultiert wird" (Lehner-Hartmann 1998, S. 20). Lehner-Hartmann macht somit auch darauf aufmerksam, dass es nicht ausreichend ist, über fundiertes Wissen zu Gender- und Supervisionsbzw. Coachingprozessen zu verfügen, vielmehr braucht es für situationsadäquates und professionelles Supervisions-, Coaching- und Genderhandeln „Performanz im Umgang mit dem diagnostizierten Material" (ebd.). Ist diese Performanz erreicht, kann selbst das Thematisieren von Ungleichheiten auf den strukturellen Ebenen von Geschlecht, Ethnie und Klasse „Veränderungs-, Handlungs- und Entscheidungspotential einzelner Personen, eines Teams oder einer Gruppe entscheidend ausweiten" (ebd., S. 19f.).

Dieter Rothard hält es für „äußerst heikel, dem Supervisionsprozess über das, was vereinbar ist und was vereinbart ist, hinaus noch politische Ziele unterzuschieben" (Rothard 2005, S. 41). Er verortet die Virulenz von Genderkompetenz in Supervision und Coaching vor allem in der Thematisierung von Identitätsfragen in der Supervision (vgl. ebd., S. 37). Vor diesem Hintergrund fordert er für genderkompetente Supervision eine „hohe Sensibilität und Interventionskompetenz" (ebd., S. 41), und er schreibt weiter: „Ein angemessenes Verhältnis zwischen dem Respekt vor den persönlichen Grenzen, die Supervisanden setzen, verbunden mit der Fähigkeit, im Supervisionsprozess neue Erfahrungen zu provozieren und Entwicklungen möglich zu machen, ist Teil supervisorischer Kompetenz. Diese ist im Bereich Gender sehr gefordert" (ebd.).

Während Bargehr und Marth das grundsätzliche Dilemma von Zuschreibungen und Konstruktionen beschreiben, macht Lehner-Hartmann auf das Widerstandspotenzial beim Thema Gender aufmerksam. Dieses wiederum kann in engem Zusammenhang mit Identitätsfragen gesehen werden, was Rothard thematisiert.

3.7 Der Auswahlprozess als besonderes Moment von Genderkompetenz in Supervision und Coaching

Wie Andrea Lehner-Hartmann feststellt, hat Gender eine besondere Rolle im Auswahlprozess von Supervisor_innen. Für Frauenteams werden oft Supervisorinnen, für Teams in Männerberatungen Supervisoren engagiert (vgl. Lehner-Hartmann 1998, S. 21). Frauen- und Männerprojekte arbeiten meist mit einem Weltbild der gemeinsamen Betroffenheit von Frauen oder Männern und legen auf dieser Basis Wert auf das morphologische Geschlecht der Supervisor_innen. Die morphologische Geschlechterverteilung in Teams wird oft als Grundlage für die Entscheidung über das morphologische Geschlecht der Supervisor_innen herangezogen. Lehner-Hartmann nennt Gründe, weshalb sich Teams für Frauen entscheiden können: So wollen Teams mitunter ein politisches Signal setzen, als innovativ gelten oder die Frauen des Teams hoffen auf Solidarität (ebd., S. 21 f.). Diese Motivationen legen nahe, sich – wie es Lehner-Hartmann, und auch Gabriele Bargehr und Gabriele Marth vorschlagen – im Auftragsgespräch mit der Frage des Geschlechts zu beschäftigen und zu ergründen, warum sich eine Person, ein Team oder eine Organisation für eine Supervisor_in oder einen Supervisor entschieden hat. Diese Fragestellung ermöglicht es auch, die Genderbilder der Supervisand_innen sichtbar zu machen und damit die Erwartungen an das eigene morphologische Geschlecht zu ergründen (vgl. Lehner-Hartmann 1998, S. 22; Bargehr, Marth 2000, S. 70).

4 Gendertheoretische Diskurse

In den vorangegangenen Kapiteln dieses Buches ist an vielen Stellen deutlich geworden, wie wichtig fundiertes Genderwissen ist, um Supervision und Coaching professionell und genderkompetent durchführen zu können. Alltagstheorien und die Reflexion der eigenen Position sind in diesem Zusammenhang noch lange nicht ausreichend und können unbeabsichtigt zu einem Gender Bias führen, der dem Supervisions- oder Coachingprozess eher schadet als nutzt. Dort, wo beispielsweise eine Geschlechterdifferenz angenommen wird, obwohl andere Differenzlinien von größerer Bedeutung sind, können „Geschlechterkämpfe" und Spaltungen entstehen, „nur" weil in der Supervision oder im Coaching Gender eindimensional bearbeitet wurde. Die Auseinandersetzung mit den verschiedenen Diskursen in der Gendertheoriebildung kann diesbezüglich in vielerlei Hinsicht hilfreich sein. Sie ermöglicht den Erwerb fundierter theoretischer Kenntnisse über Gender und damit eine erweiterte professionelle Kompetenz auf der Genderebene. Wie bereits deutlich wurde, gibt es nicht nur eine einzige Gendertheorie. Im Laufe der Zeit hat sich eine ganze Reihe von Theorien zum Thema Gender herausgebildet. Demnach sind die Genderkenntnisse der Supervisand_innen und Coachees und der Auftraggeber_innensysteme vermutlich auch unterschiedlich bzw. können sich auf unterschiedliche Diskurse beziehen. Das Wissen um diese Diskurse hilft bei der Einschätzung, in welchem Diskurs die Supervisand_in oder der Supervisand bzw. der oder die Coachee verortet ist und von wo aus sie oder er spricht. Das erleichtert die Anschlussfähigkeit. Darüber hinaus kann eine mehrperspektivische Vorgangsweise aus den verschiedenen Diskursen heraus das Entstehen von Gender Bias zwar nicht vermeiden, aber doch deutlich einschränken – Vielfalt will vielfältig erschlossen werden. Schließlich erleichtert theoretisches Wissen die Benennung von Prozessen auf der Genderebene.

Der Diskursbegriff für die verschiedenen theoretischen Ansätze aus der feministischen Frauenforschung, der kritischen Männerforschung, den Gay and Lesbian Studies, den Queer und Postcolonial Studies wird hier sehr bewusst eingesetzt. Mit dem Begriff Diskurs werden hier im Sinne der Integrativen Theorie „zusammenhängende Systeme von Aussagen verstanden, die auf der Grundlage bestimmter Regeln die jeweilige ‚Vernunft' eines gesellschaftlichen

Traditionsstroms (in der Wissenschaft z.B. der Psychiatrie, Medizin, Biologie usw.) organisieren. Es entstehen auf diese Weise Strukturen, in denen sich die Subjekte bewegen, Strukturen, die sich im Handeln von Subjekten artikulieren, ohne daß sie in deren Verfügung stehen" (Petzold 1998a, S. 124). Jeder dieser im Folgenden vorgestellten Diskurse kann als so ein zusammenhängendes System von Aussagen aufgefasst werden, aus welchen sich handlungsleitende Strukturen für Subjekte gebildet haben, auch wenn es dort und da Überschneidungen und Bezugnahmen gibt. Jeder dieser Diskurse hat eigene Annahmen und Schlussfolgerungen zu Gender und schafft demnach unterschiedliche Bedeutungszuschreibungen und Schwerpunkte.

Die Auswahl der Diskurse erfolgte aufgrund der Breite der Rezeption. Demnach werden hier jene Diskurse vorgestellt, die in den Gender Studies am breitesten diskutiert und in nahezu jedem aktuellen Grundlagenwerk oder Handbuch der Gender Studies zu finden sind. Die Diskurse der Gleichheit und der Geschlechterdifferenz haben eine lange Tradition und weisen insofern eine hohe Aktualität auf, als sie am deutlichsten in die Alltagstheorien eingegangen sind und den theoretischen Hintergrund für zahlreiche Fraueneinrichtungen und Gleichbehandlungsstellen bilden. Der Diskurs um Diversität genießt im deutschsprachigen Raum nach wie vor vielerorts wenig Anerkennung, er gewinnt aber durch die Strategie Managing Diversity und die Forderungen der EU gerade an Bedeutung. Er erscheint mir insofern bedeutsam, als sich die Theoretiker_innen dieses Ansatzes intensiv mit der Verknüpfung von Geschlecht und weiteren Strukturkategorien wie Nationalität/Ethnie, Hautfarbe, Alter, sexuelle Orientierung, Behinderung oder Klasse beschäftigen. Der empirische und der diskurstheoretische Konstruktivismus wurden in Kapitel 1.3.2 und 1.3.3 kurz vorgestellt und in ihrer Bedeutung für Supervision und Coaching diskutiert. Im Folgenden werden beide Diskurse ausführlicher dargestellt. Der Diskurs um hegemoniale Männlichkeit ist ein zentrales Konzept aus der kritischen Männerforschung und bildet die theoretische Basis für zahlreiche Männerberatungen und für die Jungenarbeit in Österreich und Deutschland. Der Diskurs um die Dekonstruktion von Gender nimmt seit Mitte der 1990er-Jahre in Österreich und Deutschland einen breiten Raum ein und bildet eine wesentliche Grundlage für die Queer Theory, die als jüngster Ansatz am Ende dieses Kapitels vorgestellt wird. Alle Diskurse werden porträtiert, indem eine historische Verortung vorgenommen wird, zentrale Themen und Ziele dargestellt werden, kritische Anmerkungen diskutiert werden und ein Konnex zur Supervisions- und Coachingforschung hergestellt wird. Dafür wird auch auf Arbeiten zu Beratung im Allgemeinen zurückgegriffen, weil bisher noch kaum Literatur zu diesem Thema veröffentlicht wurde. Darüber hinaus werden möglichst viele Beispiele aus der Praxis beschrieben, um zu zeigen, wie sich diese Diskurse im Beratungsalltag zeigen können, und um das Verständnis dieser Denksysteme zu vertiefen. Allen Diskursen gemeinsam sind philosophische, politische und erkenntnistheoretische Überlegungen zur Verfasstheit von Geschlecht bzw. Gender. Dies macht ihre Komplexität und Faszination aus und ermöglicht in ihrer Vielfalt Nähe zur und Nutzen für genderkompetente Supervision und genderkompetentes Coaching.

4.1 Der Gleichheitsdiskurs

Der Begriff Gleichheit wird gerade in der Debatte um Gender sehr vielfältig eingesetzt und diskutiert. Unter „Gleichheit" werden oft Themen wie Gleichberechtigung und damit verbunden oft auch Verteilungsgerechtigkeit, Chancengleichheit, Gleichwertigkeit und das tatsächliche Gleichsein der Menschen subsumiert. Sowohl in der politischen als auch in der wissenschaftlichen Diskussion der Theoriebildung werden diese Begrifflichkeiten synonym verwendet oder verknüpft. In der Darstellung des Diskurses um die Gleichheit wird diese Begriffsvielfalt aufgegriffen und in den entsprechenden Kontext gestellt.

4.1.1 Frauen fordern ihre Rechte

Den Ausgangspunkt dieses Diskurses bilden die politischen Forderungen zweier zentraler Frauen in der europäischen Aufklärung Ende des 18. Jahrhunderts, welche damit auch die erste Frauenbewegung einleiteten. Olympe de Gouges (1791) und Mary Wollstonecraft (1792) kämpften zunächst um die gleichen Rechte für Frauen (wie für Männer). Dabei ging es Mary Wollstonecraft um Persönlichkeitsrechte in der Ehe, das Scheidungsrecht, das Wahlrecht und das Recht auf Eigentum und Bildung. Olympe de Gouges brachte die Rechtlosigkeit von Frauen mit dem Zustand der Gesellschaft in Verbindung: So wie die Kämpfer_innen der Aufklärung die Vorstellung propagierten, dass alle Menschen von Natur aus nicht nur frei, sondern auch gleich sind, setzte Olympe de Gouges die Annahme der Gleichheit der Geschlechter voraus, und zwar in Bezug auf Intelligenz, Fähigkeiten und Menschsein (vgl. Haug 2008, S. 52f.). Und so schrieb Olympe de Gouges in ihrer „Déclaration des droits de la femme et de la citoyenne"/Erklärung der Rechte der Frau und Bürgerin: „Mann bist du fähig, gerecht zu sein? Eine Frau stellt dir diese Frage. Dieses Recht wirst du ihr zumindest nicht nehmen können. Sag mir, wer hat dir die selbstherrliche Macht verliehen, mein Geschlecht zu unterdrücken? Deine Kraft? Deine Talente? Betrachte den Schöpfer in seiner Weisheit ... Nur der Mann hat sich aus der Ausnahme ein Prinzip zurechtgeschneidert. Extravagant, blind, von den Wissenschaften aufgeblasen und degeneriert, will er in diesem Jahrhundert der Aufklärung und Scharfsinnigkeit, doch in krasser Unwissenheit, despotisch über ein Geschlecht befehlen, das alle intellektuellen Fähigkeiten besitzt. Er möchte von der Revolution profitieren, er verlangt sein Anrecht auf Gleichheit, um nicht noch mehr zu sagen" (Blanc 1989).

4.1.2 *Chancengleichheit für Frauen und Männer*

Anfang der 1970er-Jahre werden die Ideen von Olympe de Gouges und Mary Wollstonecraft von der so genannten zweiten Frauenbewegung aufgegriffen. Hier wird die gemeinsame Betroffenheit aller Frauen und Mädchen von struktureller und personeller Gewalt durch Männer zum Ausgangspunkt genommen und mit der Annahme der Gleichheit der Geschlechter verknüpft. Wie für die Feministinnen der ersten Frauenbewegung steht auch hier der Kampf gegen die gesellschaftliche Diskriminierung von Frauen im Mittelpunkt. Es werden gleiche Rechte, gleiche Chancen, gleiche Bildung und die Anerkennung gleicher Fähigkeiten für Frauen (wie für Männer) unter dem Stichwort „Chancengleichheit" gefordert (vgl. Thürmer-Rohr 1995, S. 88). Die zentrale Strategie in diesem Diskurs ist es, von „wir Frauen" zu sprechen und damit eine über alle Unterschiede von sozialer Schicht, Hautfarbe, Herkunft und sexueller Orientierung hinwegsehende gemeinsame Betroffenheit und Erfahrung unter Frauen zu demonstrieren. Auf dieser Basis wird gemeinsam gegen die so genannte Männerherrschaft, das Patriarchat, gekämpft.

Diese Sichtweise der Gleichheit unter Frauen war Anfang der 1970er-Jahre naheliegend, kämpften doch Frauen aus historisch und sozioökonomisch unterschiedlichsten Ländern und verschiedenster sozialer Herkunft gemeinsam gegen den Abtreibungsparagraphen und für das Selbstbestimmungsrecht über den eigenen Körper. Sie verknüpften diese Forderungen mit gesellschaftspolitischen Fragen nach Arbeitsteilung, Eigentum, Ausbeutung und Herrschaft (vgl. Haug 1990, S. 83). In diesem Zusammenhang waren die Verschränkung von Alltagserfahrung und Gesellschaftsstruktur und die Veröffentlichung dieses Zusammenhangs von großer Bedeutung. Damit wurden nicht nur Forderungen nach Gleichbehandlung gestellt, sondern es wurde der Weg in eine „andere Gesellschaft" begonnen (vgl. ebd., S. 88).

Seit damals wurde dieses Gleichheitspostulat breit und kritisch diskutiert (siehe Kapitel 4.1.3). Der egalitäre Kern dieses Diskurses bietet jedoch noch heute eine zentrale Grundlage all jener feministischen Bemühungen, die sich für die Demokratisierung der Geschlechterverhältnisse einsetzen, da das Gleichheitspostulat die visionären Wünsche nach einem Leben ohne hierarchische Rangfolgen zum Ausdruck bringt (vgl. Prengel 2004, S. 98). In der feministischen Diskussion wurde das Gleichheitspostulat weiterentwickelt und mit dem Begriff der Gleichberechtigung versehen, „der den Aspekt der gleichen Rechte mit dem Aspekt der Freiheit verbindet, um solche Rechte in einer ‚Gleichheit ohne Angleichung' (Gerhard 1990) selbstbestimmend nutzen zu können" (ebd.).

Darüber hinaus findet sich das Gleichheitspostulat in der aktuellen Gleichstellungspolitik, die sich in rechtlicher Hinsicht nicht nur auf Frauen und Männer, sondern auch auf Diversitäten wie Alter, Hautfarbe, nationale/ethnische Herkunft, physische sowie psychische Behinderungen, sexuelle Orientierung und Religion bezieht. Die Gleichstellungspolitik in Bezug auf Geschlecht wird auch mithilfe der Strategie Gender Mainstreaming umgesetzt. Der Europarat definierte Gender Mainstreaming wie folgt: „Gender Mainstreaming besteht in der (Re-)Organisation, Verbesserung, Entwicklung und Evaluierung von Entscheidungsprozessen, sodass von Akteur/innen, die üblicherweise in Entscheidungsprozesse eingebunden sind, eine Perspektive der Gleichberechtigung der Geschlechter (Orig.: 'gender equality', Anm. R. F.) in allen Vorgehensweisen (Orig.: 'policies') auf allen Ebenen und in allen Phasen eingenommen wird" (Council of Europe 1998, S. 15, zit. n. Frey 2003, S. 9). Mit dieser Strategie, ihrer Verankerung im Amsterdamer Vertrag von 1996 und seiner Ratifizierung 1999 haben sich alle EU-Staaten dazu verpflichtet, sich für die Gleichstellung der Geschlechter einzusetzen und die Strategie Gender Mainstreaming zur Anwendung zu bringen. Mechthild Cordes definiert für die Geschlechter-Gleichstellungspolitik im Wesentlichen zwei Ziele: „Zum einen soll die Diskriminierung von Frauen als Ursache der ungleichen Lebensverhältnisse von Frauen und Männern beseitigt werden; zum anderen sollen die sozialen Folgen dieser Ungleichheit beseitigt und gleiche Lebenschancen wie gleiche Teilhabe von Frauen an den gesellschaftlichen Ressourcen erreicht werden" (Cordes 2008, S. 916).

In diesem Zusammenhang wird sehr oft der Begriff Gleichbehandlung eingesetzt, der gerade in beruflichen Zusammenhängen gerne bemüht wird, wenn es um Gender geht. Etwa wenn Geschäftsführer und Abteilungsleiter erklären, dass sie Frauen und Männer gleich behandeln, oder Mitarbeiterinnen betonen, dass sie gleich behandelt werden wie die Kollegen. Die Idee der Gleichbehandlung hat jedoch einen Haken: Die gleiche Behandlung von Menschen in ungleichen Ausgangssituationen reproduziert zwangsläufig die bestehende Ungleichheit (vgl. ebd., S. 917). Darüber hinaus ist es gar nicht möglich, alle „gleich" zu behandeln, weil wir uns je nach Beziehungskonstellation und Rollenkonfiguration unterschiedlich verhalten.

So wie gleichstellungspolitische Bemühungen von großer Relevanz sind, bildet auch der Ausgangspunkt der gemeinsamen Betroffenheit aller Frauen und Mädchen von struktureller und personeller Gewalt durch Männer für viele Fraueneinrichtungen eine wesentliche Grundlage, vor allem in der Beratung und Betreuung von Frauen, die von physischer und/oder psychischer Gewalt betroffen sind. Dies kann sich in der Supervision zum **Beispiel** folgendermaßen zeigen: Ich arbeitete mit einem Team einer Beratungseinrichtung, das unter anderem von Gewalt betroffene Frauen berät. Eine Supervisandin thematisierte ihre Angst vor den Gewalttätern ihrer Klientinnen. Sie hatte eine langjährige Erfahrung und eine große Expertise in der Begleitung von Frauen, die von Gewalt betroffen sind, und schilderte, dass sie immer dann Angst fühlte, wenn sie mit ihren Klientinnen alleine im öffentlichen Raum unterwegs war, insbesondere wenn sie sie zu Gerichts- oder Polizeiterminen begleitete. Ihre Grundannahme war, dass sie so wie ihre Klientin der möglichen Gewalt des Gewalttäters ausgeliefert war und sich damit gemeinsam mit ihrer Klientin als betroffen von personaler und struktureller Gewalt durch Männer erlebte. In diesem Beispiel zeigt sich vor allem, wie ansteckend Angst sein kann, und eine differenzierte Betrachtung der unterschiedlichen Beziehungsqualitäten brachte erhebliche Erleichterung. Häusliche und innerfamiliäre Gewaltprozesse sind meist langwierige Prozesse in einer speziellen Beziehungskonstellation. Die Reflexion machte deutlich, dass die Supervisandin aufgrund ihrer Position als institutionell abgesicherte Beraterin nicht Teil dieser Beziehungskonstellation ist und daher andere Betroffenheiten und damit verbunden andere Handlungsmöglichkeiten hat als ihre Klientinnen. In Bezug auf Gender wird deutlich, dass die gemeinsame Geschlechtszugehörigkeit der Beraterin und der Klientin im Kontext von männlicher Gewalt gegenüber Frauen zu einer Vorstellung gemeinsamer Betroffenheit als Frauen führte. Diese Annahme der gemeinsamen Betroffenheit ermöglichte Mitgefühl und Empathie für die Klientinnen und verhinderte gleichzeitig eine von Sicherheitsgefühl getragene Souveränität. Die Reflexion dieser gemeinsamen Betroffenheit von Gewalt durch Männer und damit eine Differenzierung ermöglichte neue Perspektiven und Handlungsmöglichkeiten im Sinne der Supervisandin und der Klientinnen.

Zusammenfassend kann festgehalten werden, dass sich der Gleichheitsdiskurs ausgehend von der Annahme, dass die Geschlechter in ihrer Intelligenz, in ihren Fähigkeiten und in ihrem Menschsein gleich sind, zu einer weitreichenden Gleichstellungspolitik weiterentwickelt hat, welche nicht nur die Dimension des Geschlechts umfasst. So werden durch das Gleichbehandlungsgesetz 2004 auch Menschen aufgrund ihrer ethnischen Zugehörigkeit, ihres Alters, ihrer sexuellen Orientierung oder ihrer Religion oder Weltanschauung geschützt. Im Gleichheitsdiskurs wird die Gleichheit unter Frauen postuliert, welche einen gemeinsamen Kampf gegen die Diskriminierung von Frauen ermöglicht. Diskutiert werden in diesem Zusammenhang Begriffe wie Chancengleichheit, Gleichbehandlung und Gleichberechtigung, die alle auf eine demokratische Gesellschaft ohne Hierarchien zwischen den Geschlechtern hinweisen.

4.1.3 *Doch nicht alle gleich … ?*

Die Tatsache, dass von „wir Frauen", d.h. im Namen aller Frauen, gesprochen wurde, führte Anfang der 1980er-Jahre zu Kontroversen innerhalb der Frauenbewegung. So kritisierten afroamerikanische, jüdische, immigrierte, lesbische und viele andere Frauen die Frauen der weißen, heterosexuellen und westlichen Welt. Sie machen darauf aufmerksam, dass jene kein Recht haben, von „den Frauen" zu sprechen und das Subjekt des Feminismus aus ihrer Perspektive zu bestimmen (vgl. Thürmer-Rohr 1995, S. 88). Problematisiert wird in diesem Zusammenhang vor allem die Universalisierung der Kategorie „Frau", indem die Erfahrungen von weißen, heterosexuell lebenden Mittelschichtsfrauen verallgemeinert werden (vgl. auch Kapitel 4.3).

Judith Butler schloss sich Anfang der 1990er-Jahre dieser Kritik an. Sie stellt ebenfalls das Subjekt des Feminismus, nämlich „die Frau(en)" in Frage, indem sie darauf hinweist, dass die Kategorie „die Frau(en)" nicht die einzig bestimmende Dimension von Menschen mit weiblichen Körpern ist, weil sich Geschlechtsidentität nicht aus politischen und kulturellen Vernetzungen herauslösen lässt, sondern sich mit die Hautfarbe betreffenden, ethnischen, sexuellen, regionalen und klassenspezifischen Modalitäten diskursiv konstitutierter Identitäten überschneidet (vgl. Butler 1991, S. 18). Damit macht sie genauso wie afroamerikanische, jüdische, lesbische oder Frauen mit Behinderungen darauf aufmerksam, dass nicht alle Frauen gleich sind und sich Geschlechtsidentität nicht ausschließlich aus weiblichen Körpermerkmalen heraus entwickelt, sondern ein komplexer Prozess ist, der historisch, regional, ethnisch, klassenspezifisch und ethisch bestimmt ist. Die im Gleichheitsdiskurs postulierte Einheitlichkeit des Patriarchats betrachtet Butler genauso kritisch, indem sie auch dessen Universalisierung in Frage stellt (vgl. ebd., S. 18f.).

Neben der Verallgemeinerung von Frauen wird auch die kollektive Betroffenheit aller Frauen durch männliche strukturelle Gewalt und damit die Definition aller Frauen als „*kollektive Opfer* historischen Geschlechterskandals und struktureller Gewalt" (Thürmer-Rohr 2008, S. 87) in Frage gestellt. Christine Thürmer-Rohr wendet sich damit gegen die Vorgangsweise, aus weiblichen Opfererfahrungen eine weibliche Identität zu konstruieren und damit auch das Handlungsspektrum von Frauen zu definieren und zu determinieren (vgl. ebd., S. 89). Sie antwortet auf die These der kollektiven Betroffenheit mit ihrer Theorie der Mittäterschaft und belegt anhand von zahlreichen Studien die Mitbeteiligung von Frauen an nationalsozialistischem Mord und weißem Rassismus (siehe auch Kapitel 4.3).

Vehemente Kritik am Gleichheitsdiskurs kam Anfang der 1990er-Jahre auch von den italienischen Differenztheoretiker_innen (siehe Kapitel 4.2), die eine nicht aufzuhebende Differenz zwischen Frauen und Männern postulierten. Ihr Hauptargument war das Scheitern der Politik der Gleichheit. Es wurde festgestellt, „... daß die Frauen durch die Politik der Gleichheit auf der Ebene des Rechts (vor allem im Bereich des Arbeitsrechts) juridisch immer mehr den Männern gleichgesetzt werden. Dies führt aber nicht zu einer Verringerung der patriarchalischen Herrschaft, vielmehr tritt sie in immer deutlicher werdenden Widersprüchen zutage. [...] Mit anderen Worten: die Frauen werden zwar als ein den Männern gleiches Subjekt *einbezogen* (so als ob sie Männer wären, obwohl sie Frauen sind), werden aber weiterhin als ein unterlegenes Subjekt *betrachtet* (eben weil sie Frauen sind)" (Cavarero 1990, S. 95). Damit betonen sie ein zentrales Gefahrenmoment des Gleichheitsdiskurses, das oben bereits benannt wurde: Gleichheit als Angleichung an männlichkeitsbezogene Normen.

Zusammenfassend beziehen sich die zentralen Kritikpunkte an der Gleichheitsposition zum einen auf die Vereinheitlichung von Frauen und damit auf die Ausblendung von Unterschieden und Hierarchien unter Frauen und zum anderen auf die Gleichsetzung von Frauen und Männern, die eine Anpassung von Frauen an männlichkeitsorientierte Maßstäbe impliziert. Außerdem erfolgt die Gleichsetzung zwar formell, verändert jedoch nicht die informellen Strukturen. Das revolutionäre Moment des Gleichheitsdiskurses liegt einerseits in der Forderung nach einem aufgeklärten und modernen Menschenbild für Frauen und andererseits in der Zielsetzung, die Gesellschaft zu verändern, indem für gleiche Rechte und Chancen von Frauen und Männern gekämpft wird. Bis heute zeigen sich die Konsequenzen des Gleichheitsansatzes in einem liberalen und in gesellschaftlichen Teilbereichen erfolgreichen Feminismus über alle Parteigrenzen hinweg, der die Partizipation und Gleichstellung von Frauen fordert. Die Funktion des verallgemeinernden „wir Frauen" liegt demnach in seiner Durchsetzungskraft für die Gleichberechtigung von Frauen und Männern.

4.1.4 Gleichheit in Supervision und Coaching

Für Genderkompetenz in Supervision und Coaching ist der Gleichheitsdiskurs in vielerlei Hinsicht von Bedeutung: wissenschaftlich, rechtlich und für die Wahrnehmungskompetenz. Die rechtlichen Auswirkungen dieses Diskurses bilden zentrale Rahmenbedingungen für Supervisions- und Coachingprozesse. So hat das arbeitsrechtliche Gleichbehandlungsgesetz von 2004 entscheidenden Einfluss auf das Miteinander von Menschen, die zusammenarbeiten, und auf den Umgang mit Unterschiedlichkeiten untereinander. Zudem ist es möglich, dass Supervisor_innen und Coaches in Organisationen tätig sind, die Gender Mainstreaming oder Diversity Management mit den Grundannahmen des Gleichheitsdiskurses – Gleichheit, Gleichberechtigung und Gleichbehandlung – implementieren. Diese Organisationsentwicklungsinstrumente lösen oft Unsicherheiten und Widerstände aus und werden demnach in der Supervision oder im Coaching thematisiert.

Das „Vergleichen" von Frauen und Männern findet sich in zahlreichen Supervisions- und Coachingprozessen wieder. So wird in Teams und Gruppen oft von der Differenz von Frauen und Männern ausgegangen und ein Vergleich hergestellt. Eine ähnliche Vorgangsweise findet sich in der sozialwissenschaftlichen Forschung und der Supervisionsforschung, wo Frauen und Männer, Supervisor_innen und Coaches oder Supervisand_innen und Coachees in ihrem Verhalten, ihren Erwartungen und Reaktionen miteinander verglichen werden. Die Ergebnisse sind recht unterschiedlich. Interessant ist, dass seriöse, umfassende Vergleichsstudien im Wesentlichen die Gleichheit der Geschlechter belegen:

So fasst etwa Sabine Scheffler die Ergebnisse von empirischen sozialpsychologischen Untersuchungen zusammen und hält fest, dass die Variabilität des Verhaltens innerhalb der Untersuchungsgruppe Frauen und jene des Verhaltens innerhalb der Untersuchungsgruppe Männer größer ist als die Variabilität des Verhaltens zwischen Frauen und Männern. In diesem Zusammenhang erklärt die Strukturkategorie „Geschlecht" nur zu etwa 5 % die Verhaltensvarianz. Darüber hinaus sind psychologische Geschlechtsunterschiede eher gering und inkonsistent, d.h., Geschlecht als Subjektvariable ist somit unerheblich (vgl. Eagly 1987; Maccoby/Jacklin 1974; Hare-Mustin/Marecek 1990; Alfermann 1996 zit. n. Scheffler 2008, S. 652). Besonders deutlich sind diese Ergebnisse, wenn morphologische Frauen und Männer in ähnlichen Berufspositionen oder Berufsgruppen miteinander verglichen werden. So wurden weibliche und männliche Führungskräfte in Bezug auf „Persönlichkeitsfaktoren, Einstellungen, kognitive und motivationale Ressourcen, Karriere- versus Familienorientierung sowie Führungsstile" (Walenta/Kirchler 2005, S. 478) untersucht: Die Mehrzahl der Untersuchungen konnte keine nennenswerten Geschlechtsunterschiede feststellen (vgl. Bass 1990; Eagly und Karau 1991; Vinkenburg et al. 2000, zit. n. ebd.). Hermann Major verglich im Rahmen seiner Master Thesis 25 Supervisorinnen mit 31 Supervisoren mittels Fragebogenerhebung in Bezug auf ihre Prioritätensetzung in der Supervision, die faszinierenden Aspekte ihrer Arbeit, die Berücksichtigung der eigenen Kompetenzen für die supervisorische Tätigkeit und die Akquisestrategien. In der Prioritätensetzung, der Faszination und den Akquisestrategien ergaben die Ergebnisse keine Unterschiede. Nur bei der Selbsteinschätzung der eigenen Kompetenzen betonten Supervisorinnen eher methodisch-fachliche Kompetenzen und Supervisoren ihre Wahrnehmungsfähigkeit. Nach Meinung des Autors kommt dieser Unterschied durch die Zurückweisung der klassischen Geschlechtsstereotypien in der Selbstattribution zustande (vgl. Major 2006).

Eine gewagte Interpretation und Verallgemeinerung dieser Ergebnisse könnte darauf hinweisen, dass Frauen und Männer, intersexuelle, transgender und transsexuelle Personen im gleichen Aufgabenbereich bzw. in vergleichbaren beruflichen Positionen Gemeinsamkeiten im Verhalten, in den Einstellungen, Ressourcen und Stilen entwickeln und Geschlecht in diesem Zusammenhang keine aussagekräftige Subjektvariable bildet. Für Genderkompetenz in Supervision und Coaching könnte dies bedeuten, dass es wichtiger ist, auf strukturelle Positionierungen der Geschlechter (in der Vielzahl) und gemeinsame Hintergründe der Vielgeschlechtlichkeit zu achten, als Frauen und Männer miteinander zu vergleichen. Zur Wahrnehmung und Reflexion können aus diesem Diskurs folgende Fragen generiert werden: Welche gemeinsamen Aktions- und Reaktionsweisen, Einstellungen, Werte und Normen zeigen die vielen Geschlechter in der Supervisions- oder Coachingsituation? Wo sind sie gleichgestellt und wo strukturell gesehen unterschiedlich eingesetzt? Welche gemeinsamen Anliegen und Wünsche teilen sie? Worin ähneln sie sich?

4.2 Das italienische „pensiero della differenza sessuale" – Das Denken der (Geschlechter-)Differenz

Den Diskursen zur Differenz der Geschlechter liegt im Allgemeinen die Annahme zugrunde, dass es zwei Geschlechter gibt und diese sich deutlich voneinander unterscheiden. Meist wird darüber hinaus davon ausgegangen, dass die Unterschiede zwischen diesen beiden Geschlechtern naturgegeben und nicht veränderbar seien. Auf dieser Basis wird die Unterschiedlichkeit zwischen Frauen und Männern angenommen und die hierarchische Überordnung von Männern kritisiert. Allen Differenzansätzen ist gemeinsam, dass sie ein Patriarchatsverständnis teilen, in dem der Mann bzw. das Männliche als Norm gesetzt wird und die Frau bzw. das Weibliche etwas „Anderes" und Abgewertetes darstellt. So hat Simone de Beauvoir ihr Hauptwerk „Das andere Geschlecht" (1949) genannt, um dieses System zu verdeutlichen. Luce Irigaray überspitzt ihre Analyse in der Aussage, dass überhaupt nur ein einziges Geschlecht existiere, weil die Frau nicht einmal als Geschlecht anerkannt würde (vgl. Irigaray 1979, S. 89). Das Weibliche ist in dieser Vorstellung immer das, was von der herrschenden Denkordnung ausgeschlossen wird, das Unpassende, das diskriminiert und eliminiert werden soll (vgl. Rendtorff 2004, S. 107). Diesem Gedankenstrang folgt eine sehr zentrale feministische Theorie: In der italienischen Frauenbewegung wurde an die Thesen von Irigaray anknüpfend die Idee der „sexuellen Differenz" entwickelt. Dieser Ansatz wird im Folgenden näher erläutert, weil er vor allem im deutschsprachigen Raum große Verbreitung fand und jene Grundgedanken zum Ausdruck bringt, welche die Basis für viele Alltagstheorien bildet.

4.2.1 *Diotima und die Mailänderinnen*

Das Denken der Differenz wurde in der italienischen Frauenbewegung in den 1980er-Jahren entwickelt. Hauptvertreterinnen dieses Denkens sind die Veroneser Philosophinnengemeinschaft *Diotima* und das Autorinnenkollektiv des Mailänder Frauenbuchladens *Libreria delle donne di Milano,* kurz: die *Mailänderinnen*. Sie beziehen sich mit ihrer Kritik an der Annahme der Gleichheit der Geschlechter auf die Theorien von Luce Irigaray. Die stärkste Rezeption dieses Denkens erfolgte in den 1990er-Jahren. Sie hatte großen Einfluss auf die Frauen- und Geschlechterforschung sowie auf erziehungswissenschaftliche und psychologische Überlegungen und Konzepte. Noch heute bildet dieser

Diskurs die Basis für viele Frauen- und Mädcheneinrichtungen in Europa und auch für viele Alltagstheorien.

4.2.2 *Frauen und Männer sind grundsätzlich verschieden, ...*

Die Philosophinnengemeinschaft Diotima und die Mailänderinnen entwickelten in Anlehnung an Luce Irigary die These, „dass die Geschlechterdifferenz im abendländischen Diskurs bisher nicht als egalitäre Differenz gedacht worden sei, sondern sich innerhalb einer Identitätslogik bewege, in der Weiblichkeit nur als Negation und Komplementarität von Männlichkeit gelte" (Kahlert 2008, S. 94). Demnach wird der Mann als das Universelle angenommen und die Frau stellt „das Andere", „das Nichtnormale" dar. Dieser Vorstellung setzen die italienischen Differenztheoretiker_innen das „Denken der Differenz" entgegen, wonach sie aus einer exzentrischen Perspektive heraus das hierarchische Verhältnis zwischen Männern und Frauen in Frage stellen und die Frau bzw. die Frauen als Subjekt gleicher Würde bestimmen.

Die folgenden zentralen Thesen bilden die Grundlage für das Denken der Differenz (vgl. Cavarero 1990, S. 99f.): Die Mailänderinnen und die Philosophinnengemeinschaft Diotima gehen davon aus, dass es zwei Geschlechter gibt und keines von beiden das ganze menschliche Geschlecht repräsentiert bzw. repräsentieren kann. Es wird eine unleugbare und strukturelle Differenz zwischen Frau-Sein und Mann-Sein angenommen, die von jedem der zwei Geschlechter aus seiner Parteilichkeit heraus gedacht werden muss. Demnach gilt keines der beiden Geschlechter als universal oder als Modell bzw. Paradigma für das Menschengeschlecht an sich. Mit diesen Ideen stellen die Differenztheoretiker_innen die Sprache und die Kultur des abendländischen Denkens in Frage, welches das männliche Subjekt als Subjekt der gesamten Menschheit bestimmt. In dieser Kultur wird Geschlechterdifferenz als von Männern entschiedene Rollendifferenz verstanden, als hierarchisches Verhältnis zwischen Herrscher und be*herr*schter Frau. Dieser Vorstellung setzt das Denken der Differenz die Gleichwertigkeit der Geschlechter entgegen. Die von den italienischen Differenztheoretiker_innen gedachte „Geschlechterdifferenz" als Basis für die Gleichwertigkeit der Geschlechter ist nicht nur eine biologische, historische oder ontologische Geschlechterdifferenz, sondern alles zusammen.

Um diese egalitäre Differenz denken und leben zu können, wird mit der Idee des „irreduziblen Andersseins" gearbeitet. Das irreduzible Anderssein beschreibt, dass jedes Geschlecht der Ort einer autonomen Subjektivität ist, die dem anderen Geschlecht als Verschiedenem begegnet und dessen konstitutives Anderssein zur Kenntnis nimmt und akzeptiert (vgl. ebd., S. 102). Dieses Denken als Theorie und als Praxis behauptet eine weibliche Subjektivität als volle und freie Subjektivität: „Diese [Subjektivität, Anm. d. Verf.] ist *frei* an sich und nicht frei, weil sie vom Anderen *befreit* ist durch seine Hilfe oder aus Güte, Reue oder Zugeständnis" (ebd.). Damit wird weibliche Subjektivität unabhängig von einem männlichen Bezugspunkt gedacht, Frauen werden nicht im *Vergleich* zu Männern wahrgenommen, sondern weibliche Subjektivität wird als ursprünglicher Ausgangspunkt genommen.

So gesehen ist Geschlechterdifferenz „ein Weg zur Schaffung eines politischen weiblichen Subjekts" (ebd., S. 96). Indem Frauen einander als Bezugspunkte wählen und sich ausgehend von einem positiv besetzten Weiblichkeitssubjekt zusammenschließen, können sie ein politisches weibliches Subjekt schaffen und weibliche Freiheit entwickeln. Es geht darum, dass „das historisch unterdrückte weibliche Geschlecht sich nicht darauf beschränkt, Gerechtigkeit zu verlangen, sondern in sich das eigene Maß und den eigenen Wert sucht" (ebd., S. 105). Auf diese Weise wären Frauen den Männern ebenbürtig gesetzt. Die Italienerinnen postulieren darüber hinaus eine Politik der Beziehungen unter Frauen, „in der sich Frauen einander anvertrauen, wechselseitig aufgrund ihrer unterschiedlichen Erfahrungen und Kompetenzen Autorität verleihen, weibliche Freiheit entstehen lassen und damit in vertragsförmigen Beziehungen sukzessiv die weibliche Genealogie (wieder)herstellen *(affidamento)*" (Kahlert 2008, S. 95).

So haben die Mailänderinnen und die Philosophinnengemeinschaft Diotima beispielsweise das vermutlich erste Mentorinnenprojekt von und für Frauen entwickelt, indem sich jeder jüngeren Frau eine an Lebenserfahrung reichere ältere Frau unterstützend zur Seite stellte und auf diese Weise eine symbolische Mutter-Tochter-Beziehung entwickelt und gestärkt wurde. Organisationen, welche den Frauenanteil in höheren Positionen steigern wollen, bedienen sich oft des Instrumentes „Mentoring", um zu ihrem Ziel zu gelangen. Vor diesem Hintergrund wird deutlich, dass die Mailänderinnen und die Philosophinnengemeinschaft Diotima eine „Politik der Frauen" bevorzugen und eine „Politik für Frauen" ablehnen (vgl. ebd.).

Aus diesen Überlegungen wird klar, dass die italienischen Differenztheoretikerinnen die Gleichstellungspolitik in ihren theoretischen Implikationen ablehnen. Gleichheit, so stellen sie fest, bedeutet „*Angleichung* (assimilazione)" (Cavarero 1990, S. 104), eine Angleichung von Frauen an das männliche Modell, das als Paradigma der menschlichen Gattung fungiert. So gesehen passt sich Gleichstellungspolitik in das patriarchale System ein, statt es zu verändern, indem die „gleichen Rechte" wie für Männer eingefordert werden. In diesem „wie für Männer" liegt die Kritik der italienischen Differenztheoretiker_innen, weil damit die Angleichung von Frauen an Männer unterstützt wird. Frauen bekommen quasi ihren Platz in der Gesellschaft, indem sie so „frei sein können *wie* die Männer, *obwohl* sie Frauen sind" (ebd., S. 103). Begünstigt wird diese Angleichung durch ein universales Rechtsverständnis, eine abstrakte Theorie, die alle Individuen gleichsetzt, wobei mit Individuen ursprünglich ausschließlich Männer gemeint waren. Dieses Rechtsverständnis kann auf Frauen ausgedehnt werden und gewährt tatsächlich Rechte. Das herrschende Machtverhältnis wird damit aber nicht erschüttert, weil diese Vorgangsweise die patriarchale Ordnung nur bewahrt und bekräftigt. Einschränkend stellt Cavarero fest, dass die Gleichheit zwar nicht mehr das Ziel der Frauenbewegung sein kann, aber doch ein hilfreiches Instrument darstellt, das von der Politik der Geschlechterdifferenz als Strategie eingesetzt werden kann. So kann Gleichstellungspolitik dazu genutzt werden, dass Frauen in höhere Positionen und patriarchale Systeme gelangen, um dort *affidamento* zu leben und eine weibliche Freiheit zu begründen (vgl. ebd., S. 98).

4.2.3 *... was sich empirisch nicht belegen lässt, ...*

Die kritischen Anmerkungen zum Denken der Differenz setzen zunächst am Geschlechtsbegriff dieses Ansatzes an. So wird zum einen der Ausgangspunkt der Zweigeschlechtlichkeit, welcher Erweiterungen der Geschlechtlichkeit nicht zulässt, in Frage gestellt (vgl. Kapitel 1.2). Zum andern wird vielfach die Behauptung einer weiblichen Differenz kritisiert, weil sie weder theoretisch noch empirisch begründet oder belegt wird (vgl. Klinger 1990, S. 117; Kahlert 2008, S. 97).

Von Gleichheitstheoretiker_innen kommt nahezu dieselbe Kritik, wie sie von den Differenztheoretiker_innen ihnen gegenüber formuliert wird. Sie meinen, dass ein Denken der Differenz letztlich immer die patriarchale Herrschaft unterstützt, weil Argumente der zweigeschlechtlichen Differenz die Machterhaltung von Männern unterlegen (vgl. Klinger 1990, S. 117). Kritik am Dualitätsdenken der Geschlechterdifferenz kommt vor allem auch von Frauen, welche sich in interkulturellen Forschungszusammenhängen bewegen. Sie meinen, dass dualistische Geschlechterkonstrukte die Gemeinsamkeiten von Frauen und Männern ignorieren, die in demselben soziokulturellen und historischen Kontext leben und sozialisiert bzw. enkulturalisiert worden sind, was bedeutet, dass sie auch gesellschaftliche Diskurse, Weltsichten und Ideologien teilen (vgl. Nestvogel 2000, S. 227). Darüber hinaus erläutert Renate Nestvogel, dass das Ausblenden geschlechterübergreifender Gemeinsamkeiten Frauen ermöglicht, „die negativen Aspekte der eigenen Kultur Männern zuzuschreiben (z.B. Gewalttätigkeit und Unterdrückung anderer) und die positiven Aspekte ihrem Geschlecht vorzubehalten" (ebd., S. 228). Frauen aus Dominanzkulturen könnten aus dieser Sichtweise profitieren, indem sie mit dieser Argumentation z.B. ihre Anteile an Kolonialismus, Klassendenken oder Faschismus ignorieren.

Dieser Diskurs wird ebenso wie der Gleichheitsdiskurs von in der feministischen Theoriebildung minorisierten Frauen heftig kritisiert. So wird auch dem Differenzdenken eine Universalisierung der Kategorie „Frau" auf der Basis der Erfahrungen von weißen, heterosexuell lebenden Mittelschichtsfrauen vorgeworfen, welche zum Verschweigen und zur Unsichtbarkeit minorisierter Frauen führt, wie zum Beispiel afroamerikanischer oder afroeuropäischer Frauen, Migrantinnen, Lesben, Frauen mit im jeweiligen Land minorisierter religiöser Zugehörigkeit und Frauen mit Behinderungen (siehe Kapitel 4.1.3).

In seiner Gesamtheit wird dieser Ansatz vor allem von Konstruktivist_innen und Vertreter_innen des Ansatzes der Dekonstruktion in Frage gestellt. Sie konstatieren, dass mit dieser Sicht- und Herangehensweise ein bipolares und damit einhergehend hierarchisches Geschlechterverhältnis reproduziert, zementiert und naturalisiert wird (vgl. Bilden 1991, S. 279; vgl. Gildemeister, Wetterer 1992, S. 204ff.). Judith Butler, eine Vertreterin der Dekonstruktion und Begründerin der Queer Theory, setzt sich darüber hinaus mit dem von den Differenztheoretiker_innen implizit transportierten Patriarchatsbegriff auseinander. Sie stellt in Wertschätzung der Analysearbeit von Luce Irigaray, welche die „logischen Strukturen einer maskulinen Bedeutungsökonomie" offenlegte (Butler 1991, S. 32f.), folgende Frage: „Kann man wirklich so eindeutig eine monologische maskuline Ökonomie identifizieren, die quer durch die ganze Reihe kultureller und geschichtlicher Zusammenhänge verläuft, in denen die sexuelle Differenz *(sexual difference)* verortet ist?" (Ebd., S. 33) Butler selbst beantwortet diese Frage mit der Aufforderung an die feministische Kritik, die totalisierenden Ansprüche des Patriarchats zu untersuchen und gleichzeitig gegenüber den totalisierenden Gesten des Feminismus selbstkritisch zu bleiben: „Der Versuch, den Feind in einer einzigen Gestalt zu identifizieren, ist nur ein Umkehr-Diskurs, der unkritisch die Strategie des Unterdrückers nachahmt, statt eine andere Begrifflichkeit bereitzustellen. Daß diese Taktik in der feministischen und antifeministischen Kritik gleichermaßen greift, deutet darauf hin, dass der kolonialisierende Gestus nicht primär oder ausschließlich maskulin ist" (ebd.). Butler geht in diesem Statement mit den Differenztheoretiker_innen hart ins Gericht, indem sie nicht nur deren Patriarchatsbegriff in Frage stellt, sondern darüber hinaus mit ihrer Analyse den kolonialisierenden Gestus dieses Patriarchatsbegriffs offenlegt.

Barbara Rendtorff, eine Differenztheoretikerin, welche auch aus der Perspektive der Dekonstruktion spricht, formuliert ihre Kritik auf Basis ihres eigenen Differenzbegriffs. Sie definiert Geschlecht bzw. Geschlechtlichkeit als Differenz an sich: „Geschlecht ist selbst Differenz, unterscheidet und trennt radikal voneinander, aber verbindet die Menschen miteinander gerade durch diesen Schnitt" (vgl. Rendtorff 2000a, 2002, zit. n. Rendtorff 2004, S. 109). Und weiter geht Rendtorff der Frage nach, was denn nun das Ausgeschlossene des Logos sei (in Bezugnahme auf Irigaray), und kommt zu dem Schluss, dass die Differenz selbst ausgeschlossen und erst in einem zweiten Schritt die Differenz dem Weiblichen zugeordnet würde (vgl. ebd.). Vor diesem Hintergrund kritisiert Rendtorff, dass die Geschlechterdifferenz, welche nach weiblichen und männlichen geschlechtstypischen Charakteristiken sortiere, „als Effekt einer Spaltung und der Verleugnung von Differenz" (ebd., S. 110) erkennbar sei. Demnach verleugnet der Differenzbegriff der italienischen Differenztheoretiker_innen die Differenz an sich und verhindere laut Rendtorff eine konstruktive und fruchtbare Auseinandersetzung mit Unterschiedlichkeiten, auch unter Frauen und unter Männern.

Die positiven und hilfreichen Aspekte des Denkens der Differenz liegen im politischen Impetus und den entwickelten politischen Praxisstrategien des Ansatzes. So müssen die Bestimmung eines weiblichen subjektiven und autonomen Standpunktes und die damit verbundene Aufwertung und Anerkennung von „Weiblichkeit"[8] in seiner historischen Dimension gewürdigt werden. Das Denken der Differenz fand vor allem deshalb eine breite Rezeption in der Frauenbewegung, weil der Abwertung von Frauen und den ihnen zugeschriebenen Eigenschaften wie auch der Bestimmung von Frauen als „defizitäre Wesen" eine Aufwertung entgegengesetzt wurde.

4.2.4 *... im Alltag aber praktisch ist.*

In seiner ontologischen Bestimmung der Geschlechterdifferenz stimmt dieser Diskurs mit den verbreitetsten Alltagstheorien überein. So kann davon ausgegangen werden, dass sehr viele Menschen davon überzeugt sind, dass es zwei

[8] Weiblichkeit erfasst in diesem Zusammenhang Eigenschaften, Fähigkeiten und Verhaltensweisen, welche Frauen unabhängig von ihrer realen Entsprechung zugeschrieben werden.

Geschlechter gibt und sich diese voneinander unterscheiden. Diese Überzeugungen prägten auch lange die psychologische Geschlechterforschung, welche für Supervision und Coaching einen bedeutenden Referenzrahmen bildet. Carol Hagemann-White veröffentlichte schon 1984 in ihrem Werk „Sozialisation: Weiblich – männlich?“ kritische Analysen der psychologischen Geschlechterforschung und zeigt Folgendes auf (vgl. Hagemann-White 1984, S. 10): Die Meta- und Kontrolluntersuchungen über Forschungen zu Geschlechtsunterschieden zeigen deutlich, dass es in der empirischen Psychologie selbstverständlich gewesen war, nur dann Aufzeichnungen hinsichtlich der Kategorie Geschlecht zu machen, wenn die jeweiligen Messwerte Geschlechterdifferenzen anzeigten. Da die der Forschung zugrunde gelegte Annahme besagte, dass Frauen und Männer unterschiedlich sind, wurde kein Bericht erstattet und auch das Geschlecht der Versuchspersonen nicht erwähnt, wenn keine Unterschiede in den Messwerten festgestellt werden konnten. Dieses Vorgehen hatte zur Folge, dass Forschungsergebnisse als Beleg für Geschlechterdifferenzen herangezogen worden sind, welche methodisch nicht für eine derartige Schlussfolgerung geeignet waren. Darüber hinaus wurden sehr kleine und zufällige Unterschiede vor dem Hintergrund der Annahme der Geschlechterdifferenz zum Ausgangspunkt spekulativer Theorien gemacht (vgl. ebd.). Die Meta- und Kontrolluntersuchungen machten darauf aufmerksam, dass die Anfänge der Psychologie von zwei grundsätzlichen Vorurteilen geprägt waren, die sich teilweise noch heute feststellen lassen: „... die Überzeugung, daß die Frau durch ihre Fortpflanzungsfunktion als Person geprägt und festgelegt ist; und die Erwartung, daß Verhalten, Leistungen und Fähigkeiten der Menschen nach Geschlecht unterschiedlich sind, wobei jeder Unterschied zumeist als Überlegenheit des Mannes gedeutet wird“ (ebd.).

Es konnte festgestellt werden, dass bis etwa 1970 der größte Teil der Literatur von diesen ideologischen Vorurteilen geprägt war, die in der bis dahin vorherrschenden Psychologie der Geschlechterunterschiede zu „methodischer Nachlässigkeit, Vernachlässigung der statistischen Überprüfung quantitativer Daten, massiv verfälschendem Zitieren von Untersuchungsergebnissen sowie kurzgeschlossenen und überzogenen Deutungen von Korrelationen auch bei sehr kleinen Stichproben“ (ebd.) führten, so die kritischen Beiträge von Donna Haraway (1970), Carolyn Wood Sherif (1977), Julia A. Sherman (1978), Rhoda K. Unger (1979) u.a. (vgl. ebd., S. 11).

Die kritische Sichtung der empirischen Supervisionsforschung zum Thema Gender kommt zu ähnlichen Ergebnissen. So stellen etwa Hilarion Petzold, Brigitte Schigl et al. (2003) fest, dass die meisten Untersuchungen mit zu kleinen Stichproben arbeiteten, sich auf veraltete Theorien bezogen und zum Teil gängige Geschlechtsstereotypien „arg und unreflektiert“ (ebd., S. 143) strapazierten. Diese forschungstechnisch mangelhaften Studien beschäftigen sich durchgängig mit der Frage nach Unterschieden zwischen den Geschlechtern im Supervisionssetting und kommen zu folgenden Ergebnissen: Mary Lee Nelson und Elisabeth Holloway (1999) kommen zu dem Schluss, dass den Supervisandinnen in der Supervisionsbeziehung wesentlich weniger Macht zugestanden wird als Supervisanden und dass gleichgeschlechtliche Dyaden aufgrund der gemeinsamen Sozialisation erfolgreicher sind als gemischtgeschlechtliche Dyaden (zit. n. Petzold, Schigl et al. 2003, S. 141). Die Forschungsergebnisse von Darcy Haag Granello, Patricia Beamish und Tom Davies (1997) zeigen, dass Supervisanden häufiger als Supervisandinnen nach Feedback zur Supervisionssitzung gefragt werden. Darüber hinaus bekommen Supervisanden, die länger als ein Jahr in Supervision sind, weniger Meinungen und Vorschläge von ihren Supervisorinnen als jene, die weniger als sechs Monate Supervision in Anspruch nehmen. Bei Supervisandinnen zeigt sich das umgekehrte Bild: Jene, die länger als ein Jahr Supervision nutzen, bekommen wesentlich mehr Vorschläge und Meinungen unterbreitet als jene, die weniger als sechs Monate in Supervision sind (zit. n. Petzold, Schigl et al. 2003, S. 142). James Sells und andere (1997) fanden Belege für die (alltagstheoretische) Vorannahme, dass männliche Dyaden aufgabenorientierter arbeiten als gemischte oder weibliche Dyaden (zit. n. Petzold, Schigl et al. 2003, S. 142). Ed Mc Hale und Alan Carr (1998) arbeiteten heraus, dass Supervisorinnen öfter als Supervisoren zu einem direktiven Diskursstil greifen, öfter unterbrechen und ihre Meinung öfter als Tatsache hinstellen. Supervisanden zeigen mehr Humor und unterbrechen die Supervisorin öfter als Supervisandinnen es tun (zit. n. Petzold, Schigl et al. 2003, S. 142). An dieser Stelle sei noch einmal darauf hingewiesen, dass diese Studien alle ein mangelhaftes Forschungsdesign aufweisen.

Die wenigen Untersuchungen im deutschsprachigen Raum zeichnen dasselbe Bild. So verglichen etwa Raimund Erger und Manfred Molling (1991) zwei Supervisandinnen und zwei Supervisanden aus verschiedenen Einrichtungen miteinander. Sie führten mit diesen vier Personen Interviews und befragten sie, wie sie Supervision wahrnehmen und was sie von Supervisoren und was von Supervisorinnen erwarten (vgl. ebd., S. 13). Ihre Ausgangsannahme war, dass „ein Unterschied in der Wahrnehmung bei Männern und Frauen bestehen müsse“ (ebd., S. 46). Und so kommen die beiden Autoren auch zu den zwei zentralen Ergebnissen, dass ein Unterschied im Erleben von Supervision zwischen Supervisandinnen und Supervisanden besteht, auch wenn er zunächst geleugnet oder nicht wahrgenommen wird (vgl. ebd., S. 135). Erger und

Molling meinen dazu, dass der kleine Unterschied in der Supervision eventuell erst auf den zweiten Blick seine Bedeutung bekommt (vgl. ebd.). Das zweite Ergebnis ist, dass der Ausstieg aus den Rollenbildern für Supervisandinnen und Supervisanden schwierig ist (vgl. ebd.). Zu dieser Studie ist zu sagen, dass es zum einen als sehr problematisch anzusehen ist, dass von vier Menschen auf alle Supervisand_innen geschlossen wird. Zum anderen evoziert die Forschungsfrage nach dem Unterschied schon das Unterscheiden in der Antwort. Demnach ist auch diese Studie als mangelhaft anzusehen.

Den Umgang mit Geschlechterdifferenz in der Supervision thematisiert Pamela Paisley. Sie geht von einer gesellschaftlichen Geschlechterdifferenz aus und folgert daraus, dass diese gesellschaftlichen Prozesse der Unterscheidung sich auch in der Supervision zeigen: "*This societal framework indicates the existence of a power differential and suggests the potential for bias in expectations and/or actions. With gender as such significant social variable, it is unlikely that the effects also would not be apparent in counselling and supervision. These parallel processes must continually be examined within the larger context of society*" (Paisley 1994, S. 1). Auf dieser Basis bleiben für sie zwei relevante Faktoren für die supervisorische Arbeit: "*Minimizing the importance of the differences between the genders discounts the importance of meaningful within-group experience while exaggerating this importance reduces the potential for individual difference*" (ebd.). Damit nimmt sie die Geschlechterdifferenz zum Ausgangspunkt und diskutiert, dass die Betonung dieses Unterschieds zur Verminderung der Wahrnehmung von individuellen Differenzen führt.

Der große Wert dieses Diskurses für Supervision und Coaching liegt in seiner Benennung der bestimmenden Alltagstheorien. Viele Frauen und Männer sind davon überzeugt, dass es zwei Geschlechter gibt und diese sich komplementär voneinander unterscheiden: Männer sind stark und aktiv, denken logisch und sind beruflich engagiert. Frauen sind schwach, passiv und emotional, denken unlogisch, sind beziehungsorientiert und beruflich wenig ambitioniert – die Alltagsattributionen für Frauen und Männer könnten noch viele Seiten füllen. Zentral dabei ist, dass Frauen und Männer nicht nur an diesen Unterschied glauben, sondern ihn auch wahrnehmen und erleben. Diese Wahrnehmungs- und Attributionsprozesse führen oft zu verletzenden Stigmatisierungen und zu so genannten „Geschlechterkampfsituationen“. Ein sehr anschauliches **Beispiel** dafür erlebte ich in einer Intervision mit einer Kollegin und einem Kollegen. Die beiden bildeten als Trainer_innen-Team Jugendarbeiter_innen für den freizeitpädagogischen Kontext aus und boten in diesem Zusammenhang ein Seminar zum Thema Gender Mainstreaming und Gendersensibilisierung an. Sie hatten schon mehrere Durchgänge des gesamten Curriculums durchgeführt und erlebten jedes Mal beim Genderseminar eine „Geschlechterkampfsituation", in welcher Frauen und Männer einander abwerteten und stigmatisierten. Ihre Frage in der Intervision lautete: „Produzieren wir diese Situation oder liegt diese Dynamik am Thema und wie können wir damit umgehen?" Die Exploration der Situation ergab, dass beim „Genderseminar" etwa gleich viele Frauen und Männer teilnahmen und das Ziel des Seminars darin bestand, die Teilnehmer_innen in Bezug auf Gender so zu sensibilisieren, dass sie selbst gendersensible Jugendarbeit anbieten können. Die „Geschlechterkampfsituation" entstand immer nach einer bestimmten Übung. In dieser Übung wurden Frauen und Männer nach ihrem morphologischen Geschlecht getrennt und vor die Aufgabe gestellt, Selbst- und Fremdzuschreibungen zu erheben (So erleben wir uns Frauen/Männer ...; So erleben wir die Frauen/Männer ...). Anschließend wurden die Ergebnisse im Plenum präsentiert und gemeinsam diskutiert. Die Präsentationen der gegengeschlechtlichen Zuschreibungen führten jedes Mal zu Stigmatisierungen und Verletzungen und in der Gruppe entstand eine deutliche Konflikt- und Differenzlinie entlang des Geschlechts. Aufgrund meiner Erfahrungen als Genderkompetenztrainerin konnte ich folgende Einschätzungen beitragen: Nach meiner Erfahrung erzeugt das Trennen von Gruppen nach ihrem morphologischen Geschlecht zwei konkurrierende Gruppen. Geschlechterübergreifende Gemeinsamkeiten sowie Unterschiede innerhalb der Geschlechtsgruppen sind dann nicht mehr besprechbar. Darüber hinaus ist es manchen Menschen unangenehm, aufgrund ihres morphologischen Geschlechts zugeteilt zu werden, und es entsteht eine Widerstandshaltung. Die Frage nach Selbst- und Fremdzuschreibungen in einem Arbeitsschritt fordert den Vergleich der Geschlechter heraus und es kommt meist zu einer aufwertenden Beschreibung des eigenen Geschlechts und zu einer abwertenden des anderen Geschlechts, vorausgesetzt die Konnotationen bleiben wie im vorliegenden Fall durch die Fragestellung ungesteuert. Gleichzeitig kann es auch sehr hilfreich sein, Reflexionseinheiten in geschlechterhomogenen Gruppen anzubieten, weil dann wiederum Aspekte zur Sprache kommen können, die im geschlechtergemischten Kontext nicht thematisierbar sind. Ich teilte meine Erfahrungen mit meinen Kolleg_innen und für sie bildeten diese eine gute Arbeitsgrundlage, um an der Didaktik des Genderseminars zu arbeiten. Da es ihnen wichtig war, die Geschlechtertrennung beizubehalten, entwickelten wir Varianten zur Fragestellung für die geschlechtergetrennten Gruppen und Möglichkeiten der Auflösung der Differenz vor der Plenumsdiskussion, so zum Beispiel ein geschlechtergemischter Austauschspaziergang zu zweit oder zu dritt, kleine geschlechtergemischte Gruppen zum Reflektieren der

Erkenntnisse usw. Erfreulicherweise hatten die Kolleg_innen mithilfe der neuen Strategien sehr gute Erfolge im Sinne von Gendersensibilisierung statt Geschlechterkampf.

Dieses Beispiel zeigt besonders anschaulich, wie schnell es zu Stigmatisierungen und Verletzungen kommen kann, wenn bei der Bearbeitung von Gender Geschlechtertrennungen kombiniert mit Labeling-Prozessen erfolgen. Dieser Kombination liegt meist ein Geschlechterdifferenzansatz zugrunde mit der Idee, diese Differenz aufzuzeigen. Gleichzeitig wird diese Differenz damit auch erzeugt und bleibt aufgrund der konflikthaften Dynamik unreflektiert stehen. Dies macht auch deutlich, dass eine besonders behutsame und fundierte Vorgangsweise angezeigt ist, um Integritätsverletzungen zu vermeiden.

Genderkompetenz in Supervision und Coaching muss davon ausgehen, dass in vielen Supervisand_innensystemen, auch wenn nicht alle Beteiligten diese Überzeugung teilen, die Annahme der Geschlechterdifferenz dominiert und den hegemonialen Diskurs darstellt. Für die Zusammenarbeit von Frauen und Männern, die sich nicht mit den gängigen Geschlechtsstereotypien identifizieren oder die Geschlechterdifferenz in Frage stellen, sowie von intersexuellen, transsexuellen und transgender Personen bietet der Differenzdiskurs meist wenig konstruktive Hilfestellung, weil diese Annahme jeglicher empirischen Entsprechung entbehrt. Damit wird klar, dass in diesem Zusammenhang mit vielen Fehlattributionen gearbeitet wird, die den Arbeitsalltag entscheidend prägen. Genderkompetenz in Supervision und Coaching sollte also nicht von der Geschlechterdifferenz ausgehen, sondern sich vielmehr mit der Frage beschäftigen, wie und wo Unterschiede zwischen den Geschlechtern *gemacht* werden, und diese Attributionen und Fehlattributionen benennbar und damit reflektierbar und veränderbar machen. Fragen nach den Unterschieden zwischen den Geschlechtern im Supervisions- oder Coachingsystem kommen meist zu dem Ergebnis, dass die schnell genannten Unterschiede keine reale Entsprechung finden. Schon allein deshalb sind sie in der genderkompetenten Supervision bzw. im genderkompetenten Coaching zu stellen.

4.3 Geschlecht und mehr: der Diskurs um Diversität

Der Diskurs um Diversität ist aufgrund seiner Verbreitung von Managing Diversity und Diversity Management im deutschsprachigen Raum derzeit sehr aktuell. Die beiden Begrifflichkeiten Managing Diversity und Diversity Management werden synonym verwendet und beziehen sich auf den Umgang mit Diversität in Teams, Gruppen sowie intrapersonal und auf der Organisationsebene. Dabei werden jene Unterschiede in den Blick genommen, die einen Unterschied machen, und es wird an einem konstruktiven Umgang mit diesen Unterschieden gearbeitet. Die zentralen Unterschiedsdimensionen sind in diesem Zusammenhang Geschlecht, Alter, Hautfarbe, Nationalität und Ethnie, Behinderung, sexuelle Orientierung und Religion. Diversitykonzepte haben ihren Ursprung in der US-amerikanischen *grass-routs*-Bewegung und damit auch in der feministischen Frauenbewegung. (Vgl. Abdul-Hussain, Baig 2009a, S. 27ff.)

Vor allem Vertreterinnen der *Black Women's Liberation* machten erstmals auf die Situation von afroamerikanischen und afroeuropäischen Frauen aufmerksam und thematisierten damit eine Diversität, die über die geschlechtliche Kategorisierung hinausgeht. Sie kritisieren den ethnozentristischen, weißen und heterosexuellen Feminismus und dessen Alleinvertretungsanspruch, weil in diesem ihre Lebenserfahrung ausgeschlossen bleibt. Im Folgenden werden ihre kritischen Beiträge und die jener Frauen erläutert, die sich dieser Bewegung anschlossen. Ihre Ideen und Forderungen an Frauen und Männer der jeweiligen Dominanzkultur werden hier thematisiert und die Auswirkungen in den USA und in Europa diskutiert.

Die Erkenntnisse, Thesen und Zielsetzungen dieses Diskurses speisen sich aus Theoriebildungen der *Race, Ethnic, Black, Postcolonial, Gay, Lesbian, Gender, Queer* und *Cultural Studies*. Der Schwerpunkt der folgenden Darstellungen wird in diesem Zusammenhang auf die Strukturkategorien Hautfarbe und Ethnie gelegt. Zudem wird die Auseinandersetzung mit Intersektionalität aufgegriffen. Die *Queer Theory* und ihre Einflüsse durch die *Gay and Lesbian Studies* werden in Kapitel 4.7 beschrieben.

4.3.1 *Black Women's Liberation*

Den Ausgangspunkt des Diskurses um Diversität bildet wie erwähnt die Kritik am weißen, heterosexuellen Mittelschichtsfeminismus, welcher den Mainstream der 1980er-Jahre darstellt und durch die Diskurse der Gleichheit (Kapitel 4.1) und der sexuellen Differenz (Kapitel 4.2) repräsentiert wird. Die Infragestellung der Gleichheit und der sexuellen Differenz von Frauen ist gleichzeitig die Basis für eine Perspektive der Differenz unter Frauen. Die Anfänge dieses Diskurses können zu Beginn der 1980er-Jahre in den USA im Kontext der *Black Women's Liberation* verortet werden, in welchem eine Reihe von bedeutenden Veröffentlichungen entstand: 1981 gaben Cherrie Moraga und Gloria Anzaldúa „This Bridge Called My Back: Writings by Radical Women of Color" heraus, eine Sammlung von radikalen Schriften afroamerikanischer Frauen. Ebenfalls in diesem Jahr veröffentlichte Angela Davis ihre Monographie „Women, Race & Class" und Bell Hooks ihr Buch „Ain't I a Woman". Kurz darauf publizierten Gloria T. Hulls, Patricia Bell Scotts und Barbara Smith 1982 eine erste Zusammenstellung der Black Women's Studies unter dem Titel „But Some of Us Are Brave. All Women Are White, All Blacks Are Men. Black Women's Studies". 1984 legten Valerie Amos und Pratibha Parmar mit ihrem Beitrag „Challenging Imperial Feminism" nach.

Wie die Titel dieser Schriften zum Ausdruck bringen, werden Themen wie Intersektionalität (Crenshaw 1989), also die Verflochtenheit von strukturellen Identifizierungsmerkmalen (z. B. Hautfarbe und Gender), und Dynamiken von Ausschluss- und Inklusionsprozessen (z. B. Imperialismus), von Identitäts- und Zugehörigkeitsprozessen diskutiert. Sie prägen damit entscheidend den Diskurs über Diversität in den 1980er-Jahren. Während diese Schriften in den USA intensive Diskussionen auslösten, blieben sie im europäischen Raum weitgehend unbekannt. Paula Irene Villa beschreibt die Rezeptionen dieser Kritik in den USA und in der BRD und zeigt die Unterschiede in den Debatten auf: In der US-amerikanischen feministischen Theorie löst diese Kritik weitreichende Diskussionen um *differences* aus. Gemeint sind damit Differenzkategorien, welche mit der des Geschlechts immanent und strukturell verwoben sind: *race* (Hautfarbe), Sexualität, Klasse. In der deutschen Debatte werden vor allem die Verflechtungen von Klasse und Geschlecht diskutiert. Die Strukturkategorien Ethnizität und Sexualität werden zwar in die feministische Politik sowie in die Frauen- und Geschlechterforschung integriert, zu Schlüsselbegriffen werden sie aber nicht. In den USA dagegen haben diese Debatten nicht nur zentrale Erkenntnisse für die feministische Theoriebildung ermöglicht, sondern auch zu einer Institutionalisierung der *Race, Ethnic, Black, Postcolonial, Gay, Lesbian, Gender, Queer* und *Cultural Studies* geführt (vgl. Villa 2003, S. 142f.). Langsam wird diese Verankerung auch im europäischen Raum vorgenommen. Diese unter dem Begriff „*New Humanities*" (Dietze 2005, S. 307) zusammengefassten Studienrichtungen zielen auf eine Erweiterung von Wissensperspektiven durch die vormals Ausgeschlossenen bzw. das vormals Ausgeschlossene ab (vgl. ebd.).

Wie die Rezeption der *Black Women's Liberation* zeigt, haben sich der Kritik ihrer Vertreterinnen weitere minorisierte Frauen angeschlossen, wie bspw. eingewanderte und lesbische Frauen, Frauen mit Behinderungen und Frauen, die einer minorisierten Religion angehören. Sie alle weisen darauf hin, dass die Frauen der weißen und westlichen Welt kein Recht haben, von „den Frauen" zu sprechen und das Subjekt des Feminismus aus ihrer Perspektive zu bestimmen.

4.3.2 Ethnozentrismus, Rassismus und Intersektionalität

Die Kritik minorisierter Frauen ist komplex und umfasst viele Aspekte. Problematisiert werden vor allem die Universalsetzung der Kategorie „Frau", der implizite Rassismus und Eurozentrismus der feministischen Mainstreambewegung, die fehlende Auseinandersetzung mit Intersektionalität, Machtverhältnissen und Hegemonialität sowie das einschränkende Konzept der Zweigeschlechtlichkeit. Letzteres wird vor allem in Kapitel 4.7 thematisiert. Was sich hinter den anderen Überschriften verbirgt, welche Einsichten aus dieser Kritik entstanden und welche Konzepte zur Überwindung dieser Dynamiken entwickelt wurden, wird im Folgenden beschrieben.

Die Universalitätssetzung der Kategorie „Frau" wird vor allem dahingehend problematisiert, dass die Erfahrungen von weißen, heterosexuell lebenden Mittelschichtsfrauen für alle Frauen dieser Welt verallgemeinert werden. Damit werden gleichzeitig die Erfahrungen, Kämpfe und Theorien minorisierter Frauen, insbesondere afroamerikanischer und afroeuropäischer Frauen, Frauen aus dem Süden und Migrantinnen verschwiegen und unsichtbar gemacht (Anzaldúa, Moraga 1983, Hull 1982 u. a.). Valerie Amos und Pratibha Parmar (1984) bestreiten darüber hinaus den Alleinvertretungsanspruch des weißen Mainstream-Feminismus und kritisieren dessen Habitus, für alle Frauen zu sprechen. Sie weisen darauf hin, dass ihre Erfahrungen als afroeuropäische und Dritteweltfrauen in Großbritannien weder geachtet noch wertgeschätzt werden, und wenn sie einmal thematisiert werden, dann ist das Sprechen über sie nicht frei von Rassismen (vgl. ebd.). Die Kritik von Amos und Parmar sei hier beispielhaft für viele afroamerikanische, afrokaribische und postkoloniale Stimmen genannt, die der feministischen Mainstreambewegung impliziten Rassismus vorwerfen. So beschreibt etwa Chandra Talpade Mohanty, eine der bedeutendsten postkolonial denkenden Feministinnen, was sie unter „feministischem Rassismus" versteht (hier zusammengefasst von Gaby Dietze): Sie definiert ihn „als ein Set von Annahmen und Vorurteilen gegenüber Frauen aus der Dritten Welt. Aus der Vorstellung, ‚sexuelle Differenz' und sogar ‚Patriarchat' sei transkulturell übertragbar, entstünde ein einheitliches Bild der ‚normalen Frau aus der Dritten Welt' ohne die Besonderheit von ‚Race', Ethnizität, Klassensituation und örtlichen Gegebenheiten zu berücksichtigen […] ‚Dritte Welt' bedeute in diesem Zusammenhang unwissend, arm, ohne Ausbildung, lokalen Traditionen verpflichtet, familienorientiert und viktimisiert" (vgl. Mohanty 1988 zit. n. Dietze 2005, S. 315). Nach Mohanty sind demnach die Kernpunkte des weißen feministischen Rassismus dessen abwertende Annahmen und Vorurteile über Frauen aus der so genannten „Dritten

Welt". Diese beinhalten vor allem Vorstellungen über Armut, Ungebildetheit, rückständige Traditionen und Familienbilder sowie den Opferstatus der Frau. Zahlreiche Autorinnen versuchen, dieses abwertende Denken über Frauen aus der so genannten „Dritten Welt" begrifflich zu fassen (vgl. Dietze 2005, S. 315): So bezeichnen Jacqui Alexander und Chandra Talpade Mohanty diese Denkweise als „*center-periphery-modell*" und stellen fest, dass Frauen aus der Dritten Welt nicht länger die „Bürde der Differenz" verkörpern wollen. Sara Suleri findet für diese Funktion den treffenden Begriff der „*Otherness Machine*". Sie alle stellen mit Hilfe dieser begrifflichen Fassungen fest, dass weiße westliche Frauen die Konstruktion der „Dritte-Welt-Frau" als Opfer nutzen, um sich selbst vor diesem Hintergrund als moderne emanzipierte Subjekte zu definieren (vgl. Gutiérrez Rodríguez 2008, S. 272). Frauen, welche der Mehrheitsgesellschaft angehören, können sich selbst durch dieses Abwertungskonstrukt als emanzipiert, selbstbewusst und autonom verstehen.

Ethnozentrismus ist ein zentrales Problem. Wenn wir an die Bedeutung von *social worlds, subjektiv-* und *kollektiv-mentale Repräsentationen* und ihre Bedeutung im Sozialisations- und Enkulturationsprozess denken (siehe Kapitel 1.3.1), wird klar, wie schwierig es ist, nicht oder kaum ethnozentristisch zu sein. Vielmehr müssen wir annehmen, dass wir alle ethnozentristisch sind. Allerdings kann mit Ethnozentrismus ein Umgang gefunden werden. Dazu ist es meines Erachtens erforderlich, bezugnehmend auf Levinas (1989), die Andersheit des Anderen oder der Anderen anzunehmen und zu akzeptieren, immer wieder neue Perspektiven einzunehmen, eine tragfähige Beziehung zueinander aufzubauen und das eigene Wissen beständig zu erweitern. **Beispiel:** Auf alle diese Ebenen hat sich einer meiner Supervisanden eingelassen. Er ist Arzt und Österreicher und schilderte in der Supervision eine Situation mit einer Frau aus Serbien, die ihn beschäftigte. Anlass dieser Begegnung waren psychische Belastungen und es stellte sich bald heraus, dass diese Frau in einer Gewaltbeziehung lebte und sich deshalb von ihrem Ehemann scheiden lassen wollte. Der Supervisand begleitete die Patientin so, dass diese Vertrauen zu ihm aufbaute und regelmäßig zu ihm kam. Bei einem dieser Termine erzählte die Patientin, dass sie gerne das Einverständnis ihrer Familie für eine Scheidung hätte. Dafür wollte sie nach Serbien fahren und ihre Familie um ihr Einverständnis für die Scheidung bitten. Im Arzt-Patientinnen-Gespräch äußerte sich der Supervisand nicht dazu, es befremdete und beschäftigte ihn allerdings. In der Supervision thematisierte er sein Befremden und auch seine Befürchtungen, weil die Patientin ein paar Tage davor abgereist war. Er befürchtete, dass seiner Patientin in ihrer Familie unangenehme Erfahrungen bevorstehen könnten und dass die Familie mit der Scheidung nicht einverstanden sein könnte. Wir gingen seinen Befürchtungen nach und es zeigte sich, dass der Arzt von Serbien die Vorstellung von einem eher patriarchal geprägten Land hatte, in dem Frauen weniger Entscheidungsmacht haben als Männer. Er nahm daher an, dass die Familie im Sinne des Mannes entscheiden würde, der gegen die Scheidung war. Darüber hinaus erlebte er die Vorstellung, dass die Familie über das Schicksal seiner Patientin entscheidet, als Grenzüberschreitung. Dies zeigt, wie stark Bilder von anderen Kulturen wirken, wie eng diese mit Gendervorstellungen verknüpft sind und wie sehr wir Situationen aus unserer eigenen Enkulturation heraus entscheiden. Der Arzt schätzte die Situation aus seiner österreichischen Perspektive ein, wonach es nicht üblich ist, dass die Familie über eine Scheidung entscheidet. Dies würde vielmehr als Einmischung in die Angelegenheiten des Paares erlebt werden. In vielen Ländern oder Regionen hat die Familie im Vergleich zu Österreich eine umfassendere Funktion, indem sehr enge Familienbeziehungen gelebt werden und möglichst alle Familienmitglieder an Entscheidungen voneinander teilhaben (vgl. z.B. House, Hanges, Javidan et al. 2004). In diesen Ländern oder Regionen werden Ehekonflikte auch oft geklärt, indem die Eltern der beiden Eheleute sich beraten oder ein Familienrat mit Beteiligten aus beiden Familien einberufen wird. Diese Informationen waren für den Supervisanden entlastend und er konnte sich dann auch erinnern, dass die Patientin ihre Familie in vielen Dingen als unterstützend erlebte. Bei unserem nächsten Termin berichtete der Supervisand, dass die Familie mit der Scheidung einverstanden war, und zwar aufgrund der Gewalttätigkeit des Mannes. Dieses Beispiel zeigt, wie naheliegend ethnozentristische Sichtweisen sein können und wie eng diese mit Genderbildern verknüpft sind. Sehr oft beinhalten Genderbilder von nichteuropäischen oder nicht„westlichen" Ländern eine Vorstellung von der Unterdrückung und Unterordnung von Frauen, was die Thesen der oben genannten Theoretikerinnen bestätigt.

Vor dem Hintergrund des impliziten Rassismus in der Mainstream-Frauenbewegung gegenüber „Dritte-Welt-Frauen" gilt es auch, Ausschlussprozesse zu analysieren und zu reflektieren. Um die Ausschlussmechanismen gegenüber afroamerikanischen und afroeuropäischen Frauen zu beschreiben, bietet sich der bereits genannte Buchtitel „But Some of Us Are Brave. All Women Are White, All Blacks Are Men" an. Sowohl die feministische Frauenbewegung als auch die US-amerikanische Bürgerrechtsbewegung hat in ihrer Geschichte Afroamerikanerinnen und Afroeuropäerinnen ausgeschlossen. Die einen aus Gründen des Ethnozentrismus, die anderen aus Gründen des Androzentrismus. Trotz dieser Analyse von Ausschlussprozessen lassen sich nur langsam Veränderungen erkennen. Unreflektiert zeigt sich hier auch der wissenschaftliche Umgang mit der Intersektionalität (Crenshaw 1989) von Migrantinnen. Während die Migration von Frauen in der Migrationsforschung als „Genderspezifik" behandelt wird, erscheint sie in der Genderforschung als „Ethnizitätsspezifik" (Lutz 2008, S. 565). Neben dem Ausschluss von afroamerikanischen und afroeuropäischen Frauen wird auch die Ignoranz gegenüber politischen Leistungen von *„Women of Colour"* in Geschichte und Gegenwart vehement kritisiert. Adrien Rich beschreibt diesen Umstand als „weißen Solipsismus", welcher die Machtverhältnisse und damit eine privilegierte weiße Position fortschreibt (Rich 1984 zit. n. Dietze 2005, S. 317).

Ein weiterer wesentlicher Ansatzpunkt in diesem Diskurs ist das Denken von Intersektionalität im *Black Women's Movement*. Feministinnen wie Angela Davis (1981) oder Kimberly Crenshaw (1989) beschäftigen sich mit der Verflochtenheit von Strukturkategorien wie Hautfarbe, Geschlecht und Klasse und Crenshaw ist es auch, die das Konzept von *„intersectionality"* in die Diskussion einbringt, indem sie die besondere Situation von Afroamerikanerinnen thematisiert, die sich nicht alleine durch Sexismus, aber auch nicht alleine durch Rassismus beschreiben lässt, sondern eine ganz spezielle Situation darstellt. Nur ein Denken und Wahrnehmen von Intersektionalität, also der Verflochtenheit von Strukturmerkmalen, die immer wieder neu in den Blick genommen werden muss, kann diese Situation angemessen erfassen und Diskriminierungsmechanismen systematisch analysieren (vgl. Crenshaw 1989).

In der deutschsprachigen feministischen Frauenbewegung werden diese Kritikpunkte nur zögerlich rezipiert. Dennoch kommt es zu einer kritischen Auseinandersetzung, deren zentrale Erkenntnis die Differenz unter Frauen ist, die es angemessen zu berücksichtigen gilt (vgl. Becker-Schmidt, Knapp 2000b, S. 104). Die Auswirkungen dieser Einsicht werden zunächst in Fußnoten deutlich, in welchen vermerkt wird, dass das Gesagte und Geschriebene selbstverständlich ausschließlich für westliche Mittelschichtsfrauen gelte (vgl. Hagemann-White 1993, S. 70). Carol Hagemann-White stellt fest, dass das feministische „Wir" zunehmend problematisiert und wesentlich vorsichtiger eingesetzt wird: „Denn in all solchen Aussagen setzt sich die dominante, durch Bildung sprachfähige Gruppe privilegierter Frauen als allgemein und partizipiert dadurch an der ‚Dominanzkultur' (Birgit Rommelspacher), mit deren Lust an der Vereinnahmung der Fremden und an der Vergrößerung eigener Bedeutung" (ebd.).

Dieser Analyse folgt die Forderung nach einer Reflexion von und Kritik an jeglicher Form der Herrschaftsausübung durch eine weiße Dominanzkultur und somit auch durch Frauen (vgl. Kavemann 1997, S. 200; Nestvogel 2000, S. 227 f.). Diese Fokussierung wird von Barbara Kavemann verdeutlicht, indem sie darauf aufmerksam macht, dass die Strukturkategorie „Geschlecht" für ein feministisches Konzept die zentrale analytische Kategorie von Ausgrenzung und Unterdrückung von Frauen und Mädchen bleibt. Sie postuliert Folgendes: Neben der sexistischen muss auch die rassistische und/oder klassenspezifische Unterdrückung in den Blick genommen werden, welche zu einer Verschärfung der Diskriminierung von Mädchen und Frauen führt. Diskriminierung ist multifaktoriell abhängig von historischen, kulturellen und ökonomischen Lebensbedingungen, welche nicht primär an das Geschlecht gebunden sind (vgl.Kavemann 1997, S. 200). In den Aussagen von Kavemann wird sichtbar, wie schwierig es ist, in der feministischen Debatte die Gleichsetzung der Strukturkategorien Geschlecht, Ethnie und Klasse sowie deren enge Verflechtung zu denken.

Christina Thürmer-Rohr stellt sich der Reflexion der Herrschaftsausübung wesentlich kritischer, indem sie darauf aufmerksam macht, dass diese Praxis für eine feministische Reflexion nur dann zugänglich ist, „wenn wir, Frauen aus der westlichen Welt, uns nicht nur als Beschädigte patriarchaler Gewalt und als Benachteiligte patriarchaler Dominanz begreifen, sondern als Mitglieder einer Kultur, an deren Herrschaftspraktiken auch wir mitagieren. Die grundlegende Herrschaftskritik trifft somit auch uns" (Thürmer-Rohr 1995, S. 91). Diese Analyse fasst sie in ihrem Konzept der „Mittäterschaft" zusammen und führt damit diese Gedanken auch weiter fort (vgl. Thürmer-Rohr 2008). Die Schlussfolgerungen von Thürmer-Rohr sind, dass differenzierte und alle Formen von Herrschaftsausübung berücksichtigende Analysen vorgenommen werden müssen, welche auch Frauen als Teilhaberinnen von Dominanzkulturen begreifen (vgl. dies. 1995, 2008).

In den letzten Jahren hat sich in den gendertheoretischen Diskussionen des deutschen Sprachraums eine kritische Diskussion um das Weißsein bzw. die Konstruktion von Weißheit und Weiblichkeiten entwickelt, in welcher Weißsein als „politisch profitable Illusion der Unmarkiertheit" (Dietze 2005, S. 318) reflektiert wird.

Eine ähnliche Entwicklung konstatieren Niki Wedgwood und Robert W./ Raewyn Connell[9] in der kritischen Männerforschung. Dort wurden in weiten Teilen der Männlichkeitsforschung Männer aus reichen Ländern beforscht (vgl.

---

[9] Robert W. Connell lebt mittlerweile als transsexuelle Frau mit dem Namen Raewyn Connell. Alle für diese Arbeit verwendeten Texte veröffentlichte Raewyn Connell als Robert W. Connell. Um ihre Integrität zu wahren, wird sie teilweise ohne Vornamen oder mit beiden Vornamen zitiert. In den personenbezogenen Formulierungen allerdings wird der weiblichen Identifizierung entsprechend die weibliche Form eingesetzt.

Wedgwood, Connell 2008, S. 119). Nur wenige Forschungen beschäftigten sich mit Männern in den so genannten Dritte-Welt- und/oder postkolonialen Ländern, und diese Forschungen waren zumeist sehr deutlich eurozentristisch geprägt (vgl. ebd.). Mittlerweile nehmen Männlichkeitsforschungen etwa in Japan und dem Mittleren Osten deutlich zu, und in der wachsenden Forschung über Männlichkeiten in postkolonialen Ländern und so genannten Entwicklungsländern werden spezifische soziohistorische Kontexte der Geschlechterbeziehungen fundiert reflektiert (vgl. ebd.). So stellt etwa Robert Morell fest, dass die Genderforschung über Männlichkeiten in den so genannten Entwicklungsländern völlig andere Schwerpunkte setzen muss, weil die Konzepte der so genannten Ersten Welt oder zum Beispiel das Modell hegemonialer Männlichkeit (siehe Kapitel 4.5) von weißen Männern entwickelt wurden und dementsprechend nur für diese gelten (vgl. Morell 2001 zit. n. ebd., S. 115f.).

4.3.3 *Kritik an der Vielfalt*

Zunächst gibt es eine ansehnliche Reihe von feministischen Theoretikerinnen, die daran festhalten, dass Geschlecht die zentrale Strukturkategorie sei und andere Strukturkategorien zwar wichtig, aber von weniger zentraler Bedeutung seien. Als Beispiel für diese kritische Haltung gegenüber einem Diversitätsdiskurs, welcher eine gleichwertige Anerkennung und die Wahrnehmung der Verflochtenheit zentraler Strukturkategorien wie Geschlecht, Ethnizität, Klasse, sexuelle Orientierung, Hautfarbe, Behinderung und Religion fordert, sei hier die Theoretikerin Christiane Micus-Loos genannt, die Folgendes zum Ausdruck bringt: „Mag die jüngere Forschung den Blick für kulturelle, ethnische oder klassenspezifische Differenzen auch innerhalb einer Geschlechtsgruppe geschärft haben, bleibt doch die Kategorie ‚Geschlecht' von zentraler Bedeutung und kann nicht als eine Kategorie unter andere subsumiert werden" (Micus-Loos 2008, S. 118).

Von Seiten der Vertreterinnen postkolonialer Theorien kommt Kritik am Differenzbegriff in den *Black Women's Studies* und der Diversitydebatte. So merken etwa Chandra Talpade Mohanty und Jacqui M. Alexander an, dass dieser Differenzbegriff zur Vorstellung eines beliebigen Nebeneinanders aller möglichen Differenzen geführt habe, womit gleichzeitig auch die Machtverhältnisse verdeckt worden seien (vgl. Mohanty, Alexander 1997 zit. n. Räthzel 2008, S. 281). Die Kritik von Encarnación Gutiérrez Rodríguez richtet sich an die Rezeption der postkolonialen Theorien in der aktuellen Gendertheoriebildung. Ihrer Meinung nach gerät der Impetus postkolonialer Theorien, „die

Doppeldeutigkeit, die Ambivalenz und die Vermittlung zwischen materiellen Verhältnissen und diskursiven Machtgeflechten auszuloten ... in der aktuellen Rezeption aus dem Blickfeld" (Gutiérrez Rodríguez 2008, S. 273).

Nora Räthzel hingegen bestimmt eklatante Forschungsdesiderate. Sie stellt fest, dass nach wie vor empirische Untersuchungen fehlen, „die das Ineinandergreifen von Rassismus, Sexismus und Klassenunterdrückung als Bestandteil der Reproduktion gesellschaftlicher Herrschaftsverhältnisse analysieren" (Räthzel 2008, S. 282). Ein nach wie vor sehr tabuisiertes Thema scheinen die Auseinandersetzungen mit Behinderungen und religiösen Differenzen sowie ihrer Konstruktion als „Absetzschablone" zu sein. In den intellektuellen Diskurs der sich mit Diversität auseinandersetzenden Gendertheoriebildung scheinen Überlegungen von Frauen mit Behinderungen bzw. muslimischen, jüdischen oder katholischen Frauen zumindest nicht sichtbar eingegangen zu sein.

4.3.4 *Diversität in Supervision und Coaching*

Für die Supervisions- und Coachingforschung sind im Rahmen dieses Diskurses ebenso große Forschungsdesiderate festzustellen wie in der deutschsprachigen Forschung im Allgemeinen. Sie setzt sich zwar mit minorisierten Bereichen wie dem Kontext der Alten- oder Behindertenarbeit auseinander und beschäftigt sich am Rande mit Ethnizität in der Supervision (vgl. Petzold, Schigl et al. 2003), die Verknüpfung mit Genderaspekten bleibt aber völlig aus. Hier kann also ein deutlicher Bedarf an Auseinandersetzung mit Intersektionalität in den Supervisand_innensystemen angemeldet werden. Die klassischen Felder der Supervision sind die Alten-, Behinderten-, Jugend- und Beratungsarbeit. Für eine professionelle genderkompetente Arbeit in diesen Feldern ist eine nähere Beschäftigung mit der ihnen innewohnenden Intersektionalität von Gender, Sexualität, Ethnie, Alter und Behinderung erforderlich.

Im Integrativen Ansatz sind Differenz und Diversität zentrale Themen, weil er von der Leitidee der *„Offenheit für die Pluralität von Lebensformen"* (Petzold 1998a, S. 44) getragen ist und auf eine Integration von verschiedensten Theorien, Methoden und Positionen abzielt (vgl. ders. 2003a, S. 94). Diversität wird im Integrativen Ansatz multitheoretisch fundiert, wobei Differenz als differentielles Sein gedacht wird, das vor dem Hintergrund der ontologischen Position von „Sein als Mitsein" stets ein Mit-Sein ist (Petzold 2009d, S. 29). Das Integrative Denken fasst Einzigartigkeit und Verschiedenheit als Einheit. Diese Position integriert Differenzen und Verbundenheit und eignet sich daher sehr gut für eine Auseinandersetzung mit Diversität in Supervision und Coaching (vgl. ebd.). Eine fundierte Auseinandersetzung mit Diversität im Integrativen Ansatz bieten folgende Beiträge: „Macht, Supervisorenmacht und potentialorientiertes Engagement" (Petzold 2009d) sowie „Über Diversity integrativ ko-respondieren" (Abdul-Hussain 2009). Eine multitheoretische und praxisorientierte Auseinandersetzung mit integrativer Grundhaltung stellt darüber hinaus „Diversity in Supervision, Coaching und Beratung" (2009) von Surur Abdul-Hussain und Samira Baig zur Verfügung. In diesem Buch werden sozialpsychologische und systemtheoretische Überlegungen zu Diversity angestellt und mit Analysen der Queer, Cultural und Disability Studies vernetzt. Wesentliche Aspekte einer diversitykompetenten Beratungsarbeit sind die Selbstreflexion, theoretische Fundierung, Mehrperspektivität und deren Integration.

Von den Überlegungen der afroamerikanischen und afroeuropäischen Feministinnen sowie den Analysen der postkolonialen Theoretikerinnen angeregt und die Mitgestaltung und Zugehörigkeit zur Dominanzkultur reflektierend, kann festgestellt werden, dass Supervision ein sehr elitäres Feld darstellt.[10] Schon die Zugangsvoraussetzungen zu den Supervisionsausbildungen schließen die meisten beispielsweise in Österreich, Deutschland und in der Schweiz lebenden Menschen ohne Bakkalaureatsabschluss und damit oft verbunden Menschen mit Migrationshintergrund aus. Ein Blick in die Datenbanken der ÖVS (Österreichische Vereinigung für Supervision und Coaching) und der DGSv (Deutsche Gesellschaft für Supervision e. V.) belegt, dass die deutliche Überzahl der Namen deutschsprachig klingt – was selbstverständlich kein endgültiger Beweis für oder gegen einen Migrationshintergrund ist, jedoch eine Mehrzahl annehmen lässt. Es steht an, den elitären Charakter und die damit verbundenen Ausschlussmechanismen dieser Tätigkeit zu thematisieren und zu reflektieren. Denn die Frage nach der Feldkompetenz von Supervisor_innen für Organisationen mit Migrationsschwerpunkt drängt sich in diesem Zusammenhang sehr auf. Des Weiteren bieten die Curricula der Supervisionsausbildungen in Österreich, Deutschland und der Schweiz kaum eine Auseinandersetzung mit Gender an, eine Beschäftigung mit Intersektionalität und anderen Strukturkategorien bleibt völlig offen.

Für die genderkompetente supervisorische und Coachingpraxis bedeutet dies, sich zunächst eigenständig mit der Kritik von Minoritäten und Vertre-

[10] Im Feld des Coachings stellt sich die Situation anders dar, weil das Feld selbst sehr vielfältig und die Zugangsvoraussetzungen zu Ausbildungen daher sehr unterschiedlich sind. Eine genauere Diversityrepräsentationsanalyse würde den Rahmen dieses Buches sprengen.

terinnen postkolonialer Theorien am Genderherrschaftsdiskurs und ihren theoretischen Ausblicken auseinanderzusetzen. Diese Auseinandersetzung kann die Kompetenz für die Wahrnehmung von Diversitäten, intersektionalen Strukturangehörigkeiten, deren Bedeutungszuschreibungen und Auswirkungen im Supervisand_innen- und im Klient_innensystem entscheidend erweitern. All diese Aspekte gilt es in genderkompetenter Supervision und genderkompetentem Coaching in den Blick zu nehmen, um professionell, mehrperspektivisch und integrativ supervisorisch tätig sein zu können. Gerade in diesem Themenfeld gilt es, Inklusions- und Ausschlussstrategien gut zu reflektieren und gegebenenfalls Veränderungen und erweiterte Sichtweisen zu entwickeln. Meine Erfahrung zeigt, dass viele Teams kaum mit strukturellen Diversitäten wie Nationalität/Ethnie, sexueller Orientierung oder Behinderung umgehen können und es zumeist zu Anpassungsprozessen an die dominierende Kultur kommt. So thematisieren viele lesbische Frauen und schwule Männer ihr Privatleben in Berufszusammenhängen gar nicht, was sie manchen Kolleg_innen seltsam erscheinen lässt, weil Familie und heterosexuelle Ehen und Lebensgemeinschaften gewöhnlich zu den Pausenthemen gehören (vgl. Frohn 2007; Hofmann, Cserer 2010). Migrant_innen und Migrant_innen zweiter Generation verleugnen immer wieder ihre nichtösterreichischen Wurzeln und versuchen, sie unsichtbar zu machen, um sich möglichst gut anzupassen. Diese zwei Beispiele machen darauf aufmerksam, dass Supervision und Coaching mit ihrer Aufgabe der Erleichterung und Optimierung von Arbeitsprozessen hier eine besondere Bedeutung zukommt. Im geschützten Raum der Supervision und des Coachings können gemeinsam all diese Aspekte thematisiert, reflektiert, Umgangsweisen entwickelt und Inklusionsprozesse in Gang gesetzt werden.

Für Supervisor_innen ergibt sich daraus die Aufgabe, die eigenen Bilder zu den verschiedensten Strukturkategorien wie Gender, Ethnie, sexuelle Orientierung und Behinderung sowie deren verschiedenste Verknüpfungen und darüber hinaus eigene Dominanz-, aber auch Ausschlusserfahrungen zu reflektieren und diese Reflexion auch im Supervisand_innensystem anzuregen. So könnten Fragen gestellt werden, wie: Welche Bilder tauchen bei mir auf, wenn ich an arabische Männer denke? Ist für mich auch ein schwuler arabischer Mann vorstellbar? Was würde ich von einer rollstuhlfahrenden Supervisorin als Kollegin halten? Was löst es bei mir aus, wenn ich erfahre, dass die Managerin, die ich coache, mit einer Frau zusammenlebt? In welchen Situationen habe ich zur Dominanzkultur gehört und wie bin ich damit umgegangen? Wen habe ich im Blick gehabt? Wo und wann bin ich selbst ausgeschlossen worden und wen habe ich in dieser Situation im Blick gehabt?

Mit diesen Voraussetzungen der theoretischen Weiterbildung und der Selbstreflexion können im *Learning by Doing* diversitätsgerechte Interventionskompetenzen entwickelt werden. So können sich Supervisor_innen etwa in der Handhabung von Intersektionsanalysen üben oder gut reflektiert Techniken zum Umgang mit Unterschieden und deren Bedeutungszuschreibungen einsetzen. Wichtig ist in diesem Zusammenhang die Haltung. Eine vorwurfsvolle Haltung gegenüber ausschließenden Supervisand_innen und Coachees führt weder zur Entwicklung von Inklusionsprozessen noch zu einer konstruktiven Supervisions- oder Coachingbeziehung.

4.4 Der empirisch-konstruktivistische Diskurs: Doing Gender

Der Diskurs um die soziale Konstruktion von Geschlecht nimmt in der feministischen Frauen- und Geschlechterforschung, der Gendertheoriebildung, aber auch in der Auseinandersetzung mit Gender Mainstreaming einen zentralen Stellenwert ein. Den Boden für diese Debatte bilden Arbeiten aus der neueren Wissenssoziologie, welcher die Forschungen der Ethnomethodologie und des Symbolischen Interaktionismus zuzurechnen sind. Diese Arbeiten werden auch unter den Begriff „empirischer Konstruktivismus" gefasst, der für die gegenwärtige erkenntnistheoretische Diskussion in den Sozialwissenschaften einen entscheidenden Beitrag geleistet hat. Die Ansätze des so genannten kognitionstheoretischen Konstruktivismus, welcher Konstruktionen als Ergebnisse neuronaler Prozesse definiert, sich vor allem auf empirische Arbeiten der Physik, Chemie und Biologie bezieht und Menschen als autopoietische Systeme wahrnimmt (vgl. Kahlert 2000, S. 22ff.; Micus-Loos 2004, S. 115), bilden die Grundlage für eine systemtheoretisch orientierte Auseinandersetzung mit Gender, haben aber bislang keine vergleichbare Verbreitung oder Rezeption erlangt.

Mittlerweile ist eine Vielzahl von konstruktivistischen Ansätzen entstanden (s.u.). Im Folgenden wird das empirische Programm des Konstruktivismus beschrieben und auf die empirische Forschung der Ethnomethodologie sowie des Symbolischen Interaktionismus eingegangen. In Kapitel 4.6 werden diskurstheoretisch-konstruktivistische Überlegungen vorgestellt und in Kapitel 4.5 wird das Modell der hegemonialen Männlichkeit als zentrales konstruktivistisches Modell der kritischen Männerforschung erläutert.

4.4.1 *Simone de Beauvoir, die Begründerin*

Die Existentialistin Simone de Beauvoir kann als erste Konstruktivistin in der Genderdebatte bezeichnet werden. Mit ihrem Werk „Das andere Geschlecht" (1949), in welchem sie die Konstruktion von Mann-Sein als Subjekt und Frau-Sein als „das Andere", von der Norm Abweichende analysiert, setzt sie einen entscheidenden Referenzpunkt für die neue Frauenbewegung. Den zweiten Teil ihres Buches – in dem sie genau beschreibt, wie die Sozialisationsprozesse der Vergeschlechtlichung verlaufen und somit Gender konstruiert wird – beginnt Simone de Beauvoir mit ihren berühmten Worten: „Man kommt nicht als Frau zur Welt, man wird es." (Beauvoir 1996, S. 334)

Weitere Referenzpunkte aus der aktuellen Perspektive bilden die ethnomethodologischen Arbeiten von Harold Garfinkel (1967), der die Normalität der Genderkonstruktion vom normverletzenden Punkt der Transsexualität aus beobachtet und analysiert, sowie von Suzanne J. Kessler und Wendy McKenna (1978), die sich auch mithilfe der Transsexuellenforschung intensiv mit der Geschlechtsbestimmung und -wahrnehmung beschäftigen. Etwa zeitgleich befasst sich Erving Goffman (1977/1994) aus interaktionstheoretischer Perspektive mit Gender und arbeitet die Darstellungsformen und Inszenierungsmuster von Gender heraus.

1984 versucht Carol Hagemann-White mit ihrem Werk „Sozialisation: Weiblich – männlich?" die ethnomethodologischen Forschungserkenntnisse aus dem angloamerikanischen Sprachraum im deutschsprachigen Kontext zu etablieren, jedoch werden ihre Arbeiten zunächst kaum rezipiert. Im angloamerikanischen Sprachraum werden die Forschungsarbeiten hingegen fortgeführt: Ende der 1980er-Jahre setzen sich Candace West und Don H. Zimmerman aus ethnomethodologischer Perspektive kritisch mit dem Sex-Gender-Modell auseinander und prägen den für diesen Diskurs zentralen Begriff *„Doing Gender"* (1987).

Bis zu Beginn der 1990er-Jahre wird diese ethnomethodologisch-interaktionstheoretisch konstruktivistische Perspektive im deutschsprachigen Raum in ihrer letzten Konsequenz kaum aufgegriffen, so auch nicht die Arbeiten von Hagemann-White. Regine Gildemeister und Angelika Wetterer, die mit ihrem Aufsatz „Wie Geschlechter gemacht werden. Die soziale Konstruktion der Zweigeschlechtlichkeit und ihre Reifizierung in der Frauenforschung" 1992 ebenfalls einen Referenzpunkt setzen, konstatieren sogar eine „Rezeptionssperre" (Gildemeister, Wetterer 1992, S. 203). Sie bringen diese mit einer Tradition des binären Denkens und der Vorstellung von der „Natur der Zweigeschlechtlichkeit" in der Forschung des deutschen Sprachraums in Verbindung. In ihrem Aufsatz greifen sie die Arbeiten von Hagemann-White auf und widerlegen überzeugend die „Natur der Zweigeschlechtlichkeit". Ihr Text gehört, so wie die oben zitierten Arbeiten, zu den Klassikern der deutschsprachigen Debatte um die soziale Konstruktion von Geschlecht.

Heute kann nicht mehr von einer Rezeptionssperre konstruktivistischer Arbeiten gesprochen werden, vielmehr kommt es eher zu einer inflationären Verwendung des Begriffs „Geschlechterkonstruktion" (vgl. Wetterer 2008, S. 129) und damit auch zu einer Verwirrung bezüglich des Begriffs „konstruktivistische Ansätze". Unter dem Label „konstruktivistisch" sind mittlerweile sozialkonstruktivistische, wissenssoziologische, diskurstheoretische und dekonstruktionsorientierte Ansätze gefasst. Auch wenn es zudem innerhalb dieser Schulen zahlreiche Varianten gibt und wir von einer einheitlichen Theorie weit entfernt sind, so teilen alle diese Herangehensweisen die Ansicht, dass Geschlecht historisch, kulturell und im Alltag konstruiert wird.

4.4.2 *Geschlecht ist nicht etwas, das wir haben, sondern etwas, das wir tun*

Den gemeinsamen Ausgangspunkt der genannten konstruktivistischen Ansätze bildet die Annahme, dass die soziale Wirklichkeit zweier Geschlechter in einer Gesellschaft auf historischen Entwicklungsprozessen und einer fortlaufenden sozialen Praxis beruht (vgl. Wetterer 2008, S. 126). Die wissens- und alltagstheoretischen Aspekte sozialer Realität stehen im Mittelpunkt des empirischen Programms des Konstruktivismus und die empirische Erschließung von Konstruktionsprozessen wird zum Gegenstand der Analyse. So werden vor allem die Prozesse von Wirklichkeitskonstruktionen unter Mitwirkung der an der Situation Beteiligten untersucht. Die Frage nach dem „Wie" der Konstruktion steht zunächst im Mittelpunkt: „Wie Wirklichkeit konstruiert wird, muß beantwortet werden, um zu klären, was diese ausmacht" (Knorr-Cetina 1989, S. 92).

Die sich auf das empirische Programm des Konstruktivismus beziehende Frauen-, Geschlechter- und Genderforschung konzentriert sich bislang vor allem auf alltagssoziologische Fragestellungen. Demnach werden alltägliche Bedingungen und Situationen untersucht, in welchen das Geschlechterverhältnis zum Tragen kommt: „Wie werden ‚Frauen' und ‚Männer' gedacht und wahrgenommen, wie präsentieren Individuen sich als weiblich oder männlich, welche Eigenschaften werden ihnen zu- oder abgesprochen, in welchen Prozessen vollzieht sich im Alltagsleben die Blau- bzw. Rosafärbung von Personen, Räumen, Gegenständen, Praxisfeldern?" (Knapp 2000a, S. 73) Genau bei der Frage nach dem „Wie" der Konstruktion von Geschlecht erfolgt der Rekurs auf die Arbeiten von Erving Goffman und Harold Garfinkel, welche im Folgenden skizziert werden.

In seinem Aufsatz „The Arrangement between the Sexes" (1977, dt. Übersetzung 1994) beschäftigt sich Goffman mit den institutionellen Regeln für den Umgang zwischen den Geschlechtern in der Öffentlichkeit. Zum Ausgangspunkt seiner Untersuchungen macht Goffman die Frage, wie es sein kann, dass minimale angeborene Geschlechtsunterschiede so große soziale Auswirkungen haben können und wie gesellschaftliche Prozesse diese Auswirkungen unterstützen und herbeiführen (vgl. Goffman 1994, S. 107). Er setzt somit nicht beim Individuum, sondern bei gesellschaftlich institutionalisierten Mechanismen an, welche vom Individuum internalisiert werden. In diesem Zusammenhang spricht er von gesellschaftlichen Glaubensvorstellungen, die die Rechtfertigung des Unterschieds ermöglichen (vgl. ebd., S. 106). Goffman hält fest, dass alle Menschen in zwei Geschlechtsklassen – weiblich und männlich – eingeteilt werden und diese Einteilung lebenslange Geltung beansprucht (vgl. ebd., S. 108). Diese Geschlechtsklassen bilden dann eigene Subkulturen aus, welche folgendermaßen entstehen: „Von Anfang an werden die der männlichen und die der weiblichen Klasse zugeordneten Personen unterschiedlich behandelt, sie machen verschiedene Erfahrungen, dürfen andere Erwartungen stellen und müssen andere erfüllen. Als Folge davon lagert sich eine geschlechtsklassenspezifische Weise der äußeren Erscheinung, des Handelns und Fühlens objektiv über das biologische Muster, die dieses ausbaut, missachtet oder durchkreuzt" (ebd., S. 109). Die so entstandenen Geschlechtsklassen-Subkulturen werden gesellschaftlich parallel organisiert, sozusagen arrangiert, indem „ähnliche Dienstleistungen, ähnliche Rechte und ähnliche Pflichten aufgeteilt werden" (ebd., S. 114). Diese Parallelorganisation verdeutlicht Goffman am Beispiel der öffentlichen Toiletteneinteilung in Frauen- und Männertoiletten, eine Aufteilung, die im privaten Raum nicht vorgenommen wird. Das Besuchen der „falschen" Toilette stellt eine Grenzüberschreitung dar und ruft beispielsweise in den USA die Ordnungskräfte auf den Plan (vgl. ebd., S. 132ff.). Die geschlechtsspezifische Weise, in der sich Frauen und Männer schließlich verhalten, nennt Goffman „Genderism" (ebd., S. 113). In seinen weiteren Forschungen macht er deutlich, wie Geschlechterdarstellungen funktionieren und welche Vorstellungen ihnen zugrunde liegen.

Etwa 10 Jahre davor beschäftigt sich Harold Garfinkel (1967) intensiv mit den Grundproblemen der Geschlechterinszenierung. Er wählt in ethnomethodologischer Tradition den Blick der „Normverletzung", um „alltagsweltliche Methoden" beschreiben zu können. Alltagsweltliche Methoden umfassen all jene Handlungs- und Interaktionspraxen, mit welchen Gesellschaftsmitglieder ihre Routineangelegenheiten zu bewältigen und ihre Normalität zu vermitteln versuchen. Im Falle der Geschlechterinszenierung entscheidet er sich für die Beobachtung der Mann-zu-Frau-Transsexuellen Agnes. Die Transsexuellenforschung eignet sich in diesem Fall auch deshalb besonders, weil sich im Prozess des Geschlechtswechsels die Prozesse der Geschlechtszuweisung und der Konstruktion von Geschlecht wie in Zeitlupe vollziehen (vgl. Gildemeister 2008, S. 139).

Die Fallstudie „Agnes" führt Garfinkel Ende der 1950er-Jahre durch. Er arbeitet mit Tonbandmitschnitten von Gesprächen zwischen Agnes und einem Psychiater (vgl. Garfinkel 1967). Agnes wächst als Junge auf und gibt an, dass sie sich schon immer als Frau gefühlt habe, und zwar als Frau mit einem Penis, wobei sie den Penis als Fehler erlebte, der korrigiert werden müsse. Dieser operative Eingriff wird dann auch vollzogen. Danach wird deutlich, dass die Operation alleine nicht ausschlaggebend dafür ist, dass Agnes auch als Frau anerkannt wird. Für diesen Schritt erlernt sie ein Bündel an Verhaltens- und Darstellungsweisen, gewöhnt sich einen in der damaligen Zeit für Frauen angemessenen Kleidungsstil an und wird schließlich auch als Frau wahrgenommen (vgl. ebd.). Garfinkel erkennt in der Beobachtung dieses Prozesses Folgendes: Alle alltäglichen Handlungen und Interaktionen sind durch Geschlecht geprägt. Erkennbar ist dieser Umstand daran, dass wir irritiert reagieren, sobald wir das Geschlecht unseres Gegenübers nicht einordnen können, weil wir dann nicht wissen, wie wir uns verhalten sollen. Durch diese Geschlechtszuordnungsprozesse und entsprechendes Verhalten wird Geschlecht (all)täglich neu konstruiert und inszeniert. Mit diesen Erkenntnissen wird auch klar, dass „Weiblichkeit" und „Männlichkeit" nicht einfach an biologische Faktoren gebunden sind, sondern ein Konglomerat an Verhaltenserwartungen und -entsprechungen darstellen. Um diesen Prozess der Geschlechtsdarstellung und Geschlechtswahrnehmung im Alltag zu benennen, setzt sich in der Ethnomethodologie der Begriff *„doing gender"* durch (Gildemeister, Wetterer 1992, S. 233; Hagemann-White 1993, S. 70). In der Frauen- und Geschlechterforschung sowie in der Gendertheoriebildung wird dieser Begriff übernommen.

Sämtliche Forschungen zur Transsexualität bauen auf der vorgestellten Studie von Garfinkel auf. Direkt an ihn angeschlossen haben die Forschungsprojekte von Suzanne J. Kessler und Wendy McKenna. Anfang 1978 verdeutlichen sie in ihrer Studie „Gender: An Ethnomethodological Approach" die theoretischen Konsequenzen für die Gendertheoriebildung. Sie untersuchen US-amerikanische Frauen, Männer und Kinder und finden über die Darstellungs-, Wahrnehmungs- und Geschlechtsattributionsprozesse im Doing Gender Folgendes heraus (vgl. Kessler, McKenna 1978, S. 151 ff.):

1. Der Penis ist das allein ausschlaggebende Kriterium der Geschlechtszuschreibung: *"Penis equals male but vagina does not equal female"* (ebd., S. 151). Demnach orientieren sich Zuschreibungsprozesse am Vorhandensein bzw. Nichtvorhandensein von männlichen Merkmalen. Somit ist ein Mensch weiblich, sobald ihm oder ihr männliche Merkmale fehlen. Umgekehrt haben Kessler und McKenna keine Attribuierung gefunden, wo das Fehlen von weiblichen Zeichen zu einer Zuordnung zur Kategorie „Mann/ männlich" geführt hätte. Dieser Prozess existiert laut Aussage der beiden Autorinnen gar nicht.
2. Nachdem die männlichen Genitalien oder deren Fehlen im Alltag nicht sichtbar sind, dienen andere Merkmale, wie etwa Kleidung, Frisur, Stimme, Mimik und vieles mehr, als Hinweise für die Existenz oder das Fehlen männlicher Genitalien. Die Geschlechtsattribuierung basiert demnach auf einer Annahme und dem Alltagswissen darüber, dass es nur zwei Geschlechter gibt und nicht mehr. Vor diesem Hintergrund wird deutlich, wie wichtig die entsprechende Geschlechtsdarstellung ist, um das eigene Geschlecht deutlich sichtbar zu machen. Denn auch das Gegenüber nach dem Geschlecht zu fragen, stellt einen Normbruch dar.
3. Kessler und McKenna betonen aber nicht nur die Bedeutung der Darstellungsleistung, sondern auch jene der Rezeption. Das dritte zentrale Ergebnis ihrer Studien ist, dass eine einmal getroffene Kategorisierung aufrechterhalten wird, auch wenn sich die betroffene Person widersprüchlich verhält: *"Gender is an anchor, and once people decide what you are, they interpret everything you do in the light of that"* (ebd., S. 6). Damit wird deutlich, dass zum Beispiel nicht alleine Transsexuelle die Stimmigkeit ihrer Darstellung beeinflussen, sondern dass alle Anwesenden an dieser Darstellung mitwirken (vgl. Hagemann-White 1993, S. 69).

Die Konstruktion von Geschlecht liegt demnach nur zum Teil in der Verantwortung eines Individuums alleine, vielmehr ist Doing Gender ein interaktiver Vorgang, in welchem wir unabdingbar auf die Mitwirkung unserer Gegenüber und unsere gemeinsam geteilte Geschlechterkultur angewiesen sind.

Carol Hagemann-White schließt an den dargestellten Forschungen vor allem mit ihrer Beschäftigung mit der „Kultur der Zweigeschlechtlichkeit" (Hagemann- White 1984) an. Sie gilt als Pionierin der deutschsprachigen ethnomethodologischen Frauen- und Geschlechterforschung. Bereits in ihrem

Werk „Sozialisation: Weiblich – männlich?" (1984) bezieht sie sich auf ethnomethodologische Arbeiten aus dem angloamerikanischen Raum und bringt ihre Erkenntnisse in die deutschsprachige Geschlechterdebatte ein. Diese Publikation wird als Standardwerk der konstruktivistischen Forschung zur geschlechtsspezifischen Sozialisation angesehen. Sie prägt die Begrifflichkeit „Kultur der Zweigeschlechtlichkeit" und beschreibt damit ein symbolisches und gesellschaftlich strukturierendes System der westlichen kapitalistischen Gesellschaft, welches als kulturelle Selbstverständlichkeit die Menschen in zwei Geschlechter unterteilt. In diesem System gilt Geschlecht als nicht veränderbar. Die Unterscheidung der Geschlechter bzw. die Selbstzuordnung zu einem Geschlecht muss in Individuationsprozessen angeeignet werden. Eine wesentliche Grundvoraussetzung für jegliche Form von Identität bildet in diesem symbolischen System der Zweigeschlechtlichkeit die Zuordnung zum männlichen oder zum weiblichen Geschlecht (vgl. ebd., S. 90f.). Auf die große Bedeutung der Kultur der Zweigeschlechtlichkeit als gesellschaftlich geteiltes Alltagswissen macht auch Garfinkel aufmerksam, indem er darauf hinweist, dass selbst Transsexualität keine Erschütterung der alltäglich unhinterfragten Wirklichkeit auslöst, sondern vielmehr zu einer Konstruktion von etwas Drittem, Abgewertetem und Ausgeschlossenem führt (vgl. Garfinkel 1967). Die Studie von Kessler und McKenna leitet aber auch eine erkenntnistheoretische und wissenschaftstheoretische Wende ein, indem sie herausarbeitet, dass die Forschungen der Psychologie und der Biologie Geschlechtsunterschiede nicht beweisen, sondern vielmehr voraussetzen und damit an das gesellschaftliche Alltagswissen anschließen (vgl. Kessler, McKenna 1978).

Etwa zur selben Zeit schließen Candace West und Don Zimmerman im englischsprachigen Raum an den ethnomethodologischen Studien über Transsexualität an. Sie setzen sich in ihrem Aufsatz „Doing Gender" (1987) kritisch mit dem Sex-Gender-Modell und dessen binären Implikationen auseinander und postulieren eine dreigliedrige Neufassung. Sie unterscheiden zwischen *„sex"*, der Geburtsklassifikation, *„sex-category"*, der sozialen Zuordnung im Alltag, und *„gender"*, dem situationsadäquaten Handeln im Lichte normativer Vorgaben. West und Zimmerman betonen mit ihrem Genderbegriff somit den Handlungsaspekt, der auch in der bereits genannten Begrifflichkeit *„doing gender"* deutlich wird. Im Sinne der vorangegangenen ethnomethodologischen und interaktionstheoretischen Forschungen definieren die beiden Doing Gender folgendermaßen: „Das Herstellen von Geschlecht (doing gender) umfaßt eine gebündelte Vielfalt sozial gesteuerter Tätigkeiten auf der Ebene der Wahrnehmung, der Interaktion und der Alltagspolitik, welche bestimmte Handlungen mit der Bedeutung versehen, Ausdruck weiblicher oder männlicher

‚Natur' zu sein. […] In gewissem Sinne sind es die Individuen, die das Geschlecht hervorbringen. Aber es ist ein Tun, das in der sozialen Situation verankert ist und das in der virtuellen oder realen Gegenwart anderer vollzogen wird, von denen wir annehmen, daß sie sich daran orientieren. Wir betrachten das Geschlecht weniger als Eigenschaft von Individuen, sondern vielmehr als ein Element, das in sozialen Situationen entsteht" (West, Zimmermann 1991, S. 14). Hagemann-White (1993, S. 68) bringt diese differenzierte Definition mit ihrer berühmten Aussage „Das Geschlecht, in dieser Sicht, ist nicht etwas, was wir ‚haben' oder ‚sind', sondern etwas, was wir tun" treffend zum Ausdruck.

Anschließend an die Feststellung von Garfinkel, dass die Geschlechtskategorisierung omnipräsent ist und sich – wie sich in den Ausführungen oben zeigt – Doing Gender somit allgegenwärtig vollzieht, stellt sich die Frage, ob es möglich ist, die fortlaufende Herstellung von Geschlecht auch zu unterlassen. 1987 stellen West und Zimmerman diese Frage erstmals: "Can we ever avoid doing gender?" (West, Zimmerman 1987) Die beiden beantworten ihre Frage zunächst mit einem „Nein". Sie meinen, solange eine Gesellschaft ihre Mitglieder in Frauen und Männer als Unterschiedliche unterteilt und solange diese Zuordnung zu einem Geschlecht von so großer Bedeutung ist und auch real umgesetzt wird, ist es nicht möglich, sich von der Konstruktion der Zweigeschlechtlichkeit zu lösen. Geschlecht lässt sich praktisch nicht ausblenden, da die Konstruktion in Face-to-Face-Interaktionen erfolgt (vgl. West, Zimmermann 1991, S. 32).

Zu den Auseinandersetzungen des empirischen Konstruktivismus mit den biologischen Aspekten von Geschlecht sei auf Kapitel 1.2 verwiesen. Die wesentlichsten Erkenntnisse aus dieser Auseinandersetzung sind, dass auch die biologischen Bestimmungen von Geschlecht gesellschaftliche Übereinkünfte und Kategorisierungen darstellen. Bei genauerer Betrachtung der biologischen Gegebenheiten stellt sich heraus, dass keine „eindeutige" Geschlechtsdefinition existiert. Demnach kann auch in der Biologie Geschlecht nicht in zwei entgegengesetzte, einander ausschließende Kategorien gefasst werden, sondern muss vielmehr als Kontinuum verstanden werden. Zusammenfassend kann festgehalten werden, dass von einer Natur der Geschlechterdifferenz aus konstruktivistischer Sicht nicht mehr gesprochen werden kann. Die „natürliche" Geschlechterdifferenz ist zwar unbestritten wirkungsmächtig, stellt aber keine natürliche, sondern eine gesellschaftliche Realität dar (vgl. Heintz 1993, S. 38, zit. n. Kahlert 2000, S. 28). Demnach müssen Natur bzw. Körper als Ergebnisse gesellschaftlich-historischer Prozesse gefasst werden, womit die Unterscheidung von Sex und Gender fragwürdig wird und von der Voraussetzung der Zweigeschlechtlichkeit endgültig Abstand genommen werden muss.

Immer wieder steht der Begriff Sex zur Debatte bzw. die Beziehung zwischen Sex und Gender, wobei sich aus konstruktivistischer Perspektive *Sex* als sozial konstruiert erweist. Der Geschlechtskörper wird somit „nicht als Basis, sondern als Effekt sozialer Praxis" (Hirschauer 1989, S. 101) begriffen.

4.4.3 Kritische Anmerkungen zu Doing Gender

Auch der empirische Konstruktivismus und seine Erkenntnisse für die Gendertheoriebildung erfahren kritische Anmerkungen, vor allem von Dekonstruktionstheoretiker_innen (Kapitel 4.6). Johanna Hopfner (2000) formuliert beispielsweise mehrere Kritikpunkte. Sie meldet vor allem Klärungsbedarf hinsichtlich des Verhältnisses zwischen den sozialen Erwartungen (Konstruktionen) und dem subjektiven Umgang mit denselben an (vgl. ebd., S. 74). Sie stellt fest, dass in einer Reihe von Untersuchungen zwar „die Leistungen eines Subjekts in der Aneignung seiner sozialen und materialen Umwelt sowie seine aktive Beteiligung an der Ausprägung solcher Muster explizit hervorgehoben werden" (ebd.), davon getrennt bleibe aber „die Definitionsmacht des sozialen Systems teilweise unhinterfragt als eigentlicher Grund bestehen, der prägend auf das Verhalten von Mädchen und Jungen wirkt und das System der Zweigeschlechtlichkeit ständig reproduziert. Sozial-deterministische Konzepte stehen gleichberechtigt und gleichgültig neben Betonungen der Freiheit und Autonomie des Subjekts" (ebd., S. 74f.). Zudem kritisiert sie, dass in vielen Fällen empirisch-konstruktivistischer Forschung die Ergebnisse nur bestätigen, was bereits zuvor feststand (vgl. ebd.) und somit eine Allmacht des Systems der Zweigeschlechtlichkeit konstruiert wird.

Michaela Tzankoff macht darüber hinaus darauf aufmerksam, dass das sozialkonstruktivistische Konzept soziale Machtstrukturen ausblende und sich nicht ausreichend damit auseinandersetzen würde, dass sich die Interaktionen am Boden einer strukturellen Hierarchie der Geschlechter vollziehen (vgl. Tzankoff 1992, S. 131, zit. n. ebd., S. 78). In Bezug auf beide Einwände stellt Hopfner fest, dass sie sich in einer gedanklichen Zwickmühle bewegen: „*Entweder* sind die Subjekte den sozialen Verhaltensnormierungen und soziokulturellen Konstruktionsprozessen unterworfen [...]. *Oder* aber die Subjekte sind wahrhaft autonom, unabhängig und frei von den Einteilungen in weiblich und männlich und nehmen sozusagen selbst ‚den Stift in die Hand'. Der Stift fällt allerdings – wie immer man dazu stehen mag – ganz gewiß nicht aus einem gesellschaftsfreien Raum" (ebd.).

Heike Kahlert setzt sich in diesem Zusammenhang auch mit dem Verhältnis von Handlung und Gesellschaftsstruktur auseinander. Sie kritisiert an den sozialkonstruktivistischen Ansätzen, dass sie einerseits „nicht hinlänglich erklären, wie es zu gesellschaftlichem Wandel in den Konstruktionsprozessen von Geschlecht und Geschlechterverhältnissen kommen kann" (Kahlert 2000, S. 30), und dass andererseits das Verhältnis von Gesellschaftsstruktur und Handlung des Subjekts unreflektiert bleibe (ebd.).

Schließlich macht Judith Butler darauf aufmerksam, dass jedes Doing Gender ein Undoing Gender (2004) beinhaltet und regt dazu an, dies sichtbar zu machen.

4.4.4 Doing Gender in Supervision und Coaching

In den für Supervision und Coaching bedeutenden Referenzforschungsfeldern beschäftigen sich vor allem die Psychologie und die Soziologie mit den Konstruktionen von Gender. In den 1990er-Jahren etwa erscheinen eine Vielzahl von empirischen Fallstudien in den Bereichen Berufsarbeit und Organisationsgeschehen, die sich mit dem gemeinsamen Nenner „*Doing gender while doing the job*" (Leidner 1991 zit. n. Wilz 2008, S. 508) beschäftigen. Untersucht wird unter anderem, wie bei Interaktionen am Arbeitsplatz sowie Strukturen der Arbeitsverteilung und -zuweisung auf geschlechtsspezifische Verhaltenserwartungen und Symbole zurückgegriffen wird. Übergreifend lässt sich feststellen, dass sich in Arbeits- und Organisationsprozessen immer auch eine Darstellung und Zuschreibung von adäquater Geschlechtlichkeit zeigt (vgl. Wilz 2008, S. 508).

Viele Untersuchungen zu Doing Gender beschäftigen sich in diesem Zusammenhang mit der Arbeitsteilung in Frauen- und Männerarbeit, und zwar einerseits interorganisational, aber auch in Bezug auf die Trennung von Berufen in so genannte Frauen- und Männerberufe. Dabei ist deutlich geworden, „dass die Vergeschlechtlichung (gendering) von Berufsarbeit auf das engste mit der differenten Wertung der Geschlechter verbunden ist und die Benachteiligungen von Frauen zur Folge hat" (Gildemeister 2008, S. 142). Doing Gender im Arbeitsfeld untersuchte zum Beispiel auch Christine Williams. Sie wählte die ethnomethodologische Perspektive der Normverletzung und forschte über Frauen in so genannten Männerberufen und über Männer in frauendominierten Berufszusammenhängen. Ihre Ergebnisse zeigen, dass Frauen bzw. Männer in der Minderheit erhebliche Anstrengungen im beruflichen Alltagshandeln unternehmen, um einer Stigmatisierung als „unweiblich" oder „unmännlich" zu entgehen (vgl. Williams 1989, 1993, zit. n. Gildemeister

2008, S. 142). Sie arbeitet auch heraus, dass dieses Verhalten Männern in so genannten Frauenberufen Vorteile und Aufstiegschancen bringt, während Frauen in männerdominierten Kontexten diese Strategie zum Nachteil gereicht (vgl. ebd.). Robin Leidner (1991, 1993, zit. n. Gildemeister 2008, S. 142) erforschte die Arbeitsteilung verknüpft mit Gender in gemischtgeschlechtlichen Kontexten. Ihre Studie über Versicherungsvertreter_innen und Angestellte von Fast-Food-Ketten ergibt, dass die Mitarbeiter_innen ihre Arbeit wechselseitig so interpretieren, dass sie kongruent zur jeweiligen Geschlechtszugehörigkeit ist, wobei Leidner auch feststellt, dass es kaum eine Arbeit gibt, die nicht zu den Kategorien „männlich" oder „weiblich" zugeordnet wird (vgl. ebd.). Eine etwas jüngere Studie von Bettina Heintz, Eva Nadai u. a. (1997) kommt zu mehreren interessanten Ergebnissen. Zum einen stellte sich heraus, dass Männer in so genannten Frauenberufen (wie z.B. Krankenpfleger) ihre Geschlechtszugehörigkeit betonen, während Frauen in sogenannten Männerberufen (wie z.B. im Informatikbereich) ihre Geschlechtszugehörigkeit möglichst wenig zum Ausdruck bringen. In Berufszusammenhängen, die eher gemischtgeschlechtlich sind (wie z.B. Sacharbeit), verliert diese Betonung bzw. Nichtbetonung der Geschlechtszugehörigkeit an Bedeutung. Hier wirken vielmehr strukturelle Aspekte wie Arbeitszeitnormen, Ausschluss bzw. Inklusion in informellen Netzwerken oder Mobilitätserfordernisse auf die Konstruktion von Gender.

Bezüglich der strukturellen Ebene kommt Friedel Schreyögg zu ähnlichen Ergebnissen. Sie beschäftigte sich mit den Personalbeurteilungsverfahren der Stadt München und veröffentlichte 1998 interessante Ergebnisse bezüglich der Unterscheidung von Mitarbeiterinnen und Mitarbeitern: So wurden zum Beispiel teilzeitbeschäftigte Frauen im Beurteilungsjahr 1991 deutlich schlechter beurteilt als vollzeitbeschäftigte Frauen und noch wesentlich schlechter als vollzeitbeschäftigte Männer, wobei die Unterscheidung im höheren Dienst am deutlichsten ist (vgl. Schreyögg 1998, S. 29). Zur Begründung ihrer Beurteilungen gaben die Vorgesetzten an, dass teilzeitbeschäftigte Mitarbeiter_innen keine hervorragenden Leistungen erbringen können, und einige verquickten ihre Beurteilungen mit den eigenen kritischen Einstellungen zu berufstätigen Müttern (vgl. ebd., S. 29f.). Des Weiteren zeigte sich, dass zeitliche Verfügbarkeit und Überstunden, das Ancienntätsprinzip und der hierarchische Aufstieg für bessere Personalbeurteilungen ausschlaggebend waren und somit alle Mitarbeiter_innen mit Betreuungs- oder Pflegepflichten schlechter beurteilt wurden (vgl. ebd., S. 30f.).

Eine weitere und besonders interessante Studie präsentieren Guido Strunk, Anett Hermann und Susanne Praschak (2005). Sie gingen der Frage nach, ob Karriere ein Geschlecht hat und insbesondere wie es dazu kommt, dass bei gleicher Qualifikation Männer besser verdienen und in der Karriere erfolgreicher sind als Frauen. Dazu bildeten sie 52 virtuelle „Zwillingspaare", die dieselben Voraussetzungen im Alter bzw. ihrer Kohorte, in der sozialen und ökonomischen Herkunft, im Studienerfolg, in der Persönlichkeitsstruktur, in den berufsbezogenen Motiven und Persönlichkeitsmerkmalen und im karrieretaktischen Verhalten in insgesamt 23 Merkmalen aufwiesen (vgl. ebd., S. 228f.). Damit hatten die Autor_innen Vergleichsgruppen, die sich in nichts anderem als dem biologischen Geschlecht unterschieden. In weiterer Folge untersuchten sie in einem Zeitraum von zehn Jahren den Karriereerfolg dieser Zwillingspaare. Im Durchschnitt über die ersten drei Berufsjahre ließen sich keine Unterschiede in Bezug auf das Gehalt, die übertragene Führungsverantwortung, die Zufriedenheit mit der Karriere und den von Kolleg_innen zugeschriebenen Karriereerfolg feststellen (vgl. ebd., S. 231). Nach zehn Jahren bestanden bereits gravierende Unterschiede zwischen Männern und Frauen, und zwar vor allem im Durchschnittseinkommen (Männer verdienten durchschnittlich 18 000 € pro Jahr mehr) und in der übertragenen Führungsverantwortung (vgl. ebd., S. 233). Dabei ließen sich diese Unterschiede nicht auf „natürliche", geschlechtsspezifische Unterschiede im Verhalten zwischen Frauen und Männern zurückführen, sondern vielmehr auf das Doing Gender im Organisationsalltag. Ansätze zur Vergeschlechtlichung von Organisationen erklären in diesem Zusammenhang, wie es zu geschlechtsspezifischen Aufgabenverteilungen und darauf begründeten Rollenmustern kommt. So werden Frauen mit weniger angesehenen Aufgaben betraut, während Männer Erfahrungen in der Zusammenarbeit mit der Unternehmensleitung sammeln oder Ergebnisse der Abteilung präsentieren (vgl. ebd., S. 241). Folgende Zitate verdeutlichen diese Dynamik: „Gestern hat ihr R. gesagt, dass sie ihre Karriere vergessen kann, wenn sie jetzt ein Kind bekommt."; „Dafür hätte sie doch ein Händchen, ein wenig Blumenschmuck in der Eingangshalle soll sie arrangieren, wenn der neue Investor kommt. Dafür würde sie dann auch bei der Präsentation der Bilanz entlastet. Die übernimmt ihr Kollege, hat der Chef gesagt."; „Sie hätte ihren Job ja ohnehin nur wegen der Quote, da muss sie sich nicht wundern, wenn die Kollegen sauer sind." (ebd. 2005, S. 235). Auf diese Weise entstehen in der Organisation Geschlechterhierarchien und der eben beschriebene *Gender-Gap* in der Karriere.

All diese Forschungsergebnisse machen deutlich, wie Genderkonstruktionen im beruflichen Alltag erfolgen, wie Verhaltenserwartungen und -entsprechungen bzw. -widersprechungen ineinandergreifen und deutlich geprägt sind von Gender Bias. Für die Konstruktion von Gender im supervisorischen oder Coaching-Setting existieren bislang keine Forschungen oder Studien, die konstruktivistisch begründet sind, auch hier muss ein Forschungsdesiderat festgestellt werden. Allgemein gesehen haben sozialkonstruktivistische Theorien und Forschungen die Theoriebildung in Supervision und Coaching jedoch deutlich beeinflusst. Für den Integrativen Ansatz hat Hilarion Petzold (1998a) die Referenzpunkte im Sozialkonstruktivismus differenziert herausgearbeitet. Unter anderem hält er in diesem Zusammenhang fest, dass „alle supervisorischen Prozesse vom sozialökologischen Kontext (Gibson 1979; Valenti/Pittenger 1993; Petzold u.a. 1994), seinen *affordances*, d.h. Wahrnehmungsangeboten, Handlungsmöglichkeiten *(effictivities)* und Grenzen *(constraints)* bestimmt sind. Dabei sind auch Phänomene sozialer Wahrnehmung zu beachten, die kollektiv determinierten Interpretationsmustern und damit Konstruktionsprinzipien von *Wirklichkeit* unterliegen. Das Geschehen in Prozessen sozialer Interaktion und Kommunikation wird durch kollektiv verankerte Parameter bewertet und, wie die empirische Sozialpsychologie herausgearbeitet hat, kontrolliert (Moscovici 1976, 1979; Stroebe u.a. 1992; Frey/Irle 1993; Flammer 1990)" (Petzold 1998a, S. 47).

Diese Konstruktionsprinzipien sind auf struktureller, sozialökologischer, interaktioneller und persönlicher Ebene in Supervision und Coaching zu reflektieren. Genderkompetente Supervision und genderkompetentes Coaching tun genau dies auf Genderebene. Sie reflektieren den sozialökologischen Aufforderungscharakter, seine Handlungsmöglichkeiten und Grenzen auf Genderebene, analysieren die rahmengebenden Strukturen aus Genderperspektive und bearbeiten Genderkonstruktionen im Alltag auf interaktionaler und personaler Ebene. Wie dieser Prozess in Supervision oder Coaching stattfinden kann, verdeutlicht das folgende **Beispiel:** Ein Diversitybeauftragten-Team (eine Frau und ein Mann) nahmen Coaching in Anspruch. Sie führten in ihrer Organisation, einem Unternehmen in einem männerdominierten privatwirtschaftlichen Kontext, ein Gender-Mainstreaming-Projekt durch und wurden aufgefordert, dieses im Leitungs-Jour-fixe zu präsentieren. Eine der gemeinsamen Coachingsitzungen nutzten sie, um diese Präsentation mit dem Anspruch vorzubereiten, die Projektergebnisse nicht nur gut, sondern auch gendergerecht vorzustellen. Zunächst gingen wir die Inhalte und Ziele der Präsentation durch. Dann erforschten wir die sozialökologischen Rahmenbedingungen: Es würden etwa 20 Leiter_innen (17 Männer, 3 Frauen) in einem Konferenztischsetting anwesend sein. Die Leiter_innen waren unterschiedlich zu Gender Mainstreaming eingestellt. Das Team konnte also sowohl Wohlwollen als auch Skepsis erwarten. Der Raum war rechteckig und hatte an einer Stirnseite eine Präsentationsmöglichkeit für PowerPoint-Präsentationen (das gewählte Medium des Teams). Computer und Präsentationsfläche waren so positioniert, dass die vortragende Person nicht selbst weiterklicken konnte, ohne mehrere Schritte zu gehen, und es war auch keine Fernbedienung dafür vorhanden. Aufgrund der Normen und Werte in Bezug auf Weiblichkeiten und Männlichkeiten in dieser Firma wurde klar, dass die Diversitybeauftragte in einem leichten Statusnachteil gegenüber dem Kollegen war. Mit Hilfe der gendergerechten Präsentation sollte die Gleichwertigkeit des Teams vermittelt werden. In mehreren Durchgängen eines Rollenspiels probierten die beiden verschiedene Varianten aus, reflektierten, wie es ihnen dabei ging, gaben einander Feedback und baten auch um meines. Das Ergebnis dieses Prozesses im Sinne einer gendergerechten Präsentation sah folgendermaßen aus: Sie würden beide die Stirnseite des Raumes als Bühne in Besitz nehmen und gemeinsam stehend vortragen (die beiden unterschieden sich in der Größe kaum, sodass keiner neben der anderen Person „klein" wirkte). Die Kollegin würde mit der Präsentation beginnen (um ihren Statusnachteil etwas auszugleichen) und dann würden sie die Inhalte gemeinsam, d.h. abwechselnd präsentieren, wobei sie darauf achten wollten, dass die Inhalte und das Gender der jeweilig präsentierenden Person nicht in genderstereotyper Form korrespondierten. Körpersprachlich wollten sie beide selbstbewusst auftreten, ohne einander zu dominieren, und beide in etwa gleichermaßen zeitlich präsent sein. Schließlich würden sie füreinander weiterklicken, damit auch die „Assistenztätigkeit" nicht mit einem Gender besetzt würde. Die Planung erfüllte die gesetzten Ziele. Das Team berichtete in der nächsten Sitzung, dass ihnen die Umsetzung (Performanz) gut gelungen war und sie begeisterte Rückmeldungen erhalten hatten. Dieses Beispiel macht deutlich, wie viele soziale und räumliche Rahmenbedingungen in der Konstruktion von Gender eine Rolle spielen und wie präsent Doing Gender in allen Alltagshandlungen ist.

Aus diesem Diskurs heraus wird deutlich, dass das Miteinander im Arbeitsleben von Gendervorstellungen geprägt ist und diese damit im alltäglichen Handeln reproduziert werden. Genau dieses Doing Gender, d.h. vergeschlechternde Handeln, gilt es, in der genderkompetenten Supervision und im genderkompetenten Coaching in den Blick zu nehmen und zu reflektieren. Welche Genderinszenierungen von Weiblichkeiten, Männlichkeiten, Androgynitäten und Intersexualitäten werden im jeweiligen Supervisand_innen-, Coachee- und Klient_innensystem angeregt oder verhindert? Was tun die Frauen, Männer, intersexuellen, transgender und transsexuellen Personen im Supervisand_innen-, Coachee- und Klient_innensystem und was tun sie, um die jeweilige Genderinszenierung zu erreichen? Welche wechselseitigen Genderattributionen sind vorherrschend? Auf die Herausforderung, die in dieser Aufgabe liegt, macht Regine Gildemeister in Bezug auf den Exzentri-

zitätsanspruch in der Forschung aufmerksam: „Die soziale Wirklichkeit ist zweigeschlechtlich strukturiert, die Differenz immer schon in die soziale Welt eingeschrieben und unsere Wahrnehmung darauf ausgerichtet, in jeder Situation Frauen und Männer zu unterscheiden. Im jeweiligen Untersuchungsfeld sind Forscher und Beforschte als Männer und Frauen erkennbar und als solche in den forschungsbezogenen Interpretationen und Auswertungen präsent (vgl. Gildemeister 2000). Damit besteht für Analysen des ‚doing gender' immer das Problem und die Herausforderung, die eigenen, oft nicht bewussten alltagsweltlichen Annahmen über ‚Unterschiede' der Geschlechter zu kontrollieren und zu reflektieren" (Gildemeister 2008, S. 141).

Allein die Frage nach dem „Wie" der Unterscheidung kann da schon sehr hilfreich sein. Gerade Supervisor_innen und Coaches sind in der differenzierten Beobachtung und Wahrnehmung von Interaktionssituationen sehr gut geschult. Mit einer fundierten gendertheoretischen Auseinandersetzung und dem Wissen zu zentralen Ergebnissen aus der genderorientierten empirischen Konstruktionsforschung können von supervisorischer und Coachingseite fundierte und professionelle Genderanalysen vorgenommen werden.

4.5 Das Theoriemodell hegemonialer Männlichkeit

Das Theoriemodell hegemonialer Männlichkeit stellt weniger einen Diskurs als vielmehr eine Theorie dar, welche die kritische Männerforschung wesentlich beeinflusst hat. Sie wird hier in diesem Diskursreigen vorgestellt, weil sie die internationale Gendertheoriebildung am deutlichsten beeinflusst hat und als zentrale Grundlage für die Thematisierung von „Männlichkeit" in Supervision und Coaching genutzt werden kann. Die Theorie hegemonialer Männlichkeit wird im Anschluss an den Diskurs des empirischen Konstruktivismus skizziert, weil Raewyn Connell (zuvor Robert W. Connell), die Begründerin dieser Theorie, die *Konstruktion* von Männlichkeiten in den Mittelpunkt ihrer wissenschaftlichen Auseinandersetzungen stellt. Sie kann als bedeutendste Vertreterin in dieser Auseinandersetzung angesehen werden. So wie den bisher vorgestellten Diskursen der Gendertheoriebildung wohnt auch ihren Überlegungen zu hegemonialer Männlichkeit eine enge Verknüpfung zwischen Theoriebildung, sozialer Praxis und geschlechterdemokratischer Politik inne. In ihren Publikationen prägt sie zentrale Begriffe, wie „hegemoniale Männlichkeit" oder „patriarchale Dividende". So wie in den vorangegangenen Kapiteln zu den verschiedenen Gendertheorien wird auch hier zunächst eine historische Verortung vorgenommen. Sodann werden zentrale Überlegungen von Raewyn Connell vorgestellt, kritisch diskutiert und mit der Praxis verwoben. Den Abschluss bildet wieder die Konnektivierung mit der Supervisions- und Coachingforschung.

4.5.1 Zur Geschichte von „Männlichkeit"

Will man die ersten wissenschaftlichen und publizierten Überlegungen zu Männlichkeiten, dem Mann-Werden und dem Mann-Sein verorten, so kann man durchaus auf die Überlegungen von Sigmund Freud (1900, zit. n. Connell 2006, S. 27f.) verweisen, der schon um die Jahrhundertwende vom 19. zum 20. Jahrhundert feststellte, dass Männlichkeit nie in Reinform existiert und vielmehr widersprüchliche emotionale Tendenzen nebeneinander bestehen. An seine Überlegungen schlossen zahlreiche Psychoanalytiker wie zum Beispiel Carl Gustav Jung, Alfred Adler oder Wilhelm Reich an.

Einen weiteren zentralen Schritt in der Forschung und Theoriebildung um Männlichkeiten stellt die in den 1950er-Jahren entwickelte Geschlechtsrollentheorie dar. Talcott Parsons beschreibt in seiner Arbeit „Family, Socialisation and Interaction Process" (zit. n. ebd., S. 41) die unterschiedlichen Rollen von Frauen und Männern als „instrumentelle" und „expressive Rolle" in der Familie. Die Geschlechtsrollentheorie und ihre verschiedenen Varianten werden heute noch gerne, vor allem jedoch in populärwissenschaftlichen Veröffentlichungen herangezogen. Das Hauptproblem der Geschlechtsrollentheorie verorten Connell und Nikki Wedgwood darin, dass dieses Konzept keinen Beitrag zur Klärung von Machtverhältnissen, Gewaltbedingungen und materieller Ungleichheit leistet (vgl. Connell, Wedgwood 2008, S. 116).

Weitere Strömungen in der kritischen Männerforschung kommen von der Anthropologie und den Geschichtswissenschaften. In den 1970er-Jahren bekommt die Auseinandersetzung mit Männlichkeiten durch die feministische Frauenbewegung und die lesbisch-schwule Bewegung eine neue Wendung. In der Soziologie erfolgt daraufhin vor allem durch die australischen Soziolog_innen Tim Carrigan, Robert Connell und John Lee Mitte der 1980er-Jahre ein Bruch mit der Geschlechtsrollentheorie und eine Hinwendung zur historischen und kulturellen Konstruktion von Männlichkeiten: Sie „traten dafür ein, Männer nicht als homogene Kategorie zu behandeln, sondern historisch bestimmte Männlichkeiten zu untersuchen, und führten das Konzept der hegemonialen Männlichkeit als einer kulturell herausgehobenen Form von Männlichkeit an die Spitze einer Hierarchie von Männlichkeiten ein" (ebd.). Dieses Konzept „hegemonialer Männlichkeit" wurde sowohl in der feministischen Frauen- und Geschlechterforschung wie auch in der kritischen Männerforschung und in den Gender Studies breitest und wohlwollend rezipiert. Den drei Autor_innen gelingt es mit dieser Idee vor allem, an den empirischen Konstruktivismus anzuschließen und eine Fülle von empirischen Untersuchungen auszulösen.

Zehn Jahre später veröffentlicht Connell eine umfassende Studie zur Konstruktion von Männlichkeiten. In „Masculinities" (1995) arbeitet sie mit dem Konzept der hegemonialen Männlichkeit und seinen Implikationen als Bezugsrahmen. „Masculinities" wird der Renner und gilt aktuell als Klassiker der kritischen Männerforschung. Im deutschsprachigen Raum ist die Aufnahme dieser theoretischen Erkenntnisse verzögert; erst 1999 erscheint die Übersetzung von „Masculinities", zu Deutsch: „Der gemachte Mann. Konstruktion und Krise von Männlichkeiten". Robert W. Connell, jetzt Raewyn Connell, zählt mittlerweile zu den bedeutendsten Theoretiker_innen in der kritischen Männerforschung.

4.5.2 *Männlichkeiten und ihre soziale Ordnung*

Den Ausgangspunkt der Überlegungen von Connell bilden mehrere Faktoren. Zum einen stellt sie fest, dass Männlichkeit nicht als homogene Kategorie gefasst werden kann und es vielmehr um die Erfassung der Vielfalt von Männlichkeiten geht. Zum Zweiten ist es ihr wichtig, einen theoretischen Rahmen für die Auseinandersetzung mit Machtverhältnissen entlang den Geschlechterbeziehungen zu entwickeln, und zum Dritten ist es ihr ein Anliegen, die Beziehungen zwischen Männlichkeiten in den Blick zu nehmen. Mit der Theorie der „hegemonialen Männlichkeit" versucht sie, diesen Ansprüchen gerecht zu werden.

Connell versteht das soziale Geschlecht als „eine Art und Weise, in der soziale Praxis geordnet ist. In Geschlechterprozessen wird der alltägliche Lebensvollzug organisiert in Relation zu einem Reproduktionsbereich (reproductive arena), der durch körperliche Strukturen und menschliche Reproduktionsprozesse definiert ist. [...] Die soziale Praxis ist kreativ und erfinderisch, aber nicht ursprünglich. Sie reagiert auf bestimmte Situationen und entsteht innerhalb fester Strukturen von sozialen Beziehungen" (Connell 2006, S. 92).

Connell bringt somit Geschlechtlichkeit vor allem mit gelebter Praxis und gesellschaftlichen Ordnungsprozessen von menschlichem Leben in Verbindung. Und sie meint weiter, dass sich das Handeln von Menschen historisch gesehen zu größeren Einheiten konfiguriert hat. Diese Vorstellung von einer

Konfiguration ist bei Connell zentral, wenn sie davon spricht, dass das Benennen von Weiblichkeit und Männlichkeit „Konfigurationen von Geschlechterpraxis" (ebd.) darstellt. Darüber hinaus weist sie darauf hin, dass das soziale Geschlecht mit anderen Kategorien wie *race*, Klasse, Nation oder Position in der Weltordnung interagiert (vgl. ebd., S. 96).

Vor diesem Hintergrund nähert sich Connell dem Begriff Männlichkeit an, wobei sie dafür historische Dokumente aus der Psychoanalyse und Psychologie sowie Forschungen aus den Geschichtswissenschaften, der Anthropologie und den Sozialwissenschaften heranzieht. Aus ihrer Forschungsreise zieht sie folgenden Schluss: „Jede Form von Männlichkeit (als Konfiguration von Praxis) ist gleichzeitig in einer Reihe von Beziehungsstrukturen verortet, die durchaus unterschiedlichen historischen Entwicklungslinien folgen können. Dementsprechend ist Männlichkeit, ebenso wie Weiblichkeit, internen Widersprüchen und historischen Brüchen ausgesetzt" (ebd., S. 94). Im Rahmen dieser Definition benennt Connell mehrere zentrale Faktoren: Sie verortet die Konstruktion von Männlichkeit in *Beziehungsstrukturen*, die wiederum in Institutionen bzw. dem Einfluss von Institutionen entsprungen sind. Das *Konstrukt* Männlichkeit ist historisch gewachsen und wandelbar, in der Realität gibt eine *Vielfalt* von Männlichkeiten.

Die Beziehungsstrukturen, mit denen sich Connell besonders beschäftigt, führen sie zu dem Begriff der Hegemonie und schließlich dem Begriff der **hegemonialen Männlichkeit**: „Hegemoniale Männlichkeit kann man als jene Konfiguration geschlechtsbezogener Praxis definieren, welche die momentan akzeptierte Antwort auf das Legitimitätsproblem des Patriarchats verkörpert und die Dominanz der Männer sowie die Unterordnung der Frauen gewährleistet (oder gewährleisten soll)" (ebd., S. 98).

Hegemoniale Männlichkeit bezeichnet somit das zu einer bestimmten Zeit kulturell maßgebliche Deutungsmuster von Männlichkeit zur Legitimation der gesellschaftlichen Machtstellung von Männern. Diesem überlegenen und idealisierten Bild von Männlichkeit entspricht kaum ein realer Mann in vollem Ausmaß, und dennoch wird es von vielen Männern und auch Frauen herangezogen, um die Überlegenheit von Männern zu argumentieren. Ein Beispiel dazu: Das Alltagswissen sagt uns, dass Männer stärker sind als Frauen. Um diese Aussage in Frage zu stellen, könnte man sagen, dass nicht alle Männer stärker sind als alle Frauen. Wir brauchen nur eine Gewichtheberin und einen unsportlichen Büroangestellten miteinander zu vergleichen. Meist ist die Antwort darauf wiederum: Aber der stärkste Mann ist noch immer stärker als die stärkste Frau. Mit Überlegungen dieser Art wird im Alltag die Überlegenheit von Männern laufend argumentiert und aufrechterhalten. Damit sichert hegemoniale Männlichkeit die strategische Überlegenheit von Männern und reproduziert die Unterordnung von Frauen (vgl. Connell 1995, S. 28).

Hegemoniale Männlichkeit ist aber auch eine historisch bewegliche Relation, die sich je nach den gesellschaftlichen Bedingungen verändert und aufgehoben werden kann (vgl. Connell 2006, S. 98). Zur Veranschaulichung zeichnet Connell in ihrem Forschungsprojekt „Masculinities" die historischen Entwicklungen und Veränderungen hegemonialer Männlichkeit nach und hält fest, dass hegemoniale Männlichkeit immer nur eine „derzeitige" Strategie verkörpert und sich verändert, sobald sich die Bedingungen für die Verteidigung des Patriarchats verändern. Durch die veränderten Bedingungen wird die Basis für die Vorherrschaft einer bestimmten Möglichkeit ausgehöhlt und neue Gruppen können dann alte Lösungen in Frage stellen und eine neue Hegemonie konstruieren; dabei kann die Vorherrschaft jeder Gruppe von Männern von den Frauen herausgefordert werden (vgl. ebd.). Zu einer Hegemonie einer bestimmten Männlichkeit kommt es aber nur, wenn zwischen diesem kulturellen Ideal und der institutionellen Macht eine Entsprechung besteht, sowohl kollektiv als auch individuell (vgl. ebd.). Connell veranschaulicht diese Entsprechung: „Die Führungsebenen von Wirtschaft, Militär und Politik stellen eine recht überzeugende korporative Inszenierung von Männlichkeit zur Schau, die von feministischen Angriffen und sich verweigernden Männern noch ziemlich unberührt scheint" (ebd.). Diese Entsprechung führt zu einer hohen Autorität der hegemonialen Männlichkeit und damit auch zu einer kulturellen Dominanz dieses Männlichkeitsmusters, das für die jeweilige Gesellschaft die Norm bildet (vgl. ebd., S. 98f.). Gegenwärtig, so Connell, werden jene „in den herrschenden Klassen und konservativen Kulturen verankerten Modelle von bürgerlicher Männlichkeit von einer transnationalen Männlichkeit abgelöst werden, deren Modell der Geschäftsmann ist. Verglichen mit den älteren hegemonialen Männlichkeiten ist diese Männlichkeit individualistischer, ‚liberaler' in Bezug auf Sexualität und soziale Einstellungen und eher an Macht durch Marktbeherrschung orientiert als an bürokratischer Herrschaft" (Wedgwood, Connell 2008, S. 120).

Hegemoniale Männlichkeit beschreibt aber nur *ein* Deutungsmuster von Männlichkeit. Wie schon im Titel „Masculinities" deutlich wird, spricht Connell nicht von „Männlichkeit", sondern von *„Männlichkeiten"*. Mit der konsequent verwendeten Pluralform will sie die bereits beschriebene Vielfalt von Männlichkeiten bewusst machen, welche im Zusammenspiel von Macht, Arbeitsteilung und Organisation der Sexualität entstehen und einer hierarchischen Ordnung unterliegen. Allen Männern gemeinsam ist jedoch, dass sie aus der Vorherrschaft von Männern Vorteile ziehen. Denn obwohl die Anzahl jener Männer, welche das Muster hegemonialer Männlichkeit rigoros und vollständig umsetzen und praktizieren, recht klein sein mag, profitiert doch die überwiegende Mehrzahl von der Vorherrschaft dieser Männlichkeitsform. Diesen Profit nennt Connell die „patriarchale Dividende". Sie versteht darunter den „allgemeinen Vorteil, welcher Männern aus der Unterdrückung der Frauen erwächst" (Connell 2006, S. 100). Die patriarchale Dividende erhält jeder Mann mit der Geburt. Sie leitet sich aus den ungleichen Beteiligungen an gesellschaftlicher, bezahlter Arbeit ab und setzt sich in ungleicher Verteilung von Kapital und Vermögen fort (vgl. ebd., S. 95). Diese Dividende kann und wird auch oft genug verspielt, wenn wir zum Beispiel an obdachlose oder hochverschuldete Männer denken. Connell veranschaulicht mit dem Konzept der patriarchalen Dividende, dass man sich als Mann der Zugehörigkeit zum männlichen Geschlecht und der damit verbundenen übergeordneten Position und ihren Vorteilen in unserer Gesellschaft, aufgrund der hierarchisch strukturierten Ordnung der Geschlechter, nur sehr bewusst entziehen kann.

Neben der Hegemonie als Beziehungsform einer übergeordneten Männlichkeitsvorstellung beschreibt Connell noch weitere Beziehungsmuster, so auch das Muster der Unterordnung. Diese **Unterordnung** sieht sie innerhalb des Rahmens hegemonialer Männlichkeit verortet, den sie als kulturelles Dominanzmuster der Gesellschaft versteht. Sie beschreibt, dass es „spezifische Geschlechterbeziehungen von Dominanz und Unterordnung zwischen Gruppen von Männern" (ebd., S. 99) gibt. Für die wichtigste Geschlechterbeziehung in derzeitigen westlichen Gesellschaften hält Connell die Dominanz heterosexueller Männer und die Unterordnung homosexueller Männer: „Durch diese Unterdrückung geraten homosexuelle Männlichkeiten an das unterste Ende der männlichen Geschlechterhierarchie. Alles, was die patriarchale Ideologie aus der hegemonialen Männlichkeit ausschließt, wird dem Schwulsein zugeordnet; ..." (ebd.). Connell hält aber auch fest, dass nicht nur homosexuelle Männer von Unterdrückungs- und Ausschließungsverfahren betroffen sein können, sondern auch heterosexuelle Männer und Jungen (vgl. ebd., S. 100).

Eine weitere Beziehungsform stellt die **Komplizenschaft** dar. Hier verweist Connell zum einen darauf, dass die normative Definition hegemonialer Männlichkeit es mit sich bringt, dass nur wenige Männer diesen normativen Ansprüchen genügen, und zum anderen auch auf die patriarchale Dividende (vgl. ebd.). Die Komplizenschaft beschreibt sie in diesem Zusammenhang als eine mit der hegemonialen Männlichkeit: „Als komplizenhaft verstehen wir in diesem Sinne Männlichkeiten, die zwar die patriarchale Dividende bekommen, sich aber nicht den Spannungen und Risiken an der vordersten Frontlinie des Patriarchats aussetzen“ (ebd.). Hier sind Männer angesprochen, die ihr Leben möglicherweise durchaus geschlechterdemokratisch gestalten, sich aber gleichzeitig auf die patriarchale Dividende und ihre Zugehörigkeit zur (hegemonialen) Männlichkeit verlassen können und somit mit ihr in Verbindung stehen.

Die letzte Beziehungsform, die Connell beschreibt, ist jene der **Marginalisierung**. Hier verweist sie vor allem auf die Interaktion von Geschlecht mit anderen Strukturen wie *race* oder Klasse. Sie beschreibt damit die „Beziehungen zwischen Männlichkeiten dominanter und untergeordneter Klassen oder ethnischer Gruppen [...]. Marginalisierung entsteht immer relativ zur Ermächtigung hegemonialer Männlichkeit der dominanten Gruppe“ (ebd., S. 102). Dazu bringt sie ein äußerst anschauliches Beispiel: „Deshalb können in den USA schwarze Sportler durchaus Vorbilder für hegemoniale Männlichkeit abgeben. Aber der Ruhm und Reichtum einzelner Stars strahlt nicht auf die anderen Schwarzen aus und verleiht den schwarzen Männern nicht generell ein größeres Maß an Autorität“ (ebd.).

Mit diesen Relationen beschreibt Connell einen Rahmen, mit dessen Hilfe spezifische Männlichkeiten analysiert werden können, und sie weist deutlich darauf hin, dass etwa hegemoniale oder marginalisierte Männlichkeit keine „festen Charaktertypen“ beschreiben, „sondern Handlungsmuster, die in bestimmten Situationen innerhalb eines veränderlichen Beziehungsgefüges entstehen. Jede Männlichkeitstheorie muß diesen Veränderungsprozeß mit einbeziehen“ (ebd.).

Um diesen Veränderungsprozess auch in Gang zu setzen, empfiehlt Connell einige Handlungsstrategien: Zum einen hält sie historisches Bewusstsein für das zentrale Element kritischer Männerpolitik (vgl. ebd., S. 250). Zum Zweiten hält sie eine praktische Dekonstruktion von Geschlecht (degendering, siehe Kapitel 4.6) und damit eine Demontage von hegemonialer Männlichkeit für unvermeidlich (vgl. ebd., S. 255). Zum Dritten empfiehlt sie die Veränderung einer körperreflexiven Praxis, indem Handlungsmöglichkeiten von Männern ausgeweitet werden und es damit zu einer neuen Verkörperlichung (re-embodiement) für Männer kommt, „einer Suche nach neuen Arten des Empfindens, Gebrauchens und Präsentierens von männlichen Körpern“ (ebd.). Zum Vierten wünscht sich Connell eine aktive und vielgestaltige Männerbewegung, welche persönliche, gesellschaftliche und politische Themen aufgreift (vgl. ebd., S. 257). Und zum Fünften plädiert sie schließlich für eine geschlechtersensible Bildung und die Pluralisierung der Lehrinhalte von Schulen (vgl. ebd., S. 262).

4.5.3 *Die Rezeption von Connells Theorie*

Das Werk von Connell zeichnet vor allem die internationale Bezugnahme, seine interkulturelle Kompetenz und seine empirische Fundierung aus. Möglicherweise sind es auch gerade diese Faktoren, die zu einer so breiten Annahme von Connells Theorie und Forschung geführt haben. Für zahlreiche Männerberatungsstellen und Einrichtungen, die Männer in Krisensituationen unterstützen, bieten die Theorien von Connell einen hilfreichen theoretischen Rahmen für ihre Betreuungs- und Beratungstätigkeit.

Diese Faktoren treffen sich auch gut mit der Situation der (scheinbar) fehlenden Männer in der Frauen- und Geschlechterforschung. Zumindest fordern und wünschen sich feministische Frauen- und Geschlechterforscherinnen seit Mitte der 1990er-Jahre immer wieder kompetente Kollegen für ihre Auseinandersetzungen. Connell füllte sowohl mit seiner Forschung als auch mit ihrem Mann- und jetzt Frau-Sein eine Lücke in der Diskussion.

Kritische Anmerkungen kommen eher von Kollegen. So kritisieren beispielsweise Keith Pringle und Bob Pease die These der Ablösung bürgerlicher Männlichkeiten durch transnationale Männlichkeitsformen als aktuelle vorherrschende hegemoniale Männlichkeit, wenn sie meinen, dass das Wechselspiel von Globalisierung und Männlichkeit nicht ausreichend berücksichtigt sei (vgl. Wedgwood/Connell 2008, S. 120).

Unbestritten bleibt aber, dass Connell mit ihren Forschungen und Theorien entscheidend zu einer konstruktiven und interessanten Auseinandersetzung mit Gender und Männlichkeiten beiträgt.

4.5.4 *Hegemoniale Männlichkeit in Supervision und Coaching*

Die Erforschung von Männlichkeiten aus einer kritischen Perspektive hat in soziologischen und psychologischen Forschungen zu Beruf und Arbeit noch nicht viel Raum eingenommen. Im Folgenden wird dieser kleine Ausschnitt vorgestellt.

Sylvia Wilz zitiert eine Studie von Kathy Ferguson (1984, zit. n. Wilz 2008, S. 507), die die Verbindung von Organisation und Geschlecht als durchgängig patriarchal strukturiert auffasst und Folgendes herausfand: „Rationale Organisationen sind demnach grundsätzlich männlich geprägt, bürokratische Strukturen und Diskurse sind Instrumente hegemonialer Männlichkeit und männlicher Macht. Frauen und ihre spezifischen Erfahrungen und Orientierungen würden dagegen abgewertet und ausgeschlossen. Die Höherbewertung des ‚Männlichen' und die Abwertung des ‚Weiblichen' seien sowohl in die formalen Strukturen von Organisationen als auch in ihre informellen Diskurse ‚eingebaut', und der Bezug auf rationale Strukturen und Verfahren verschleiere die in Organisationen verankerte Ungleichstellung von Frauen" (ebd.).

Aus meiner Coachingpraxis kann ich ein **Beispiel** dazu anbieten, wie sehr hegemoniale Männlichkeit in informelle Diskurse und damit formelle Strukturen eingewoben sein kann: Eine Coachee aus dem Feld der Altenarbeit übernimmt interimistisch in ihrer Funktion als stellvertretende Leiterin die Leitung für ihren Kollegen in Bildungskarenz. Sie thematisiert, dass es schwierig sei, mit ihrem direkten Vorgesetzten zu kooperieren und dass sie sich von ihm nicht ernst genommen fühle. Sie ist enerviert darüber, dass ihr Vorgesetzter einem Teammitglied ihres Teams Entscheidungskompetenzen zu übertragen versucht, die in ihre Verantwortung fallen würden. Die Coachee erlebt dies als Versuch, ihre Leitungsposition zu untergraben. Mithilfe eines theoretischen Inputs zum Modell hegemonialer Männlichkeit und einer Analyse vor diesem Hintergrund wird Folgendes deutlich: Die Coachee entspricht nicht dem Leitungsideal dieser Organisation, das durch eine hegemoniale Männlichkeit geprägt ist, wonach Führungskräfte Männer u.a. in gesetztem Alter und sozialpolitisch aktiv sind. Ihr Kollege entspricht diesem Männlichkeitsbild. Vermutlich werden ihm deshalb in informellen Situationen Entscheidungskompetenzen angeboten, die zum Verantwortungsbereich der interimistischen Leiterin gehören. Allerdings geht er nicht in Komplizenschaft mit hegemonialer Männlichkeit in dieser Organisation und nutzt seine patriarchale Dividende nicht. Denn er nimmt die angebotene Entscheidungskompetenz nicht an und kooperiert mit seiner interimistischen Leiterin. Die Schwierigkeiten in der Kooperation mit dem Vorgesetzten und die kollegiale Unterstützung durch den Teamkollegen lassen sich also mit Hilfe der Theorie hegemonialer Männlichkeit beschreiben. Damit kommt die Coachee in eine von ihr neu wahrgenommene Position, aus der heraus sie ihre Handlungsoptionen erweitern kann.

Das Praxisbeispiel und die Vorstellung einer hegemonial männlichen Organisation von Kathy Ferguson (1984, zit. n. Wilz 2008, S. 507) stimmen sehr gut mit den erforschten Idealen für Führungskräfte überein. So konnte in einer Reihe von Studien nachgewiesen werden, „dass der Prototyp eines ‚guten' Managers männlich und nicht weiblich ist" (Banaji, Greenwald 1995; Butterfield, Grinell 1999; Powell, Butterfield 1989, zit. n. Walenta, Kirchler 2005, S. 479). Erklärt wird dieses Phänomen mit menschlichen Gewohnheiten: „Individuen sind es gewohnt, einen männlichen Vorgesetzten zu haben, und sehen es als selbstverständlich an, dass hauptsächlich Männer Machtpositionen bekleiden.

Frauen gelten als Ausnahmen und erzeugen allein dadurch eine gewisse Unsicherheit" (Kanter 1977, 1993, zit. n. Walenta, Kirchler 2005, S. 479).

Diese Ergebnisse könnten möglicherweise mit den Thesen von Erich Lehner (1999) zur Bedeutung von Arbeit und Berufstätigkeit für Männer, die dem Bild hegemonialer Männlichkeit entsprechen wollen, erklärt werden. Er arbeitet anhand zahlreicher Studien heraus, dass die Familie für deutsche Männer noch vor der Arbeit an erster Stelle steht (vgl. ebd., S. 101), Familie allerdings vor allem mit der Aufgabe der Existenzsicherung verknüpft ist und somit die Berufstätigkeit einen genuinen Beitrag zur Familiengestaltung darstellt (vgl. ebd., S. 104). Darüber hinaus wird deutlich, dass Berufstätigkeit eine entscheidende Säule hegemonialer männlicher Identität darstellt: „Einen Beruf zu haben, gehört einfach zur männlichen Identität" (Pross 1978, S. 69, zit. n. Lehner 1999, S. 105). Im Umkehrschluss könnte man sagen, dass ein Mann ohne Arbeit kein Mann sei. Tatsächlich erleben sich arbeitslose Männer in ihrer männlichen Identität erschüttert (vgl. Connell 2006, S. 117ff.). Als wesentliche Funktionen des Arbeitslebens für Männer arbeitet Lehner folgende heraus: Sicherung des Einkommens, Strukturierung der Lebenszeit, Vermittlung von sozialen Kontakten, Erwerb von Status und Sozialprestige sowie Erwerb eines männlichen Selbstwertgefühls (vgl. Lehner 1999, S. 108). Zudem macht er deutlich, dass die Arbeitswelt den Primat einer rationalen Sachlogik erfordert und diese wiederum historisch und traditionell mit Männlichkeit konnektiviert ist (vgl. ebd., S. 109). An dieser Stelle erfolgt der direkte Bezug zum Modell hegemonialer Männlichkeit: „Damit Männer innerhalb einer hegemonialen Männlichkeit bestehen können, müssen sie sehr früh lernen, bestimmte Gefühle und Bedürfnisse zu beherrschen und zurückzuhalten. Vor allem jene Bedürfnisse und Gefühle, die mit Fürsorge, Empfindsamkeit und Empathie zu tun haben, werden in einem männlich dominierten Kontext als unpassend erlebt und müssen zurückgehalten werden" (Kaufmann 1994, S. 148, zit. n. ebd.).

Diese Beherrschung und Unterdrückung von Gefühlen und Bedürfnissen führt laut Lehner bei vielen Männern zu Selbstentfremdungsprozessen, der gravierendste Nachteil hegemonialer Männlichkeit (vgl. Lehner 1999, S. 110), und er führt weiter aus: „Dieses subjektive Leiden vieler Männer an Männlichkeit kann nun nicht gleichgesetzt werden mit der systematischen Unterdrückung von Frauen durch das System der hegemonialen Männlichkeit. Es kann jedoch für viele Männer als Ansatzpunkt gesehen werden, sich für eine Änderung von männlichen Lebens- und Entwicklungsbedingungen einzusetzen" (ebd.).

Supervision, so meint Lehner, kann dabei helfen, „den Blick für die vielfältigen Formen von hegemonialen Mechanismen" (ebd., S. 114) im jeweiligen

Supervisand_innensystem zu schulen. Des Weiteren müssen Supervisoren und Supervisanden lernen, „wie sehr in ihren alltäglichen Interaktionen mit Frauen und Männern ebenso wie in ihrem persönlichen Umgang mit sich selbst hegemoniale Männlichkeit prägt und leitet" (ebd.). Auch er plädiert für Veränderungsprozesse, die auf einer Analyse des Bestehenden und den daraus gewonnenen Erkenntnissen gründen (vgl. ebd.). Abschließend meint Lehner: „Während sich für Männer die grundsätzliche Aufgabe stellt, dass sie sich aufgrund ihrer Geschlechtszugehörigkeit die nötige Distanz erarbeiten und erhalten, kann die Herausforderung für Frauen darin bestehen, sich ein Mindestmaß an Empathie für die in hegemonialer Männlichkeit verstrickten Männer zu erwerben" (ebd.).

Gerhard Liska, ein Integrativer Supervisor, stellt sich der Reflexion hegemonialer Männlichkeit in seinem beruflichen Feld und erarbeitet die These, dass Coaching – wenn es nicht vor dem theoretischen Hintergrund hegemonialer Männlichkeit reflektiert wird – hegemoniale Männlichkeitskonstruktionen in Organisationen unterstützt und verstärkt (vgl. Liska 2006). Er argumentiert seine These mit dem Umstand, dass sich die klassischen Zuschreibungen zum Personalentwicklungsinstrument Coaching – wie Erfolg, Gewinnen und Macht – mit den Attributen hegemonialer Männlichkeit in europäischen Gesellschaften decken und Coaching damit zum Spiegel hegemonialer männlicher Werthaltungen und Rollenfixierungen wird (vgl. ebd., S. 60). Des Weiteren erläutert Liska, dass Coaching auf drei Wegen zur Aufrechterhaltung tradierter Bilder männlicher Hegemonie in Organisationen beitragen kann (vgl. ebd., S. 61): als Instrument der Abgrenzung, indem rang- und statusniedrigere Personen ab- und ausgegrenzt werden; in der Vermittlung habitueller Sicherheit, der erforderlichen Fähigkeiten und Kompetenzen zur Selbstvergewisserung eigener Männlichkeit und der eigenen souveränen Männlichkeitsdarstellung; als intimer Rahmen, um an der Übereinstimmung von Lebensentwurf und beruflicher Identität zu arbeiten.

Liska meint, dass mit diesen Funktionen Coaching zum „‚sicheren Hafen' der Vergewisserung hegemonialer Männlichkeit" wird (ebd.). Abschließend betont er die Verantwortung von Coaches, „Coaching als mögliches Instrument männlicher Machtausübung zu verstehen und diesen Umstand beim praktischen Tun konsequent zu reflektieren, will er oder sie sich nicht unbewusster Weise zum Erfüllungsgehilfen hegemonialer Machterhaltungsstrategien machen" (ebd., S. 62).

Andrea Lehner-Hartmann betont die Bedeutung der Reflexion von Gender auf organisatorisch-systemischer Ebene, damit Supervision nicht zur Verstärkerin hegemonialer männlicher Systeme wird (vgl. Lehner-Hartmann 1998,

S. 17). Sie zitiert zunächst Connell: "Many find it difficult to accept that institutions are substantively, not just metaphorically, gendered. This is nevertheless, a key point" (Connell 1995, S. 73, zit. n. ebd.). Und sie meint weiter: „Diesen ‚key point' nicht zu übersehen, gilt für SupervisorInnen in besonderem Maß, da sie ja ständig mit der Reflexion von Arbeitsprozessen, die innerhalb von Organisationen und Institutionen stattfinden, zu tun haben. Die Geschlechterfrage, gegenwärtig die Geschlechterhierarchie, auf systemischer Ebene nicht wahrzunehmen, hat nicht nur zur Folge, daß Geschlechterfragen als individuelle bzw. als interaktionale Probleme (falsch) diagnostiziert werden, sondern weist den/die SupervisorIn als Aufrechterhalter und vielfach sogar als Verstärker des männlich hegemonialen Systems aus" (Lehner-Hartmann 1998, S. 17).

Erich Lehner, Andrea Lehner-Hartmann und Gerhard Liska weisen deutlich auf die Verantwortung von Supervisor_innen und Coaches hin, hegemoniale Männlichkeit für sich selbst, im Supervisand_innen- und im Klient_innensystem zu reflektieren, und zwar nicht nur auf personeller und interaktionaler, sondern vor allem auf systemisch-organisationaler bzw. -institutioneller Ebene. Alle drei weisen auf die Gefahr hin, dass Supervisor_innen und Coaches ohne Reflexion und geschulte Wahrnehmung zu Gehilf_innen hegemonialer männlicher Macht werden könnten.

Tatsächlich entsprechen reale Männer kaum zur Gänze den Idealen hegemonialer Männlichkeit. Holger Brandes stellt dazu fest: „Nicht die Männlichkeit prägt eine Institution, sondern die Institution prägt und selektiert die zu ihr passenden Männlichkeiten" (Brandes 2004, S. 4, zit. n. Liska 2006, S. 57). Aus diesen Feststellungen ergeben sich meines Erachtens besonders wichtige Anknüpfungspunkte für Reflexions- und Analysefragen für Genderkompetenz in Supervision und Coaching: Wie sieht das Bild idealer Männlichkeit des Supervisors oder der Supervisor_in aus? Wie steht die Supervisor_in/der Supervisor zu Männern, die diesem Idealbild entsprechen? Was lösen diese Männer aus? Was lösen Männer aus, die diesem Idealbild gar nicht entsprechen, und wie steht der Supervisor/die Supervisor_in zu ihnen? Welchem Männlichkeitsbild entspricht der Supervisor selbst? Welches Bild hegemonialer Männlichkeit prägt die Organisation/Institution des Supervisand_innensystems und damit das Supervisand_innen- und Klient_innensystem? Welche Formen von Männlichkeiten können im Supervisand_innen- und Klient_innensystem wahrgenommen werden? In welchen Beziehungen stehen diese Männlichkeiten? Was bedeutet dieses Beziehungsgeflecht für Frauen und untergeordnete oder marginalisierte Männer? Wo sind sie positioniert? Wie wird diese Positionierung aufrechterhalten und wie legitimiert sich die Position hegemonialer Männlichkeit?

4.6 Der poststrukturalistische Diskurs um Gender: Alles nur Text?

> „Wir erkennen in der Welt immer nur das, wofür wir sprachlich-diskursive Kategorien haben. Der Diskurs also ist es, der den Dingen einen Namen und damit eine Bedeutung gibt“ (Villa 2003, S. 22).

Während der empirische Konstruktivismus die Interaktion in den Mittelpunkt stellt und uns mit der Analyse von Interaktionsprozessen Erkenntnisse über die Konstruktion von Gender ermöglicht, fokussieren poststrukturalistische Überlegungen auf Sprache und Diskurs als maßgebliche Komponenten für die Konstruktion von Gender. Die bedeutendste poststrukturalistische Gendertheoretikerin ist Judith Butler, die im Zuge ihrer Gendertheoriebildung vor allem an die Theorien und Überlegungen von John L. Austin, Jaques Derrida, Michel Foucault, Donna Haraway, Gayle Rubin, Gayatri Spivak und vielen anderen Denker_innen anknüpft.

Die Rezeption von Judith Butler sorgte für Aufruhr in der Frauen- und Geschlechterforschung im deutschsprachigen Raum, da Butler die Kategorie „Frau(en)“ in Frage stellt und damit feministischer Frauenpolitik ihre Grundlage entzieht. Sie beschäftigt sich aus diskurstheoretischer Perspektive mit der Konstruktion von Gender und schließt in ihren strategischen Überlegungen bei der Dekonstruktion von Jaques Derrida und der Analyse von Machtdiskursen nach Michel Foucault an. Mit ihrer Herangehensweise traf sie augenscheinlich einen wunden Punkt in der deutschsprachigen Debatte und erntete somit sehr viel Kritik (vgl. Villa 2003, S. 11). Eine Reihe von Wissenschaftler_innen aus der Frauen- und Geschlechterforschung meinen heute, dass Butler viele Missverständnisse und Irritationen in der deutschsprachigen Debatte ausgelöst hat, welche sich jetzt langsam klären (vgl. dies. 2008, S. 147). In diesem Zusammenhang ist Paula Irene Villa zu nennen, die eine nicht mehr wegzudenkende und vor allem klärende Übersetzungs- und Kontextualisierungsarbeit des Butler'schen Werkes vorgenommen hat (siehe Villa 2003, 2008).

In diesem Kapitel erfolgt ein Überblick über Butlers diskurstheoretische Überlegungen zur Konstruktion von Gender sowie zur Konstruktion von Subjekten und ihren gendertheoretischen Implikationen. Darüber hinaus wird Dekonstruktion als Strategie zur Hinterfragung von Genderdiskursen erläutert. Die Vernetzung mit der Praxis sowie kritische Stimmen gegenüber diesem Ansatz sollen zusammen mit Verbindungen zu Supervision und Coaching und der entsprechenden Forschung den Überblick zu diesem Ansatz vervollständigen.

4.6.1 Gender Trouble – Aufregungen im deutschsprachigen Raum

1990 veröffentlicht Judith Butler ihr erstes Buch „Gender Trouble", auf Deutsch „Das Unbehagen der Geschlechter" (1991), und löst damit einen regelrechten „Butler-Boom", aber auch große Ambivalenz aus (vgl. Villa 2008, S. 147). Unterschiede in der Rezeption von Butler zeigen sich vor allem bei unterschiedlichen Generationen und geografisch. „Gender Trouble" in den USA und „Das Unbehagen der Geschlechter" im deutschsprachigen Raum treffen auf völlig unterschiedliche gesellschaftliche Diskurse und Rahmenbedingungen. Während Butler in den USA an den ersten Schritten der Queer-Bewegung (siehe Kapitel 4.7) und an einer breiten Auseinandersetzung mit *Diversity*, insbesondere mit der Intersektionalität von Gender, *race*/Hautfarbe und Klasse anschließt (siehe Kapitel 4.3), werden diese Themen im deutschsprachigen Raum nur sehr marginalisiert aufgegriffen (vgl. Villa 2003, S. 142ff.)

In den USA wird zu dieser Zeit in der Queer-Bewegung vor allem die Vorgehensweise der *Identity Politics* kritisiert. Unter *Identity Politics* sind politische Bewegungen zu verstehen, welche sich im Namen einer Identitätskategorie engagieren, z.B. Frauen, Lesben, Schwule, Menschen mit Behinderungen, afroamerikanische oder -europäische Frauen und Männer usw. Diese Kritik geht aus zentralen Debatten innerhalb der US-amerikanischen feministischen Theorie hervor, welche weitreichende Diskussionen zu weiteren Differenzkategorien wie *race*/Hautfarbe, Sexualität und Klasse und deren Intersektionalität beinhalten. Im deutschsprachigen Raum erfolgt zwar eine intensive Auseinandersetzung mit Klasse, *race*/Hautfarbe und Sexualität werden aber nicht im gleichen Ausmaß in den Blick genommen und schon gar nicht als Schlüsselbegriffe der feministischen Theorie aufgegriffen.

Butler kann jedoch als US-Amerikaner_in die Diskurse in ihrem Kontext, vor allem die Infragestellung der Kategorie „Frau(en)" zum Ausgangspunkt von „Gender Trouble" machen. In den USA haben diese Auseinandersetzungen reales politisches Gewicht in öffentlichen Diskussionen und Forschungsdiskursen und die politische Kultur geht von realen Differenzen in und der Heterogenität der Gesellschaft aus (ebd., S. 143). Die Auseinandersetzung mit Diversität und Heterogenität stellt sich im deutschsprachigen Raum allerdings anders dar: „Hier hat ‚Differenz' als Fundament für politisches Handeln eine – wenn überhaupt – versteckte und zudem negativ konnotierte Bedeutung. Wer anders ist, ist defizitär; nimmt nicht Teil an der ‚deutschen Leitkultur'[11], ist ‚integrationsbedürftig' et cetera" (ebd.). Kurz zusammengefasst

[11] Diese Aussage gilt meines Erachtens ebenso für den gesamten deutschsprachigen Raum.

könnte man sagen, dass in den kritischen Diskursen in den USA von einem „So-Sein" ausgegangen wird, während im deutschsprachigen Raum selbst in kritisch denkenden Zusammenhängen von einem „Anders-Sein" gesprochen wird. In den USA ist Heterogenität die Norm, während im deutschsprachigen Raum eine Norm der Homogenität die Gesellschaft prägt. Nachdem Gendertheoriebildung und Debatten der Frauen- und Geschlechterforschung nicht vor einem gesellschaftsfreien Hintergrund stattfinden, erklären die unterschiedlichen Gegebenheiten in den USA und im deutschsprachigen Europa sehr eindrücklich die unterschiedliche Rezeption.

Butler rüttelt die Gender Studies aber nicht nur mit ihrer Thematisierung von Diversität auf, sondern auch, indem sie Jaques Derridas Strategie der Dekonstruktion für die Gendertheoriebildung heranzieht. Sie verhilft ihm damit zu einer breiten Rezeption in der internationalen Gendertheoriebildung. Mit „Gender Trouble" (1991) löst Butler auch die vielfach so genannte „(De)Konstruktionsdebatte" aus. In diesem Begriff wird deutlich, dass Konstruktion und Dekonstruktion in der Gendertheoriebildung oft in einem Atemzug genannt werden, beides sind theoretische Ansätze, Dekonstruktion ist darüber hinaus auch Strategie. Butler positioniert die Idee der Dekonstruktion in der Gendertheoriebildung neu, indem sie sich in ihrer ersten Veröffentlichung u. a. mit den Theorien von Simone de Beauvoir, Jacques Derrida, Michel Foucault, Julia Kristeva, Monique Wittig und Jacques Lacan kritisch auseinandersetzt.

Mittlerweile sind schon viele Werke von Butler erschienen und es erscheinen laufend weitere. Auch in die kritische Männerforschung wurden ihre Überlegungen im Rahmen der Diskurspsychologie aufgenommen, die sich seit etwa 2000 in der Untersuchung von Männlichkeiten einen beachtlichen Raum geschaffen hat (vgl. Wedgwood, Connell 2008, S. 116). In der Supervisions- und Psychotherapieforschung bezieht sich vor allem Hilarion Petzold auf die Philosophie von Derrida sowie auf die Diskurstheorien von Michel Foucault und Jürgen Habermas (vgl. Petzold 1998a, 2003a, 2003b, 2003c und siehe Kapitel 4.6.5). Im nächsten Abschnitt erfolgt ein Überblick über zentrale diskurstheoretische und dekonstruierende Überlegungen von Butler und deren gendertheoretische Implikationen in ihrem Werk.

4.6.2 Gender, Diskurs und Sprache

Butler bezieht sich in ihren Überlegungen auf eine Reihe wissenschaftlicher Disziplinen und Theorien, wie die Psychoanalyse, die Philosophie – hier insbesondere die französischen poststrukturalistischen Theorien –, Sprachtheorie, Geschichte und Sozialwissenschaften, Medientheorie sowie lesbische und feministische Theorien. Ihre Überlegungen zu Gender und der Konstruktion von Gender nennt Butler die „Genealogie der Geschlechter-Ontologie" (Butler 1991, S. 60). Die Grundfrage, der sich Butler in diesem Zusammenhang widmet, folgt dem Aspekt, wie „bestimmte *kulturelle* Konfigurationen der Geschlechtsidentität die Stelle des ‚Wirklichen' eingenommen haben und durch diese geglückte *Selbst-Naturalisierung* ihre Hegemonie festigen und ausdehnen" (ebd.). Sie folgt also der Frage, wie bestimmte kulturell geprägte Gendervorstellungen, also Vorstellungen über Frauen und Männer, so stark geworden sind, dass sie als „wirklich" wahrgenommen werden und auf diese Weise ihre Vormachtstellung bewahren. Aktuell kann das Bild der Frau, die in ihrem Beruf Erfüllung findet, Mutter ist und beide Lebensbereiche gut managen kann, als vorherrschend betrachtet werden. Die Medien verbreiten dieses Bild, indem sie erfolgreiche Frauen und Mütter darstellen und es in diversen Frauenzeitschriften Tipps und Tricks zur Bewältigung der „Doppelbelastung" oder zur „Work-Life-Balance" gibt. „Wirklich" wird dieses Bild, sobald wir die Statistik der teilzeitbeschäftigten österreichischen Frauen betrachten, welche bei 58,5 % liegt – im Unterschied zu den Männern: 8,1 %[12] (vgl. STATISTIK AUSTRIA 2009, S. 39). In dieser Statistik wird auch ein Teil des männlichen Idealbildes als Pendant deutlich, nämlich das des erfolgreichen Ernährers der Familie. Zu gesellschaftlichen Idealbildern von Männlichkeit hat vor allem Robert/Raewyn Connell geforscht (siehe Kapitel 4.5). Butler fragt nun danach, **wie** diese Bilder „wirklich" werden und ihre gesellschaftliche Vormachtstellung erhalten.

Mit ihren Überlegungen dazu verfolgt sie das Ziel, „zur Geschlechter-Verwirrung anzustiften" (Butler 1991, S. 61), um vielfältige Geschlechteridentitäten sicht- und lebbar zu machen, also über die vorhin genannten Bilder hinaus eine Vielfalt von Bildern über Genderidentitäten zu etablieren. Ihre diskurstheoretischen Überlegungen dazu konzentrieren sich auf Sprache und Diskurs als Mittel der Konstruktion von Gender. Butler ist jene Theoretiker_in, die die Grundlagen für diese Herangehensweise erarbeitet hat. Sie bezieht sich in ihrem Diskursbegriff auf Michel Foucault und definiert Diskurs folgendermaßen: „*‚Diskurs' ist nicht bloß gesprochene Wörter, sondern ein Begriff der Bedeutung*; nicht bloß, wie es kommt, daß bestimmte Signifikanten bedeuten, was sie nun mal bedeuten, sondern wie bestimmte diskursive Formen Objekte und Subjekte in ihrer Intelligibilität ausdrücken. In diesem Sinne benutze ich das Wort ‚Diskurs' nicht in seiner alltagssprachlichen Bedeutung, sondern ich beziehe mich damit auf Foucault. *Ein Diskurs stellt nicht einfach vorhandene*

[12] 100% sind jeweils alle erwerbstätigen Frauen bzw. alle erwerbstätigen Männer in Österreich.

Praktiken und Beziehungen dar, sondern er tritt in ihre Ausdrucksformen ein und ist in diesem Sinne produktiv" (dies. 1993, S. 129).

Butler versteht somit Diskurse als produktive Systeme des Denkens und Sprechens und damit aber auch als Orte der Konstruktion sozialer Wirklichkeiten (vgl. Villa 2003, S. 18ff.) und der Ausübung von Macht durch Diskursregimes (vgl. dies. 2008, S. 149). Diskurse bilden somit einen Rahmen, in dem Wörter und Sprache ihre Bedeutungszuschreibungen erlangen und in dem gewisse Denk- und Ausdrucksweisen integriert sind, während andere ausgeschlossen werden. Die Bedeutung von Diskursen wird besonders deutlich, wenn wir uns beispielsweise der Medizin zuwenden. Im Diskurs der westlichen und europäischen Medizin wird mit den Begrifflichkeiten „gesund" und „krank" operiert und beides wurde und wird laufend definiert. So gibt es den Index ICD 10 (*International Classification of Diseases,* 10. Revision der Klassifikation), in dem alle erforschten Krankheiten aufgelistet sind. Alle anderen körperlichen Unannehmlichkeiten gelten nicht als Krankheit und existieren damit nicht. Umgekehrt war Homosexualität bis vor kurzem in diesem Index als Krankheit angeführt.

Übertragen auf den angloamerikanisch-europäischen Diskurs um Gender kann zunächst festgestellt werden, dass dieser Diskurs durch Diskurse der Biologie, der Medizin, der Psychologie und der Rechtwissenschaften geprägt ist. In diesen Zusammenhängen gibt es zwei Geschlechter, die mit Namen versehen und laufend als zwei Verschiedene definiert werden. In Biologie und Medizin werden die unterschiedlichen körperlichen Verfasstheiten von Frauen und Männern beschrieben. Die Psychologie erforscht und definiert unterschiedliche Verhaltensweisen von Frauen und Männern und in den Rechtswissenschaften werden zum Teil noch immer unterschiedliche Rechte für Frauen und Männer festgehalten. In all diesen Zusammenhängen wurden eigene Sprachsysteme entwickelt, die wiederum bestimmte Vorstellungen produzieren und transportieren und ihnen damit zur Existenz verhelfen, während andere Vorstellungen völlig ausgeschlossen werden und damit nicht existieren. So ist selten von Gemeinsamkeiten zwischen Frauen und Männern die Rede, genauso wenig werden differenzierte Analysen vorgenommen, die weitere Identifikationsverflechtungen wie Hautfarbe, Alter, Nationalität/Ethnie, sexuelle Orientierung oder Behinderung in die Genderanalyse integrieren. Werden Diskurs und Sprache miteinander verknüpft, so wird erkennbar, dass sich Diskurse in der konkreten Sprache und damit in konkreten sprachlichen Interaktionen materialisieren. Durch diese Materialisierung wiederum entfaltet sich die Macht von Diskursen, die dem Gesprochenen und Geschriebenen zugrunde liegen (vgl. Butler 1998, S. 29).

Wie wird nun Gender im Rahmen dieser Diskurse konstruiert? Butler beschäftigt sich intensiv mit dieser Frage und steckt mit der Zusatzfrage nach der Intelligibilität die Grenzen der Konstruktionsfrage ab. Mit Intelligibilität bezeichnet Butler die Sinnhaftigkeit, Verständlichkeit und Nachvollziehbarkeit von Begriffen und Konstruktionen (vgl. Villa 2003, S. 21). Sie fragt also danach, wie die Geschlechter sinnhaft, verständlich und nachvollziehbar im Gegensatz zu irritierend konstruiert werden, wobei sie unter sinnhafter Geschlechtsidentität Folgendes versteht: „‚Intelligible' Geschlechtsidentitäten sind solche, die in bestimmtem Sinne Beziehungen der Kohärenz und Kontinuität zwischen dem anatomischen Geschlecht *(sex)*, der Geschlechtsidentität *(gender)*, der sexuellen Praxis und dem Begehren stiften und aufrechterhalten" (Butler 1991, S. 38).

Zusammengefasst stellt sich die Frage, wie es dazu kommt, dass Frauen und Männer sich in ihrer Ausdrucksform, ihrer Sexualität und ihrem Begehren als solche zu erkennen geben können und erkannt werden, ohne Irritationen hervorzurufen. Antworten darauf findet Butler in einem Rekurs auf John L. Austins Sprechakttheorie, wonach Sprechakte, also konkretes Sprechen von konkreten Personen, Handlungscharakter haben und etwas Bestimmtes ausführen (Austin 1979, zit. n. Villa 2003, S. 26). Dementsprechend werden sie auch als „performative Sprechakte" bezeichnet (vgl. ebd.). Butler definiert sie wie folgt: „Eine performative Handlung ist eine solche, die das, was sie benennt, hervorruft oder in Szene setzt und so die konstitutive oder produktive Macht der Rede unterstreicht" (Butler 1993, S. 123f.). Als Beispiel dafür, wie sich performative Sprechakte im Alltag zeigen, führt Butler die Trauung eines Paares an. Mit dem Sprechakt „Hiermit erkläre ich euch zu Mann und Frau" wird ein Brautpaar zum Ehepaar und somit eine Handlung vollzogen. „Die Äußerungen tun, was sie sagen, im Ereignis des Sagens" (dies. 2006, S. 11). Wichtig dabei ist, dass die Person, die so einen Sprechakt ausführt, auch dazu legitimiert ist, diese Handlung zu vollziehen, in diesem Fall Standesbeamt_innen oder Priester_innen. Ähnlich deutlich wird dieser Mechanismus, wenn wir an den Urteilsspruch einer Richterin oder an die Diagnose eines Arztes denken. Mit diesen Beispielen wird aber auch deutlich, dass Sprechakte unter bestimmten Bedingungen stattfinden müssen, damit sie auch eine Handlung darstellen und somit performativ sind: „Die [performativen; Anm. d. Verf.] Äußerungen sind nicht bloß konventional, sondern, in Austins eigenen Worten, ‚rituell oder zeremoniell'. Sie funktionieren als Äußerungen nur, insofern sie in Form eines Rituals auftreten, d.h., in der Zeit wiederholbar sind und damit ein Wirkungsfeld aufrechterhalten, das sich nicht auf den Augenblick der Äußerung selbst beschränkt. Der illokutionäre [Synonym für ‚performativ', Anm. d. Verf.] Sprechakt vollzieht die Tat *im Augenblick* der Äußerung. Da dieser jedoch ritualisiert ist, handelt es sich niemals bloß um einen einzelnen Augenblick. Der ritualisierte Augenblick stellt vielmehr eine kondensierte Geschichtlichkeit dar: Er überschreitet sich selbst in die Vergangenheit und in die Zukunft, insofern er ein Effekt vorgängiger und zukünftiger Beschwörungen der Konvention ist, die den einzelnen Fall der Äußerung konstituieren und sich ihm zugleich entziehen" (ebd., S. 11 f.).

In diesem Absatz werden die Bedingungen für die Wirksamkeit performativer Sprechakte erläutert. Da ist zunächst der Hinweis, dass Sprechakte nur dann handelnd wirksam werden können, wenn sie ein Bestandteil sozialer Rituale sind und wenn sie auf sprachlichen und sozialen Konventionen beruhen (Bsp. Trauung oder Gericht). Damit wird aber auch deutlich, dass performative Sprechakte wiederholbar sind, in sich die Zeitlichkeit von Vergangenheit und Zukunft ausdrücken, und aber auch auf Wiederholung beruhen. Nehmen wir wieder die Beispiele des Gerichts und der Trauung. Die Worte, die in beiden Kontexten gesprochen werden, beruhen auf Sprechakten, die in der Vergangenheit bereits von vielen Menschen ausgeführt wurden. Die Richterin muss ihre Worte nicht jedes Mal neu erfinden, wenn sie ein Urteil ausspricht, vielmehr muss sie sich einer Sprache bedienen, die in den Rechtswissenschaften über Jahrhunderte entwickelt wurde. In einer ähnlichen Situation befindet sich der Priester, wenn er ein Paar traut, nur dass er eine Sprache verwendet, die in den religionswissenschaftlichen Diskurs eingebettet ist. Damit wird deutlich, dass die zeitliche Dimension von performativen Sprechakten weit über ein Menschenleben hinausgeht, obwohl gleichzeitig ihre Wirksamkeit von der konkreten Verwendung durch Personen abhängig ist. Somit stellt Butler die Verknüpfung von Diskurs, Rede und Zeit her: Performativität darf „nicht als ein vereinzelter oder absichtsvoller ‚Akt' verstanden werden, sondern als die ständig wiederholende und zitierende Praxis, durch die der Diskurs die Wirkungen erzeugt, die er benennt" (Butler 1997, S. 22).

Diese laufende Wiederholung und damit Festigung und Fortführung gesellschaftlicher Konventionen ist auch eine permanente Zitation von Sprechakten: „Wenn eine performative Äußerung vorläufig erfolgreich ist (und ich schlage vor, dass ‚Erfolg' immer nur vorläufig ist), dann nicht deswegen, weil eine Absicht die Sprechhandlung erfolgreich regiert, sondern nur deswegen, weil die Handlung frühere Handlungen echogleich wiedergibt und *die Kraft der Autorität durch die Wiederholung oder das Zitieren einer Reihe vorgängiger autoritativer Praktiken akkumuliert*" (ebd., S. 311). Damit ist jedes „erfolgreiche", nachvollziehbare Sprechen immer ein Zitieren, wobei die Zitation nicht als Eins-zu-eins-Wiedergabe zu verstehen ist, sondern als „Reiteration" (in Anlehnung an Derrida), die in immer wieder verschiedenartigen Kontexten durch verschiedene Personen auf ihre Art und Weise erfolgt. Sprechen bedeutet demnach immer zitieren und damit wiederholen zu müssen. Gleichzeitig bedeutet diese Reiteration, dass jeder Zitation ein kreatives Potenzial innewohnt.

Diese beiden Aspekte sind es, die Butler immer wieder betont, weil für sie genau darin auch ein subversives Potenzial und die Möglichkeit des Widerstands bestehen. Sie sieht die Herausforderung darin, widerständige Formen der Wiederholung ins Rollen zu bringen und durch laufende Dekonstruktion (Kapitel 4.6.3) nicht gewollte Aspekte der Aussage deutlich zu machen: „Die kritische Aufgabe besteht eher darin, Strategien der subversiven Wiederholung auszumachen, [...] und die lokalen Möglichkeiten der Intervention zu bestätigen, die sich durch die Teilhabe an jenen Verfahren der Wiederholung eröffnen, die Identität konstituieren und damit immanente Möglichkeit bieten, ihnen zu widersprechen" (Butler 1991, S. 216).

So wurden in der Geschichte politischer Bewegungen immer wieder abwertende Begriffe in einen neuen Kontext gestellt und durch laufende Wiederholung und Zitation neu geprägt und in neuen Diskursen verankert. Der Begriff „schwul" war etwa bis Anfang der 1970er-Jahre ausschließlich negativ besetzt. Erst durch die laufende Verwendung des Begriffs durch homosexuelle Männer selbst und die positive Konnotation in homosexuellen Kontexten konnte die Bedeutungszuschreibung langsam verändert werden. Heute ist die Anerkennung oder Abwertung von „Schwulen" kontextabhängig und die Kontexte der Abwertung werden immer weniger und kleiner. Interessant ist auch der Versuch, den Begriff „Rabenmütter" neu zu besetzen, indem mehr Rabenmütter gefordert werden. Hier werden jene Frauen als Rabenmütter bezeichnet, die zusammen mit Männern Kinder erziehen und beruflich Karriere machen.

Mit diesen Ausführungen wird deutlich, dass auch Begriffe wie „Frau", „weiblich", „Mann" oder „männlich" Zitationen einer Praxis performativer Sprechakte darstellen. Schließlich ist es uns gar nicht möglich, nicht zu zitieren. Die Aufforderung von Butler in Bezug auf Gender besteht darin, die kreativen Momente unserer Genderzitationen zu nutzen und durch ständige Wiederholungen die Bedeutungszuschreibungen von Gender beständig zu erweitern und damit die sicht- und erlebbare Vielfältigkeit von Frauen, Männern, Transgender-Personen, Transsexuellen und Intersexuellen, Lesben, Schwulen u.v.m. bewusst zu machen. Auf diese Weise sind Diskurse erweiter- und veränderbar.

4.6.3 *Gender im und gegen den Text lesen*

Eine wesentliche Strategie poststrukturalistischer Analyse, die in engem Zusammenhang mit der Diskurstheorie steht, ist die von Jaques Derrida entwickelte Dekonstruktion von Texten. Ausgangspunkt seiner poststrukturalistischen Überlegungen ist das Verhältnis der gesprochenen Sprache zur Schrift (vgl. Münker, Roesler 2000, S. 39). Derrida stellt fest, dass in der gesamten abendländischen Philosophiegeschichte von Platon und Aristoteles bis zu Hegel oder Husserl alle die Schrift zugunsten des gesprochenen Wortes diskriminieren, indem das geschriebene Zeichen dem Lautzeichen gegenüber als sekundär angesehen wird, sozusagen als bloße Verschriftlichung des vorangehenden Lautzeichens. Derrida sieht den Grund für die Abwertung der Schrift in einem Phonozentrismus, den er in der gesamten abendländischen Metaphysik wahrnimmt. Der Phonozentrismus stellt nach Stefan Münker und Alexander Roesler „das gesprochene Wort in den Mittelpunkt, weil mit ihm als *Modell* der Sinn als *idealer* Sinn bestimmt werden kann. Beim Sprechen nämlich vernimmt man sich selbst, scheinbar ohne Hilfe durch eine vermittelnde Substanz. [...] Deshalb wird die Schrift abgewertet, da sie den reinen Sinn an Schriftzeichen heftet und damit ‚verunreinigt'" (ebd., S. 41 f.). Ein zentraler Begriff bei Derrida ist der *Logozentrismus* und dieser geht mit dem *Phonozentrismus* einher: Das Wesen der „Stimme" steht „unmittelbar dem nahe, was im ‚Denken' als Logos auf den ‚Sinn' bezogen ist, ihn erzeugt, empfängt, äußert und ‚versammelt'" (Derrida 1983, S. 24). Das Geschriebene hingegen kommt hinzu und ist an der Sinnbildung nicht beteiligt, ist also sekundär. In der Schrift ist daher der Sinn nicht anwesend, sondern es wird nur auf ihn verwiesen (vgl. Münker, Roesler 2000, S. 42). Diese These, so Derrida, ist falsch (vgl. ebd., S. 39). Den Nachweis dafür erbringt Derrida in seiner Dekonstruktion der Sprachtheorie von Ferdinand de Saussure (1916/1967) und mittels seiner Kritik an Saussure, welche später noch ausgeführt wird.

Die Dekonstruktion ist ein Lektüreverfahren, das Derrida aus seiner Kritik entwickelt hat, indem er die Kritik an Saussure auf Grundlage von dessen Theorie ausführt. Münker und Roesler (2000, S. 40) bezeichnen dieses „*mit* Saussure *gegen* Saussure zu denken" als wesentliches Merkmal der Dekonstruktion. Dekonstruktives Vorgehen kann somit als textuelle Strategie erfasst werden. Sie nimmt die verschiedensten Perspektiven ein und stellt mittels Differenzierung und Hinterfragung Bedeutungskonstruktionen in Frage. Die Strategie der Dekonstruktion ist abhängig von „Texten" und damit „kontextabhängig" (Kahlert 2000, S. 32). In diesem Zusammenhang wird nahezu alles, was mit Sprache erfasst werden kann, als „Text" verstanden: Texte, Situationen, Körper oder Tanz. Dekonstruktion kann sich nur innerhalb des „Textes“ oder gegen diesen bewegen, ein Außen ist durch die Kontextabhängigkeit nicht gegeben. Sie vollzieht sich „als ein Wi(e)der-Lesen im doppelten Sinne des Erneut- und Gegenlesens der Konstruktionen“ (Menke 1995, S. 38, zit. n. ebd.) schon bestehender „Texte“. In diesem Sinne kann das Lesen von „Texten“ auch als Subvertieren verstanden werden. Im Mittelpunkt des Interesses stehen dabei polare und hierarchisierte Ordnungen von Begriffsoppositionen, wie sie durch das abendländische logozentristische Denken hervorgebracht werden, z.B. Kultur/Natur, Körper/Geist, Subjekt/Objekt, Frau/Mann. Ein dekonstruktives Lesen von Konstruktionsprozessen heißt demnach zum einen, nach der Konstruktion dieser Prozesse zu fragen. Zum anderen geht es darum, diese Texte und Konstruktionen nach den ihnen zugrunde liegenden Normen und Werten und Ausgangspunkten hin zu befragen. Des Weiteren wird die Idee der Konstruktion selbst reflektiert. Besonders interessant ist die Offenlegung von „blinden Flecken“ im Text, also die Frage nach der Differenz zwischen bewusst und unbewusst Vermitteltem im Text.

Wenn wir beispielsweise den Grundriss einer Wohnung dekonstruieren, dann sehen wir uns nicht nur die Größe, die Beschaffenheit des Baumaterials, die Angrenzung an andere Wohnungen und die Zimmeraufteilung an, sondern fragen weiter nach den dahinterliegenden Werten und Normen. Oft werden in Skizzen von 3-Zimmer-Wohnungen die drei Zimmer als „Wohnzimmer“, „Schlafzimmer“ und „Kinderzimmer“ bezeichnet. Alleine diese Bezeichnungen geben Auskunft darüber, dass die Architekt_in oder der Architekt oder deren Auftraggeber_innen vermutlich an ein Kleinfamilienkonzept gedacht haben und wahrscheinlich weniger an eine Wohngemeinschaft, eine Firma oder ein Paar, das diese Wohnung bewohnen könnte. Diese Möglichkeiten werden in diesem „Text“ somit ausgeschlossen, vermitteln sich aber wieder gegen den Willen jener, die den Text geschaffen haben, wenn diese Wohnung sich besonders gut für eine Wohngemeinschaft, Firma oder ein Paar eignet.

Ähnlich können Aussagen von Supervisand_innen oder Coachees „gelesen“ werden bzw. ist es darüber hinaus möglich, gemeinsam mit Supervisand_innen oder Coachees in Ko-respondenz, die ihrem Handeln zugrunde liegenden Werte und Normen zu erforschen und weitere Sinnmöglichkeiten einer Aussage zu entwickeln. **Beispiel:** Ich biete unter anderem Karrierecoaching an, das auch von jungen Akademikerinnen im Alter von Mitte bis Ende 20 genutzt wird. In diesem Zusammenhang höre ich sehr oft Sätze folgender Art: „Ich bin 27 Jahre alt, lebe seit 5 Jahren mit meinem Freund zusammen und wir wollen in den nächsten drei Jahren ein Baby bekommen und heiraten. Deshalb möchte ich mich mit dem Thema der Vereinbarkeit von Familie und Karriere beschäftigen." Ein in, mit und gegen diesen Text Lesen eröffnet wesentliche Grundlagen zur Konstruktion von Weiblichkeit im akademischen Kontext. Zunächst wird die Norm der Heterosexualität deutlich, die jede Form von Homo-, Bi- oder Transsexualität ausschließt. Der Wunsch nach einem Kind soll sich in den nächsten drei Jahren vollziehen, womit die Norm deutlich wird, dass Akademikerinnen in Österreich im Alter von etwa 30 Jahren Mütter werden. Zum Weiblich-Sein gehört es, Mutter zu sein oder werden zu wollen und eine Karriere anzustreben. In der Aussage materialisiert sich die Vorstellung, dass Familie und Karriere ein Gegensatzpaar darstellen, das nicht oder nur schwer miteinander vereinbar ist. Für die betreffenden Coachees ist die Vereinbarkeit ein Thema, ein offenes Thema, für das sie noch keine Wege, Strategien oder Antworten bereit haben, zu dem sie sich zusammen mit mir auf die Suche machen wollen. Sie machen sich ohne ihre Partner auf diese Suche, was darauf hinweisen könnte, dass sie die Verantwortung für dieses Thema bei sich selbst sehen. Es gibt für sie noch kaum hilfreiche Orientierungen, was wiederum auf die fehlende Sichtbarkeit von Frauen, Paaren und Familien hinweist, welchen es gelungen ist, Karriere *und* Familie zu vereinbaren und damit Geschichte zu schreiben. Es könnte aber auch sein, dass diese Akademikerinnen noch keine intelligiblen, also sinnhaften, verständlichen und nachvollziehbaren im Gegensatz zu irritierenden Formen von Gender erlebt haben, welche den Wunsch nach Kindern und Karriere in sich vereinen. Das Ansinnen, ein Kind zu bekommen und zu heiraten, entspricht der Norm, eine (Klein-)Familie zu gründen, sie legal abzusichern und damit zu schützen. Legal sind für heterosexuelle Paare derzeit eine Lebensgemeinschaft und eine Ehe möglich. Die rechtlichen Grundlagen einer eingetragenen Partnerschaft, wie sie mittlerweile in Österreich für gleichgeschlechtliche Paare oder in Frankreich unter dem Begriff Zivilpakt auch für heterosexuelle Paare möglich sind, sind innerhalb des österreichischen juristischen Rahmens ausgeschlossen und damit nicht existent. Generell schließt dieser Text eine Reihe von weiteren möglichen Lebensentwürfen aus: etwa nach dem 30. Lebensjahr in einer Lebensgemeinschaft mit oder ohne Kind zusammenzuleben, den Kinderwunsch später zu realisieren oder zusammen mit dem Freund eine Strategie zu entwickeln, die beiden Familie *und* Karriere ermöglicht. Die Dekonstruktion dieser Sätze könnte selbstverständlich noch weiter fortgesetzt werden. Diese wenigen Dekonstruktionsschritte zeigen jedoch, wie bedeutungsvoll subjektive und kollektive Werte und Normen in der Konstruktion von Gender und damit in der persönlichen Lebensgestaltung sein können. Eine Dekonstruktion dieser ermöglicht es, in Supervision und

Coaching persönliche Lebensmodelle zum Thema zu machen, sie zu reflektieren und, wenn das Bedürfnis dazu besteht, neue Wege zu entwickeln oder Souveränität für die alten Wege zu gewinnen.

Ein wesentlicher Fokus des Dekonstruierens ist die „Differenz". Sie nimmt in Derridas Denken einen zentralen Stellenwert ein und bedeutet ein Kräftespiel entgegengesetzter Pole, eine „‚aktive', in Bewegung begriffene Zwietracht verschiedener Kräfte und Kräftedifferenzen" (Derrida 1990, S. 98). Differenz ist im Denken von Derrida nicht aufhebbar, vielmehr ist sie ein Prinzip des Konstituierens, weshalb sie als solches nicht mehr benannt werden kann. An dieser Stelle, an der die Sprache kein Wort mehr bereithält, führt Derrida den Begriff der „différance" ein. Sie hat „weder Existenz noch Wesen" (ebd., S. 80), sondern bewegt sich im „Dazwischen". Dekonstruktive Intervention erfolgt somit in einer „doppelten Geste ..., der Geste der Umwertung und der Geste der Verschiebung der Begriffsordnungen. Dekonstruktion ist demnach die Intervention in die Anordnung hierarchisierender Oppositionen" (Kahlert 2000, S. 32). Die traditionelle Wertung der oppositionellen Pole und ihrer innewohnenden Hierarchiebildung wird damit nicht nur umgedeutet, sondern es wird auch eine allgemeine Verschiebung des Systems vorgenommen. Dementsprechend ist unter Dekonstruktion „keine Aufhebung oder Auflösung der Gegensätze, sondern eine Verschiebung derselben, aber auch nur unter der Bedingung, daß die Notwendigkeit des Einen für das Andere anerkannt wird" (ebd., S. 35) zu verstehen. Im Beispiel der jungen Akademikerinnen wäre dies das Zusammenspiel von Familie und Karriere, mit dem eine Verschiebung verbunden ist, weil dazu Neues im bestehenden Rahmen erfunden wird und die beiden Pole keinen Gegensatz mehr darstellen.

Besonders deutlich wird Derridas Umgang mit Differenz anhand seiner Dekonstruktion von Saussures Sprachtheorie, in der er mit Saussures Texten gegen diesen argumentiert und sich mit der Differenz von gesprochener Sprache und Schrift auseinandersetzt. Im Folgenden werden die wesentlichen Grundlagen der Sprachtheorie von Saussure und Derridas Kritik daran auf der Basis der Texte von Münker und Roesler (2000, S. 1ff. und S. 39ff.) zusammengefasst: Saussure beschäftigt sich in seiner Sprachtheorie mit der Beschreibung allgemeiner sprachlicher Strukturen und widmet sich in diesem Zusammenhang der Beschreibung der Struktur des kleinsten bedeutsamen Elements, des Zeichens (vgl. ebd., S. 1f.). Jedes Zeichen vereint seiner Theorie nach „eine Vorstellung und ein Lautbild" (Saussure 1967, S. 77). Unter Lautbild versteht er allerdings nicht den artikulierten Laut oder das gesprochene Zeichen, sondern dessen intrapsychische Vergegenwärtigung (Münker, Roesler 2000, S. 3). Um den Zusammenhang von Vorstellung und Lautbild begrifflich präziser zu fassen, führt er die Begriffe „Signifikat", für die Vorstellung bzw. das Bezeichnete eines Zeichens, und „Signifikant", für das Lautbild bzw. das Bezeichnende eines Zeichens, ein. Signifikat und Signifikant sind wie die beiden Seiten eines Blattes Papier untrennbar miteinander verbunden (vgl. Saussure 1967, S. 134). Dennoch stehen sie in einem arbiträren Verhältnis zueinander. Ein arbiträres Verhältnis beschreibt ein zufälliges, beliebiges Verhältnis zwischen Vorstellung und Lautbild: Es gibt „keinerlei innere Beziehung" (ebd., S. 79), so Saussure. Münker und Roesler bringen als Beispiel das Wort „Schloss": Hier verweist der Signifikant („Schloss") auf verschiedene Signifikate, nämlich auf ein Gebäude wie auch eine Vorrichtung zum Abschließen (vgl. Münker, Roesler 2000, S. 3). Die Beliebigkeit des Zeichens bedeutet allerdings nicht, dass die Beziehung zwischen Signifikat und Signifikant *gänzlich* beliebig wäre. Dies würde jegliche Form der Verständigung verunmöglichen. Sprachlicher Sinn ist demnach konventionell konstituiert. Saussure präzisiert daher weiter, dass das Zeichen „unmotiviert ist, d.h. beliebig im Verhältnis zum Bezeichneten" (Saussure 1967, S. 80). Die Bedeutung eines Zeichens entsteht vielmehr durch die Differenz zu einem anderen Zeichen, wie Wörter, die sich voneinander unterscheiden. Sprachlicher Sinn ist daher das Ergebnis der Differenzierungen in einem System von Zeichen (vgl. Münker, Roesler 2000, S. 4).

In seiner kritischen Auseinandersetzung mit Saussure weist Derrida nach, dass der Differenzgedanke von Saussure keine Substanz (Stimme, Schrift, Tanz, Mimik ...) als Signifikant privilegiert, da Saussure Sprache nicht als Substanz versteht, sondern als Form. Er gibt also keine Ausdrucksweise als die wertvollere vor, denn was auf der Signifikantenebene different zueinander ist, bleibt unwichtig. Daher, so Derrida, kann die Stimme der Schrift nicht vorgezogen werden (vgl. Münker, Roesler 2000, S. 40f.). Des Weiteren stellt Derrida fest, dass es aufgrund des unmotivierten und auf Übereinkunft beruhenden Verhältnisses zwischen Signifikat und Signifikant keine Rangfolge unterschiedlicher Materialisierungen von Signifikanten geben kann (vgl. ebd., S. 41). Diese Feststellung ermöglicht Derrida die Gleichsetzung von Schrift und gesprochener Sprache in ihrer Gleichursprünglichkeit. Zentral für die Entwicklung der Dekonstruktion ist auch seine Erkenntnis, dass sich das Signifikat, also das Bezeichnete, erst durch die Abgrenzung des Signifikanten, also des Bezeichnenden, von anderen Signifikanten erklärt. Derrida folgert daher: „Es gibt kein Signifikat, das dem Spiel aufeinander verweisender Signifikanten entkäme; ... das Signifikat fungiert darin seit je als ein Signifikant" (Derrida 1979, S. 17). Sinn ist demnach ein Effekt der Differenzierung von Signifikanten und nicht wie bei Saussure die Einheit von Signifikat und Signifikant.

Für jegliche Form von Struktur hat dies zur Folge, „daß es kein Zentrum gibt, daß das Zentrum nicht in Gestalt eines Anwesenden gedacht werden kann, daß es keinen natürlichen Ort besitzt, daß es kein fester Ort ist, sondern eine Funktion, eine Art von Nicht-Ort, worin sich ein unendlicher Austausch von Zeichen abspielt". Alles wird daher „zum System, in dem das zentrale, originäre oder transzendentale Signifikat niemals absolut, außerhalb eines Systems von Differenzen präsent ist. Die Anwesenheit eines transzendentalen Signifikats erweitert das Feld und das Spiel des Bezeichnens ins Unendliche" (ebd., S. 424). Mit Hilfe der Dekonstruktion kann dieses Spiel offengelegt und analysiert werden. Die Dekonstruktion entspricht dem, wie Derrida im, mit und gegen den Text von Saussure vorgegangen ist. Da es laut Derrida keine Möglichkeit gibt, jenseits der Metaphysik der Präsenz zu denken, geht es darum, „das Scheitern ihrer Begriffe und Theorien vorzuführen, ihre ‚blinden Flecke' offenzulegen und die Hierarchien, die sie etablieren möchte, zum Einsturz zu bringen – wie z. B. die Vorrangstellung des gesprochenen Wortes vor der Schrift. Diese Hierarchien funktionieren nur, weil etwas ausgeschlossen werden muss aus der Untersuchung, weil etwas bedeutungslos, unwichtig, untergeordnet etc. bestimmt werden muss, wie im Fall der Ausgrenzung der Schrift der materielle, sinnliche Aspekt jeder Sinnbildung. Trotzdem bricht dieses Ausgeschlossene immer wieder in den Versuch ein, es aus der Theorie fernzuhalten" (Münker, Roesler 2000, S. 48). Bezogen auf das Thema Gender hat Butler, wie bereits beschrieben, deutlich gemacht, dass die Geschlechterhierarchie in gesellschaftlich dominanten Diskursen unter anderem durch die Ausgrenzung und Abwertung von weiteren Geschlechtsidentitäten als der weiblichen und der männlichen sowie durch die Ausgrenzung und Abwertung von Intersexualität, von Transsexualität, Transidentität und von Homosexualität aufrechterhalten wird.

Die Frauen- und Geschlechterforschung sowie die Gendertheoriebildung greifen poststrukturalistisches Denken auf, um sich mit normativen Geschlechtskategorien und ihrer Bedeutungsherstellung zu beschäftigen. Der Fokus richtet sich auf die Infragestellung von vergeschlechtlichten Konstitutionsprozessen, welche eindeutig binäre Kategorien und (Geschlechts-)Identitäten bilden (vgl. Smykalla 2000, S. 271). Die französische Philosophin Luce Irigaray ist die erste feministische Theoretikerin, die sich der Strategie der Dekonstruktion bedient. In ihrer Habilitationsschrift „Speculum de l'autre femme" dekonstruiert Irigaray bedeutende abendländische Philosophen wie Platon, Aristoteles, Kant, Hegel u. a., aber auch jene Texte von Freud, in denen er die weibliche Sexualität zu bestimmen versucht, in Bezug auf ihre expliziten und impliziten Aussagen zur Geschlechterdifferenz (vgl. Kahlert 2000,

S. 36; Münker, Roesler 2000, S. 148). Sie legt offen, dass Freud weibliche Sexualität aus einer männlichen heraus bestimmt, den Mann damit zum alleinigen Bezugspunkt jeglicher Verortung macht und Frauen und Weiblichkeit damit vom Manne abgeleitet werden. Vor diesem Hintergrund entwickelt sie eine Theorie weiblicher Sexualität und fordert die Entwicklung einer Theorie der Weiblichkeit (vgl. Münker, Roesler 2000, S. 148f.). An diesem Punkt setzen die Differenztheoretiker_innen mit ihrem Denken der sexuellen Differenz an (siehe Kapitel 4.2).

Im Zentrum der späteren Diskussionen um die Dekonstruktion von Geschlecht steht Judith Butler. In ihrem Buch „Gender Trouble" (1990) macht sie wissenschaftliche Theorien und Kategorien, die sich mit Vorstellungen vom Subjekt, mit dem Verhältnis zwischen Natur und Kultur sowie mit der Geschlechterdifferenz beschäftigen, zum Gegenstand ihrer Untersuchungen (vgl. Kapitel 4.5.2). Butler knüpft in ihren Überlegungen am Textbegriff von Derrida an. Sie nimmt in ihren Werken eine „Analyse nicht expliziter, eigenlogischer Widersprüche in der textlichen Produktion von Sinn" (Villa 2008, S. 148) vor und dekonstruiert damit zentrale Überlegungen zu Geschlecht. So dekonstruiert Butler die Kategorie „Frau(en)" und macht deutlich, dass Geschlecht alleine nicht identitätsstiftend sein kann (vgl. Butler 1991, S. 18). Sie dekonstruiert die Geschlechterdifferenz als eine durch die Diskurse der Zweigeschlechtlichkeit und der Zwangsheterosexualität (vgl. ebd., S. 39) hervorgebrachte Differenz. Sie dekonstruiert das Sex-Gender-Modell, indem sie die Frage stellt, ob die Unterscheidung von Sex und Gender überhaupt zulässig ist. Ihre Kritik an dieser Unterscheidung richtet sich zunächst gegen die dem Modell inhärente Natur-Kultur-Implikation, welche das von Descartes u.a. hergeleitete moderne Denken der Trennung von Körper und Geist reproduziere. Und diese Trennung wiederum habe zu einer gesellschaftlichen Zuordnung von Körper und Weiblichkeit sowie von Geist und Männlichkeit geführt, mit der die gesellschaftliche Hierarchie zwischen Frauen und Männern (Logozentrismus) argumentiert und aufrechterhalten werde: „In der philosophischen Tradition, die mit Platon beginnt und sich mit Descartes, Husserl und Satre fortsetzt, hat die ontologische Unterscheidung zwischen Seele (Bewusstsein, Geist) und Körper stets Beziehungen der politischen und psychischen Unterordnung und Hierarchie gestützt. Der Geist hat den Körper nicht nur unterworfen; bisweilen nährt er auch das Phantasma, seiner Verleiblichung insgesamt entfliehen zu können. Für die kulturelle Assoziation zwischen Geist–Männlichkeit und Körper–Weiblichkeit finden sich im Feld der Philosophie und des Feminismus zahlreiche Belege. Daher muss jede unkritische Reproduktion der Geist/Körper-Unterscheidung neu durchdacht werden: Sie hat traditionell und implizit die Geschlechter-Hierarchie produziert, aufrechterhalten und rational gerechtfertigt" (Butler 1991, S. 31).

In der Trennung von Sex und Gender sieht Butler auch die Geschlechtsidentität als eine vielfältige Interpretation des Geschlechts (vgl. ebd., S. 22). Sie denkt die Trennung von Sex und Gender konsequent weiter und stellt fest, dass diese Unterscheidung radikal durchgedacht auch als unabhängige Differenz (als unmotiviertes beliebiges Verhältnis) angenommen werden könne, also dass Geschlechtsidentität unabhängig vom anatomischen Geschlecht als „freischwebendes Artefakt" definiert werden könne. So gesehen könnten die Begriffe „Mann" und „männlich" sowie „Frau" und „weiblich" sowohl einen weiblichen wie auch einen männlichen Körper bezeichnen (vgl. ebd., S. 23). Nachdem Butler auf diese Weise Geschlechtsidentität dekonstruiert hat, wendet sie sich der Bestimmtheit von Sex zu und bemerkt Folgendes: „Werden die angeblich natürlichen Sachverhalte des Geschlechts nicht in Wirklichkeit diskursiv produziert, nämlich durch verschiedene wissenschaftliche Diskurse [Medizin, Naturwissenschaften, Rechtswissenschaften etc., Anm. d. Verf.], die im Dienste anderer politischer und gesellschaftlicher Interessen stehen? Wenn man den unveränderlichen Charakter des Geschlechts bestreitet, erweist sich dieses Konstrukt namens ‚Geschlecht' vielleicht als ebenso kulturell hervorgebracht wie die Geschlechtsidentität. Ja, möglicherweise ist das Geschlecht (sex) immer schon Geschlechtsidentität (gender) gewesen, so dass sich herausstellt, dass die Unterscheidung zwischen Geschlecht und Geschlechtsidentität letztlich gar keine Unterscheidung ist" (ebd., S. 23f.). In diesem Absatz weist Butler darauf hin, dass durch die Naturwissenschaften, die Medizin und die Rechtwissenschaften (siehe auch Kapitel 4.6.2), verkürzt gesagt, diskursiv eine Trennungslinie entlang körperlicher Verfassungen gezogen wird, welche die Menschen in Frauen und Männer unterteilt, und dass damit auch das biologische Geschlecht konstruiert ist.

Judith Butler schließt auch an die Signifikat-Signifikant-Überlegungen von Jacques Derrida an, wenn sie feststellt, dass jede Genderinszenierung eine Imitation darstellt, wobei die Imitation eine Imitation der Imitation ist, da das Original fehlt (vgl. ebd., S. 202ff.). Ähnlich wie das Signifikat nur durch den Signifikanten existiert und keine anwesende Präsenz angenommen werden kann. Sie entdeckt diesen Mechanismus durch ihre Beschäftigung mit Konstruktionen von Geschlechtsidentitäten in der Travestie und stellt fest: „Indem die Travestie die Geschlechtsidentität imitiert, offenbart sie implizit die Imitationsstruktur der Geschlechtsidentität als solcher – wie auch ihre Kontingenz" (ebd., S. 202), und weiter: „Meine These ist …, daß es keinen ‚Täter hinter der Tat gibt', sondern daß der Täter in unbeständiger, veränderlicher Form erst in und durch die Tat hervorgebracht wird" (ebd., S. 209).

Diese Überlegungen sind mit einem weiteren Anknüpfungspunkt an die Philosophie von Derrida gebunden: mit dem Iterabilitätsbegriff, wonach ein Zeichen wiederholbar sein muss, um ein Zeichen zu sein, weil es sonst nur ein einmaliges und regelloses Vorkommnis wäre (vgl. Münker, Roesler 2000, S. 47). An diese Iterabilität schließt Butler an, wenn sie die Herstellung der intelligiblen, also nachvollziehbaren, Geschlechtsidentität beschreibt: „Die Regeln, die die intelligible Identität anleiten, d.h. die intelligible Behauptung eines ‚Ich' ermöglichen und einschränken und ihrerseits teilweise gemäß den Matrizes der Geschlechtsidentität und der Zwangsheterosexualität strukturiert sind, operieren durch Wiederholung" (Butler 1991, S. 213). An dieser Operation der Wiederholung in der performativen Hervorbringung von Subjekten setzt Butlers Strategie der Veränderung und damit die Dekonstruktion von Geschlechtsidentitäten an. Wie bereits beschrieben, argumentiert sie für eine Wiederholung subversiver Identitäten, um durch die Vervielfältigung von Geschlechtsidentitäten die Normen zu verschieben. Dabei orientiert sie sich an den Geschlechterparodien der Queer-Community, also an der Inszenierung von bspw. *Dragkings* oder *Dragqueens*: „Die parodistische Vervielfältigung der Identitäten nimmt der hegemonialen Kultur und ihren Kritiken den Anspruch auf naturalisierte oder wesenhafte geschlechtlich bestimmte Identitäten" (ebd., S. 203). Wie Butlers gesamtes Werk zielt auch dieses Vorgehen auf die Verwirrung des Geschlechtsdualismus ab: „Die kulturellen Konfigurationen von Geschlecht und Geschlechtsidentität könnten sich vermehren, oder besser formuliert: ihre gegenwärtige Vervielfältigung könnte sich in den Diskursen, die das intelligible Kulturleben stiften, artikulieren, indem man die Geschlechter-Binarität in Verwirrung bringt und ihre grundlegende Natürlichkeit enthüllt" (ebd., S. 218).

4.6.4 Körper – ein Diskurs?!

Wie schon zu Beginn dieses Kapitels erwähnt, schlagen Butlers Überlegungen im deutschsprachigen Raum hohe Wellen. Dabei wird in der deutschsprachigen Frauen- und Geschlechterforschung der sexualpolitische Impetus von Butlers Ansatz nur marginal beachtet. Butler wird vor allem für ihre These der diskursiven Hervorbringung von Körperlichkeit kritisiert. Hilge Landweer beispielsweise ortet eine „Entsexuierungstendenz", die sich gegen Ontologisierungen, Naturalisierungen, Mythisierungen, Politisierungen von Identitätsvorstellungen und gegen Moralisierungen der Differenz richtet (vgl. Landweer 1993, S. 35). Diese Kritik ist zwar sicherlich überfällig, aber, so fragt sie, muss deshalb gleich die Kategorie Geschlecht per se verabschiedet werden? – „Die Annahme, erst der Diskurs schaffe die Geschlechterdifferenz, die dann in Geschlechtsdarstellungen zu sozialer Realität wird …, ist genauso naiv wie die Annahme, es gäbe eindeutig identifizierbare natürliche Geschlechtsunterschiede, die dann in gender-Konstrukten diskursiviert und ideologisch überformt werden" (ebd., S. 37).

Vorsichtiger, aber nicht weniger deutlich formuliert Butlers Kolleg_in Seyla Benhabib eine ähnliche Kritik: „Ich habe meine Zweifel, ob Butlers Theorie der performativen Konstitution der Geschlechtsidentität der Komplexität der ontogenetischen Ursprünge von Geschlecht in der menschlichen Person einerseits gerecht werden kann und ob andererseits diese Theorie zum Überdenken einer neuen Konfiguration von Subjektivität führt, diese vorwegnimmt oder anzeigt" (Benhabib 1993, S. 106f.). Ihr Fokus liegt somit auf der Handlungsfähigkeit des Subjekts und so sieht sie die Uneinigkeit zwischen Butler und sich selbst vor allem in den Themen „Subjektivität, Ichidentität und soziale Handlungsfähigkeit (agency)" (ebd., S. 106).

In diesen Kanon stimmt auch der Vorwurf der Diskursontologie (vgl. Villa 2003, S. 137; 2008, S. 148) ein. Es wurde beanstandet, dass bei Butler alles nur Text sei und ihr Ansatz damit eine gehörige Portion „semiologischen Idealismus" entfalte (Maihofer 1995, S. 48, zit. n. Villa 2003, S. 137). Allerdings, meint Paula Irene Villa, greife diese Kritik zu kurz. Denn die Texte von Butler liefern eine „außerordentlich komplexe Theorie der performativen Macht und Kraft der Sprache beziehungsweise von Diskursen", welche weitaus mehr zum Ausdruck bringt, als sich unter der Redewendung „alles ist Text" subsumieren lässt (ebd.).

Heike Kahlert blickt aus sozialwissenschaftlicher Perspektive auf den totalisierenden Textbegriff und meint, dass gerade dieser als keineswegs unproblematisch angesehen werden darf. Es klinge respektlos, wolle man gesellschaftstheoretische und -politische Probleme als Texte erfassen und durch Umschreiben verändern können. Andererseits, meint sie, müsse man beachten, dass unser Wissen über Gesellschaft immer schon sprachlich vermittelt wurde, was wiederum für eine Verwendung der Dekonstruktion in der Sozialwissenschaft spricht (vgl. Kahlert 2000, S. 39f.).

Des Weiteren wird Butler vor allem von empirisch-konstruktivistischer Seite her ein Mangel an Empirie vorgeworfen, weil sie sich selbst als Konstruktivistin verortet (Villa 2003, S. 136; 2008, S. 148). Tatsächlich stützt Butler ihre

Argumente in philosophischer Tradition nicht empirisch ab und beantwortet die Frage nach der Konstruktion von Gender ausschließlich auf diskurstheoretischer und textimmanenter Ebene (vgl. ebd.).

Die zentrale Bedeutung von Butler für die feministische Debatte sieht Gudrun Axeli-Knapp darin, „dass sie radikaler als andere vor ihr das illusionäre Moment feministischer Identitätspolitik zur Sprache gebracht und dass sie den engen normativen Zusammenhang von Sex, Gender und Begehren in den Blick gerückt hat" (Knapp 2000a, S. 91).

4.6.5 Diskursanalyse und Dekonstruktion in Supervision und Coaching

Eine diskursanalytische und dekonstruierende organisations- und arbeitspsychologische sowie -soziologische Forschungspraxis existiert de facto nicht, obwohl eine fundierte Diskursanalyse und Dekonstruktion vieler Studien und Theorien dieser Forschungsrichtungen angebracht wäre. Im Kontext von Supervision und Coaching haben sich Hilarion Petzold und die Integrative Theoriebildung um den Rekurs auf Diskurstheorie und dekonstruktive Strategien für die Supervisions- und Coachingpraxis verdient gemacht. Petzold stellt Supervision und Coaching in den Kontext postmoderner, dekonstruktiver und pluralistischer Überlegungen (Petzold 1998a, S. 73). Vor dem Hintergrund hegemonialer gesellschaftlicher Diskurse sieht er Diskursanalyse und dekonstruktive Reflexionsarbeit als unverzichtbar im supervisorischen Handeln an, um nicht unbenannt und unreflektiert Strukturen der Macht fortzuschreiben (vgl. ebd., S. 13). Die Integrative Theorie selbst weist einen sehr starken Bezug zu diskurstheoretischen Überlegungen auf (vgl. Petzold 1998a, S. 44) und versteht unter „Diskursen zusammenhängende Systeme von Aussagen ..., die auf der Grundlage bestimmter Regeln die jeweilige ‚Vernunft' eines gesellschaftlichen Traditionsstroms (in der Wissenschaft z.B. der Psychiatrie, Medizin, Biologie usw.) organisieren. Es entstehen auf diese Weise Strukturen, in denen sich die Subjekte bewegen, Strukturen, die sich im Handeln von Subjekten artikulieren, ohne daß sie in deren Verfügung stehen" (ebd., S. 124). Auf der Basis dieses Diskursbegriffs beschreibt Petzold die Anforderungen für das supervisorische Handeln: Dieses „erfolgt aus einer reflektierten, normativen Orientierung. Sie erfordert historische (Berlin) und politische Reflexion und Diskurs (Habermas), eine dezidierte Position im Hinblick auf die Fragen der Macht, der Freiheit, des Engagements, der ethischen Orientierung, wenn nicht unreflektierte normative Implikate, unbewußte ‚Diskurse' (Foucault) als unerkannt wirkende Fortschreibungen von Strukturen der ‚Macht' zur Wirkung kommen sollen. Diskursanalytische und dekonstruktivistische Reflexionsarbeit ist daher unverzichtbar" (ebd., S. 13).

Der Dekonstruktion kommt vor allem in Bezug auf die tiefenhermeneutische Erkundung von zugrunde liegenden Werten und Normen, *social worlds* (vgl. ebd., S. 113f.) und sozialen Repräsentationen (vgl. Moscovici 1961, 1984, zit. n. ebd., S. 47) sowie in der Erfassung der Komplexität menschlichen Daseins mit Hilfe einer schulenübergreifenden, multitheoretischen und mehrperspektivischen Vorgangsweise besondere Bedeutung zu: „Wichtig wird es, sich nicht gegen Komplexität zu sperren und sich auf pragmatische Praxismodelle zurückzuziehen, sondern die ‚Mühen der Komplexität' auf sich zu nehmen, nämlich die theoretischen Systeme und elaborierten Praxeologien anderer Ansätze nicht nur ‚von außen' zu betrachten, sondern sich ‚von innen' einzulassen, um sie diskursanalytisch zu untersuchen (Foucault 1974), dekonstruierend aufzuschlüsseln (Derrida 1972) und metahermeneutisch zu durchdringen und zu hinterfragen (Petzold 1994a)" (Petzold 1998a, S. 93). Und Petzold führt Derrida zitierend weiter aus, dass die Dekonstruktion dabei „notwendigerweise von innen her zu operieren, sich aller subversiven, strategischen und ökonomischen Mittel" (Derrida 1972, S. 45, zit. n. ebd.) der vorgefundenen Strukturen zu bedienen hat. Für genderkompetente Supervision und genderkompetentes Coaching sind diese Ansprüche meines Erachtens in voller Gänze zu übernehmen. So gilt es, eine genderhistorische und genderpolitische Reflexion von Supervisions- und Coachingdiskursen vorzunehmen und eine dezidierte Position in Hinblick auf Machtverhältnisse, Freiheit und Engagement aus Genderperspektive sowie auf eine genderreflektierte Ethik zu beziehen. Auf der Grundlage der gesichteten supervisorischen und Coachingliteratur zum Thema Gender, diverser Fachdiskussionen und intervisorischen Austausches nehme ich an, dass der Diskurs um die Geschlechterdifferenz (siehe Kapitel 4.2.) nicht nur gesellschaftlich und wissenschaftlich, sondern auch im Feld von Supervision und Coaching dominiert. Petzold fordert eine Diskursanalyse für die Supervision im Allgemeinen (vgl. ebd., S. 124) und dieser Forderung schließe ich mich in Bezug auf eine Genderdiskursanalyse für Supervision und Coaching an. So sollte beispielsweise untersucht werden, welche gendertheoretischen Diskurse die supervisorische Theoriebildung tragen, in welchen supervisorischen Feldern welche Diskurse dominieren und wie Supervisor_innen unhinterfragte und Genderkonstruktionen bestimmende traditionelle Diskurse unterstützen, aber auch, wie sie diese hinterfragen können.

Im konkreten supervisorischen und Coachinghandeln bedeutet dies, ausgehend von den Phänomenen hin zu den Strukturen und den Entwürfen zu arbeiten und damit zu den Zwecken, Zielvorstellungen und Plänen zu kommen (vgl. Petzold 1998a, S. 68). Wie diese Vorgangsweise in der supervisorischen Praxis gelebt werden kann, zeigt folgendes **Beispiel:** Ein Team von fünf Frauen und vier Männern arbeitet im sonder- und heilpädagogischen Kontext und begleitet Menschen mit Behinderungen in ihrem Lebensalltag. Die Klient_innen haben nur geringen Betreuungsbedarf und werden als sehr selbstständig bezeichnet. Sie werden je nach Bedarf in lebenspraktischen Aspekten wie Wohnen, Finanzen, Gesundheit, sozialen Beziehungen, Berufsleben usw. unterstützt. In einer Supervisionssitzung wird thematisiert, dass die Betreuerinnen laufend Überstunden machen, während die Betreuer ihre Stunden kaum füllen können (Phänomen). Hinsichtlich der Strukturen wird klar, dass dieses Team mit einer geschlechtshomogenen Bezugsbetreuungsstruktur arbeitet, d.h., die Kolleginnen betreuen Frauen und die Kollegen betreuen Männer. Damit entsteht allerdings auch eine geschlechtergetrennte Struktur mit unterschiedlichen Dynamiken im Team. Während viele (nicht alle) Klientinnen, Gespräche mit den Betreuerinnen schätzen und viel Kontakt wünschen, können die meisten Klienten ihre Anliegen kaum zum Ausdruck bringen. Die Betreuer sind daher gefordert, eher aufsuchende pädagogische Arbeit zu leisten. Betrachten wir die Entwürfe, also die hinter den Strukturen liegenden Werte und Normen, treten Idealbilder von Männlichkeit (hegemoniale Männlichkeit) zutage, die diese Phänomene beeinflussen. Hegemoniale Männlichkeit im Klient_innensystem bedeutet, Geld zu verdienen, Statussymbole vorzuweisen und körperlich fit und stark zu sein. Auf der Kommunikations- und Beziehungsebene dominieren Vorstellungen wie: „Männer reden nicht viel" und „Männer brauchen keine Unterstützung". Diese Haltungen kommen allerdings in Konflikt mit dem Betreuungskonzept, das die Selbstständigkeit der Klient_innen in allen Lebensbereichen zum Ziel hat und nur in geringem Ausmaß aufsuchende Arbeit vorsieht. An den Zielvorstellungen arbeitend wird klar, dass gendersensible Arbeit mit den Klienten ein stärker aufsuchendes pädagogisches Arbeiten erfordert. Auf der strukturellen Ebene entsteht die Idee, eine Tandembetreuung einzuführen, um der Geschlechtertrennung im Team entgegenzuwirken, die gemeinsame Arbeitsgrundlage zu verstärken und um den Klient_innen Frauen und Männer in der Betreuung anzubieten.

Diskursanalytische Genderforschungen berufsbezogener Kontexte und Themen sind kaum zu finden. Eine der wenigen und sehr aufschlussreichen Studien ist jene zur Attribuierung von weiblichen und männlichen Führungskräften. Sie wurde von Christa Rodler, Erich Kirchler und Erik Hölzl (2001, zit. n. Walenta/Kirchler 2005, S. 479ff.) durchgeführt. Mit Hilfe von Todesanzeigen für verstorbene Führungskräfte erforschten sie, welche Fähigkeiten und Eigenschaften weiblichen und männlichen Führungskräften zugeschrieben wurden und wie sich diese Zuschreibungen im Laufe der Jahre verändert haben (vgl. ebd.). Sie untersuchten insgesamt 894 Todesanzeigen aus den Jahren 1974, 1980, 1986, 1992 und 1998 (vgl. ebd.). Die erste Analyse von 1974 zeigt, dass die Bedeutung der Persönlichkeit sowie die Eigenschaften „erfolgreich, kräftig und unermüdlich" Frauen und Männern nahezu gleichermaßen zugeschrieben wurden (vgl. ebd., S. 481). Deutliche Unterschiede in den Zuschreibungen zeigen sich darin, dass Frauen viel häufiger als „verehrungswürdig, Wegbereiterinnen, treu, fürsorglich, menschlich und engagiert" bezeichnet wurden, während Männer sehr deutlich häufiger als „Experte, verdienstvoll und kameradschaftlich" beschrieben wurden (vgl. ebd.). Von 1974 bis 1998 konnten deutliche Veränderungen in den Zu- und Beschreibungen nachgewiesen werden, „von 1974, wo weibliche Führungskräfte hauptsächlich als verehrungswürdige, liebenswerte und treue Personen beschrieben wurden, hin zu ‚mutig' und ‚arbeitsorientiert' und schließlich zu ‚engagiert' und ‚professionell' im Jahr 1998. Das männliche Stereotyp blieb in den Jahren 1974 bis 1986 relativ stabil. ... Männer galten zu allen Untersuchungszeitpunkten als kompetent, intelligent und weitsichtig" (ebd.). Des Weiteren konnten die Autor_innen aufzeigen, dass es bei Frauen zu einer Steigerung aufgabenorientierter und bei Männern zur einer Erhöhung personenorientierter Attribute kam (vgl. ebd, S. 482). In den dominierenden Diskursen der 1970er-Jahre und den durch sie hervorgebrachten Sprech- und Denkweisen existierten somit keine professionellen weiblichen und keine sozialkompetenten männlichen Führungskräfte, während die Diskurse Ende der 1990er-Jahre eine ähnliche Beschreibung von weiblichen und männlichen Führungskräften zuließen.

In der genderdekonstruierenden Auseinandersetzung der Erziehungswissenschaften beschäftigt sich u. a. Jutta Hartmann mit der dekonstruktiven Umsetzung einer genderreflektierten Pädagogik. In diesem Zusammenhang stellt sie fest, dass sich eine dekonstruktive Praxis stets in einem paradoxen Raum bewegt, in dem sie zunächst aufruft, was sie verschieben will (vgl. Hartmann 2004, S. 265). Sie bezieht sich damit auf das Aufrufen von geschlechterdifferenzierenden Zweigeschlechtlichkeitsvorstellungen, die auf einem heteronormativen Diskurs beruhen, und weist wie Derrida auf die Gefahr hin, dass die Benennung dieser Vorstellungen bereits wieder zu deren Hervorbringung führen kann. Demnach kann in einer genderdekonstruierenden Praxis nur mit einer laufenden Analyse und Hinterfragung gearbeitet werden.

Für ein genderkompetentes Vorgehen in Supervision und Coaching braucht es demnach nicht nur die Fähigkeit des Dekonstruierens, sondern auch die

Interventionskompetenz im Umgang mit Dekonstruktionen, um nicht bestehende Konstruktionen laufend zu rekonstruieren. Für die Praxis ergeben sich aus dem poststrukturalistischen Diskurs Fragen nach den dominierenden und damit Orientierung vermittelnden Gendervorstellungen im Klient_innen- und Supervisand_innensystem und selbstverständlich auch im Supervisor_innensystem bzw. System der Coaches, danach, in welchem sprachlichen Handeln sich diese Diskurse manifestieren und welche performativen Sprechakte der Supervisor_innen oder Coaches und Supervisand_innen bzw. Coachees im Supervisions- oder Coachingsetting welche Genderkonstruktionen hervorbringen und stabilisieren.

4.7 Queer Theory oder der Diskurs um Heteronormativität

Die Queer Theory schließt mit ihren Überlegungen direkt an die poststrukturalistischen Arbeiten von Judith Butler an, welche auch als Begründerin der Queer Theory gilt. Queer Theory nimmt Sexualität als Strukturkategorie in den Blick und verortet ihre Konstruktion vor allem in den Diskursen der Zweigeschlechtlichkeit und der „Zwangsheterosexualität". Die enge Verflechtung dieser beiden Diskurse ist es auch, welche die Queer Theory kritisch beleuchtet und mit dem Begriff der Heteronormativität in Frage zu stellen versucht. Die Funktion des Wortes „queer" liegt in seiner Offenheit und dem Verweisen auf die (Nicht-)Normativität, die es ermöglichen, die Widersprüchlichkeiten, Brüche und die Intersektionalität (Crenshaw 1989) von Identitäten zu erfassen und wahrzunehmen.

Im Folgenden werden die Wurzeln und Ursprünge der Queer Theory erläutert, ihre zentralen Thesen und Ziele zusammengefasst, einer kritischen Betrachtung unterzogen und schließlich wird ihre Bedeutung für Supervision und Coaching diskutiert.

4.7.1 Identity politics – *ein veraltetes Modell?!*

Die Entwicklung der Queer Theory erfolgt vor dem Hintergrund eines komplexen Netzwerkes, das aus mehreren gesellschaftlichen Bedingungen und theoretischen Erkenntnissen heraus entsteht. Zum einen schließt sie an die jüngsten Überlegungen der Gay and Lesbian Studies sowie die daraus entstandene Kritik an den *identity politics* an. Weitere Ausgangspunkte bilden die diskurstheoretischen und dekonstruktiven Überlegungen von Judith Butler und das Zusammentreffen all dieser Überlegungen mit der AIDS-Debatte und den sexualpolitischen Bewegungen der USA in den 1990er-Jahren. Im Folgenden werden diese Entwicklungsstränge dargestellt und erläutert.

Die Queer Theory entsteht etwa Anfang der 1990er-Jahre in den USA und knüpft kritisch an die Überlegungen der Gay and Lesbian Studies und der lesbisch-feministischen Forschung und Theoriebildung an (vgl. Hark 2008, S. 110; Hark 2005, S. 296; Hartmann 2004, S. 255). Sie greift vor allem die Feststellung auf, dass Sexualität so wie Geschlecht eine gesellschaftliche Strukturkategorie darstellt und durch gesellschaftliche Diskurse zur Regulierung und Ordnung von Sexualität erst hervorgebracht wird (vgl. Hark 2005, S. 298). Einen weiteren Entwicklungsstrang für die Queer Theory bildet die Kritik an den *identity politics,* welche sich entlang von bestimmten Identitäten organisieren und Identitäten als Entitäten begreifen. In diesem Zusammenhang hinterfragen Queer Theory und Queer Politics die Grenzen lesbisch-schwuler Minderheitspolitiken (vgl. ebd., S. 286). Es wird festgestellt, dass Bewegungen, welche an der eindeutigen Identifizierung von Lesben und Schwulen festhalten, um auf dieser Basis Gleichstellungsforderungen und Schutz einzumahnen, allzu oft übersehen, dass dieses Auftreten im „Namen der Differenz" diese Differenz als zu regulierende mit hervorbringen und somit auch stabilisieren (vgl. ebd.). Queere Theoretiker_innen kritisieren vor allem die Herangehensweise, dass Homosexualität ein Persönlichkeits- oder Gruppenmerkmal darstelle, egal ob dieses mit einem biologischen oder sozialen Ursprung erklärt werde. Diese Perspektive, so meinen sie, lasse die Binarität von Heterosexualität/Homosexualität als Meisterrahmen für die Konstruktion von Selbst, sexuellem Wissen und sozialen Institutionen intakt. Sie argumentieren weiter, dass für ein Regime, das Körper, Begehren, Verhalten und soziale Beziehungen im Rahmen einer binär organisierten Begrifflichkeit von sexueller Präferenz definiere, ein theoretisches und politisches Projekt, das ausschließlich darauf ziele, Homosexualität zu normalisieren und Lesben und Schwule als soziale Minderheit zu legitimieren, keine Herausforderung darstelle (vgl. Seidman 1995, S. 126, zit. n. ebd.).

Diese Kritik baut unter anderem auch auf den identitätstheoretischen Überlegungen von Judith Butler auf. Im deutschsprachigen Raum kommt es erst durch die Veröffentlichung von „Gender Trouble" (1990) zu einer Auseinandersetzung mit der Queer Theory. Zunächst werden vor allem die Feststellungen von Butler, dass Sex schon immer Gender gewesen sei und dass die Kategorie „Frau(en)" als Subjekt des Feminismus nicht in einer kohärenten Form existiere, kritisch aufgegriffen und diskutiert. Ihre heterosexualitätskritischen Überlegungen, wie vor allem ihre These, dass Gender im Rahmen einer „Matrix der Intelligibilität" (Butler 1991, S. 39) hervorgebracht werde, welche von den Diskursen der Zwangsheterosexualität (nach Adrienne Rich) und der Zwei-Geschlechter-Ordnung geprägt sei (Näheres dazu siehe Kapitel 4.7.2.), werden zu Beginn kaum thematisiert. Dabei, meint Sabine Hark, sind es gerade diese Überlegungen von Butler, welche einen zentralen Beitrag für Gender Studies und Queer Theory darstellen (vgl. Hark 2008, S. 111; 2005, S. 289). Paula Irene Villa bezeichnet Butler sogar als eine der Begründer_innen, sogar als eine der Mütter von Queer Politics, Queer Theory und Queer Studies (vgl. Villa 2003, S. 107).

Gesellschaftlich gesehen treffen diese Überlegungen mit einer spezifischen Konstellation gesellschaftspolitischer Bedingungen zusammen. Diese Situation wird im US-amerikanischen Kontext wiederholt auch als *queer time* oder *queer moment* (Hark 2005, S. 291) bezeichnet. Sie ist dadurch gekennzeichnet, dass sich aufgrund der Erfolge der *Lesbian and Gay Liberation* gegen Ende der 1980er-Jahre viele Lesben und Schwule als politische Akteur_innen an Kämpfen um eine neue Gesellschaft beteiligten. Sie sahen sich aber auch mit einer aggressiven, homophoben und sexistischen christlichen und rechten Bewegung konfrontiert, welche die Thematisierung sozialer und ökonomischer Probleme mit Homosexualität, Feminismus, Pornographie und allem für sie Unmoralischem verknüpften (vgl. ebd.). Hark beschreibt die Situation wie folgt: „In einer Serie politischer und kultureller Kämpfe um die Repräsentation von Sexualität, die reproduktiven Rechte von Frauen und die juristische Absicherung von Lesben und Schwulen wurde Sexualität zum Schauplatz der Verhandlung der gesellschaftlichen Krise, von kulturellen Ängsten und sozialen Konflikten" (ebd.).

Somit wurden alle von der heterosexuellen Norm abweichenden Menschen als Verursacher_innen der gesellschaftlichen Unordnung konstruiert. Da trifft es sich gut, dass sich AIDS und Homosexualität so gut verbinden lassen und damit ein geeignetes Politikfeld eröffnen. So können Ideologien von monogamer Heterosexualität und idyllischen Kleinfamilienvorstellungen in den USA ihre Renaissance etablieren. Gleichzeitig wird in dieser politischen Arena aber auch die von Ungleichheiten durch Klasse, Ethnie und Hautfarbe bestimmte Heterogenität der *Gay and Lesbian Community* deutlich: „Die Idee einer homogenen Gemeinschaft von Schwulen und Lesben hatte sich nicht nur als Fiktion erwiesen, sondern war auch als effektives Moment marginalisierender Grenzziehungen innerhalb der lesbisch-schwulen Communities sichtbar geworden. Damit war eine Politik, die die Integration einer ‚Minderheit' in die Mehrheitsgesellschaft fordert, im Angesicht einer Krise, in der es um Leben und Tod ging, an ihre Grenze gestoßen. Dies ist der Moment von queer" (Hark 2005, S. 292).

Mit dem Begriff *queer* konnten sich neue Bündnisse bilden und neue politische Identitäten gegründet werden. Im Kontext dieser sich erneut radikalisierenden Lesben- und Schwulenbewegung wird queer im Jahre 1991 im akademischen Feld eingeführt: Teresa de Lauretis gibt zu diesem Zeitpunkt ein Heft der Zeitschrift „differences. A journal of Feminist Cultural Studies" zum Thema „Queer Theory. Lesbian and Gay Sexualities" heraus. Sie schreibt in der Einleitung zu diesem Heft, dass sie sich für den Begriff queer entschieden habe, weil sie hoffte, „dieser könnte geeignet sein, kategoriale und identitätsorientierte Begrenzungen, die die Begriffe lesbisch bzw. schwul historisch begleiten, zu überwinden" (de Lauretis 1991, S. 4). Und sie führt weiter aus, dass mit der Queer Theorie eine doppelte Schwerpunktsetzung verbunden sei: „Queer Theory betont zweierlei – die konzeptionelle und spekulative Arbeit neuer Diskursproduktion sowie die notwendige kritische Arbeit der Dekonstruktion dieser Diskurse und dessen, was sie verschweigen" (ebd.). Mit der Queer Theory als Grundlage werden in den USA aufbauend auf die Gay and Lesbian Studies Kurse und Programme der „Queer Studies" angeboten. Seit etwa Mitte der 1990er-Jahre entwickeln sich die Gay and Lesbian Studies immer mehr zu den Queer Studies (vgl. ebd., S. 287). Da sich die Forschungsfragen sehr auf die Repräsentationen konzentrieren, liegt der Schwerpunkt der Queer Studies bei den Kultur-, Film-, Medien- und Literaturwissenschaften (vgl. Hark 2005, S. 292).

Die Rezeption im deutschsprachigen Raum ist von Butler geprägt, und so schließen die ersten Arbeiten, welche den Queer Studies zugeordnet werden können, auch an ihre identitätskritischen Perspektiven und die Dekonstruktion lesbischer und feministischer Identitätspolitik an. Die weiteren Schwerpunkte im Laufe der Jahre bilden „vor allem Repräsentationskritiken, kulturwissenschaftliche Studien zu geschlechtertransgressiven Subkulturen, Studien zur politischen Regulierung von Zweigeschlechtlichkeit sowie gesellschaftstheoretische und rechtspolitische Analysen" (ebd., S. 290). Interessant ist, dass sich die deutschsprachigen Queer Studies im Vergleich zu den US-amerikanischen in ihrem Verhältnis zu den Gender Studies deutlich unterscheiden. Im deutschsprachigen Raum werden queere und feministische Perspektiven aufeinander bezogen und nicht als einander ausschließende begriffen (vgl. ebd., S. 286).

Mit dem Aufkommen der Queer Theory setzen aber auch Untersuchungen der kritischen Männerforschung über die Sexualität von Männern neue Schwerpunkte. So wurden heterosexuelle Praktiken von Männern in den Blick genommen und Forschungsprojekte in verschiedenen Kontinenten durchgeführt (vgl. Wedgwood, Connell 2008, S. 120). Zeitgleich nehmen die Forschungen über Homosexualität bzw. über die Vorstellungen von männlicher Homosexualität wie auch über die Bedeutung dieser Kategorie in verschiedenen Kulturen zu (vgl. ebd.).

4.7.2 Queer – *uneindeutige prozessuale Identität*

Was bedeutet nun *queer*? Jutta Hartmann stellt dazu Folgendes fest: „Als ein dynamischer und vielschichtiger Begriff steht ‚queer' für eine identitäts- und machtkritische Auseinandersetzung mit dem Themengebiet ‚Sexualität und Geschlecht'. Einer Verbindung von wissenschaftlichem Erkenntnisinteresse und politischer Praxis folgend, fokussiert diese auf die kulturelle Produktion von Normalität und Abweichung" (Hartmann 2004, S. 255).

In dieser Definition sind meines Erachtens alle zentralen Aspekte des Begriffs angesprochen: die Vielschichtigkeit des Begriffs, die identitäts- und machtkritische Auseinandersetzung, der Fokus auf das Themengebiet Sexualität und Geschlecht, die wissenschaftlichen und politischen Implikationen und die sozialen Konstruktionen von Normalität und Abweichung. Durch diese vielen Aspekte und Implikationen wird der Begriff queer allerdings auch *uneindeutig*, was aufgrund theoretischer und politischer Überlegungen nicht unbedingt unbeabsichtigt ist. In Bezug auf den alltagssprachlichen und normativen Aspekt hat queer im englischsprachigen Raum eine abwertende Konnotation und bedeutet „seltsam, wunderlich, kurios, komisch", aber auch „schwul (homosexuell)", wobei queer im Zusammenhang mit Homosexualität als Schimpfwort für schwule Männer verwendet wurde und wird. In der Lesben- und Schwulenbewegung von den 1970er-Jahren an wird queer zu einer bejahenden und positiven Bedeutung verändert (vgl. Butler 1997, S. 307). Villa schreibt dazu: „*Queer* war nunmehr das Kürzel für die eigene, ‚andere' Identität, auf die man stolz war" (Villa 2003, S. 107).

Diese „andere" Identität definiert sich allerdings nur als „anders" in Abgrenzung zur Norm und damit zu intelligiblen Konstruktionen von Identität, wie Frau, Feministin, Schwuler oder Hetero-Mann. All diese Bezeichnungen und Identifizierungen stellt Butler in Frage, indem sie in ihrem letzten Kapitel von „Körper von Gewicht" feststellt: „Das Subjekt als eine mit sich selbst identische Entität gibt es aber nicht mehr. In diesem Sinne ist die zeitweilige Totalisierung, die von Identitätskategorien geleistet wird, ein notwendiger Irrtum" (Butler 1997, S. 315 f.). Und an dieser Stelle verknüpfen sich die politischen mit den theoretischen und fachspezifischen Aspekten von queer. Nachdem sich Identität nicht als eindeutige Entität definieren lässt und diese

Form von Identität als Basis für politisches Handeln kritisiert werden muss, erfolgt hier der Bezug auf Butlers poststrukturalistische diskurstheoretische Überlegungen: Identitäten werden in diesem Sinne als Effekte politischer und diskursiver Strukturen angesehen. Queer bietet sich hier jedoch nicht als alternative Identitätsform an, sondern repräsentiert vielmehr die Kritik an jeglicher Identitätspolitik und betont die Prozesshaftigkeit von Identität: „Queer ist immer eine Identitätsbaustelle, ein Ort ständigen Werdens" (Jagose 2005, S. 165). Für Butler darf daher queer keine neue Identitätskategorie werden, sondern zielt vielmehr darauf ab, Fixierungen zu durchkreuzen und die Begriffe für das in ihnen vermeintlich Ausgeschlossene zu öffnen: „Wenn der Begriff ‚*queer*' ein Ort kollektiver Auseinandersetzung sein soll, Ausgangspunkt für eine Reihe historischer Überlegungen und Zukunftsvorstellungen, wird er das bleiben müssen, was in der Gegenwart niemals vollständig in Besitz ist, sondern immer nur neu eingesetzt wird, umgedreht wird, durchkreuzt wird *[queered]* von einem früheren Gebrauch her und in die Richtung dringlicher und erweiterungsfähiger politischer Zwecke" (Butler 1997, S. 313).

Als Strategie bedeutet queer daher, Identität offenzuhalten und sich permanent mit der konkreten Bedeutung einer Identität auseinanderzusetzen. Auf diese Weise meint queer „auf Dauer gesetzte Uneindeutigkeit" (Villa 2003, S. 110). Wie sollen wir dann queertheoretisch mit einem eventuellen persönlichen Bedürfnis nach Identität und Identifizierung umgehen? Butler schlägt für den Umgang mit der eigenen (sexuellen und geschlechtlichen) Identität vor, „Identitäten in ihrer immanenten Brüchigkeit und Instabilität anzuerkennen und sich permanent kritisch mit ihnen auseinander zu setzen" (Butler 2001, S. 99). Queeres politisches Denken bedeutet in diesem Verständnis, Kohärenz und Eindeutigkeit von Identität als fiktional anzusehen und daher darauf zu bestehen, sich nicht durch einen Namen oder eine Kategorie vereindeutigen zu lassen (vgl. Villa 2003, S. 110). Queeres Denken meint darüber hinaus „ein Denken, das sich nicht nur dem Willen zur Normalisierung widersetzt, sondern insbesondere die Ungleichheit und Ausschluss produzierenden Momente der heteronormativen Ordnung zu analysieren sucht" (Hark 2005, S. 296). Damit ist auch der Konnex zu Derridas Dekonstruktion hergestellt. Dass queere Strategie und queeres Denken nicht bloß eine philosophische Spielart sind, sondern vielmehr auch eine Copingstrategie darstellen, wird klar, wenn wir an die mit eindeutigen Identitätssetzungen verbundenen Stigmatisierungsprozesse denken: „Frauen sind nicht gut am Computer" – nimmt eine Frau diese Zuschreibung an, könnte dies dazu führen, dass jede Arbeit mit dem Computer ein Stressfaktor wird. „Männer sind wenig empathisch" – für einen Sozialarbeiter, der sich mit dieser Zuschreibung identifiziert, schränkt sich dadurch möglicherweise die Entfaltung seines Potentiales ein. Verbinden wir Gender und Sexualität, sind folgende Zuschreibungen alltäglich: „Lesbische Frauen sind keine Frauen" oder „Schwule Männer verhalten sich weiblich". Beide Zuschreibungen werden dazu verwendet, lesbische Frauen und schwule Männer abzuwerten und ihnen damit ihre Genderidentität abzusprechen. Bei der Intersektionalität von Gender und orientalischem Migrationshintergrund kommt es dagegen oft zu übertrieben „weiblichen" und damit unterwürfigen oder zu übertrieben „männlichen" und damit machohaften Zuschreibungen. All diesen Aussagen liegen die Vorstellungen von Heterosexualität und Zwei-Geschlechter-Ordnung als Norm zugrunde. Identität uneindeutig zu setzen oder mit der eigenen Identitätskonstruktion zu Verwirrung anzustiften, kann daher sowohl als politische Strategie als auch als Bewältigungsstrategie zum Schutz der persönlichen Integrität eingesetzt werden.

Mittlerweile beziehen sich die Bestrebungen queeren Denkens nicht mehr ausschließlich auf die Verknüpfung von Geschlecht und Sexualität, sondern zielen darauf ab, dass die Begrenzungen von Identifikation und Begehren in Bezug auf Geschlecht, Hautfarbe, Ethnizität und sexuelle Kategorisierungen überschritten werden (vgl. Sedgwick 1992, S. X, zit. n. Jagose 2005, S. 17f.). Demnach erfolgt in der Queer Theory eine intensive Auseinandersetzung mit normativen Gesellschaftskonstruktionen bezogen auf sämtliche Strukturkategorien, wie Sexualität, Geschlecht, Hautfarbe, Ethnie oder psychische und physische Behinderungen, wie z.B. die Publikationen von Gudrun Perko und Leah Carola Czollek (2004) sowie von Gudrun Perko (2005) zeigen. Am intensivsten beschäftigt sich die Queer Theory jedoch noch immer mit der Strukturkategorie Sexualität.

Geschlecht und Sexualität werden in diesem Zusammenhang als „Effekte bestimmter moderner Bezeichnungs-, Regulierungs- und Normalisierungsverfahren" (Hark 1993, S. 104, zit. n. Hark 2008, S. 110 und Hark 2005, S. 285) verstanden, und in diesem Sinne sind Geschlecht und Sexualität „gleichursprünglich" mit Kultur (Hark 2008, S. 110 und Hark 2005, S. 285). Sexualität wird in der Queer Theory auch als Kategorie der Macht definiert: „Ebenso wie Geschlecht, geopolitische Positionierung, ‚Rasse' und Klasse muss Sexualität verstanden werden als Kategorie sozialer und politischer Strukturierung. Als gesellschaftliches Ordnungsprinzip positioniert sie Individuen an der sozialen Peripherie oder im Zentrum, platziert sie in einer bestimmten und bestimmenden Relation zu institutionellen und ökonomischen Ressourcen, zu sozialen Möglichkeiten, rechtlichem Schutz und sozialen Privilegien sowie in Relation zu einer Bandbreite von Formen sozialer Kontrolle, die vom Ein- bzw. Ausschluss aus Bürgerrechten bis zu verbaler Verhöhnung und physischer

Gewalt reichen" (Hark 2008, S. 112). Vor diesem Hintergrund grenzt sich die Queer Theory zu Anfang auch von der feministischen Theorie ab. Der Vorwurf lautet, dass Gender implizit als heteronormativ verfasst begriffen würde und demnach die feministische Theorie keine adäquaten Instrumente für die Analyse von Sexualität zur Verfügung stelle (vgl. Hark 2005, S. 288). Allerdings findet die Queer Theory auch einen Anschlusspunkt in der feministischen Theoriebildung, und zwar in der lesbisch-feministischen Theoriebildung und ihrer kritischen Auseinandersetzung mit Heterosexualität. Adrienne Richs einflussreicher Aufsatz „Zwangsheterosexualität und lesbische Existenz" (1983) ermöglicht eine kritische Auseinandersetzung mit Heterosexualität als Norm und der binären Verfassung von Homosexualität und Heterosexualität. Unter „Zwangsheterosexualität" versteht Rich jene vorherrschende Norm, nach der alle „normalerweise" heterosexuell zu sein haben. Aus dieser Norm resultiert dann auch die Unsichtbarkeit beziehungsweise Pathologisierung anderer Sexualitäten (ebd.).

In den Definitionen von Heterosexualität wird deutlich, dass sie sich nur durch die Abgrenzung von der Homosexualität und mit Hilfe der Gegebenheit von zwei Geschlechtern definieren lässt. Damit wird deutlich, dass Heterosexualität diskursiv von Homosexualität und der Zwei-Geschlechter-Ordnung abhängig ist (Hark 2005, S. 293). Und dieser Umstand ist es, der die Basis für eine weitere zentrale Annahme der Queer Theory bildet, nämlich, „dass die Zwei-Geschlechter-Ordnung und das Regime der Heterosexualität in komplexer Weise koexistieren, sich bedingen und wechselseitig stabilisieren. Insbesondere garantieren sie wechselweise jeweils ihre ‚Naturhaftigkeit' und beziehen ihre affektive Aufladung voneinander" (Hark 2004, S. 110; Hark 2005, S. 285). Alltagssprachlich übersetzt bedeutet diese Aussage, dass es von Natur aus nur zwei Geschlechter gibt, und nachdem nur Mann und Frau miteinander Kinder zeugen können, ist Heterosexualität auch das „Normale". Mit dieser Analyse ermöglicht die Queer Theory die Infragestellung der Kohärenz von Sex, Gender und Begehren (nach Butler ein Aspekt der Intelligibilität von Geschlecht, siehe Kapitel 4.6) und die Beleuchtung der Diskontinuität der Kette Sex–Gender–Begehren–Identität (vgl. Hark 2008, S. 110; Hark 2005, S. 285). Hark meint in diesem Zusammenhang, dass es die theoretisch entscheidende Leistung der Queer Theory ist, „Heterosexualität analytisch als ein Machtregime rekonstruiert zu haben, dessen Aufgabe die Produktion und Regulierung einer Matrix von hegemonialen und minoritären sozio-sexuellen Subjektpositionen ist" (ebd.). Sehr eindrücklich erläutert sie die Bedeutung dieses Machtregimes für den Alltag: „Das bedeutet, dass das Regime der Heterosexualität nicht allein Subjektivitäten, Beziehungsweisen und Begehrensformen organisiert, vielmehr strukturiert es auch gesellschaftliche Institutionen, wie Recht, Ehe, Familie und Verwandtschaft oder wohlfahrtsstaatliche Systeme, es ist eingeschrieben in (alltags-)kulturelle Praxen wie Photos in der Brieftasche tragen, Familienpackungen einkaufen, Gäste empfangen, Weihnachten feiern, eine Waschmaschine kaufen, ein Formular ausfüllen oder Diät halten, und es organisiert schließlich ökonomische Verhältnisse, etwa in der geschlechtlichen Arbeitsteilung" (ebd.).

Die Queer Theory versucht nun mit dem Begriff der „Heteronormativität" genau diese gesellschaftlichen Übereinkünfte zu durchbrechen und „Heterosexualität als Norm, Institution und Matrix sichtbar zu machen" (Hark 2008, S. 112 und Hark 2005, S. 294). Dabei werden jene Reproduktionsmechanismen, Vernetzungen und institutionellen Zwänge in den Blick genommen, die dafür sorgen, „dass die Institution Heterosexualität als zeitlos, unveränderbar und ohne Geschichte erscheint. Analysiert wird die Heterosexualität in die soziale Textur unserer Gesellschaft, in Geschlechterkonzeptionen und in kulturelle Vorstellungen von Körper, Familie, Individualität, Nation, in die Trennung privat/öffentlich eingewoben ist, ohne selbst als soziale Textur bzw. als produktive Matrix von Geschlechterverhältnissen, Körper, Familie, Nation sichtbar zu sein" (Hark 2005, S. 294). Eve Kosofsky Sedgwick macht darauf aufmerksam, wie schwierig dieses Unterfangen ist, denn „Heterosexualität historisch sichtbar zu machen, ist deshalb so schwierig, weil es der Heterosexualität unter ihren verschiedenen institutionellen Pseudonymen wie Erbschaft, Heirat, Dynastie, Familie, Domestizität oder Bevölkerung erlaubt wurde, sich vollständig als die Geschichte selbst zu maskieren" (Kosofsky, Sedgwick 1993, S. 10f., übersetzt von und zit. n. ebd.).

Wie Heteronormativität in einem Supervisionsprozess sichtbar werden kann, zeigt das folgende **Beispiel**. In einer WG für jugendliche Menschen mit Behinderungen verliebt sich eines der Mädchen in eine ihrer Betreuerinnen. Die betroffene Betreuerin bringt diese Situation als Thema in der Supervision ein, weil sie sich bedrängt fühlt. Offiziell ist das Mädchen mit einem Jungen in der WG zusammen und verbringt viel Zeit mit diesem. Sobald jedoch die Betreuerin anwesend ist, weicht sie ihr nicht von der Seite. Durch eine dekonstruierende Reflexion aus einer heteronormativen Perspektive wird deutlich, dass der Konnex von Gender, Behinderung und Sexualität tabuisiert bzw. unsichtbar gemacht wird. Menschen mit Behinderungen werden meist als „Behinderte" bezeichnet und mit dieser Bezeichnung geht das *Mensch-Sein* verloren. Weiters wird Menschen mit Behinderungen meist ihr Mann- oder Frau-Sein abgesprochen. Silke Boll und Barbara Eckert machen auf diese Gender-Neutralisierung aufmerksam, indem sie ihrer Publikation den Titel

„Geschlecht: Behindert. Besonderes Merkmal: Frau. Ein Buch von behinderten Frauen" (1986) gaben. Schließlich wird die Sexualität von Menschen mit Behinderungen oft negiert und tabuisiert. Es zeigt sich, dass das Zusammensein mit einem Jungen für dieses Mädchen eine Möglichkeit ist, ihr Frau-Sein als Frau mit Behinderungen zu konstruieren, und zwar als heterosexuelle und damit der Norm entsprechende Frau. Ihr Verliebtsein in die Betreuerin könnte z.B. bedeuten, dass die Betreuerin für dieses Mädchen eine Identifikationsfigur ist oder dass dieses Verliebtsein die Möglichkeit für ein gleichgeschlechtliches Begehren öffnet. Klar wird in diesem Supervisionsprozess, dass es darum gehen wird, dieses Mädchen in ihrem aktuellen Identitätsprozess mit einer offenen Haltung gegenüber allen Möglichkeiten von Gender und Sexualität zu begleiten und ihre Integrität zu wahren, d.h., sie nicht mit einengenden Identitätszuschreibungen an ihrem Entfaltungsprozess zu hindern und ihre Auseinandersetzung mit ihrer Identität zu unterstützen. Für die Betreuer_innen bedeutet dies, ihre eigenen Bilder zum Konnex von Behinderung – Gender – Sexualität zu reflektieren, um zum Teil zu neuen Grundlagen des eigenen Handelns zu kommen.

Geht es nun um die Sichtbarmachung von Heteronormativität auf einer konkreten queertheoretischen und queerpolitischen Handlungsebene, bietet, wie schon in Kapitel 4.6 beschrieben, Judith Butler eine sehr kreative Form an. Sie macht auf die Möglichkeit der Ironie und Parodie als subversive Strategien aufmerksam. Indem intelligible Geschlechts- und Sexualitätsinszenierungen überzeichnet dargestellt werden, kann auf deren Imitationscharakter aufmerksam gemacht werden: „Die parodistische Vervielfältigung der Identitäten nimmt der hegemonialen Kultur und ihren Kritiken den Anspruch auf naturalisierte oder wesenhafte geschlechtlich bestimmte Identitäten" (Butler 1991, S. 203). Mit *cross-dressing* (Kleidertausch), *drag* und Travestie, welche alle in lesbisch-schwulen bzw. Queer-Zusammenhängen entstanden sind, können kohärente Geschlechts- und Sexualitätsidentitäten hinterfragt und möglicherweise auch verschoben (dekonstruiert) werden. Damit kann auch in der Queer Theory die Butler'sche Geschlechterverwirrung wie auch die Sexualitätsverwirrung als Möglichkeit zur Erreichung der Vielfalt von Identitätskonstruktionen angesehen werden.

4.7.3 Auch queer *hat Grenzen*

Kritische Diskussionen der Queer Theory sind noch eher selten, weil ihre Rezeption und Verbreitung noch sehr jung ist und sich eher in gesellschaftlichen

Nischen bewegt (vgl. Perko 2005, S. 41). Einige Kritikpunkte können jedoch benannt werden.

Deutliche Kritik kommt wie zu erwarten zunächst von identitätspolitischer Seite, vor allem der lesbischen und schwulen Bewegung. Hier wird argumentiert, dass die Selbstverständlichkeit von Identität zwar intellektuell bezweifelt werden könne, dies jedoch nicht gerechtfertigt sei, da diese Infragestellung von Identität apolitisches Schweigen hervorrufe (vgl. Jagose 2001, S. 131). Diesem Vorwurf setzt Judith Butler entgegen, dass eine Dekonstruktion von Identität keine Dekonstruktion der Politik beinhalte, und weiter: „vielmehr stellt sie [die Dekonstruktion, Anm. d. Verf.] gerade jene Termini, in denen sich die Identität artikuliert, als politisch dar" (Butler 1991, S. 218).

Sehr umstritten ist in diesem Kontext auch der generelle Gebrauch des Begriffs queer. Befürchtet wird einerseits eine Einverleibung und Entpolitisierung durch einen liberalen Pluralismus (Grosz 1995, S. 249, zit. n. Jagose 2001, S. 141) und andererseits ein Verwischen sexueller Unterschiede (Halperin 1995, S. 65, zit. n. ebd.). Leo Bersani (1995, S. 71 und 73) beschreibt diese Phänomene, indem er queer einen *de-gaying* Effekt zuschreibt, der sich kaum von der liberalen Version der Unsichtbarmachung von Lesben und Schwulen unterscheidet. Noch größere Befürchtungen rief das potentielle Verschwinden von Lesben in queer hervor. Damit ging auch der Vorwurf einher, queer ignoriere Geschlechterpolitik und Feminismus (vgl. Jagose 2001, S. 146 f.). Diesen Anwürfen muss entgegengehalten werden, dass die Queer Theory aus der feministischen Theoriebildung heraus entstanden ist und queer vielmehr die Vielfalt und Vielfältigkeit auch von lesbischen Frauen angemessen erfassen kann (vgl. auch ebd., S. 147 f.).

Gudrun Perko ruft zur Vorsicht auf, „im queeren Diskurs und in queeren Praktiken Ausgrenzungsmechanismen zu (re)produzieren, die der pluralqueeren Intention entgegenstehen" (Perko 2005, S. 41). Dies würde lediglich eine Wiederholung von schon Dagewesenem sein und würde Theorien und politische Bewegungen widerspiegeln, die in der Entwicklung von alternativen Herrschaftsstrukturen und -verhältnissen stets Gefahr laufen, diese selbst mitzuproduzieren (vgl. ebd.).

In Frage gestellt wird auch die Wirkkraft bezüglich der Destabilisierung von Heteronormativität. So gibt etwa Leo Bersani (1995, S. 51) zu bedenken, dass queere Praktiken der Subversion zu sehr mit bestehenden Normen verflochten sind, um sie nachhaltig zu verändern. Und so fragen Encarnación Gutiérrez Rodríguez (1999) und Paula Irene Villa (2000) berechtigt, wie der komplexe Vorgang der Materialisierung von Diskursen aussieht, der mit sozialen, ökonomischen und politischen Positionen sowie mit innerpsychischen Prozessen der Individuen verbunden ist, und welche Faktoren darüber entscheiden, welche Umschriften der Matrix der Macht auch verhärtete Machtstrukturen nachhaltig zu treffen oder gar abzubauen vermögen (vgl. Hartmann 2004, S. 262).

Schließlich gibt es auch Bedenken bezüglich der Umsetzbarkeit queerer Praktiken. Denn, so meint Heiko Kleve, bei der Frage, wie aus der Theorie Praxis werden kann, müsste es darum gehen, „nicht nur in akademischen Zirkeln die Bewusstheit für die grundsätzliche Ambivalenz der Phänomene bekannt zu machen, sondern daran zu arbeiten, dass es psychisch und sozial immer aushaltbarer, tolerierbarer und akzeptierter wird, dass sich potenziell alles der eindeutigen Bestimmung entzieht" (Kleve 2004, S. 27). Supervision und Coaching wären meines Erachtens ein geeigneter Ort dafür. Schließlich sind sie schon jetzt Räume für die Auseinandersetzung mit Ambiguitätstoleranz, Toleranz und Vorurteilsmanagement.

Die Leistungen der Queer Theory liegen laut Jutta Hartmann darin, „das Referenzsystem von Geschlecht und Sexualität in deren binären Struktur zu rekonstruieren und zu dekonstruieren sowie auf die Vielfalt geschlechtlicher und sexueller Existenzweisen aufmerksam zu machen" (Hartmann 2004, S. 267). Dieser Einschätzung schließe ich mich vorbehaltlos an.

4.7.4 Heteronormativität in Supervision und Coaching

„Ich will doch nicht wissen, was die Homos im Bett machen!" Diese Aussage beschreibt ausdrucksstark die vermeintliche Asexualität des Arbeitslebens, sozusagen die Konstruktion des Arbeitsplatzes als eines durchgängig asexuellen Raumes (vgl. Frohn 2007, S. 5). Wie wenig zutreffend diese Konstruktion ist, zeigt eine Kurzstudie über Liebesbeziehungen am Arbeitsplatz, wonach 46 % der befragten Frauen und 45 % der befragten Männer eine Liebesbeziehung am Arbeitsplatz hatten (Monster Worldwide 2006, zit. n. Frohn 2007, S. 5). Demgegenüber musste festgestellt werden, dass Heteronormativität, Heterosexismus und Homophobie in auffälligem Maße am Arbeitsplatz präsent sind (Knoll, Edinger, Reisbeck 1997; Losert 2004; Maas 1996, 1999, zit. n. Frohn 2007, S. 5). Heterosexualität fungiert als vorherrschende Norm („Zwangsheterosexualität", Rich 1983) und jede Form der Abweichung von dieser Norm erfordert eine Erklärung. Dabei wird übersehen, dass sowohl Heterosexualität als auch Homosexualität *soziale und sexuelle* Aspekte beinhalten (vgl. Frohn 2007, S. 5; Hofmann, Cserer 2010, S. 6f.). Diese allgegenwärtigen sozialen Aspekte von Heteronormativität vermitteln sich über das Tragen von Eheringen, Bilder

der Partnerin oder des Partners am Schreibtisch, Erzählungen vom Wochenende, vom Urlaub oder von Familienfeiern bis hin zu Bildern der Kinder am Desktop oder Handydisplay (ebd.). Dieselben Informationen von lesbischen Frauen oder schwulen Männern werden zumeist *sexuell* konnotiert und damit als ein Überschreiten der Grenze vom Sozialen zum Sexuellen hin wahrgenommen (vgl. u.a. Knoll et al. 1997, zit. n. ebd.).

Für Supervision und Coaching sind diese Ergebnisse wesentlich, denn gerade in berufsbezogenen Beratungsverfahren spiegeln sich Werte und Normen beruflicher Identitätskonstruktion (Heteronormativität) wider und werden auch in diesem Kontext rekonstruiert. Sexuelle Orientierung, Sexualität und Heteronormativität sind als Themen in der Supervisions- und Coachingforschung und Theoriebildung noch völlig vernachlässigt. Eine Literaturrecherche zeigt, dass es lediglich drei Autor_innen gibt, die sich mit diesem Themengebiet auseinandersetzen. Paul Hitchings (1999) beschäftigt sich mit der Frage, wie Supervisor_innen ausgebildet werden und über welche Kompetenzen sie verfügen sollten, um mit dem Thema sexuelle Orientierung angemessen umgehen zu können bzw. darüber hinaus einen Beitrag zur Beendigung der Diskriminierung von lesbischen Frauen, schwulen Männern und bisexuellen Personen leisten zu können. Seine wesentlichen Antworten dazu sind, dass Supervisor_innen sich mit diesem Thema fundiert auseinandersetzen, ihre eigenen Bilder und Prägungen reflektieren und sich auch auf politischer Ebene mit Sexualität beschäftigen sollten. Wolfgang Wilhelm (2007) beschäftigt sich in seiner Studie mit der Frage, wie Supervision und Coaching zur Unterstützung von Transgenderpersonen in ihrem Berufsalltag eingesetzt werden können. In seiner empirischen Untersuchung kann Wilhelm feststellen, dass Transgenderpersonen aufgrund ihrer sexuellen Identität mit Schwierigkeiten und besonderen Belastungen im Berufsleben konfrontiert sind. Allerdings nehmen die Betroffenen Supervision und Coaching kaum in Anspruch. Der Autor plädiert daher dafür, Supervision und Coaching als erweiterndes Angebot im bestehenden Beratungsangebot für Transgenderpersonen zu etablieren. Schließlich verweist Gabriele Bargehr (2009) genuin auf die Queer Theory, indem sie sie mit den Gender und Cultural Studies vernetzt und für eine „Verstehenspraxis" (Bargehr 2009, S. 135) in der Beratungsarbeit nutzt. Sie plädiert für eine Beratungspraxis der Intersektionalität, die sie als eine dynamische begreift, „in der jede Positionierung immer wieder kritisch zur Debatte steht" (ebd., S. 127). Bargehr sieht die Herausforderungen in der Beratungsarbeit darin, die „Verwobenheiten verschiedener sozialer Kategorien und die Konstruiertheit von Identitäten zu erkennen und als Reflexionsthemen einzuführen" (ebd., S. 128).

Dank der jüngsten Studien von Roswitha Hofmann und Ameli Cserer (2010) sowie Dominic Frohn (2007) liegen allerdings umfassende Erhebungen über die Arbeitssituation von lesbischen Frauen und schwulen Männern im Arbeitsleben vor. Beide Forschungsprojekte stellen den Konnex von Gender, Sexualität und Arbeitsleben her und thematisieren Heteronormativität. Die Studie von Hofmann und Cserer (2010) stellt dabei als erste Studie über lesbische Frauen im Arbeitsleben in Österreich eine besondere Innovation dar. Damit erweitert sie die wenigen vorliegenden deutschsprachigen Studien über lesbische Frauen im Arbeitsleben entscheidend. In der Studie von Frohn wurden bisexuelle Personen in der Auswertung nicht berücksichtigt, weil die Annahme besteht, dass diese mit differenten Dynamiken konfrontiert sind (Frohn 2007, S. 14). Hofmann und Cserer erhoben darüber hinaus sowohl die sexuelle Orientierung mit den Kategorien: „lesbisch", „bisexuell", „keine dieser Bezeichnungen, sondern", „keine Angabe, weil" als auch die Genderidentität der Befragten mit den Kategorien „Frau", „Transperson (transgender, transsexuell, intersexuell)", „offene Angabe". Damit kann diese Studie als wesentliche deutschsprachige Studie zum Arbeitsleben auf Basis der Queer Theory bezeichnet werden. Beide Studien sind Explorations- und nicht Repräsentationsstudien, weil aufgrund des unterschiedlich offenen Umgangs mit der persönlichen sexuellen Identität keine repräsentativen Samples zusammengestellt werden können. Die Erhebung erfolgte in beiden Studien über einen Online-Fragebogen und die Verteilung über allgemeine und Community-Medien sowie Schneeballsystem.

Die Studie von Roswitha Hofmann und Ameli Cserer (2010) basiert auf 636 vollständig ausgefüllten Fragebögen, welche in Bezug auf Möglichkeiten des „Out-Seins" am Arbeitsplatz, den Umgang mit dem eigenen Lesbisch-Sein im Erwerbsleben, die Reaktionen des Arbeitsumfeldes und den Zusammenhang zwischen „Out-Sein" und Leistungsfähigkeit/-motivation ausgewertet wurden. Die Teilnehmer_innen identifizierten sich zu 81 % als lesbisch, zu 14 % als bisexuell und zu 5 % mit einer anderen Bezeichnung oder ohne Angabe und in ihrer Genderidentität zu 95 % als Frau, zu 2 % als Transperson und zu 3 % beispielsweise als „feministische Lesbe", „queer", „Femme", „translesbische Frau" oder als „Mensch" (vgl. Hofmann, Cserer 2010, S. 52 f.). Die Studie erreichte selbstständig Erwerbstätige (12 %), unselbstständig Erwerbstätige (66 %), selbstständig und unselbstständig Erwerbstätige (13 %) sowie nicht Erwerbstätige (9 %) (vgl. ebd., S. 54). Bei 33 % der Teilnehmer_innen ist ihre sexuelle Orientierung am Arbeitsplatz bekannt, bei 48 % teilweise bekannt und bei 15 % nicht bekannt (vgl. ebd., S. 75). Dabei zeigt sich im Konnex mit der Erwerbsart, dass selbstständig Erwerbstätige eher out sind als unselbstständig Erwerbstätige und dass gemischt erwerbstätige Teilnehmer_innen eher die Wahl treffen (vgl. ebd., S. 76). Bezüglich jener Branchenzugehörigkeiten, welchen die meisten Teilnehmer_innen angehören, zeigt sich, dass im Sozialbereich Erwerbstätige am stärksten out sind (44% out und 45% teilweise out), gefolgt vom Forschungsbereich (32,5% out und 52,5% teilweise out) und dem Bildungs- und Gesundheitswesen (27–29% out und 51–56% teilweise out) (vgl. ebd., S. 78).

In Hinblick auf den Zusammenhang von Out-Sein und Gesundheit stimmen 82% der Teilnehmer_innen der Aussage zu oder teilweise zu, dass ein offener Umgang mit ihrer sexuellen Orientierung ihr Wohlbefinden und somit ihre Gesundheit fördert (vgl. ebd., S. 90). Die Reaktionen im Erwerbsumfeld sind überraschend positiv. So fühlen sich lesbische Frauen am Arbeitsplatz zu 73% von allen oder fast allen akzeptiert und erleben zu 58% die Resonanzen in ihrem Arbeitskontext als überwiegend positiv (vgl. ebd., S. 85f.). Jene Teilnehmer_innen, die überwiegend negative oder gemischte Reaktionen erlebt haben (20%), wurden nach ihren Copingstrategien gefragt. Die meisten versuchten, negative Reaktionen gänzlich oder teilweise zu ignorieren, sich zurückzuziehen oder sich Unterstützung von anderen zu holen. Sie lösten ihre Probleme also zumeist alleine. Nur 9,8% der Teilnehmer_innen haben Supervision oder Coaching in Anspruch genommen, während immerhin 15% die negativen Reaktionen in einer Therapie bearbeitet haben (vgl. ebd., S. 86). Dies lässt vermuten, dass negative Reaktionen am Arbeitsplatz eher als persönliches (Therapie), denn als strukturelles Problem (Supervision und Coaching) gesehen werden. Auf die Frage, wie wichtig den Teilnehmer_innen ein „Lesben-freundliches" Arbeitsumfeld ist, antworteten 89% mit „teilweise wichtig", „wichtig" und „sehr wichtig" (vgl. ebd., S. 70). Diese hohe Bedeutung wurde folgendermaßen begründet: „Der einzige Mensch ‚ohne Privatleben' zu sein ist belastend, weil Gespräche über Familie und Beziehung für heterosexuelle Kolleg_innen ein selbstverständlicher Teil des kollegialen Miteinander sind."; „Selbst auf einer oberflächlichen KollegInnenebene kommen Mann, Freund, Partner in formlosen Gesprächen immer wieder vor; ich möchte mich ebenso formlos mit unterhalten können ohne dabei schief angeschaut zu werden."; „Es ist mühsam, wenn automatisch davon ausgegangen wird, dass frau heterosexuell ist."; „Ich würde mich wohler fühlen, wäre ich mir sicher, jederzeit und jedem gegenüber offen und out zu sein ..."; „ich verbringe 40 stunden pro woche an meiner arbeitsstelle, d.h. eine[n] grossen teil meiner lebenszeit. Würde ich mich aufgrund meiner sexuellen orientierung diskriminiert fühlen, könnte ich niemals so gerne und so viele stunden dort arbeiten."

Die hohe Bedeutung eines „Lesben-freundlichen" Umfeldes sowie die Korrelation von offenem Umgang und Wohlbefinden geben deutliche Hinweise für

Supervisor_innen und Coaches. So ist es aus diesen Ergebnissen heraus anzuraten, eine persönliche Grundhaltung der Offenheit und Akzeptanz gegenüber lesbischen, bi- und transsexuellen Frauen sowie Transgenderpersonen und queer-identifizierten Personen deutlich im Erstgespräch zu vermitteln. Dafür ist es allerdings eine Voraussetzung, sich mit diesem Thema fundiert auseinanderzusetzen und sich selbst in Bezug auf die eigene sexuelle Identität und die persönlichen Bilder über von einem/einer selbst verschiedenen sexuellen Identitäten zu reflektieren. Besonders wichtig ist es in diesem Zusammenhang, die eigene Sprache zu reflektieren und das Bewusstsein über Inklusions- und Exklusionsprozesse und der persönlichen Beteiligung daran zu erweitern.

Der Studie von Dominic Frohn (2007) liegt ein Datenmaterial von 2230 lesbischen und schwulen Personen in Deutschland zugrunde. Teilgenommen haben ein Drittel Frauen und zwei Drittel Männer im Durchschnittsalter von 35 Jahren (vgl. ebd., S. 14f.). Dieses Forschungsprojekt beschäftigt sich mit Fragen danach, wie viele Personen offen mit ihrer sexuellen Identität umgehen, welche persönlichen und organisationalen Faktoren einen Einfluss auf den offenen bzw. nichtoffenen Umgang mit der sexuellen Identität nehmen, welche Akzeptanz- und Diskriminierungserfahrungen die Befragten machten und welche Auswirkungen ein offener bzw. verschlossener Umgang mit sexueller Identität auf persönliche Ressourcen, Gesundheit, Committment mit dem Unternehmen und Arbeitszufriedenheit hat (ebd., S. 11). Bezüglich des offenen Umgangs geben 40% der Befragten an, dass sie mit vielen, der Mehrheit oder mit allen Kolleginnen und Kollegen offen über ihre sexuelle Orientierung sprechen. Demgegenüber sprechen 52% mit keiner Kollegin/keinem Kollegen offen über ihre sexuelle Orientierung (vgl. ebd., S. 21). Im Vergleich zur Studie von Knoll et al. (1997) ist die Zahl jener Personen, die einen verschlossenen Umgang wählt, um mehr als 10% gesunken (vgl. Frohn 2007, S. 23). Deutliche Einflussfaktoren auf einen offenen Umgang mit sexueller Identität bilden der Lebensstand und die berufliche Position: 44,3% der Lesben und Schwulen, die in einer eingetragenen Lebenspartnerschaft leben, gehen an ihrem Arbeitsplatz offen mit ihrer Sexualität um, während dies 23,2% jener in einer Partnerschaft und nur 13,2% ledige Lesben und Schwule tun (vgl. ebd., S. 25). Führungskräfte gehen häufiger offen mit ihrer sexuellen Identität um als Mitarbeiter_innen (vgl. ebd., S. 26).

Auch Frohn kann branchenspezifische Unterschiede festmachen. So fällt es Arbeitnehmer_innen in traditionellen Bereichen schwerer, offen mit ihrer sexuellen Identität umzugehen, als Arbeitnehmer_innen in weniger traditionellen Branchen (ebd., S. 27). Darüber hinaus nimmt auch die „Konfessionalität" einer Organisation Einfluss auf das Out-Sein von Lesben und Schwulen.

So gehen in „konservativen Branchen" nur 17% der Befragten offen mit ihrer sexuellen Identität um, während es in nicht als konservativ geltenden Branchen fast 30% der Befragten sind (vgl. ebd., S. 27). Zudem spielt die Unternehmensgröße eine bedeutende Rolle. Frohn stellt fest, dass die Befragten, die in kleineren Organisationen tätig sind, offener sind als jene, die in größeren Organisationen arbeiten (ebd.). Besonders interessant ist der statistische Nachweis, dass Diversity Management einen positiven Einfluss auf einen offenen Umgang mit sexueller Identität hat: Je mehr Diversity-Aktivitäten ein Unternehmen durchführt, z. B. Antidiskriminierungsrichtlinien, Trainings zu Diversity usw., desto offener gehen die Mitarbeiter_innen mit ihrer sexuellen Identität am Arbeitsplatz um (vgl. ebd., S. 28). Dieses Ergebnis konnte Thomas Köllen (2010) übrigens in seiner Untersuchung über die Auswirkungen von Diversity Management auf das Arbeitsklima für Lesben und Schwule ganz klar bestätigen. Dementsprechend maßgeblich ist auch der Einfluss der Unternehmenskultur auf die Offenheit von Lesben und Schwulen am Arbeitsplatz. 86% der Befragten schätzen das Klima bezüglich gleichgeschlechtlicher Lebensweisen in ihrem Team als gut ein und 77% der Befragten erleben das Klima auch in der gesamten Organisation als gut (vgl. Frohn 2007, S. 30). Dennoch haben 53% erlebt, dass Witze über Lesben und Schwule gemacht wurden, fast 30% haben erlebt, dass über lesbische Kolleginnen und schwule Kollegen aufgrund ihrer sexuellen Orientierung schlecht geredet wurde, und weitere 36% haben miterlebt, wie eine lesbische Kollegin oder ein schwuler Kollege imitiert oder lächerlich gemacht wurde. Auch hier zeigt sich wieder, dass Diversity-Aktivitäten deutlich zu einer besseren Unternehmenskultur und damit zu weniger Diskriminierungserfahrungen beitragen (vgl. ebd.).

Die überwiegend positiven Reaktionen liegen beim geschlechtergemischten Setting in Deutschland deutlich höher. Fast 92% der Befragten beschreiben, dass die Kolleg_innen überwiegend positiv reagierten (vgl. ebd., S. 31). Aber auch hier stehen den positiven Erlebnissen Diskriminierungserfahrungen gegenüber: 45 bis 50% der Befragten erlebten Diskriminierungen in Form von Tuscheln/Gerüchte/Lügen und Imitieren/Lächerlichmachen. 26 bis 35% mussten unangenehmes Interesse am Privatleben, unangenehme sexuelle Anspielungen, Ignorieren ihrer Person/ihrer sexuellen Orientierung, nicht mehr ernst genommen werden und Befürchtung sexueller Anmache erfahren. 21 bis 24% waren Beschimpfung/Beleidigung/Kontaktabbruch/sozialer Ausgrenzung/Isolation sowie Mobbing/Psychoterror ausgesetzt. 5 bis 10% der Befragten geben an, Drohung/Erpressung/Zwangsouting, körperliche Gewalt/Aggression, sexuelle Belästigung/Missbrauch und Sachbeschädigung erfahren zu haben (vgl. ebd., S. 34). Die Unterschiede im Erleben der Frauen und Männer sind weitgehend geringfügig. Ein deutlicher Unterschied ist allerdings in Bezug auf die Betroffenheit durch unangenehme sexuelle Anspielungen und sexuelle Belästigung auszumachen, welchen Frauen häufiger ausgesetzt sind (vgl. ebd.). Wesentlich ist in diesem Zusammenhang die Korrelation von Diskriminierungserfahrung und Offenheit: Bei hohen Diskriminierungswerten liegen geringe Offenheitswerte vor und umgekehrt. Bezüglich Gesundheit und Ressourcen zeigt sich, dass 40 bis 60% der Befragten sich ihrer Einschätzung nach aufgrund ihrer sexuellen Orientierung über einige Dinge mehr Gedanken machen müssen als ihre heterosexuellen Kolleg_innen und sie damit weniger Ressourcen für ihre Arbeit zur Verfügung haben (vgl. ebd., S. 37). Offenheit bezüglich sexueller Identität korreliert auch deutlich mit Gesundheit: Befragte, die offener mit ihrer sexuellen Identität umgehen, weisen weniger somatische Beschwerden auf, während jene, die weniger offen sind, mehr somatische Beschwerden angeben (vgl. ebd., S. 38).

Diese Ergebnisse sind für Supervision insofern von großer Bedeutung, als sie klarmachen, dass vermutlich alle lesbischen Frauen und schwulen Männer mehr oder weniger bewusst Diskriminierungen erfahren haben. Es ist daher wichtig, dass sich Diskriminierungserlebnisse in Supervision und Coaching nicht fortsetzen! Denn gerade diese beiden berufsbezogenen Beratungsverfahren können einen entscheidenden Beitrag zu einem die Integrität aller wahrenden Umgang mit sexueller Identität beitragen, gibt es doch im Arbeitsleben nur wenige geschützte Räume, in welchen diese Auseinandersetzung überhaupt stattfinden kann. Diversity Management sollte also auch in Supervision und Coaching stattfinden (siehe Abdul-Hussain, Baig 2009). Mit einem einladenden Rahmen der Offenheit und Akzeptanz, was beispielsweise durch die Benennung sexueller Identitäten in wertschätzender Form unterstützt werden kann, können Supervision und Coaching für lesbische Frauen, transidente Personen und schwule Männer ein Ort der Reflexion und Auseinandersetzung sein, an dem sie nicht überlegen müssen, ob sie etwas zum Ausdruck bringen wollen und wie sie es sagen wollen.

Die Integrative Identitätstheorie, die sich wie die Integrative Theorie im Allgemeinen an einer Ethik der Integrität orientiert, bietet hier einen geeigneten theoretischen Rahmen an, der sich sehr gut mit der Queer Theory verknüpfen lässt. Beide Theorieansätze arbeiten vor dem Hintergrund eines poststrukturalistischen, pluralistischen Welt- und Gesellschaftsverständnisses. Queer Theory und Integrative Theorie verstehen Identität nicht als Entität, sondern als prozesshaft und sich laufend selbst in Auseinandersetzung mit Fremd- und Selbstattributionsprozessen konstruierend. In der Integrativen Supervision wird der Mensch auf der anthropologischen Ebene *„als Körper-*

Seele-Geist-Subjekt in einem ökologischen und sozialen Kontext/Kontinuum, d.h. in der Lebenswelt gesehen" (Petzold 1998a, S. 370) und auf der persönlichkeitstheoretischen Ebene „als **personales System** mit den Dimensionen **Selbst**, **Ich** und **Identität**" (ebd.). Dabei wird in der Integrativen Theorie *„kein* ‚innerer Wesenskern', kein ‚Kernselbst' (Stern 1985) angenommen, sondern das ‚Selbst als ein Netzwerk von Kontingenzen unserer je individuellen Vergangenheit' (*Rorty* 1898, 66, 99) – und wir möchten hinzufügen: Gegenwartssituation und Zukunftsentwürfe gesehen. ... Wenn ‚die *Einheit* des Selbstbewußtseins ... eine repräsentationale Fiktion' ist (ebd. 151) und wir uns mit unserer eigenen ‚Pluralität', unserer Vielschichtigkeit und Mannigfaltigkeit konfrontieren, uns bewußt werden, daß unser Selbst ein ‚flüssiges Selbst, ein Selbst im Prozeß' ist (Petzold 1992a, 530) und unsere *Identität* eine ‚situationsbestimmte, polyvalente, vielfacettige' (ebd., vgl. 1993d, 1996j), eine ‚patchwork identity' (*Gergen* 1991; *Keupp* 1994) von flexibler, plastischer Konsistenz, dann werden die Konzepte der *Pluralität* und *Transversalität* noch von anderer Seite her fundiert, einer anthropologischen ..." (ebd., S. 58f.).

Hilarion Petzold stellt darüber hinaus fest: „Identität erweist sich als ‚Identität im permanenten Wandel'" (ebd., S. 373), und er fordert: „Deshalb sollte es ... zu keinem ‚Konsistenzzwang' durch gesellschaftliche Identitätsnormierungen kommen (*Berger, Luckmann* 1970; *Dahrendorf* 1974)" (ebd). Dieses Identitätsverständnis könnte produktiv als Fundierung für die Queer Theory genutzt werden. Umgekehrt bietet die Queer Theory einen (von unzähligen) Fokus für die Integrative Theorie an, der die machtvollen Diskurse der Zwei-Geschlechter-Ordnung und der Heterosexualität in den Blick nimmt und mit Hilfe des Konzeptes der Heteronormativität diese Diskurse diskursanalytisch hinterfragt und dekonstruiert.

Für Genderkompetenz in Supervision und Coaching ist es demnach bedeutsam, sich mit gesellschaftlichen Identitätsnormierungen in Bezug auf Geschlecht und Sexualität auseinanderzusetzen, Verflechtungen von Geschlecht, Sexualität, Ethnie, Klasse und physischer wie psychischer Behinderung in den Blick zu nehmen, der Verflüssigung und Vielfältigkeit von Identitäten im jeweiligen Kontext näherzukommen, indem eine Sprache der Integration gefunden wird, die nichtnormative Lebensentwürfe einschließt und die Prozesshaftigkeit von Identitäten angemessen zum Ausdruck bringt. Hier stellen sich Fragen danach, wie im Supervisor_innen-, Supervisand_innen- und Klient_innensystem Denk- und Handlungsweisen der Heteronormativität sichtbar werden, wie Sexualitäten wahrgenommen und bewertet werden, welche Sexualitätsnormen die Systeme prägen und was ausgeschlossen/nicht wahrgenommen wird.

5 Genderkompetente Praxis

Ein wesentliches Moment Integrativer Supervision und Integrativen Coachings ist die Theorie-Praxis-Verschränkung. Die Anforderung an Integrative Supervisor_innen und Coaches besteht demnach darin, dass sich jedes beraterische Handeln in der Praxis (1) vor dem Hintergrund eingesetzter Theorien über die Praxis (Praxeologie) (2), vor Theoriekonzepten (3) und vor Metatheorien (4) erklären lässt. Diese vier Ebenen und ihre Inhalte bezeichnet Hilarion Petzold (1998a, S. 95 f.) als „tree of science". Das Menschenbild (Kapitel 1.2) ist als Teil der Anthropologie auf der Ebene der Metatheorien angesiedelt und bildet das Rückgrat für jegliche Integrative Praxis. Für Genderkompetenz in Supervision und Coaching sind vor diesem Hintergrund die im Genderbegriff (Kapitel 1.6) vereinten biologischen, sozialpsychologischen, philosophischen und politisch-rechtlichen Theorien vernetzt mit den vorgestellten Gendertheorien (Kapitel 4) relevant. Der gendertheoretische Überblick zeigt, dass jede Theorie bedeutende Perspektiven für die Auseinandersetzung mit Gender, für die Analyse von Genderphänomenen und die Reflexion von Supervisions- und Coachingprozessen auf der Genderebene zur Verfügung stellt. Darüber hinaus kann das Wissen um diese Diskurse die Wahrnehmungskompetenz in Bezug auf Genderprozesse entscheidend erweitern. Mir erscheint es besonders wichtig, im Sinne der Integrativen Mehrperspektivität (Kapitel 2.1) mit allen Diskursen zu arbeiten und sie als Optiken für die Betrachtung und Reflexion von Supervisionsprozessen heranzuziehen.

Dieses Kapitel bietet auf der Ebene der Praxeologie und der Praxis Vorschläge für genderkompetentes Arbeiten in Supervision und Coaching an, indem anhand eines konkreten Beispiels die Umsetzung einer Theorie-Praxis-Verschränkung beschrieben wird. Im Folgenden werden der Prozess einer Abteilungsklausur und die im Zuge dieses Prozesses eingesetzten Methoden dargestellt sowie Alternativen für bestimmte Techniken vorgeschlagen. Die Zusammenschau dieser ausgewählten und in der Praxis erprobten Übungen und Reflexionsfragen ergibt eine Sammung an Methoden und Techniken, mit deren Hilfe einerseits Gender in Supervision und Coaching thematisiert und reflektiert werden kann und die andererseits zur Selbstreflexion genutzt werden können. Des Weiteren wird ein multitheoretisches Fragenset (Kapitel 5.12) zur Verfügung gestellt und anhand des konkreten Beispiels exemplarisch erläutert. Das Fragenset soll Anregungen für die Reflexion von Supervisions- und Coachingprozessen in Bezug auf Gender bieten und kann in adaptierter Form für eine Prozessreflexion in Team- und Gruppensupervision bzw. -coaching oder zur Fallarbeit genutzt werden. Bei jedem dieser Vorschläge weise ich darauf hin, die Integrität (Kapitel 2) aller zu wahren und zur Entfaltung derselben beizutragen. Dieser laufende Hinweis ist mir deshalb sehr wichtig, weil das Thema Gender so untrennbar mit Identität verknüpft ist, dass es schnell zu Integritätsverletzungen kommen kann. Es ist ein heikles Thema, mit dem es achtsam umzugehen gilt.

5.1 Auftragsklärung und Ausgangssituation

Die Leiterin einer Abteilung einer großen Organisation wandte sich mit dem Anliegen an mich, zusammen mit einem Kollegen die jährlich stattfindende Klausur ihrer Abteilung zu begleiten. Sie hatte sich dazu entschieden, die Klausur in diesem Jahr unter den Schwerpunkt Gender Mainstreaming zu stellen. Für dieses Vorhaben konnte ich meinen langjährigen Kollegen Bernhard Obermayr gewinnen, der so wie ich über Feldkompetenz in diesem Kontext und über Genderkompetenz verfügt.

Im Auftragsklärungsgespräch mit der Leiterin und einer Mitarbeiterin, die für Gender-Mainstreaming-Agenden zuständig ist, wurden wir folgendermaßen über die Abteilung und den Status quo informiert: Die Abteilung umfasst 18 Mitarbeiterinnen und drei Mitarbeiter, die in vier Bereichen mit einer übergeordneten Leitung arbeiten. Die Abteilung wird von einer Frau, die vier Bereiche von zwei Männern und zwei Frauen geleitet. In dieser Abteilung arbeitet keine als transident oder intersexuell geoutete Person. Das Organigramm dieser Abteilung ist in Abb. 1 dargestellt.

Die Leiterin forciert schon seit vielen Jahren das Thema Gender Mainstreaming und leitet auch eine Arbeitsgruppe zu diesem Thema. Unter den Mitarbeiter_innen ist Genderkompetenz sehr unterschiedlich ausgeprägt: von Expert_innen im Thema bis zu Kolleg_innen, die nur wenig über Gender oder Gender Mainstreaming wissen. Zum Teil besteht auch ein Missverständnis darüber, was Gender und Gender Mainstreaming bedeuten, wie die Vorstellung, dass sich Gender Mainstreaming auf die Verwendung des Binnen-I beschränkt. Allen Mitarbeiter_innen ist bewusst, dass für die Leiterin Gender Mainstreaming ein großes Anliegen ist. Um alle Mitarbeiter_innen ins „Gen-

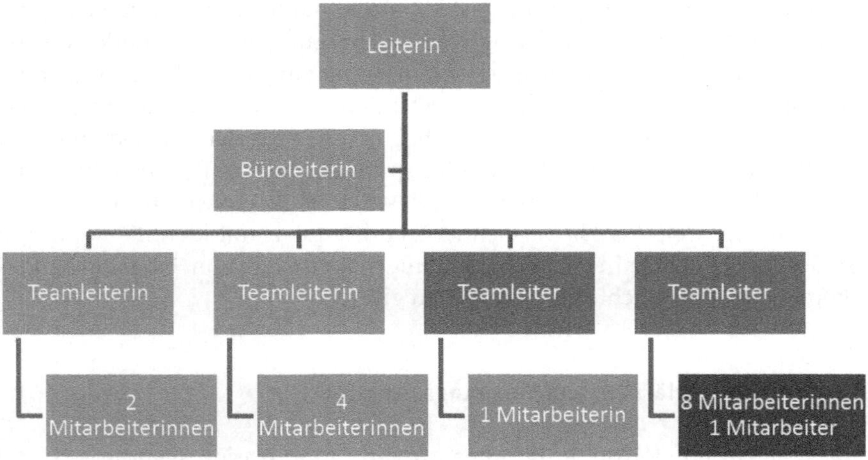

Abbildung 1 Organigramm der Abteilung

der-Mainstreaming-Boot" einzuladen, hat sich die Leiterin dazu entschieden, die nächste Abteilungsklausur unter das Thema Gender Mainstreaming zu stellen. Die Klausur ist ein Pflichttermin und folgende Ziele werden angestrebt:

- Alle Mitarbeiter_innen haben ein Grundverständnis darüber, was Gender und Gender Mainstreaming bedeuten,
- die Mitarbeiter_innen werden dazu befähigt, Gender in ihrem Arbeitsalltag zu reflektieren, und diese Reflexion soll zum Arbeitsalltag gehören,
- die Mitarbeiter_innen haben Gender Mainstreaming „im Kopf und im Gefühl",
- bisherige nicht korrekte Bilder zu Gender können korrigiert werden,
- die Mitarbeiter_innen gewinnen Erkenntnisse darüber, dass Gender mehr als das Binnen-I und vielfältig ist,
- sie finden einen Anhaltspunkt für den Umgang mit Gender und für den Umgang miteinander,
- reflektieren die eigene Rolle als Mann und Frau
- und erweitern ihre Kompetenz in Bezug auf gendersensibles Auftreten als Vertreter_in der Abteilung.

Auf der Basis dieser Zielsetzungen werden wir dazu beauftragt, im Rahmen der eineinhalbtägigen Klausur eine Einführung in die Themen Gender und

Gender Mainstreaming anzubieten und anhand dieser Inputs Gender im Arbeitsalltag zu reflektieren. Darauf aufbauend soll die Umsetzung von Gender Mainstreaming im eigenen Tätigkeitsbereich bearbeitet werden. Darüber hinaus soll die Gestaltung der Klausur zu einem Zusammengehörigkeitsgefühl und sozialen Miteinander der Abteilung beitragen.

Angekündigt wird die Klausur als „jährliche Klausur mit dem Thema Gender Mainstreaming". Die Ankündigung löst bei einigen Kollegen Befürchtungen aus, die sie auf unterschiedliche Weise zum Ausdruck bringen. Genannt wird beispielsweise die Sorge, dass sich die Auseinandersetzung gegen Männer richten könnte. Die Ankündigung, dass die Begleitung der Klausur durch eine Frau und einen Mann stattfindet, wirkt schließlich beruhigend. Von den 21 Mitarbeiter_innen nehmen 16 Mitarbeiterinnen, ein Mitarbeiter und ein Praktikant durchgehend an der Klausur teil. Ein Mitarbeiter kann nur am Nachmittag des ersten Tages teilnehmen.

Bezüglich des Kontextes sollte erwähnt werden, dass diese Organisation seit Jahrzehnten gewachsen und historisch männlich dominiert ist. Sie ist geprägt durch ein klassisches Bild hegemonialer Männlichkeit. Seit etwa zehn Jahren gibt es jedoch Bestrebungen, neue Zielgruppen zu gewinnen und die Vielfältigkeit der Zielgruppen auch in der Organisation abzubilden. Dazu wird unter anderem die Strategie Gender Mainstreaming genutzt. Diese Abteilung stellt demnach mit ihrem Überhang an Mitarbeiterinnen und einer weiblichen, gendersensiblen Leitung einen Bereich mit besonderer Struktur im Kontext dieser Organisation dar.

5.2 Klausurbeginn und Warm-up

Um einen guten gemeinsamen Einstieg zu finden, setzen mein Kollege und ich die üblichen Maßnahmen wie sich vorzustellen und zeitliche, inhaltliche, soziale sowie organisatorische Orientierung zu bieten. Wir wollen eine lange Vorstellungsrunde vermeiden, weil sich die Mitarbeiter_innen untereinander gut kennen, und entscheiden uns für eine Differenzierungsaufstellung mit Kategorien wie Name, Bereichszugehörigkeit, Geschlecht, Wissensstand zum Thema Gender, Seniorität und Konkretheit der Erwartungen. Im Zuge der Abklärung der Erwartungen werden vor allem Fragen in Bezug auf Gender sowie nach der Umsetzung von Gender Mainstreaming eingebracht. Darüber hinaus wird eine individuelle Auseinandersetzung mit dem Thema gewünscht. Einige Teilnehmer_innen können keine konkreten Anliegen formulieren. Die Auflistung der Wünsche und Anliegen ist auf den Abbildungen 2 und 3 zu sehen.

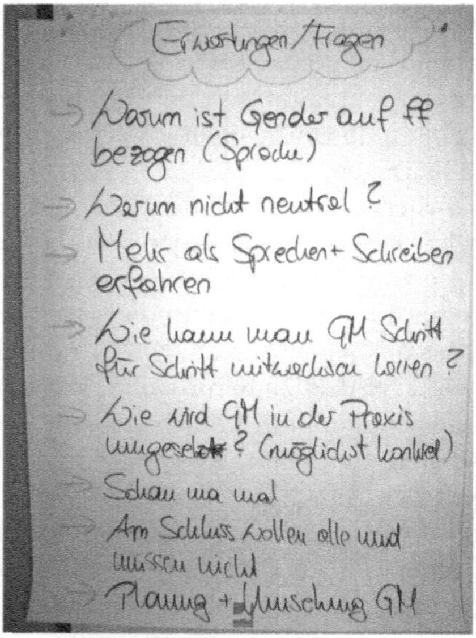

Abbildung 2 Erwartungs-abklärung (1)

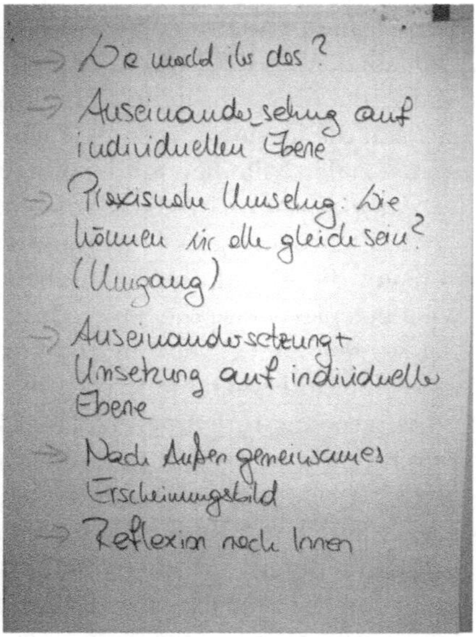

Abbildung 3 Erwartungs-abklärung (2)

Die genannten Erwartungen und Fragestellungen zeigen deutlich die beschriebene Ausgangssituation in Bezug auf Gender: In der Abteilung existieren unterschiedliche Verständnisse in Bezug auf Gender, der Wissensgrad ist – wie auch in der Aufstellung zum Wissensstand in der Selbsteinschätzung deutlich wurde – unterschiedlich und die Interessenlagen reichen von der Wissens- über die Umsetzungs- bis hin zur persönlichen Ebene. Damit besteht eine Übereinstimmung in den Zielsetzungen und Erwartungen der Mitarbeiter_innen.

5.3 Diskursaufstellung

An die Erwartungsabfrage anschließend leiten wir eine Aufstellung zum Grundverständnis in Bezug auf Gender an. Meine Erfahrungen in Seminaren zur Erweiterung der Genderkompetenz und in Gruppen- oder Teamsupervisionen haben gezeigt, dass der Austausch über Gender leichter fällt, wenn die Positionen dazu bewusst und transparent sind. Diese Positionierung kann über einen Input zu den Gendertheorien (Kapitel 4) erfolgen, über eine Übung (siehe Kapitel 5.4) oder über eine Aufstellung auf Basis der Gendertheorien.

Die Diskursaufstellungsmethode wurde von Sigrid Fischer (2011) im Rahmen der GenderWerkstätte (2011) entwickelt und ermöglicht einen Überblick über unterschiedliche Herangehensweisen und Positionen zum Thema Gender. Zur Komplexitätsreduktion erfolgt bei dieser Aufstellung eine Einschränkung auf die drei Diskurse der Gleichheit (Kapitel 4.1), der Differenz (Kapitel 4.2) und des Konstruktivismus (Kapitel 4.4). Die drei gendertheoretischen Diskurse werden in jeweils einem Satz auf einem Flipchart oder Kärtchen abgebildet und diese werden im Raum verteilt. Je nach Überzeugung ordnen sich die Teilnehmer_innen einem Satz zu oder positionieren sich so im Raum, dass sie dort stehen, wo es für sie richtig ist.

Die drei Sätze lauten:

- Gleichheit: „Frauen und Männer sind in ihren Eigenschaften, Fähigkeiten und Fertigkeiten gleich."
- Differenz: „Frauen und Männer sind von Natur aus verschieden und haben daher unterschiedliche Kompetenzen und Bedürfnisse."
- Konstruktivismus: „Weiblichkeit und Männlichkeit sind eher anerzogen und damit gesellschaftlich mitbestimmt."

Die Aufstellung in der Klausur wird in Abbildung 4 abgebildet.

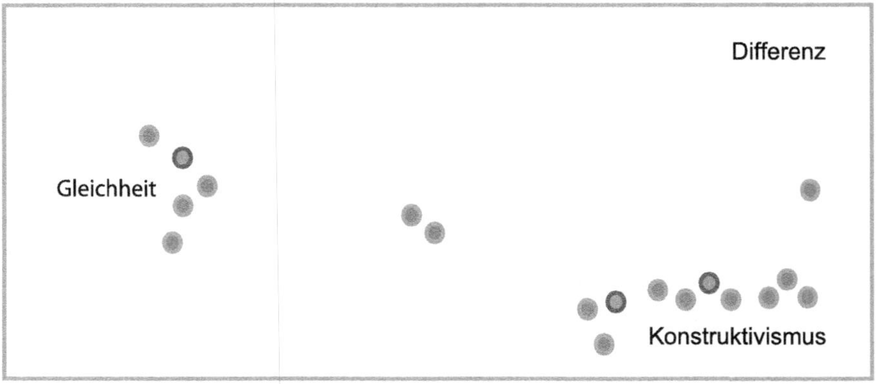

Abbildung 4 Diskursaufstellung

Im aufgestellten Bild bitten wir die Mitarbeiter_innen um ein Statement, warum sie sich dort positioniert haben. Besonders interessant ist, dass sich beim Gleichheitsansatz einige Mitarbeiter_innen positionieren, die aus östlichen Nachbarländern nach Österreich eingewandert sind. Für sie ist die Gleichheit der Geschlechter aufgrund ihrer Gendersozialisation ganz selbstverständlich. Damit wird sichtbar, wie bedeutsam soziokulturelle Aspekte (Kapitel 1.3) in der individuellen und gesellschaftlichen Perspektive auf Gender sind. Zwei Mitarbeiterinnen finden zwischen Gleichheit und Konstruktivismus ihren Platz, weil sie sich in beiden Positionen wiederfinden. Eine Mitarbeiterin positioniert sich zwischen Differenz und Konstruktivismus. Für sie sind Weiblichkeit und Männlichkeit biologisch und gesellschaftlich mitbestimmt. Die große Mehrheit identifiziert sich mit der konstruktivistischen Position und geht davon aus, dass Weiblichkeit und Männlichkeit veränderbar und gestaltbar sind.

Dieses Bild ist für meinen Kollegen und mich sehr überraschend, weil sich in vielen Gruppen die Teilnehmer_innen vor allem mit dem Differenzansatz identifizieren, der in Alltagstheorien sehr verbreitet ist. In unserer Reflexion wird uns klar, dass der Kontext dieser Organisation diese Überzeugung nicht unterstützt. Die Bedeutung von *social worlds* und ihren *belief-systems* (Kapitel 1.3) wird an dieser Reflexion besonders eindrücklich.

Zur Abrundung dieser Übung bringen wir einen kurzen Input zu diesen drei Ansätzen und ihrer Bedeutung im historischen und aktuellen Kontext und erwähnen im Sinne der Vollständigkeit auch die weiteren vier Ansätze (Kapitel 4).

5.4 Meine Grundpositionen zu Gender

Als Alternative zur oben beschriebenen Diskursaufstellung kann auch mit der folgenden Übung gearbeitet werden, um Positionen und Herangehensweisen zu Gender bewusst und transparent zu machen. Auf Basis der Gendertheorien habe ich ein Arbeitsblatt entwickelt (Abb. 5), auf dem die Theorien in kurzen Sätzen zusammengefasst sind.[13] Darüber hinaus gründet diese Vorgangsweise auf den sozialpsychologischen Konzepten der *social worlds* sowie der *subjektiv-* und *kollektiv-mentalen Repräsentationen* (Kapitel 1.3), die über diese Positionierungen bewusst, transparent und bearbeitbar gemacht werden können. Als Vorgangsweise schlage ich vor:

[13] Für seine Unterstützung in diesem Prozess danke ich Martin Koschat.

Erklären Sie den Hintergrund dieses Arbeitsblattes und sagen Sie ein paar Worte zu den jeweiligen gendertheoretischen Ansätzen.

Anleitung für jene, die das Blatt ausfüllen: *Lesen Sie sich jede Aussage genau durch und treffen Sie eine Einschätzung, wie sehr Sie sich mit dieser Aussage identifizieren. Bitte vermerken Sie Ihre Einschätzungen mit einem X. Danach verbinden Sie die verschiedenen Xe, um Ihr eigenes Positionsprofil sichtbar zu machen.*

Frauen und Männer sind in ihren Eigenschaften, Fähigkeiten und Fertigkeiten gleich und haben die gleichen Rechte. (Gleichheit)	Trifft zu	....	Trifft nicht zu
Frauen und Männer sind von Natur aus und grundsätzlich verschieden und haben daher unterschiedliche Kompetenzen und Bedürfnisse. (Sexuelle Differenz)	Trifft zu	....	Trifft nicht zu
„Die Frauen" oder „die Männer" gibt es nicht, dafür sind Unterschiede wie Hautfarbe, Nationalität, Behinderung oder sexuelle Orientierung zu wesentlich. (Diversität)	Trifft zu	....	Trifft nicht zu
„Weiblichkeit" und „Männlichkeit" sind eher anerzogen und damit gesellschaftlich mitbestimmt. (Konstruktivismus)	Trifft zu	....	Trifft nicht zu
Es gibt klare gesellschaftliche Bilder von „Weiblichkeit" und „Männlichkeit", welchen sich niemand entziehen kann, mit welchen wir uns vergleichen und an welchen wir laufend gemessen werden. (Poststrukturalismus)	Trifft zu	....	Trifft nicht zu

Abbildung 5 Reflexionsbogen „Meine Grundpositionen zu Gender"

Für Einzelsupervision oder Coaching
Die folgenden Fragen eignen sich zur Reflexion der Positionierungen und ihrer Auswirkungen:

- *Welche Ihrer Einschätzungen teilen Sie mit Kolleg_innen in Ihrem Kontext und an welche Kolleg_innen denken Sie dabei?*
- *Welche Ihrer Einschätzungen stehen in Differenz zu Kolleg_innen in Ihrem Kontext?*
- *Mit welchen dieser Aussagen tun Sie sich schwer und warum?*
- *Mit welchen dieser Aussagen tun Sie sich leicht und warum?*
- *Wie wirkt sich Ihr Positionsprofil im Arbeitskontext aus?*

Für Team- oder Gruppencoaching/Team- oder Gruppensupervision
Im Team- oder Gruppensetting gibt es darüber hinaus noch weitere Möglichkeiten, wie mit diesen Positionierungen weitergearbeitet werden kann. Zum Beispiel: *Stellen Sie dem Team/der Gruppe eine DIN-A3-Version (oder größer) des Arbeitsblattes zur Verfügung und bitten Sie die Coachees/Supervisand_innen, ihre Einschätzungen in unterschiedlichen Farben (jede Person eine andere Farbe) auf dem Blatt einzutragen. Anschließend werden folgende Reflexionsfragen diskutiert:*

- *In welchen Bereichen haben wir Gemeinsamkeiten und in welchen Unterschiede?*
- *Wie könnten sich die Gemeinsamkeiten und Unterschiede auswirken?*
- *Welche Herangehensweisen sind wann für uns hilfreich?*
- *Wo sind auf unserem Chart die Flecken weiß geblieben und womit hat das zu tun?*
- *In welchen Bereichen könnten wir in Schwierigkeiten kommen und warum?*
- *Wie könnten wir damit umgehen?*

Eine Teilnehmerin eines Seminars sagte einmal in der Reflexion dieser Übung, dass sie sich jetzt leichter damit tue, zuzuhören und die Positionen der Kolleg_innen zu akzeptieren. Auch hier gilt es selbstverständlich, den Prozess so zu steuern, dass die Integrität aller gewahrt bleibt oder entfaltet werden kann.

5.5 Theorie als Intervention

Zurück zur Abteilungsklausur. Da in dieser Abteilung ein sehr unterschiedlicher Wissensstand und auch sehr unterschiedliche Vorstellungen zum Thema Gender bestehen, entscheiden mein Kollege und ich uns für eine aufklärende Einführung dazu. Im Wesentlichen bieten wir einen verkürzten

Überblick an, wie er in Kapitel 1 dargestellt ist (Dauer etwa eine Stunde). Die Mitarbeiter_innen haben während des Inputs die Gelegenheit, Fragen und Statements einzubringen, sodass alle die Möglichkeit haben, die dargebotene Theorie für sich zu übersetzen.

Atmosphärisch tritt während des Inputs nach und nach Entspannung in Bezug auf das Thema ein, weil deutlich wird, dass Gender Frauen UND Männer betrifft und eine individuelle und strukturelle Ebene hat. Vor allem das Erkennen der strukturellen Ebene entlastet auf der persönlichen Ebene und eröffnet Handlungsmöglichkeiten. Jene Frauen, die sich schon länger mit Gender beschäftigen, fühlen sich bestätigt bzw. sind dankbar für die Auffrischung. Die Mitarbeiter zeigen körpersprachlich Erleichterung bzw. unterstützen das Thema mit ihren Statements. Dieser Prozess ist sowohl auf der inhaltlichen als auch auf der persönlichen und Gruppenebene eine hilfreiche Grundlage für eine Auseinandersetzung mit dem eigenen Doing Gender.

5.6 Reflexionsbogen „Doing Gender“

Nach einer Mittagspause und einer kleinen Teambuilding-Übung gehen wir zur Reflexion des Arbeitsalltags über, indem wir uns für die Arbeit mit dem Reflexionsbogen „Doing Gender“ entscheiden. Diese Reflexionsübung beruht auf der konstruktivistischen Doing-Gender-Theorie (Kapitel 1.3.2 und 4.4) und der poststrukturalistischen Theorie über die Performativität von Sprechakten (Kapitel 1.3.3 und 4.6). Darüber hinaus bilden machtbezogene Aspekte (Kapitel 1.4) einen Hintergrund für diese Übung. Dieser Reflexionsbogen, den ich mit meinem Kollegen Martin Koschat entwickelt habe, ermöglicht insbesondere die Reflexion von individuellen und strukturellen Aspekten des persönlichen Handelns auf Genderebene sowie deren Verhältnis zueinander.

Für eine Genderreflexion des Arbeitsalltags erscheint uns diese Übung besonders geeignet, weil in diesem Kontext an sich schon individuelle und strukturelle Aspekte im Mittelpunkt der Tätigkeit stehen. Die Mitarbeiter_innen sollten bei dieser Kategorisierung also gut anschließen können. Des Weiteren wurden genau diese beiden Ebenen auch bei der Erwartungsabklärung gewünscht.

Nach einer kurzen Erläuterung zum Aufbau und Hintergrund dieser Übung füllen alle Mitarbeiter_innen den Reflexionsbogen (Abb. 6) zunächst für sich selbst aus.

	Was trage ich dazu bei, klassische Geschlechterrollen aufrechtzuerhalten?	Was trage ich dazu bei, klassische Geschlechterrollen zu verändern/ Geschlechterdemokratie zu unterstützen?
Auf persönlicher/individueller Ebene, in Alltagsbegegnungen		
Auf struktureller Ebene, in meinem Entscheidungsbereich, Arbeitsfeld		

Abbildung 6 Reflexionsbogen „Doing Gender"

Im nächsten Schritt laden wir die Mitarbeiter_innen zu einem Austausch zu zweit ein, in dem beide von ihrer Reflexion erzählen können, was sie möchten. Keinesfalls muss alles erzählt werden (Wahrung der Integrität). Aus diesem Austausch heraus werden keine Resonanzen eingeholt, was möglich wäre, sondern es wird ein weiterer Vergemeinschaftungsschritt vorgeschlagen und angenommen. Die vier Felder werden jeweils auf einem Flipchart festgehalten und in je einer Ecke des Raumes platziert. Es werden vier bereichsübergreifende Gruppen gebildet, die sich den vier Raumecken zuordnen und gemeinsam sammeln, was sie zu ihrem Feld erarbeitet haben bzw. was ihnen noch dazu einfällt. Wiederum gilt die Regel, nur das einzubringen, was jede oder jeder einbringen möchte. In Abbildung 7 sind die Ergebnisse dargestellt.

	Was trage ich dazu bei, klassische Geschlechterrollen aufrechtzuerhalten?	Was trage ich dazu bei, klassische Geschlechterrollen zu verändern/ Geschlechterdemokratie zu unterstützen?
Auf persönlicher/individueller Ebene, in Alltagsbegegnungen	• Verwendung der Anrede Fräulein • Verhaltensmuster kategorisieren • Klassische Hausarbeitsteilung • Den „Galan“ spielen • Sich um vieles kümmern • Nicht bügeln, kochen • Fremde Kulturen unwidersprochen aktzeptieren	• Auf eigene Bedürfnisse achten und angemessen zu leben • „Männerarbeit“ übernehmen bzw. „Frauenarbeit“ übernehmen • Grundsatzentscheidungen als Frau übernehmen • Kochen, putzen, Kindererziehung als Mann erledigen • Gemeinsame Entscheidungsprozesse • Sich zu helfen wissen
Auf struktureller Ebene, in meinem Entscheidungsbereich, Arbeitsfeld	• „Blöd stellen“ • Geschlechtsspezifische Aufgabenverteilung • Verwendung nicht gegenderter Sprache • Tätig im administrativen Bereich • Teilzeitbeschäftigung • Zu viel Zustimmung, zu wenig Konfliktbereitschaft • Helferinnensyndrom -> zu freundlich, zu sehr auf Gefühlsebene	• Neutrale Haltung (gegenüber allen) -> auch in Kommunikation geschlechtsneutrale Sprache • Diskussion/Provokation/Sensibilisierung für „-in“ • Ständiger Gebrauch im Alltag, ständige Thematisierung • Gleiche Bedingungen für Frauen und Männer schaffen • Gendersensible Arbeitsweise vorgeben

Abbildung 7 Ausgefüllter Reflexionsbogen „Doing Gender“

Nach der Präsentation aller vier Felder entsteht eine lebhafte Diskussion. Besonders spannend ist das Bewusstwerden über eigene Beiträge zur Aufrechterhaltung der klassischen Geschlechterrollen auf der strukturellen Ebene wie zum Beispiel administrative Tätigkeit oder Teilzeitbeschäftigung. Bei den Beiträgen zur Veränderung klassischer Geschlechterrollen wird deutlich, dass es ein gemeinsames Bild gibt, wie geschlechterdemokratisches Miteinander aussehen könnte, z. B. gemeinsame Entscheidungsprozesse oder beide Geschlechter verrichten „Frauen-„ und „Männerarbeit“. Der Punkt „fremde Kulturen unwidersprochen akzeptieren“ bezieht sich auf miterlebte Diskriminierung gegenüber Frauen mit Migrationshintergrund durch ihre Ehemänner oder Lebensgefährten. Die Diskriminierung wird als kulturell bzw. religiös motiviert gedeutet. Eine Reflexion dieser Erfahrungen und ein Austausch darüber führen zu einem differenzierteren Bild, in dem Diskriminierung klarerweise nicht akzeptiert wird. Die Motivationen werden jedoch hinterfragt und einer vielfältigeren Deutung unterzogen. In der Diskussion wird auch die Frage eingebracht, ob in der Abteilung Grenzen in Bezug auf Doing Gender bestehen. Zunächst geht der Tenor in Richtung „bei uns ist alles möglich". In der näheren Auseinandersetzung wird jedoch klar, dass Genderrollen als sehr vielfältig erlebt und gelebt werden und der Spielraum in der Abteilung sehr breit ist. Die Überschreitung dieser Spielräume würde jedoch Irritationen hervorrufen.

5.7 Mein „Doing Gender" im beruflichen Kontext

Als Alternative zur Arbeit mit dem Reflexionsbogen „Doing Gender" (Kapitel 5.6) kann die Übung „Mein ‚Doing Gender' im beruflichen Kontext" eingesetzt werden. Wie die vorangegangene Übung ermöglicht sie eine Reflexion des beruflichen Handelns auf Genderebene.

Die folgenden Fragestellungen für eine Selbstreflexion oder eine Reflexion in Teams und Gruppen habe ich von Veronika Merz (2001, S. 1) übernommen und für den beruflichen Kontext adaptiert. Darüber hinaus habe ich eine Erweiterung der Gendermöglichkeiten vorgenommen, indem ich die Kategorie „Genderidentität" (siehe Kapitel 1.2 und 1.3) hinzugefügt habe. Die Fragen gründen auf der konstruktivistischen Doing-Gender-Theorie (Kapitel 1.3.2 und 4.4) sowie der poststrukturalistischen Theorie über die Performativität von Sprechakten (Kapitel 1.3.3 und 4.6) und ermöglichen Reflexionen des eigenen Handelns auf Genderebene:

- *Was tue ich in meinem beruflichen Kontext <u>nicht</u>, weil ich eine Frau, ein Mann, meine Genderidentität bin?*
- *Was tue ich in meinem beruflichen Kontext, weil ich eine Frau, ein Mann, meine Genderidentität bin?*
- *Was würde ich in meinem beruflichen Kontext gerne tun, weil ich eine Frau, ein Mann, meine Genderidentität bin?*

Die Anwendung kann in verschiedenen Variationen erfolgen. Hier seien einige Möglichkeiten genannt:

1. Im Einzelsetting können die Fragen sehr gut für eine unterstützende Reflexion herangezogen werden.

2. Im Gruppensetting können die Fragen zunächst alleine beantwortet werden. Danach kann über die Antworten ein Austausch stattfinden.
3. Diese Fragestellungen eignen sich auch sehr gut für geschlechterhomogene Settings, indem beispielsweise eine Frauen-, eine Männer- und eine gemischte Kleingruppe angeboten werden, um diesen Fragen nachzugehen. Durch die Gruppentrennung nach Geschlecht entsteht sehr oft eine Geschlechterdifferenz, die eine weitere gemeinsame Kommunikation erschwert. Daher – vorausgesetzt es ist nicht die Absicht, eine Geschlechterdifferenz zu produzieren – ist es bei dieser Vorgangsweise meiner Erfahrung nach anzuraten, für einen Zwischenschritt vor einer gemeinsamen Besprechung zu sorgen, z.B. einen Erfahrungsaustausch, für den sich Vertreter_innen aus jeder Gruppe zusammenfinden.

Auch hier ist es wichtig, darauf zu achten, dass die Integrität (Kapitel 2) aller gewahrt bleibt und sich sogar entfalten kann. Meist dauert es meiner Erfahrung nach eine gewisse Zeit, bis Supervisand_innen oder Coachees erste Antworten auf diese Reflexionsfragen finden. Es ist demnach hilfreich, ausreichend Zeit einzuplanen – es ist auch schon vorgekommen, dass diese Fragen eine Person tagelang beschäftigt haben.

5.8 Das Genderpanorama

Wenn eine Reflexion der individuellen Gendersozialisation angestrebt wird und das Setting sowie der Kontext eine Tiefung dieses Grades zulassen, dann besteht die Möglichkeit, ein Genderpanorama erstellen zu lassen. Für die vorgestellte Abteilung wäre diese Vorgangsweise nicht adäquat, weil ein Austausch auf dieser Ebene für die Arbeitsbeziehung, die in diesem Kontext gepflegt wird, nicht angemessen gewesen wäre. In jenen Arbeitsfeldern, in welchen Beziehungsarbeit im Mittelpunkt der Tätigkeit steht, wie zum Beispiel Beratung, sozialpädagogische Betreuung oder Sozialarbeit, ist es sinnvoll, diese Reflexionsebene einzubeziehen.

Das Genderpanorama wurde von Hilarion Petzold (1975h, zit. n. Sieper, Orth, Petzold 2010) vor dem Hintergrund der Panoramatechnik entwickelt, um die persönliche Genderbiografie dokumentieren und reflektieren zu können. Diese Vorgangsweise gründet theoretisch auf Sozialisations- und Enkulturationstheorien, den sozialpsychologischen Konzepten der *social worlds*, der *subjektiv-* und *kollektiv-mentalen Repräsentationen* (Kapitel 1.3) sowie auf der Metatheorie der anthropologischen Grundformel des Integrativen Ansatzes

(Kapitel 1.2). Unterstützend für die Entwicklung von Panoramen ist es, ein paar Sätze zu theoretischen Hintergründen und zur Bedeutung des Themas zu hören bzw. zu sagen, sich zu entspannen und als Einstimmung Fragen zu bekommen bzw. zu stellen.

Folgende Schritte können Entspannung bringen und auf die Übung einstimmen (vgl. Petzold 1998a, S. 318): *Setzen Sie sich entspannt hin. Strecken und recken Sie sich. Spannen Sie Ihre Muskeln an, halten Sie sie kurz in der Anspannung und lassen Sie sie dann los. Wiederholen Sie das zwei bis drei Mal, je nachdem, wie es Ihnen angenehm ist. Atmen Sie tief durch und lassen Sie sich in die Entspannung fallen, in eine gelöste, fließende Stimmung. Versuchen Sie nun das Gefühl der Neugierde und des Interesses in sich aufkommen zu lassen. Das geht leichter, wenn Sie die Augenbrauen heben und eine Neugiersmimik aufsetzen, bis Sie das Gefühl der Neugierde deutlich spüren.*

Für die Aspekte Ihres Panoramas schlage ich folgende Fragen zu Phasen Ihres Lebens vor:

- ***Kleinkindphase:*** *Wann haben Sie erfahren oder erkannt, dass Sie ein Mädchen, ein Junge oder ein intersexuelles Kind sind und wie haben Sie diese Szene erlebt. Welche Gedanken, Gefühle, Bedürfnisse und körperlichen Empfindungen hatten Sie?*
- ***Kindheit vor der Schule:*** *Wie haben Sie sich in dieser Zeit als Mädchen, als Bub oder als intersexuelles Kind gefühlt? Mit wem haben Sie gerne gespielt? Wer hat Sie in dieser Zeit unterstützt und Ihnen in Ihrer Genderidentität Orientierung gegeben? Welche Idealvorstellungen hatten Sie damals über Mädchen-, Junge-, Gender-Sein?*
- ***Schulzeit:*** *Wie haben Sie sich in dieser Zeit als Mädchen, als Junge, als intersexuelles Kind gefühlt, was haben Sie gedacht, was waren Ihre Bedürfnisse? Mit wem haben Sie Ihre Freizeit verbracht? Waren Sie eher alleine oder zu zweit oder in einer Gruppe zusammen? Was war Ihre Lieblingsbeschäftigung (Gummihüpfen, Fußball, Lesen, Gesellschaftsspiele, Sport …)? Welche Berufswünsche hatten Sie (Lehrer, Astronautin, Krankenpfleger, Pilotin, Prinzessin, Hausmann …)? Wer gab Ihnen in dieser Zeit Orientierung, als Mädchen, als Bub, als intersexuelles Kind (Schulkamerad_innen, Lehrer_innen, Eltern, Verwandte …)? Welche Vorbilder hatten Sie und welche Genderidentität lebten diese? Welche Idealvorstellungen hatten Sie damals über Mädchen-, Junge-, Gender-Sein?*
- ***Pubertät:*** *Eine intensive Zeit der Auseinandersetzung mit der eigenen Genderidentität: Wie haben Sie sich in Ihrer Pubertät gefühlt, als Mädchen, als Junge, als intersexueller Teenager? Mit wem haben Sie damals Ihre Zeit verbracht (Clique, beste Freundin, bester Freund, Sportclub …)? Was haben Sie gerne gemacht (Sport,*

Musikhören, Lesen, Abhängen …)? Wer unterstützte Sie damals in Ihrer Genderidentität, in dieser Übergangsphase vom Kind-Sein zum Erwachsen-Sein, vom Mädchen zur Frau, vom Jungen zum Mann? Welche Vorbilder hatten Sie und welche Genderidentität lebten diese? Welche Idealvorstellungen hatten Sie damals über Mädchen-, Junge-, Gender-Sein?

- ***Erwachsenenleben:*** *Wie fühlen Sie sich als Frau, als Mann, als intersexuelle, transidente, transsexuelle Person? Welche Gedanken haben Sie dazu und welche Bedürfnisse sind mit Ihrer Genderidentität verbunden? Wie erleben Sie sich als Frau, als Mann, als intersexuelle, transidente, transsexuelle Person in Ihrem Berufsleben? Wie gestalten Sie Ihr Privatleben und wie verbringen Sie Ihre Freizeit? Welche Rollen nehmen Sie in den verschiedenen Kontexten ein und wie gestalten Sie diese auf der Genderebene? Welche Idealvorstellungen haben Sie über Frau-, Mann-, Gender-Sein? Was gehört dazu und wie sehr erfüllen Sie Ihre Idealvorstellungen?*
- ***Zukunft:*** *Wie fühlen Sie sich in Ihrer Zukunft als Frau, als Mann, als intersexuelle, transidente, transsexuelle Person? Wie werden Sie Ihr Leben gestalten und wie wird Ihre Genderidentität sein? Wie stellen Sie sich Ihr Berufs- und Privatleben vor und wie werden Sie Ihre Freizeit verbringen?*

Nehmen Sie sich jetzt noch etwas Zeit, um Ihre gewonnenen Gedanken, Gefühle und Bilder zu erfassen und sie sich zu vergegenwärtigen. Nehmen Sie Ihr Genderpanorama in den Blick, von der Vergangenheit bis in die Zukunft in den erlebten Kontexten, und nehmen Sie all die Aspekte wahr, die Sie zu der Frau gemacht haben, die Sie sind, die Sie zu dem Mann gemacht haben, der Sie sind, die Sie zu der intersexuellen, transidenten, transsexuellen Person gemacht haben, die Sie sind. Verinnerlichen Sie Ihre Wahrnehmungen, Bilder, Gefühle und Gedanken und geben Sie ihnen Raum, indem Sie sich erfüllen lassen, und verhelfen Sie ihnen zum Ausdruck. Strecken Sie sich kurz durch und malen, schreiben oder zeichnen Sie dann Ihr inneres Bild auf ein Blatt Papier, so wie es für Sie angenehm bzw. stimmig ist.

Selbstverständlich können diese Fragen in eine Metapher wie Fluss oder Landschaft eingebettet und mit Imaginationen unterstützt werden. Während der Anleitung ist es wichtig, die Supervisand_innen und Coachees dazu einzuladen und immer wieder zu betonen, dass sie den Fragen nachgehen können, wenn sie möchten, aber dass sie es nicht müssen. So kann der *Locus of control* (Flammer 1990) *internal* bleiben und die persönliche Souveränität (Petzold 1998, S. 275ff.) der Beteiligten wird gestützt und unterstützt. Mit den Bildern kann anschließend weitergearbeitet werden, indem das Bild erklärt wird – der/dem

Supervisor_in, der/dem Coach, den Kolleg_innen oder sich selbst. Wichtig dabei ist wie immer, darauf zu achten, dass die Integrität (Kapitel 2) aller gewahrt bleibt und sich sogar entfalten kann. Je nach Zielsetzung können Sie auch mit diesen Bildern explorierend und ressourcenorientiert arbeiten, Texte dazu schreiben (lassen), einen kreativen Polylog führen oder anregen usw.

5.9 Prägende Sätze

Eine kompaktere Vorgehensweise zur persönlichen Genderbiografie stellt eine Übung dar, die ich in meiner Ausbildung zur Supervisorin und Coach in Bezug auf das Thema Arbeit kennengelernt habe. Sie eignet sich sehr gut für das Thema Gender, weil damit Prägungen aus den *social worlds* sowie der *subjektiv-* und *kollektiv-mentalen Repräsentationen* (Kapitel 1.3) bewusst gemacht werden können. Auch diese Übung beruht selbstverständlich auf der anthropologischen Grundformel des Integrativen Ansatzes (Kapitel 1.2).

Die Aufgabe besteht darin, das eigene Leben wie in einem Film im Schnelldurchlauf von der Gegenwart in die Vergangenheit zurück- oder von der Vergangenheit in die Zukunft vorzuspulen (je nachdem, was angenehmer ist) und nach drei prägenden Sätzen in Bezug auf die eigene Genderidentität zu suchen. Diese Sätze werden anschließend aufgeschrieben und mit einem Symbol versehen.

Die Arbeit mit diesen Sätzen und Symbolen kann ähnlich wie mit dem Genderpanorama (Kapitel 5.8) erfolgen. Wichtig ist auch hier, die Integrität (Kapitel 2) aller zu achten und zu wahren und deren Entfaltung zu ermöglichen. Der Vorteil dieser Übung liegt darin, dass sie nicht so viel Zeit erfordert wie das Genderpanorama, sie hat allerdings auch nicht dieselbe Tiefung und bietet daher einen etwas eingeschränkteren Reflexionsumfang.

5.10 Gender Bias

Bei der Abteilungsklausur schließen wir nach einer Pause – davor arbeiteten wir mit dem Reflexionsbogen „Doing Gender" (Kapitel 5.6) – mit einem Input über Gender Bias an (Kapitel 1.3.4). Hintergrund unserer Überlegungen ist, dass es gerade im Kontext dieser Organisation besonders bedeutsam ist, sich mit Gender Bias auseinanderzusetzen und sie sich bewusst zu machen, um Gender Bias durch die Produkte und Dienstleistungen nicht fortzuschreiben.

Der Input umfasst die Inhalte des Kapitels 1.3.4. Daran anschließend hätten wir eine Übung geplant, die wir aus Zeitgründen nicht umsetzen können: Wir wollten den Mitarbeiter_innen anbieten, sich in Gruppen zusammenzufinden und sich darüber auszutauschen, welche Gender Bias ihnen in ihrem Arbeitsalltag begegnen bzw. mit welchen sie arbeiten. Berichte aus den Gruppen könnten in Form eines Highlights, einer Zusammenfassung auf einem Flipchart, einer Szene oder einer Skulptur etc. erfolgen.

5.11 Weiterer Verlauf der Klausur

Wir schließen den Tag mit einem Blitzlicht ab, in dem uns große Zufriedenheit und Wünsche nach mehr Auseinandersetzung, vor allem nach konkreter Umsetzung vermittelt werden.

Am zweiten Tag erfolgt eine Vertiefung in Bezug auf Gender Mainstreaming und die Umsetzung im eigenen Tätigkeitsfeld. Dazu bieten wir einen einführenden Input in das Thema Gender Mainstreaming an. Anschließend wird berichtet, wie der Status quo bezüglich Gender Mainstreaming in der Abteilung ist. Im letzten Teil der Klausur entwickeln die Mitarbeiter_innen Umsetzungsprojekte für das eigene Tätigkeitsfeld.

5.12 Multitheoretische Reflexionsfragen für genderkompetente Supervision und genderkompetentes Coaching

Für die Reflexion von Gruppen- und Teamprozessen wird abschließend ein Fragenset vorgestellt, mit dem die Genderebene reflektiert werden kann. Dafür wird zunächst die Vorgangsweise beschrieben und anschließend die Anwendung anhand des konkreten Beispiels der Abteilungsklausur veranschaulicht.

Das Fragenset beruht auf den vorgestellten Gendertheorien (Kapitel 4) und der anthropologischen Grundformel des Integrativen Ansatzes (Kapitel 1.2) und soll bei einer Genderreflexion von Gruppen- bzw. Teamsupervisions- und Gruppen- bzw. Teamcoachingprozessen unterstützen. Damit schließen auch diese Fragen an den sozialpsychologischen Konzepten der *social worlds* sowie der *subjektiv-* und *kollektiv-mentalen Repräsentationen* (Kapitel 1.3) an. Sie stellen eine erste Sammlung dar und können beliebig erweitert werden. Die Fragen können Sie für Ihre persönliche Reflexionsarbeit alleine oder mit Kolleg_innen nutzen, aber auch zur Prozessreflexion oder Fallarbeit zusammen mit Supervisand_innen und Coachees im Gruppen- oder Teamsetting verwenden. Im Anschluss an die Bearbeitung der Fragen besteht die Möglichkeit, in Entspannung zu gehen und aus dieser heraus Bilder zu malen, Texte zu schreiben oder Skulpturen zu formen. So oder so ähnlich könnten Sie beispielsweise vorgehen:

Schritt 1

Beschreiben Sie die zu reflektierenden Situation bzw. den zu reflektierenden Prozess möglichst ausführlich mit sämtlichen aus Ihrer Sicht relevanten Aspekten und halten Sie Ihre Frage/n dazu fest.

Schritt 2

Gehen Sie die folgenden Fragen durch und nutzen Sie sie weniger als Fragebogen, sondern eher als Anregung für Ihre Reflexion.

Gleichheitstheorien

- *Welche Überlegungen zu Gleichstellung, Gleichberechtigung und Chancengleichheit sind in der Kultur des Kontextes/Arbeitskontextes, der Organisation oder Institution erkennbar bzw. in Leitbildern, Unternehmensphilosophien etc. zu finden?*
- *Welche Maßnahmen werden in der Organisation oder Institution für Gleichstellung, Gleichberechtigung und Chancengleichheit gesetzt: Gender Mainstreaming, Diversity Management, Bezahlung, Arbeitszeitregelungen, Maßnahmen für Elternkarenz etc.?*
- *Welche gemeinsamen Aktions- und Reaktionsweisen, Einstellungen, Werte und Normen zeigen Supervisand_innen oder Coaches in der Supervisions- oder Coachingsituation?*
- *Wo sind sie gleichgestellt und wo strukturell gesehen unterschiedlich eingesetzt?*
- *Welche gemeinsamen Anliegen und Wünsche teilen sie? Worin ähneln sie sich?*
- *Welche Gedanken und Einstellungen sind in diesem Team, dieser Gruppe bezüglich Gleichstellung, Gleichberechtigung und Chancengleichheit der Geschlechter wahrnehmbar?*
- *War das schon immer so oder sind Veränderungen auf der Zeitachse erkennbar?*
- *Wie könnte die antizipierte Zukunft diesbezüglich aussehen?*
- …

Differenztheorien

- *In welchen Bereichen des Kontextes/Arbeitskontextes, der Organisation oder Institution wird von der Grundannahme der Geschlechterdifferenz ausgegangen? Wie zeigt sich diese Vorannahme?*
- *Welche Maßnahmen zur Frauenförderung werden in diesem Kontext, dieser Organisation oder Institution gesetzt: Weiterbildung, Führungskräfteförderung, Coaching, Mentoring …?*
- *In Bezug auf welche Aktions- und Reaktionsweisen, Einstellungen, Werte und Normen unterscheiden sich Supervisand_innen oder Coachees in der Supervisions- bzw. Coachingsituation entlang der Linie männlich – weiblich?*
- *Lassen sich die Aufgaben geschlechtlich zuordnen und wenn ja, wie?*
- *Welche Anliegen und Wünsche haben die Frauen und welche die Männer?*
- *Bestehen diesbezüglich Konkurrenzen bzw. Unvereinbarkeiten?*
- *Welche Einstellungen und Gedanken zu Zweigeschlechtlichkeit und Geschlechtsunterschieden zwischen Frauen und Männern sind erkennbar?*
- *Welche Einstellungen zu Frauensolidarität und -unterstützung sind wahrnehmbar?*
- *War das schon immer so oder sind Veränderungen auf der Zeitachse wahrnehmbar?*
- *Wie könnte die antizipierte Zukunft diesbezüglich aussehen?*
- …

Diversitätstheorien

- *Wie ist die Struktur des Kontextes, der Organisation oder Institution in Bezug auf Unterschiedlichkeiten wie Gender verknüpft mit Hautfarbe, Ethnie/Nationalität, Sexualität, Weltanschauung, psychische und physische Behinderungen, Alter, Elternschaft, Betreuungspflicht, Bildung usw.?*
- *Welche Maßnahmen für den Umgang mit Unterschieden werden in diesem Kontext, dieser Organisation oder Institution gesetzt: Diversity Management, altersgerechte Arbeitsplätze, Elternkarenz, Arbeitsplätze für Menschen mit eingeschränkten physischen und psychischen Fähigkeiten, Sprachkurse, Unterstützung des Networkings, Mentoring …?*
- *Welche Unterschiede machen im Supervisand_innen-/Coachee- und im Klient_innensystem einen Unterschied und wie wirken sie sich aus?*
- *Welche Bilder bestehen bei mir und im Supervisand_innen-/Coacheesystem in Bezug auf Strukturkategorien wie Gender, Alter, Hautfarbe, Nationalität/Ethnie, Religion, sexuelle Orientierung und Behinderung sowie deren verschiedenste Verknüpfungen?*

- *Welche Dominanz- und Ausschlusserfahrungen habe ich erlebt und welche Dominanz- und Ausschlussprozesse finden im Supervisand_innen-/Coachee- oder Klient_innensystem statt?*
- *Wer gehört der Dominanzkultur an und wie könnte diese beschrieben werden? Wie werden Dominanzkulturzugehörigkeiten reflektiert?*
- *Welche Umgangsweisen mit Unterschiedlichkeiten und komplexen Identitäten waren in der Vergangenheit wahrnehmbar und welche könnten für die Zukunft hilfreich sein?*
- *...*

Konstruktivistische Theorien

- *Welche Genderinszenierungen von Weiblichkeiten, Männlichkeiten, Androgynitäten usw. wähle ich als Supervisor_in/als Coach?*
- *Welche* affordances *in Bezug auf Gender liegen im Berufskontext, der Branche, der Organisation oder Institution?*
- *Welche Genderinszenierungen werden durch die Organisations-/Institutionsstruktur, -kultur, Kleidungsvorschriften, Personaleinsatz usw. unterstützt und angeregt?*
- *Welche Genderinszenierungen werden durch die Führung vorgelebt?*
- *Welche Genderinszenierungen von Weiblichkeiten, Männlichkeiten, Androgynitäten usw. werden im jeweiligen Supervisand_innen-/Coachee- und Klient_innensystem angeregt oder verhindert?*
- *Wie handeln Frauen, transidente Personen und Männer im Supervisand_innen-/Coachee- und Klient_innensystem und was tun sie, um die jeweilige Genderinszenierung zu erreichen?*
- *Welche wechselseitigen Genderattributionen sind vorherrschend?*
- *Welche wechselseitigen Erwartungen in Bezug auf Gender bestimmen welche Prozesse?*
- *Welche Genderkonstruktionen haben die Vergangenheit geprägt und welche könnten die Zukunft bestimmen?*
- *...*

Hegemoniale Männlichkeit

- *Welche Form von Männlichkeit kann in diesem Kontext, dieser Organisation oder Institution als hegemoniale und vorherrschende Männlichkeit angesehen werden?*

- *Welche Maßnahmen werden in diesem Kontext, dieser Organisation, Institution zur Differenzierung und Unterstützung der Vielfalt von Männlichkeiten gesetzt: Weiterbildungen für Männer, Stressbewältigung, Gesundheitsvorsorge … ?*
- *Welche Form von Männlichkeit kann im Supervisand_innen-/Coachee- und Klient_innensystem als hegemoniale Männlichkeit angesehen werden?*
- *Was kennzeichnet diese Form von Männlichkeit?*
- *Welche weiteren Formen von Männlichkeiten können in diesem Team, dieser Gruppe wahrgenommen werden?*
- *Welche Formen von Männlichkeiten werden durch hegemoniale Männlichkeit abgewertet und ausgeschlossen?*
- *Welche Männlichkeiten unterstützen ein geschlechterdemokratisches Miteinander?*
- *Wie sieht die Gruppen-, Teamgeschichte in Bezug auf hegemoniale und marginalisierte Männlichkeiten aus?*
- *Was könnte zukünftig unterstützend sein?*
- *…*

Poststrukturalistische Theorien

- *Welche Gendervorstellungen prägen mich und vermitteln mir Orientierung als Supervisor_in/als Coach?*
- *Welche Gendernormen werden in der Organisations-/Institutionsstruktur, -kultur anerkannt oder abgewertet bzw. sogar sanktioniert?*
- *Durch welche symbolischen, sprachlichen und bildlichen Ausdrucksformen in der ökologischen Organisations- oder Institutionsstruktur, dem Marketing, der Corporate Identity etc. werden diese Gendernormen erkennbar?*
- *Welche Gendervorstellungen dominieren und vermitteln Orientierung im Klient_innen- und Supervisand_innen-/Coacheesystem?*
- *In welchem sprachlichen Handeln manifestieren sich diese Diskurse?*
- *Welche performativen Sprechakte der Supervisor_innen/Coaches und Supervisand_innen/Coachees im Supervisions- oder Coachingsetting bringen welche Genderkonstruktionen hervor und stabilisieren sie?*
- *Welche unbeabsichtigt zum Ausdruck gebrachten Ideen von Gender werden in dieser Gruppe, diesem Team wahrnehmbar und erfassbar?*
- *Durch welche Übertreibungen könnten diese Vorstellungen deutlich gemacht werden?*
- *Welche Gendernormvorstellungen sind in der vergangenen Geschichte dieser Gruppe, dieses Teams bestimmend gewesen und welche Vorstellungen könnten die Zukunft mitbestimmen?*
- *…*

Queer Theory

- *Welche Sexualitätsnormen bestimmen den Kontext, die Organisation oder Institution, das Berufsfeld und welche Lebensentwürfe schließen diese Normvorstellungen ein bzw. welche schließen sie aus?*
- *Welche organisatorischen oder institutionellen Maßnahmen werden für den Umgang mit Sexualität gesetzt: Verbot der Ehe oder Lebensgemeinschaft zwischen Mitarbeiter_innen, Pflegeurlaub, Mitversicherung und Nachzug bzw. Jobangebot für die Lebensgefährtin, den Lebensgefährten auch für homosexuelle Lebensgemeinschaften, dezidierte Einladung zu Firmenfesten und -unternehmungen etc.?*
- *Wie werden im Klient_innen- und Supervisand_innen-/Coacheesystem Denk- und Handlungsweisen der Heteronormativität sichtbar?*
- *Wie werden unterschiedliche Formen der Sexualität wahrgenommen und bewertet?*
- *Sind die im Klient_innen- und Supervisand_innen-/Coacheesystem existierenden Sexualitäten besprechbar, und wenn ja, wie – oder sind sie tabuisiert?*
- *Welche Sexualitätsnormen prägen die Klient_innen- und Supervisand_innen/ Coachees und welche Lebensentwürfe schließen diese Normvorstellungen ein bzw. welche schließen sie aus?*
- *Welcher Umgang mit Sexualitäten ist in der Vergangenheit dieser Gruppe, dieses Teams auszumachen?*
- *Welche Copingstrategien könnten für die Zukunft hilfreich sein?*
- …

Schritt 3

Bringen Sie sich in einen entspannten Zustand (siehe bspw. Kapitel 5.8) und lassen Sie Ihre Reflexionen zu Ihrer gewählten Situation vor Ihr inneres Auge treten. Welche Bilder, Gedanken und Gefühle erfüllen Sie, wenn Sie an die Situation in Bezug auf Gender und die individuellen und strukturellen Genderpositionen und -perspektiven denken? Geben Sie diesen Bildern, Gedanken und Gefühlen Raum und verhelfen Sie ihnen zum Ausdruck. Strecken Sie sich kurz durch und malen, schreiben oder zeichnen Sie dann Ihr inneres Bild auf ein Blatt Papier, so wie es für Sie angenehm bzw. stimmig ist.

Schritt 4

Betrachten Sie Ihr Bild, Ihre Notizen, Ihren Text und stellen Sie sich folgende abschließende Fragen:

- *Wie hat sich meine Sichtweise auf die Situation verändert?*
- *Was ist in Bezug auf meine Ausgangsfrage klar geworden?*
- *Welche nächsten Schritte ergeben sich für mich daraus?*

Angewandt auf die beschriebene Abteilung lässt sich meine Reflexion anhand dieser Fragen folgendermaßen zusammenfassen.

Gleichheitstheorien

Die Organisation bedient ihre Zielgruppen und setzt sich für Gleichstellung ein. Gleichstellung und Chancengleichheit sind daher zentrale Begriffe im Kontext dieser Organisation. Seit etwa zehn Jahren werden Gleichstellung und Chancengleichheit auch für Frauen eingefordert. Nach innen und nach außen kommt daher die Strategie Gender Mainstreaming zum Einsatz.

Gemeinsamkeiten bei den Mitarbeiter_innen zeigten sich während der Klausur vor allem hinsichtlich des Anspruchs an die Tätigkeit, höflicher und konstruktiver Umgangsformen sowie gemeinsamer Werte und Normen in Bezug auf Gleichstellung und Chancengleichheit für Frauen und Männer. Denken wir an das Organigramm, wird deutlich, dass auf der mittleren Leitungsebene eine geschlechtliche Ausgewogenheit gegeben ist, die auf eine Gleichstellung der Teamleiter_innen hinweist. Auf der Mitarbeiter_innen-Ebene arbeitet nur ein Mann. Dies weist auf einen unterschiedlichen Einsatz von Frauen und Männern in dieser Abteilung hin und macht historische Entwicklungen deutlich. Unter der aktuellen Leitung wird sich diese Abteilung vermutlich sowohl personell als auch inhaltlich noch weiter in Richtung Gleichstellung und Chancengleichheit der Geschlechter entwickeln.

Differenztheorien

Obwohl die Unterschiedlichkeit von Frauen und Männern in der Organisation nicht explizit postuliert wird (s. o.), zeigt sich die Vorstellung von Geschlechterdifferenz laut Berichten beispielsweise in humorvollen Bemerkungen über die Unterschiedlichkeit von Frauen und Männern. Die strukturelle Verankerung dieser Annahme wird in einer zur Organisationsstruktur parallel angeordneten Frauenförderungsstruktur verkörpert. Diese ist als sehr erfolgreich einzuschätzen; so gelang es aufgrund dieser Struktur, dass Frauen Führungspositionen übernahmen.

Bezüglich der Abteilung zeigte sich bei der Diskursaufstellung (Kapitel 5.3), dass die Position der Geschlechterdifferenz nicht eingenommen wurde. In der Arbeit mit dem Reflexionsbogen „Doing Gender" (Kapitel 5.6) wurden geschlechtsspezifische Selbstzuordnungen in Bezug auf „weibliches" oder „männliches" Verhalten vorgenommen, wie z.B. das Wording „‚Frauenarbeit' oder ‚Männerarbeit' übernehmen" zeigt oder die Zuordnung von Hausarbeit als weiblich und die Zuordnung von Entscheidung als männliche Tätigkeit. Es ist jedoch anzunehmen, dass diese Zuordnungen aufgrund von konstruktivistischen Vorstellungen getroffen wurden und nicht auf Basis einer essentiellen Geschlechterdifferenz.

In Diskussionen und Interaktionen lässt sich der Anspruch an Frauensolidarität erkennen, welcher angesichts der Repräsentanz der Geschlechter sinnvoll im Sinne einer konstruktiven Zusammenarbeit ist und sich anscheinend nicht gegen die Kollegen richtet. Vielmehr geht es um ein bewusstes Wahrnehmen und Kooperieren auch unter den Frauen.

Diversitätstheorien

Die Organisation im Gesamten stellt nach außen ein eher homogenes Bild von Männern mittleren Alters dar. Gleichzeitig gibt es Abteilungen, die sich mit Alter, Gender, Behinderung oder nationaler bzw. ethnischer Herkunft beschäftigen und sich gegen Sexismus, Rassismus und Ageism engagieren. Die Zielgruppe spiegelt in den Kerndimensionen die demografische Situation des Landes wider. Wie bereits genannt, ist Gender Mainstreaming seit etwa zehn Jahren ein Thema in der Organisation. Zunehmend setzen Teilbereiche dieser Organisation auch auf Managing Diversity.

In der Abteilung macht meines Erachtens Geschlecht insofern einen Unterschied, als es ein deutliches Übergewicht an Frauen in dieser Abteilung gibt. Dieses Übergewicht lässt sich mit der allgemeinen Situation von Abteilungen mit diesem Aufgabenbereich in Einklang bringen, in welchen sehr oft viele Frauen arbeiten. Während der Klausur waren die wenigen Männer trotz ihrer Leitungsfunktionen in einer marginalisierten Position, was sich meiner Wahrnehmung nach in ihrem vorsichtigen Vorgehen manifestierte. Meiner Beobachtung nach sind Alter und Seniorität in diesem System ebenfalls bedeutungsvolle Unterschiede, die sich in Interaktionen und Statuszuschreibungen zeigen.

In der Abteilung ist eine sehr große Offenheit in Bezug auf Diversity wahrnehmbar, die sich unter anderem in Projekten zu Antidiskriminierungsarbeit niederschlägt. Selbst eine sensible Diskussion wie jene über Frauen mit Migrationshintergrund, die von ihren Männern oder Lebensgefährten diskriminiert werden (siehe Kapitel 5.6), konnte sehr reflektiert, differenziert und konstruktiv geführt werden. Zu den senioritätsjüngsten Mitarbeiter_innen gehören auch Kolleg_innen mit Migrationshintergrund. Die Abteilung entwickelt sich in den letzten Jahren also hin zu einer Vielfalt der Mitarbeiter_innen und damit verbunden auch der Themen.

Konstruktivistische Theorien

Die *affordances* in Bezug auf Gender in der Organisation und im Kontext, in dem sie sich bewegt, gehen meines Erachtens in Richtung selbstbewusstes Auftreten mit kompetenter Präsentationstechnik und geschulter Rhetorik. Diese Fähigkeiten werden gemeinhin eher Männern zugeschrieben, in diesem Kontext jedoch auch von Frauen erwartet. Durch die Führung wird eher ein klassisches Bild hegemonialer Männlichkeit verkörpert.

In der Abteilung stellt sich die Situation gegensätzlich dar. Geleitet von einer Frau, scheinen die Erwartungen an Frauen und Männer sehr ähnlich zu sein und in der Aufgabenverteilung nur geringfügig geschlechtsspezifisch. So wird zwar die Administration durch Frauen abgedeckt, alle anderen Aufgaben jedoch – so vorhanden – werden von beiden Geschlechtern übernommen. „Weiblichkeit" wurde während der Klausur vor allem durch Kompetenz, Selbstbewusstsein und Aufmerksamkeit füreinander verkörpert, „Männlichkeit" durch Kompetenz, Intellektualität und Kooperationsbereitschaft.

Hegemoniale Männlichkeit

Im organisatorischen Kontext zeichnet sich die vorherrschende Männlichkeit durch eine ausgezeichnete Rhetorik und Präsentationstechnik, durch Mitmenschlichkeit, Kollegialität und permanente Erreichbarkeit aus. Zur Unterstützung einer Vielfalt von Männlichkeiten werden bislang nur wenige Maßnahmen unternommen, wie beispielsweise ein Seminar ausschließlich für Männer.

In der Abteilung sind die wenigen Kollegen so unterschiedlich, dass sich keine vorherrschende Form von Männlichkeit ausmachen lässt. Es ließ sich beobachten, dass Kindererziehung und Haushaltsführung zu einer anerkannten Form von Männlichkeit dazugehören können. Ausschlussprozesse aufgrund eines hegemonialen Männlichkeitsmodelles waren daher nicht wahrzunehmen. Das Männlichkeitsbild in der Abteilung scheint schon sehr durch geschlechterdemokratische Vorstellungen geprägt zu sein und es ist zu erwarten, dass dieser Weg weitergegangen wird.

Poststrukturalistische Theorien

In der gesamten Organisation lässt sich nach Berichten von Mitarbeiter_innen wie in vielen Organisationen eine Norm der Geschlechtersegregation feststellen: Männer sind in Leitungspositionen, Frauen übernehmen administrative Tätigkeiten. Männer agieren vor allem nach außen, während Frauen eher nach innen tätig sind usw. Erkennbar ist dieser Umstand auch an Medienberichten über die Organisation und die Selbsteinschätzung diesbezüglich, weshalb in einem Teilbereich beispielsweise eine Zeit lang nur Männer für administrative Tätigkeiten angestellt wurden.

In der Abteilung kann aufgrund der Beobachtungen während der Klausur die Gendernorm der Geschlechterdemokratie angenommen werden, die durch die Leiterin deutlich getragen und verkörpert wird. Damit bildet Geschlechterdemokratie einen Orientierungspunkt für Doing Gender, wie sich auch in der Arbeit mit dem Reflexionsbogen „Doing Gender" (Kapitel 5.6) in den Feldern zu den Beiträgen zu geschlechterdemokratischen Verhältnissen deutlich zeigte. In dieser Übung wurden auch traditionelle Grundannahmen und Normen sichtbar, die anscheinend vor allem im privaten Kontext gelebt werden. Sprachlich sichtbar werden diese Normen beispielsweise in den Termini „Frauenarbeit" und „Männerarbeit". Eine Sprache für ein geschlechterdemokratisches Miteinander losgelöst von Genderkategorisierungen wird meiner Beobachtung nach gerade entwickelt. Es kann angenommen werden, dass sich diese Abteilung unter dieser Leitung weiter in Richtung Geschlechterdemokratie entwickeln wird.

Queer Theory

Die Organisation scheint durch Heteronormativität geprägt zu sein. Dies zeigt sich in den Medien der Organisation, in welchen schwule Männer, lesbische Frauen oder transidente Personen nicht thematisiert oder abgebildet werden. Demgegenüber stehen Mitarbeiter_innen, die sich vernetzen und Diversityarbeit in der Organisation aufbauen wollen.

In der Abteilung lässt sich wiederum ein anderes Bild zeichnen. Während der Klausur wurde ein schwuler Kollege in wertschätzender Form erwähnt. Die Atmosphäre bei dieser Thematisierung war offen und wirkte vorurteilsfrei. Während der Klausur wurden vor allem gegengeschlechtliche Partner_innen thematisiert. Es wurde keine andere als Heterosexualität sichtbar.

Conclusio

Führen wir die Reflexionen auf Basis der Gendertheorien zusammen, wird deutlich, dass diese Abteilung bezüglich der Repräsentanz der Geschlechter, Gender Mainstreaming und auch ihrer Einstellung bezüglich Diversity eine Sonderstellung in der Organisation hat. Damit hat sich diese Abteilung mit ihren Gender-Mainstreaming-Vorhaben einer Reihe von Herausforderungen und Widerständen zu stellen. Dieser Umstand erfordert viel Kraft und Durchhaltevermögen aller Beteiligten und insbesondere der Leitung.

In der Abteilung selbst bilden die Grundannahmen der Konstruiertheit von Gender sowie der Anspruch auf Gleichstellung und Geschlechterdemokratie die Basis für zukünftige weitere Gender-Mainstreaming-Aktivitäten. Während der Klausur konnte zudem eine kritische Selbstreflexion in Bezug auf traditionelles Genderrollenverhalten stattfinden. Zwischen eingeübtem und internalisiertem Verhalten und dem Anspruch auf Geschlechterdemokratie, gelebter Vielfalt und der Umsetzung von Gender Mainstreaming gilt es für diese Abteilung einen Weg zu finden, für den das Potential reichhaltig vorhanden ist.

„Genderintegrität“ als neues Leitparadigma für Supervision und Coaching in vielfältigen Kontexten – ein ko-reflexiver Beitrag zu „Genderkompetenz“

Hilarion G. Petzold und Ilse Orth

1 Gender und Supervision in vielfältigen Kontexten

Zu diesem Buch einen ***ko-reflexiven*** Text zu schreiben, war uns eine anregende Aufgabe, weil in ihm für die so wichtigen sozialinterventiven Beratungsformen „Supervision und Coaching" das Thema der Genderorientierung in einer breiten und höchst informativen Form aufbereitet wird, ein Thema, das bislang weitgehend vernachlässigt wurde. Ein Text wie der von *Surur Abdul-Hussain* fehlte. Er ist eine *„Einladung zur Ko-respondenz"*, zur *ko-reflexiven* Auseinandersetzung über Fragen, die jede Form psychosozialer Arbeit betreffen: Genderfragen. Er war für uns eine Bereicherung und Herausforderung zugleich und hat uns motiviert, unsere eigenen **Positionen** zu dieser zentralen Thematik aus der Sicht der Integrativen Supervision und Integrativen Therapie erneut zu überdenken (*Petzold* 2007a; *Orth, Petzold* 2000) und zu diesem Buch einige „Ko-Reflexionen" beizusteuern.

> „**Positionen** (*positions, Derrida* 1986) sehen wir als ‚Standpunkte auf Zeit' in einem fortlaufenden Reflexionsprozess und *Diskurs*, Standpunkte, die so lange aufrecht erhalten werden können, bis neue Erkenntnisse, Forschungsmaterialien, Einsichten und Lebenswelterfordernisse fundierte Revisionen der Position bzw. Neupositionierungen erforderlich machen".

Der Text der Autorin bietet aufgrund seiner fundierten Information in der Tat Anregungen, ergänzende, weiterführende, *konsente* oder *dissente* Ideen zu entwickeln, wie es für „ko-respondierende Polyloge" (*Petzold* 1978c/1991e; 2002c) charakteristisch ist.

> „**Ko-respondenzprozesse** bieten die Möglichkeit, in vielfältigen Begegnungen und diskursiven Auseinandersetzungen über fachlich gut informierte und ethisch wohlbegründete **Polyloge** Konsens-Dissens-Positionen zu entwickeln und zu hinlänglich fundiertem *Konsens* zu kommen. Der wird zu *Konzepten* ausgearbeitet und kann Basis für zielführende *Kooperation* werden, oder in einen Konsens darüber münden, dass man Dissens hat, was die Möglichkeit eines respektvollen Umgangs mit differenten **Positionen** bietet und die Bereitschaft fördert, weiter in Polylogen mitzuarbeiten."

Das vorliegende Buch eröffnet durch die Breite seiner Informationen für jede Richtung oder „Schule" der Supervision und des Coachings, sowie letztlich auch der Therapie die Möglichkeit, ihre eigenen **Positionen** zur Genderfrage in „Ko-respondenzprozessen“ zu klären. Auch im Bereich der Psychotherapie ist das Genderthema ja recht vernachlässigt, und man ist von einer genderspezifischen Therapie noch weit entfernt (vgl. aber *Schigl* 2011). Es ist zu hoffen, dass dieses Buch von *Abdul-Hussain* Anregungen bietet, **weiterführende Diskurse** zu beginnen, vielseitige **Polyloge** zu initiieren, die für die Menschen im „Mehrebenensystem der Supervison“ (Supervisor_innen, Berater_innen, Klient_innen[1], vgl. *Petzold* 1990o) von Nutzen sind. Vielleicht können unsere „Ko-reflexionen“, die mit diesem Buch verbunden sind, zu dieser Zielsetzung beitragen. Es wäre nämlich für den Austausch im supervisorischen Feld zu diesem zentralen Thema fruchtbar, wenn die einzelnen Richtungen ihre **Positionen** zu der Genderfrage offenlegten und man damit über die systemische, die psychoanalytische, die klientenzentrierte und andere Sicht so weit informiert würde, dass **multitheoretische** Diskurse entstehen können, die für eine vertiefende Klärung von **Genderfragen** in diesem Feld notwendig sind, denn sie erfordern „**Mehrperspektivität**“.

Dieses von uns in der Supervision so nachdrücklich vertretene und für sie theoretisch entwickelte Konzept[2] ergibt sich eigentlich *strukturell* aus der „Überschau“, der *„supervisio“*, die in einem „Blick aus *einer* Richtung“ verloren ginge. Das Genderthema muss aus „mehreren Richtungen“ und mit „mehreren Optiken“ betrachtet werden (*Petzold* 1998a, 135). Das macht das Buch von

---

[1] Im Kontext dieses Buches wird eine genderbewusste Schreibweise verwandt, *Surur Abdul-Hussain* hat sich für die Form des Unterstrichs entschieden (z.B. Supervisor_innen), der wir aus Gründen der Einheitlichkeit folgen (vgl. dieses Buch S. 16). Leider ist das eine den Lesefluss behindernde Schreibweise. In anderen Texten verwenden wir das Binnen-I, das uns lieber ist, aber gleichfalls sprachästhetisch unbefriedigend bleibt. In von uns – Frau und Mann – gemeinsam verfassten Texten deklarieren wir oft unsere genderengagierte und -bewusste Position durch einen Hinweis und wechseln im Text immer wieder die Genderformen, was auch Unklarheiten mit sich bringen kann, doch wir erhalten damit einen guten Sprachfluss und signalisieren zugleich: Wir adressieren immer wieder beide Gender und berücksichtigen beide Perspektiven. An besonders wichtigen, Klarheit verlangenden Stellen verwenden wir *beide* Formen. Schreibe ich (H.P.) Texte alleine, verfahre ich genauso, wechsle die Genderform immer wieder und verwende *mein* Gender, das männliche, ganz *bewusst* an Stellen, wo ich Aussagen nicht in einer Gender-Doppelform machen *will*, weil ich mir nicht *anmaßen* kann, jede Aussage auch aus der Sicht des anderen Genders machen zu können. Das erscheint mir als die korrekteste, aber auch anspruchsvollste (weil immer wieder gendersensible Reflexion erfordernde) Lösung des Problems der Gendersprache in deutschsprachigen Texten.

[2] Wir haben im Felde der Supervision die erste ausgearbeitete Theorie der „**Mehrperspektivität**“ vorgelegt (*Petzold* 1994a; 1998a/2007a). Sie ist, soweit wir sehen, das einzige elaborierte Modell geblieben. Es ist mit der „Mehrebenenperspektive“ praxeologisch (*Petzold* 1990o) und forschungsmethodisch umgesetzt worden (*Oeltze, Ebert, Petzold* 2002/2009). Vgl. *Jakob-Krieger* et al. 2004; *Gebhard,Petzold* 2005.

Abdul-Hussain und das machen unsere Ko-reflexionen deutlich. Bemühungen um „Synopsen" sind längst überfällig. Ein *incentive* für das supervisorische Feld, diese Arbeit in Angriff zu nehmen, ist erfreulicherweise durch die berufsverbandliche Arbeit an Ausbildungsstandards (etwa bei der Deutschen Gesellschaft für Supervision, DGSv) gegeben worden. Diese Standards haben die Auseinandersetzung mit der Gender- und Diversity-Thematik zu einer verpflichtenden Aufgabe jeder Supervisionsausbildung gemacht. Bislang fehlte es indes an Übersichtsliteratur in supervisions- und coachingspezifischen Zupassungen zu diesem Thema. Das wiegt umso schwerer, weil die Aufgabe dieser Beratungsformen und -dienstleistungen wesentlich darin besteht, als eine Art „meta controlling" die Qualität in der psychosozialen Arbeit mit Menschen (so die Supervision) und die Führung von Mitarbeiter_innen (so das Coaching[3]) zu verbessern und zu entwickeln. Mit dem Buch von *Abdul-Hussain* erhält Supervision für ihre „Weiterbildungsfunktion" (*Petzold* 2007a; *Schreyögg* 2004) im Genderthema eine bisher fehlende Grundlage. Es ist ja eine supervisorische Kernaufgabe, neue Wissensstände an die Supervidierten praxisrelevant zu transportieren und ihre Aneignung zu fördern, die Diskussion und Transferierung solchen Wissens in die konkrete Praxis anzuregen – etwa in der Beratung und Therapie von Klient_innen und Patient_innen. Das Genderthema ist für jede Arbeit mit Menschen von struktureller Bedeutung: unter anthropologischer, soziologischer, psychologischer und neurowissenschaftlicher, aber auch gerechtigkeits- und ethiktheoretischer Perspektive. Seit dem Amsterdamer Vertrag (1997/1999) ist Gendergerechtigkeit Aufgabe der „Gleichstellungspolitik der Europäischen Union". In diesem Sinne verpflichtet sich die Bundesrepublik Deutschland, den Art. 3 Absatz 2 Satz 1 GG: *„Männer und Frauen sind gleichberechtigt"* mit der *„tatsächlichen Durchsetzung der Gleichberechtigung von Frauen und Männern"* zu fördern und *„auf die Beseitigung bestehender Nachteile"* hinzuwirken (ibid., Änderung von 1994). Da Supervisor_innen in breiten Bereichen ihrer Tätigkeitsfelder in staatlichen bzw. öffentlich-rechtlich geregelten Institutionen und Organisationen arbeiten, um zur Qualitätssicherung der dort zu leistenden Maßnahmen der Hilfeleistung beizutragen, ist das Genderthema für Supervisor_innen gleichsam als eine Pflichtaufgabe anzusehen.

---

[3] Der Beitrag ist insgesamt stärker auf die Supervision gerichtet als auf Coaching, weil der in der Supervision erreichte Theoriefundus und Forschungsstand mit den erst beginnenden Entwicklungen eines „body of knowledge" im Coaching nicht zu vergleichen ist, und das „Coaching" wie auch das „Mentoring" und die „Mediation" (*Petzold* 2010i) in vielen Theoriefragen noch auf Jahre auf die Theorie- und Forschungsstände der Supervision und der Beratungspsychologie zurückgreifen müssen, obgleich die Unterschiede der Beratungsformen auch nicht unterschätzt werden dürfen (vgl. *Petzold* 2002g, 2010i).

Für eine solche Aufgabe findet sich allerdings nur eine spärliche und zumeist eher oberflächliche theoretische und praxeologische Auseinandersetzung in der supervisorischen Fachliteratur – ein Hinweis auf einen dringend notwendigen Informationsbedarf, aus dem sich auch ein Forschungsbedarf ergibt. Dem steht bis heute noch kein Fundus an Forschungsarbeiten gegenüber, nicht zu reden davon, dass in den vorliegenden Forschungsprojekten das Thema kaum berücksichtigt wird (*Petzold, Schigl* et al. 2003). In der maßgeblichen Zusammenstellung der „Deutschen Gesellschaft für Supervision“ (DGSv) zum „Nutzen von Supervision. Verzeichnis von Evaluationen und wissenschaftlichen Arbeiten“ (*Hausinger*, DGSv 2009) fehlt der Begriff „Gender“ vollständig und natürlich auch ein eigener Forschungsbereich zu diesem Thema.

Für den Bereich des Coachings als Beratungspraxeologie für Führungskräfte (so eng gefasst von *Schreyögg* 2006) sieht es keineswegs besser aus. Das ist nicht nur dem Forschungsdefizit in dieser noch jungen Beratungsform geschuldet, sondern hat offenbar auch etwas mit der Situierung des Coachings im Profit-Sektor zu tun, in dem Frauen im Führungsbereich massiv unterrepräsentiert sind. Da es aber auch zu den Aufgaben von Führungskräften gehört, Gender- und Diversity-Perspektiven in ihren Unternehmen im Sinne der „Anti-Diskriminierungsrichtlinien in der Europäischen Union“ zu beachten und in Deutschland das „Allgemeine Gleichbehandlungsgesetz“ (§§ 6–18) in einem gender- und diversitygerechten Management zu berücksichtigen (sanktionsbewehrt!), zählen die Kenntnisse in diesem Bereich zu den Schlüsselqualifikationen von Menschen in Führungspositionen (*Merx, Vassiopoulou* 2007). Coaches haben zu dieser Thematik also *à jour* zu sein. Die Autorin des vorliegenden Buches, *Surur Abdul-Hussain*, hat zusammen mit ihrer Kollegin *Samira Baig* (*Abdul-Hussain, Baig* 2009) zu dieser Thematik schon ein erstes Fachbuch geschrieben, ist also in der Theorie und durch ihre umfängliche Beratungs- und Trainingstätigkeit auch in der Praxis für dieses Themenfeld ausgewiesen. Nun legt sie eine theoretisch breit ausgreifende Arbeit vor, die das Genderthema in Supervision und Coaching konzeptuell unterfängt. Es genügt nämlich nicht, „Gender“ als Schlagwort zu benutzen – und es wird oft genug unscharf oder falsch benutzt –, sondern es ist auch notwendig, dass Supervisor_innen und Coaches sich über die gendertheoretische Position klar sind, die sie vertreten, und das erfordert eine kritische Auseinandersetzung mit dem Genderbegriff, mit seiner administrativen bzw. bürokratischen Implementierung und seiner praxeologischen Umsetzung. Es können aus einem **differentiellem und integrativen Supervisionsverständnis**, das um „exzentrische“ Überschau und auf „mehrperspektivische“ Betrachtung gerichtet ist (*Petzold* 1998a/2007a), nicht einfach Positionen, wie sie von Institutionen und Organisationen vorgegeben werden (etwa Kirche, EU-Richtlinien, politischen Programmen) in die supervisorische Praxis übernommen werden, ohne kritisch-metakritische Befragung solcher Positionen auf ihre Rationalität, intersubjektive Nachprüfbarkeit, ggf. wissenschaftliche Überprüfbarkeit, Vereinbarkeit mit Grund- bzw. Menschenrechten und auf ihre Gemeinwohlorientierung (oder zumindest ihre psychosoziale „Unschädlichkeit"). Das ist eine „ideologische" Vorentscheidung – man kann ideologischen Positionierungen ja nicht entkommen, wie *Karl Mannheim* (1929) gezeigt hat. Deshalb muss man sich transparent positionieren. Zu dieser Position haben wir uns für den Kontext der Supervision in unserem Ansatz der „Integrativen Supervision" (*Petzold* 1998a/2007a, 11) entschieden. Grundrechts- und Gemeinwohlorientierung haben wir in unserer „Theorie der Ideologie" als Kriterium für *„positiv-funktionale Ideologien"* gewertet (*Petzold, Orth* 1999a, 126) im Unterschied zu *„negativ-dysfunktionalen Ideologien"*, die obskurantistisch, nicht legitimierte Machtinteressen Weniger zu Lasten Vieler verfolgen unter Missachtung von Grundrechten (ibid. 127f.). Es ist dies ein Maßstab, an dem auch vorfindliche ideologische Positionen in supervisorischen Arbeitskontexten gemessen werden können und *„interideologische"* Vergleiche stattfinden sollten, etwa bei den verschiedenen psychotherapeutischen Schulenideologien, bei den unterschiedlichen gendertheoretischen und feministisch-orientierten Sichtweisen. Bei aller Bedeutsamkeit, die solche Diskurse, z.B. spezifische feministische (etwa die „Mailänderinnen") im Einzelnen haben, so werden sie doch mit einem solchen *komparatistischen* Ansatz fassbarer, auch im Blick auf die positiven Potentiale dieser Beiträge. *Abdul-Hussain* hat es unternommen, solche Beiträge aufzuzeigen, allerdings damit auch deutlich zu machen, dass es hier um jeweils einzelne Perspektiven geht. Die Bedeutung anderer Diskurse (z.B. *postcolonial* und *queer studies*) erschließen für spezifische Fragestellungen und Kontexte gendertheoretische, rechtliche oder ethische Standpunkte, die füreinander Ergänzungen oder Korrektive bieten können (*Petzold* 1978c). Das minimiert die Gefahr, dass moralische Regeln und ethische Positionen zu Formen dysfunktionaler Gewalt werden. *Judith Butler* (2003) hat in ihrer „Kritik der ethischen Gewalt" auf solche Gefahren hingewiesen, auf die Begrenztheit der einzelnen Ansätze – auch des eigenen Ansatzes. Wenn wir zur „Anerkenntnis der eigenen Widersprüchlichkeit", der eigenen Unzulänglichkeit und Verletzlichkeit bereit sind, aber auch – und das betonen wir stärker als *Butler* in ihren Ausführungen bei ihrer *Adorno*-Vorlesung – uns des Wissens um die eigenen Kompetenzen, die in *Polylogen* wachsen konnten, bewusst sind, kann es zu weiterführenden Diskursen in kritischer Wertschätzung des Anderen, des Differenten kommen (*Petzold, Sieper* 2001). Ein „Mut zu Bescheidenheit" (*Petzold*

1994b) – *Butler* spricht von „skeptischer Bescheidenheit" – ist hier nützlich und eine Bewusstheit für die mögliche „Gewaltsamkeit der eigenen Ethik" wird hier erforderlich. Auf die Frage, warum wir letztlich moralisch sein sollten, antwortet *Butler* (2003): „Weil wir alle verletzlich sind, sind wir allen verpflichtet." Damit gewinnt die Achtsamkeit für die mögliche Violenz der eigenen ideologischen Geltungsansprüche und die Sorgsamkeit im Umgang mit den Positionen der Anderen, ja der Respekt vor dieser Andersheit und *différance* (im Blick auf *Derrida, Levinas* und *Sennett*) auch eine Qualität der Selbstsorge, weil man auf eine Reziprozitätserwartung setzt (*Petzold* 2003a, 98f.): Erweise ich Respekt, wird auch mir mit Respekt begegnet!

Es sollte bei dieser gesamten Thematik um Gender-, Männer-, Frauenfragen und den mit ihnen verbundenen Problemen von Macht und Ohnmacht, Privilegien und Benachteiligungen klar sein, dass Gender-Diskurse wesentlich als kulturgeschichtliche Phänomene gesehen, diskutiert und verstanden werden müssen. Sie gehören zu den politischen **Diskursen** der Moderne, die aus vielen Quellen gespeist sind – den verschiedenen Strömungen des Feminismus, der Gay- und Queer-Bewegung, gerechtigkeitstheoretischen Richtungen in der Bürgerrechtsszene, emanzipatorischen Initiativen in Kreisen, die sich für die Entwicklung einer „Global Civic Society" einsetzen usw. Durch die ordnungspolitische Wende dieses Diskurses aufgrund der Einführung des „Gender Mainstreaming" als offizieller politischer Leitstrategie in Europa (und damit auch in den europäischen Ländern, die allerdings sehr verschiedene Politiken der Umsetzung verfolgen), hat sich ein neuer **Diskurs** etablieren können, der den Themen „Gendergerechtigkeit" und „Gleichstellung" eine neue Gewichtigkeit gegeben hat, weil er jetzt ohne *„Diskursivierung"* (sensu *Habermas* 1971) – das verdient hervorgehoben zu werden – per Richtlinie „Top Down" durchgesetzt werden soll. Dabei lassen sich gewisse Einseitigkeiten feststellen: Die Strategien des **Gender Mainstreaming** wollen Ungleichheiten gleichstellungs- und ordnungspolitisch angehen, also mit juristisch-regulativen Mitteln. Dabei werden bildungs- und medienpolitische Maßnahmen vernachlässigt, die auf die Aktivierung von **Gendersolidarität** und die Entwicklung von **Integritätspotentialen** abzielen. Man geht offenbar *generalisierend* von einer implizierten „Feindbildvorstellung", von „Frontstellungen", einem verdeckten „Geschlechterkampf-Szenario" aus, das es sicher *auch* gibt, das aber nicht die ganze Realität ist. Mit dieser Einseitigkeit trägt man zuweilen zu vorhandenen Fronten und Frontenbildungen bei – zumindest kommt dieser verdeckte Diskurs immer wieder auch in Politiken und Maßnahmen zum Tragen. Damit werden die angestrebten Ziele ausgeglichener Genderverhältnisse unseres Erachtens unterminiert.

> *„Aufgabe der Gemeinschaft ist es, durch die Errichtung eines Gemeinsamen Marktes und einer Wirtschafts- und Währungsunion sowie durch die Durchführung der in den Artikeln 3 und 4 genannten gemeinsamen Politiken und Maßnahmen in der ganzen Gemeinschaft […] die Gleichstellung von Männern und Frauen […] zu fördern."* (Artikel 2, Amsterdamer Vertrag, in Kraft getreten am 1. Mai 1999)

Die starke wirtschaftspolitische Motivation in der Gleichstellungsfrage führt zu einer starken ordnungspolitischen Orientierung (*Schlotter* 1997) in den Maßnahmen der Umsetzung, was ethik- und gerechtigkeitstheoretische Motivationen nachordnet – zum Nachteil der übergeordneten Anliegen einer Bewusstheit für die Genderfagen und einer Wechselseitigkeit der Wertschätzung der Gender sowie eines gemeinschaftlichen Engagements für die **Sicherung der Integrität der Gender aus „Gendersolidarität"**. In offiziellen Verlautbarungen liest man über solche Anliegen und Zielsetzungen wenig. In Deutschland informiert die Website des „Bundesministeriums für Familie, Senioren, Frauen und Jugend" BMFSFJ (http://www.gender-mainstreaming.net) über die offiziellen politischen Positionen (was natürlich keineswegs durchgängig mit der offiziellen Politik, die gemacht wird, gleichzusetzen ist). Diese Positionen seien hier kurz vorgestellt, weil sie mit ihrem immer wieder auch kritisch zu beleuchtenden Richtliniencharakter und den sich damit ergebenden Aufgaben der interpretativen Zupassung und praktischen Umsetzung eine nicht mehr auszublendende Realität haben:

> „**Gender Mainstreaming** bedeutet, bei allen gesellschaftlichen Vorhaben die unterschiedlichen Lebenssituationen und Interessen von Frauen und Männern von vornherein und regelmäßig zu berücksichtigen, da es keine geschlechtsneutrale Wirklichkeit gibt." (BMFSFJ)

Erläuternd ist dann zu lesen:

> **Gleichstellungsorientierung in der Arbeit der Bundesregierung**
>
> Die tatsächliche Gleichberechtigung von Frauen und Männern wird effektiv gefördert, wenn sich die Arbeit der gesamten Bundesverwaltung durchgängig am Leitprinzip der Gleichstellung von Frauen und Männern orientiert. Diese Strategie, für die sich in Europa der Begriff „Gender Mainstreaming" etabliert hat, basiert auf

der Erkenntnis, dass es keine geschlechtsneutrale Wirklichkeit gibt und Männer und Frauen in sehr unterschiedlicher Weise von politischen und administrativen Entscheidungen betroffen sein können. Das Leitprinzip Geschlechtergerechtigkeit verpflichtet die politischen Akteure, bei allen Vorhaben die unterschiedlichen Interessen und Bedürfnisse von Frauen und Männern zu analysieren und ihre Entscheidungen so zu gestalten, dass sie zur Förderung einer tatsächlichen Gleichstellung der Geschlechter beitragen. Ein solches Vorgehen erhöht nicht nur die Zielgenauigkeit und Qualität von politischen Maßnahmen, sondern auch die Akzeptanz der Ergebnisse bei Bürgerinnen und Bürgern.

Zur tatsächlichen Durchsetzung der Gleichberechtigung von Frauen und Männern ist die Bundesregierung durch Art. 3, Abs. 2, Satz 2 GG ausdrücklich verpflichtet, sie ist wesentlicher Bestandteil des politischen Handelns der Bundesregierung in allen Politikbereichen. (**BMFSFJ,** ibid. http://www.gender-mainstreaming.net/)

Auffällig ist bei diesem Text, dass es um „Durchsetzung" geht – offenbar gegen einen unterstellten Widerstand – durch Maßnahmen, die Bürger und Bürgerinnen dann letztlich „akzeptieren" müssen. Hier findet sich als Implikat eine generalisierte Unterstellung von Ablehnung, die in dieser Generalität sicher falsch und damit problematisch ist. Man verordnet, man überzeugt nicht! Die „politischen Akteure" und Akteur_innen zu lesen analysieren und gestalten Entscheidungen, nicht die Bürgerinnen und Bürger. Das sind keine guten Voraussetzungen für eine partizipative Implementierung eines „neuen" Denkens und Handelns, das Nachhaltigkeit gewinnen soll. Es ist auch kein Mitbeteiligen von kooperationsinteressierten Menschen und auch kein Werben um Kooperation. Aus integrativ-supervisorischer Perspektive müssen derartige Texte, das wird an den zitierten offiziellen Verlautbarungen deutlich, prinzipiell „problematiert" werden, weil ein Verstehen und Problematisieren (sensu *Foucault* 1985, 1996) immer nur auf dem Boden eines jeweils erreichten Kenntnisstandes erfolgen kann – und die **Diskurse** zum Thema „Gender" wuchern und expandieren sich (*Bublitz* et al.1999). Es gilt im Sinne des *Foucault*schen **Diskurs**begriffes (*Schrage* 1999) deshalb in unterschiedlichen diskursiven Räumen, Räumen von unterschiedlichen Größenordnungen, Gehalten und Radien die Regeln herauszuarbeiten, die in diesen Kontexten wirksam sind und die vielleicht durch die „Diskursanalyse" in einer neuartigen Weise fassbar werden, um so vielleicht sogar eine „Überschreitung" in Neues vorzubereiten. Es sei an den Befund *Foucaults* über die Ordnung der Aussagen erinnert, „dass also jede Episteme das sagt, was sie zu einem gegebenen Zeitpunkt zu sagen im Stande ist – […], dass jede historische Formation all das sieht und sichtbar macht, was sie gemäß ihrer Bedingungen der Sichtbarkeit zu sehen und sichtbar zu machen vermag" (*Scholz* 2006). In einer solchen Position sind damit immer die Möglichkeiten von Überschreitungen, Transgressionen mitgedacht, die allerdings im Integrativen Ansatz nicht nur auf dem Instrument der „Diskursanalyse" (*Foucault* 1981; *Schrage* 1999) basieren, sondern auch andere Instrumente wie das der „Dekonstruktion" (*Derrida* 1972, 1987; *Engelmann* 2004) oder der „metahermeneutischen Mehrebenenreflexion" (*Petzold, Orth* 1999, 110–113). In all diesen genannten Ansätzen sind **Problematisierungen** als ein fortlaufender Prozess zu sehen (*Lemke* 1997) – und das ist natürlich auch das integrative Verständnis.

Die in dem obigen **BMFSFJ**-Text recht unbezogen und uneindeutig verwandten Begrifflichkeiten „Gleichstellung, Geschlecht, Gleichberechtigung, Geschlechtergerechtigkeit", das Fehlen des Begriffs „Gender" an dieser Stelle, und das Verzichten auf die Übersetzung des Terms „Gender Mainstreaming" – die ja eine eindeutigere politische Positionierung erkennbar werden lassen könnte – zeigt überdies, dass man diesen Text keineswegs als unhinterfragte Leitlinie hinnehmen kann, nicht zu reden von seinen Unterstellungen, Implikationen und Einseitigkeiten der Sicht und der angestrebten Maßnahmen. Er muss kontextualisiert, diskursiviert, dekonstruiert werden, muss auf sein Herkommen und seine Implikate hin untersucht werden. Nur dann kann man zu hinlänglich fundierten eigenen **Positionen** als Konsens- oder Dissensoptionen und ggf. zu „weiterführenderer Kritik" kommen – als Supervisor_in, Coach, Sozialarbeiter_in, Lehrer_in, Bürgerin und Bürger. Bei der von der EU betriebenen Politik geht es darum,

> „die Bemühungen um das Vorantreiben der Chancengleichheit nicht auf die Durchführung von Sondermaßnahmen für Frauen zu beschränken, sondern zur Verwirklichung der Gleichberechtigung ausdrücklich sämtliche allgemeinen politischen Konzepte und Maßnahmen einzuspannen, indem nämlich die etwaigen Auswirkungen auf die Situation der Frauen bzw. der Männer bereits in der Konzeptionsphase aktiv und erkennbar integriert werden („gender perspective"). Dies setzt voraus, dass diese politischen Konzepte und Maßnahmen systematisch hinterfragt und die etwaigen Auswirkungen bei der Festlegung und Umsetzung berücksichtigt werden." (Kommissionsmitteilung zur „Einbindung der Chancengleichheit in sämtliche politische Konzepte und Maßnahmen der Gemeinschaft", KOM (96)67).

Hier wird erkennbar, dass es natürlich „Sondermaßnahmen" für Frauen gab und gibt, und anstatt sie gut zu begründen (und sie sind bei Schwerpunktthemen begründbar), um **Gender-Solidarität** einzuwerben, die sicher auch zu gewinnen wäre, versucht man – ein projiziertes, impliziertes Kampfszenario unterstellend – dieses zu entschärfen. Das ist wenig glaubwürdig und produziert Kampf oder zumindest Protest, wie ihn *Barbara Stiegler* (2000) artikuliert, wenn sie bei der Kürzung von Frauenfördermitteln, der Abschaffung von Frauenbeauftragten aufgrund des Gender Mainstreaming von „Missbrauch" gesprochen hat. Gut, in der oben zitierten Kommissionsmitteilung ist die Aufforderung, „Maßnahmen systematisch zu hinterfragen", aber es wird nicht gesagt, wer denn die Hinterfrager_innen sein sollen, wo die Hinterfragungen deponiert werden können, und wer darüber entscheidet, welche dieser Infragestellungen *wie* berücksichtigt werden. Immerhin kann man und sollte man diese Aufforderung zur Hinterfragung in den konkreten Kontexten von Supervision und Coaching ernst nehmen und auf größtmögliche Beteiligung aller, die es angeht, setzen, mit dem Ziel, Konsens, gemeinsame Mentalisierungen, Solidarität und ein „kollektives Wollen" für anzustrebende Ziele zu erreichen, anstatt ein verdecktes „kollektives Nicht-Wollen" zu provozieren.

Im Blick auf die politischen Szenen und Entwicklungen muss festgestellt werden, dass mit dem **Gender Mainstreaming** ein politisches Programm auf den Weg gebracht wurde (*Michael Meuser, Claudia Neusüß* 2004), das über Strategie einer Bürokratisierung etabliert wurde bzw. werden soll, noch ehe der fachliche Polylog zwischen Philosoph_innen, Soziolog_innen, Kultur- und Politikwissenschaftler_innen sich zu einem breiten Konsens hin geklärt hat, nicht zu reden von öffentlichen Diskursen in der Bevölkerung. Aber irgendwann muss ja begonnen werden! So wird argumentiert. Nun gut, aber dann muss man sich der Problematiken der gewählten Strategien bewusst bleiben, den fehlenden Einbezug wichtiger Gruppen korrigieren und Dissens-Positionen thematisieren, ernst nehmen und Kooperationen zu gewinnen suchen für gemeinsame Anliegen, die es zu finden gilt.

> „Gender bezeichnet in Ergänzung zum nur biologischen Geschlecht („sex") das **soziale Geschlecht**. Geschlecht ist damit mehr als nur eine genetische Disposition oder etwas generell Unveränderliches. Vielmehr ist Gender ein Ergebnis von Erziehung, Rollenzuweisungen auch im Alltag oder Selbstidentifikation, von Lebenschancen, von Bildern und kulturellen Traditionen und entsteht in verschiedenen kulturellen und sozialen Praktiken" (**BMFSFJ** http://www.gender-mainstreaming.net/gm/Wissensnetz/was-ist-gm,did=16454.html).

Verlautbarungen wie dieser Text, lösen natürlich mit all ihrer terminologischen Unschärfe, ihren Geltungsbehauptungen zu Fragen, die noch im wissenschaftlichen Disput stehen, Gegenwind aus oder werfen Verständnisfragen auf. Bezieht sich die Aussage „etwas generell Unveränderliches" auch auf die „genetische Disposition"? Wenn von einer „Ergänzung" zum „nur" biologischen Geschlecht gesprochen wird, warum dieses „nur"? Es insinuiert eine Herabwürdigung unserer biologischen Natur! Dann wird aber eine Veränderlichkeit angedeutet, bezieht sich diese auch auf die biologische Basis oder nur auf die soziale Ergänzung? Was ist eigentlich die theoretische Referenz für das Konzept der „Selbstidentifikation", von welchem Bildbegriff geht man aus usw. usw.? Da gäbe es also noch einiges auszudiskutieren.

> **„Gender** – das bedeutet, nicht stereotyp ‚die Frauen' oder auch ‚die Männer' in den Blick zu nehmen, sondern Menschen in ihrer Unterschiedlichkeit und Vielfalt zu berücksichtigen. Niemand ist nur männlich oder nur weiblich, aber wir leben in einer Welt, die maßgeblich durch die Zuweisung von Geschlechterrollen geprägt ist. Frauen und Männer werden ständig daran gemessen, wie weiblich oder wie männlich sie sich verhalten; und Menschen werden auch immer wieder mit impliziten geschlechtsspezifischen Erwartungen konfrontiert. Daher ist es wichtig, Geschlechterdifferenzen wahrzunehmen, sie aber nicht – wie es auch das Bundesverfassungsgericht sagt – als tradierte Rollenzuweisungen zu verfestigen. **Mit Gender sind also immer auch Vorstellungen von Geschlecht gemeint, die sich ändern lassen.**" (unsere Hervorhebung; **BMFSFJ** http://www.gender-mainstreaming.net/gm/Wissensnetz/was-ist-gm,did=16454.html).

In diesem eurozentrisch formulierten Text (er ist zudem wohl nur mittel- und nordeuropäisch orientiert) liegen vielfältige „diversity-theoretische" Probleme. Hier werden „geschlechtsspezifische Erwartungen" von Ethnizität und Kulturalität abgelöst, die ja keineswegs nur „impliziert", sondern oft höchst explizit vorgetragen werden. Zugleich wird von diesem Text nicht das in ihm mitgegebene Implikat explizit gemacht, welches normative Bild von männlichem oder weiblichem Gender im Hintergrund steht, oder welche Breite eines „Spektrums an Genderheterogenität" zugelassen wird. Der Verweis auf das „Bundesverfassungsgericht" ist dekontextualisiert und kann so nicht als Argument dienen. Wenn sich „Vorstellungen" von Geschlecht ändern lassen, in welche Richtung können diese dann gehen? Hier müssen u.E. dringend die schon erwähnten Probleme „ethischer Gewalt" (*Butler* 2003) mit reflektiert werden. Und natürlich können mit den Vorstellungen auch Ideen entstehen, die körperliche Geschlechtlichkeit zu verändern.

Man gerät damit in einen höchst diskussionsbedürftigen Bereich, in Diskurse, die nicht nur zwischen medizinischen, psychologischen und juristischen Spezialist_innen oder Vertreter_innen der helfenden Berufe stattfinden sollten. Das zeigt die tragische Geschichte der Geschlechtsumwandlung des Jungen *Bruce Reimer* (* 22. 7. 1965 † 4. 5. 2004 durch Suizid[4]), der als Mädchen *Brenda* aufwachsen musste, weil sich hilflose Eltern durch den „Expertenrat“ des „Sexualwissenschaftlers“ *John Money* (1986, 1994) zu dieser Maßnahme motivieren/verleiten ließen. Die Rolle vom „Expert_innenrat“ ist eine wichtige und leider sehr wenig bedachte Dimension in Ereignisketten, die durch solche, oft machtvoll ausgeübte „Expertise“ in prekären Bereichen (Genderfragen, Schwangerschaftskonfliktberatung, Scheidung etc.) ausgelöst werden. Dieses Thema ist besonders für Supervisor_innen bedeutsam, weil sie oft genug in der Position von Ratgeber_innen/Expert_innen stehen und sich deshalb fragen müssen, ob ihr Rat für ihre Supervisand_innen und – wichtiger noch – für deren Patient_innen bzw. Klient_innen immer gut ist – er ist es eben nicht immer (vgl. *Ehrhardt Petzold* 2011; *Petzold, Leitner* et al. 2004; *Petzold, Rodriguez-Petzold* 1996). Deshalb müssen vermehrt öffentliche Diskurse über „Positionen“ in solchen prekären Bereichen stattfinden, im Genderbereich etwa darüber, ob das biologische Geschlecht *(sex)* etwas oder nichts mit dem sozialen Geschlecht *(gender)* zu tun habe, und wenn ja, was? Nur so können sich „informierte Standpunkte“ bilden. Zentral ist in derartigen Diskursen auch, die Betroffenen – wie immer auch ihre Position sei – zu Wort kommen zu lassen[5], denn in solchen Ko-respondenzen gibt es nicht nur *eine* Wahrheit, sondern neben den vielfältig möglichen, *subjektiven* Wahrheiten, auch verschiedene *fachlich-disziplinäre* Wahrheiten sowie unterschiedliche, argumentativ legitimierbare

[4] *Bruce* und *Brian Reimer*, eineiige Zwillinge, hatten beide eine Phimose. Die Operation bei *Bruce* beschädigte seinen Penis in irreparabler Weise. Auf Rat des Sexualwissenschaftlers *John Money* entschlossen sich die Eltern, das Kind als Mädchen aufzuziehen. Mit 22 Monaten wurden *Bruce* die Hoden entfernt und aus dem Hodensack *Schamlippen* geformt. *Bruce* wurde *Brenda* genannt und vom 12. Lebensjahr an mit weiblichen Hormonen behandelt. *Money* stellte das Zwillingsexperiment mit *Bruce* als gelungen dar, als einen Beleg für seine These, die Geschlechtsorientierung sei gelernt. Es wurde ein tragischer Fehlschlag, den der Betroffene mit dem Journalisten *John Colapinto* (2000) öffentlich machte. *Reimer* machte die erzwungene Geschlechtsidentität rückgängig, nannte sich *David*, heiratete und adoptierte die Kinder seiner Frau. Die Ehe scheiterte, das Leben scheiterte und es endete im Suizid. Sein Zwillingsbruder starb zuvor an einer ungeklärten Medikamentenvergiftung (Suizid?). Der *John/Joans-Case* ist ein viel zitiertes Beispiel ideologischer Verirrungen in den Genderdebatten (*Diamond* 2004; *Röhl* 2011; *Zastrow* 2006b).

[5] Vgl. z.B. die Diskussionen im Blog „Zwischengeschlecht“: Who killed David Reimer? http://blog.zwischengeschlecht.info/post/2008/12/08/Who-killed-David-Reimer

ideologische Positionen, die eventuell im Dissens stehen bleiben müssen – in einem respektvollen, ist zu hoffen. *John Money* (1972) vertrat unter Verweis auf das Beispiel/Experiment *Bruce Reimer*, dass „Gender" als geschlechtliche Rollenzuweisung ein soziales Konstrukt sei, und *Money*s Anhänger_innen nahmen diese Position auf (sie klingt auch in der oben zitierten Genderdefinition des BMFSFJ an), aber das bedarf einer sehr differenzierten Darstellung des Konstruktkonzeptes und seiner Reichweite, um Kategorienfehler zu vermeiden, die an dieser Stelle immer wieder zum Tragen kommen und um herangezogene Forschungsstände nicht zu überlasten, die in ihren Ergebnissen noch nicht ausreichend tragen. Im angesprochenen Einzelfall widerlegte *Milton Diamond* (2004), der *Bruce Reimer*s leidvollen Weg wissenschaftlich untersuchte, *Money*s *Reimer*-Legende, und *Reimer* selbst trat als Erwachsener *Money*s Darstellung entgegen (*Colapinto* 2000). Die Diskussionen zu diesem tragischen Schicksal, seine filmische Verarbeitung und seine argumentative Nutzung im genderpolitischen Disput (*Judith Butler* 2001; *Gabriele Dietze, Sabine Hark* 2007; *Zastrow* 2006b usw.), aber auch die große Popularität von Männer-Frauenthemen in den Medien insgesamt lassen ein öffentliches Interesse an diesen Fragen erkennen. Die Bestseller-Wellen wie die Bücher von *John Gray* (2003), *Cris Evatt* (2010), *Robin Norwoed* (1993) usw. zeigen allerdings auch die Ideologielastigkeit solcher Interessen und die Tendenzen zu einseitigen Diskursen mit exklusiven Geltungsbehauptungen und Wahrheitsspielen (*Foucault* 1998). Es wären vermehrt interdisziplinäre, öffentliche **wissenschaftliche Diskurse** und strittige **politische Diskurse** wünschenswert, an denen teilzunehmen, gut informierten Bürgerinnen und Bürgern Möglichkeiten geboten werden müssten, um **Positionen** zu diesen Themen zu entwickeln – eine Aufgabe politischer Bildung und Medienarbeit, die bislang noch nicht breit genug unter Kennzeichnung „multipositionaler Optionen" in Angriff genommen wird. Das wird aber notwendig, wenn Menschen das Genderthema mit fundiert begründeten Positionen in ihrem Alltagshandeln und in ihren staatsbürgerlichen Entscheidungsmöglichkeiten berücksichtigen sollen.

„Gender Mainstreaming ist eine Strategie, um durchgängig sicherzustellen, dass Gleichstellung als Staatsaufgabe (Art. 3 Abs. 2 GG) insbesondere von allen Akteurinnen und Akteuren der öffentlichen Verwaltung verwirklicht wird. Mit Gender Mainstreaming wird im international anerkannten Sprachgebrauch die Optimierung des Verwaltungshandelns im Hinblick auf die systematische Beachtung der Lebenswirklichkeiten von Männern und von Frauen bei der Planung, Durchführung und Bewertung des eigenen Handelns bezeichnet. Wesentlich ist also die ge-

schlechterdifferenzierte Folgenabschätzung" (http://www.gender-mainstreaming.net/gm/Wissensnetz/was-ist-gm,did=13986.html).

So heißt es in der Verlautbarung des Ministeriums (BMFSFJ), die dann noch weiter spezifiziert wird.

„**Mainstreaming** bedeutet, dass bei allen Entscheidungen, also im Hinblick auf Produkte, Außendarstellungen, Personal und Organisation, immer berücksichtigt wird, dass sich Frauen und Männer in unterschiedlichen Lebenslagen befinden. Nur wer die jeweiligen Unterschiede berücksichtigt, kann Diskriminierung vermeiden. Mit der Strategie des Gender Mainstreaming wird verhindert, dass scheinbar neutrale Maßnahmen faktisch zu Benachteiligungen führen. **Mit Gender Mainstreaming sind nicht mehr nur einige wenige Akteurinnen und Akteure mit Gleichstellungsfragen befasst, sondern alle Akteurinnen und Akteure sind gefordert, Gleichstellung von Frauen und von Männern systematisch mitzudenken**" (ibid., unsere Hervorhebung).

Die Affirmation, dass Gender Mainstreaming Benachteiligungen verhindert, bleibt empirisch zu überprüfen und hat bislang immer noch eine eher unbefriedigende Bilanz vorzuweisen, blickt man auf die Umsetzung des Gender Mainstreaming in den Vereinten Nationen und in der Europäischen Gemeinschaft selbst, den Institutionen, die diese Strategie auf den Weg gebracht haben (*Charlesworth* 2005; *Lombardo* 2005). Das ist natürlich kein Argument gegen die Zielsetzungen des Gender Mainstreaming, konfrontiert aber mit Umsetzungsproblemen und zeigt: Es bleibt noch sehr, sehr viel zu tun. Und natürlich muss auch gesehen werden, dass es große Gruppen gibt, die das vorgestellte Genderverständnis nicht teilen (z.B. traditionelle, christliche, muslimische oder wertekonservativ orientierte Gruppen). Sie können hier für sich Benachteiligungen sehen bzw. reklamieren sie als faktisch gegeben, womit auch gesellschaftspolitischer Konfliktstoff gegeben ist. Das von uns in dem zitierten Text herausgehobene Postulat: „**alle Akteurinnen und Akteure sind gefordert, Gleichstellung von Frauen und von Männern systematisch mitzudenken**", wird allein schon durch das Faktum konterkariert, dass hier eine Richtlinie vorgegeben ist, die nicht mehr einfach mit dem offenen Ausgang des „besseren Arguments" diskursiviert werden kann (*Diskurs* sensu *Habermas* 1971, 1981, 1983). Aus supervisorischer Sicht liegt damit – ungeachtet der inhaltlichen Positionen – eine strukturlogische und umsetzungspraktische Aporie vor.

Entsprechend harsch sind deshalb auch die Reaktionen gewesen, die sich im Schlagabtausch der Interessengruppen in den Medien (Spiegel, FAZ, Welt etc.), den Stellungnahmen der Parteien, der Gewerkschaften und Kirchen gezeigt haben und zeigen. Zwei Linien der Kritik müssen hervorgehoben werden:

Einmal zeigt die schon erwähnte kritische Sicht auf die Umsetzung von Gender Mainstreaming – etwa 2004 die Arbeit von *Hilary Charlesworth* (2005) – schlechte Ergebnisse, dass nämlich nur 37.4 % der „UN professional and managerial posts" mit Frauen besetzt sind, davon 83.3 % mit Positionen „at the lowest professional level" und gerade „16.7 % of positions at the highest staff level" . *Emanuela Lombardo* (2005) legte ähnlich negative Zahlen für das Europaparlament vor. *Maria Stratigaki* (2005) kommt für die europäischen Institutionen zu dem düsteren Schluss, dass das Gender Mainstreaming nur minimale Erfolge, ja gegenteilige Effekte, etwa Hostilität, produziert habe. Mit Blick auf den **Gender Gap**, wie ihn der durchaus mit methodischen Problemen behaftete „Global Gender Gap Report" des „World Economic Forum" (letzte Ausgabe 2009) sichtbar macht, werden die gigantischen Dimensionen des Problems deutlich. Das wirft natürlich Fragen nach Umsetzungsstrategien auf, und man kommt damit in den politisch und rechtlich höchst schwierigen Bereich der Quotierungen (Frauenquoten, fehlende Männerquoten, Diskriminierung und reverse Diskriminierung etc., vgl. *Andreas Lach* 2008; *Björn Gerd Schubert* 2003; *Alina Tryfonidou* 2009). Das Quotierungsproblem ist auch in der psychosozialen Arbeit, in Schule und Hochschule und damit in der Supervision immer wieder präsent, denn neben „offiziellen" Quotierungen gibt es inoffizielle, die z.B. die Dynamiken in Gremien und Teams bestimmen und oft schwer besprechbar sind – von allen Seiten –, was die Umsetzung eines angemessenen und erfolgreichen Gender Mainstreaming behindert, nicht zuletzt auch, weil oft **Genderfronten** statt **Gendersolidaritäten** mobilisiert werden.

Die andere kritische Perspektive richtet sich auf das Faktum eines „politisch verordneten" Gender Mainstreaming, das damit riskiert, zu einer ideologischen Zwangsapparatur zu werden, zu einem Projekt – so die Kritiker –, das einen „neuen Menschen" schaffen will (*René Pfister* 2007 im *Spiegel*) und das deshalb als Strategie der Machtdiskurse bestimmter Interessengruppen erkennbar werden solle, die in alle Gesellschaftsbereiche, von den Betrieben bis in die Schule, einzugreifen suchen (*Gabriele Kuby* 2007). **„Unter dem Begriff ‚Gender Mainstreaming' haben Politiker ein Erziehungsprogramm für Männer und Frauen gestartet. [...]** Gender Mainstreaming ist Leitprinzip für alle Bundesbehörden, so steht es in der Geschäftsordnung der Regierung, zwölf Bundesländer sind mit ähnlichen Regelungen nachgezogen, das CSU-regierte Bayern genauso wie der rot-rote Berliner Senat. [...]. Den Gender-Theoretikern ist es gelungen, aus ihrer akademischen Nischendisziplin ein bürokratisches Großprojekt zu machen" (so *René Pfister* im *Spiegel* 1, 2007). Hier treten Gegendiskurse zum Gender Mainstreaming auf den Plan, die man genau in den Blick nehmen muss. Die supervisorische Devise der „Allparteilichkeit" oder das *„audiatur et altera pars"* oder die Maxime *Sun Tsus* (ca. 544–496 v. Chr.) „Wenn du dich und den Feind kennst, brauchst du den Ausgang von hundert Schlachten nicht zu fürchten" (*Die Kunst des Krieges,* 1989) kann man hier „ins Feld" führen, denn man gerät mitten in die ideologischen Kämpfe – und vielleicht auch in „Geschlechterkämpfe" mit ihren persönlichen Hintergründen, denn es geht ja keineswegs nur um akademische Fragen. *Volker Zastrow,* seit 2006 Leiter des Politikressorts der „Frankfurter Allgemeinen Sonntagszeitung" hat in seinen weithin beachteten Veröffentlichungen in der F.A.Z. (*Zastrow* 2006a, b) sich gegen die Gleichstellungspolitik der Bundesregierung und das „Gender Mainstreaming" gewandt, das er als Strategie der „politischen Geschlechtsumwandlung" kennzeichnete. Seine Positionen sind mit recht heftigen Reaktionen beantwortetet worden (z. B. von *Andrea Geier* 2006). *Zastrow* hat, auch wenn man mit seinen Positionen im Dissens ist, aufzeigen können, dass es eine Verquickung von Zielen gibt: „Die Bundesregierung verfolgt derzeit mehrere Projekte von ‚Gleichstellung' und ‚Gleichbehandlung' [...]. Denn der eigentliche, aber selten offen dargelegte Zweck dieser Politik ist die Erhöhung der Frauenerwerbsquote. Die Gleichstellung von Mann und Frau soll durch die Vollbeschäftigung beider verwirklicht werden" (idem 2006a). In der Tat gehört es zu den von der EU als Strategie für die Jahre 2010–2015 definierten Aufgaben des Gender-Mainstreaming, die Bedingungen zu beseitigen, die verhindern, *„dass die Wirtschaft ihr Potential* [das der Frauen, s. c.] *nicht ausschöpfen kann und wertvolle Begabungen* [der Frauen] *ungenutzt bleiben."* Derartige Ziele werden natürlich von „traditionalistischen" Kreisen, christdemokratischen und kirchlich orientierten Gruppen, als Angriff auf ihr herkömmliches Familienbild und Genderverständnis (berufstätiger Vater, Hausfrau und Mutter, die sich um Haushalt und Kinder kümmert) gesehen und abgelehnt. Und das wiederum ist ein Feindbild für andere Gruppen, wie die Sicht eines solchen Familienbildes etwa in *Alice Schwarzers* (1975) Bestseller „Der kleine Unterschied" deutlich macht, in dem sie Hausfrauen und Mütter als „Sklavinnen" bezeichnete. *Zastrows* Positionen zeigt *Andrea Geiger*(2006) die „rote Karte", wenn sie kontert: „Weder die konkrete Ausgestaltung des Gesetzes noch seine befürchteten oder erwünschten Auswirkungen und schon gar nicht die grundsätzliche, breite und kontrovers geführte Debatte innerhalb der (feministischen) Geschlechterforschung über Ziele und Mittel von Gleichstellungspolitik finden in seinem Artikel Erwähnung. Das ist einfach zu erklären: Hätte sich Volker Zastrow damit beschäftigt, würden die Frontlinien verschwimmen, die der Autor dringend braucht: für einen regelrechten Feldzug gegen Feministinnen und Homosexuelle."

Zastrow ist natürlich kein „In-Autor" in der feministischen Genderdebatte; denn er meint, den „theoretischen Kern des Gender-Begriffs" freigelegt zu haben. Der bezeichne „nämlich keineswegs die Existenz sozialer Geschlechterrollen und deren Merkmale: also eine Banalität, an die feministische Klassikerinnen wie Betty Friedan noch anknüpften. Vielmehr behauptet ‚Gender' in letzter Konsequenz, daß es biologisches Geschlecht nicht gebe. Die Einteilung der Neugeborenen in Jungen und Mädchen sei Willkür, ebensowohl könnte man sie auch nach ganz anderen Gesichtspunkten unterscheiden, etwa in Große und Kleine. Daher liege bereits in der Annahme der Existenz von Geschlecht eine letztlich gewalthafte Zuweisung von Identität: die ‚heterosexuelle Matrix'" […]. Das Ziel greift hoch hinaus, meint *Zastrow*: „Es will nicht weniger als den neuen Menschen schaffen, und zwar durch die Zerstörung der ‚traditionellen Geschlechtsrollen'. Schon aus diesem Grunde muß das als Zwangsbegriff verneinte ‚Geschlecht' durch ‚Gender' ersetzt werden. Und möglichst schon in der Krippenerziehung soll mit der geistigen Geschlechtsumwandlung begonnen werden" (*Zastrow* 2006a). Hierzu schreibt *Geiger* (2006): „Einen Höhepunkt stellen die Auslassungen zur kulturellen Konstruktion von Geschlecht dar. Diese Theorie sei vollkommen verfehlt, weil sie ‚der ursprünglichsten Wahrnehmung und Empfindung der meisten Menschen, den Religionen und naturwissenschaftlicher Forschung' widerstreitet". Aber, so *Geiger*: „Im Gegenteil, die naturwissenschaftliche Forschung [lässt sich] sehr gut zur Begründung der kulturellen Konstruktion von Geschlecht heranziehen… aber diese Forschungen nimmt Zastrow nicht wahr […] …. Dass individuelle Erfahrung und kulturelle Konstruktion keinen Widerspruch darstellen, passt auch nicht in Zastrows Weltbild". Er meine vielmehr: „Die feministische Bewegung ist eine gefährliche Veranstaltung von Lesbierinnen, die seit jeher daran arbeiten, einen groß angelegten politischen Angriff gegen die Grundwerte der Gesellschaft zu führen", so *Geiger*.

Es wurden hier bewusst und exemplarisch pointierte Konträrpositionen herausgegriffen, was für supervisorische Arbeit Alltagsrealität ist, wenn man in konflikthaften Feldern arbeitet, was aber auch als ein methodisches Prinzip für Supervisor_innen sein muss, wenn sie sich **feld**- und **fachkompetent** mit der Genderthematik befassen wollen. Man sieht, man kommt mit dem Genderthema und besonders mit der Politik des „Gender Mainstreaming" in hochideologisiertes Fahrwasser, trifft auf sehr unterschiedliche politische und religiöse Auffassungen und muss in der Wahrnehmung von Differenz und

Diversity (bei grundrechtlich zugesicherter Religions- bzw. Glaubensfreiheit), diese Differenzen auch **offenlegen** und zur Kenntnis nehmen. Man kommt bei diesen Themen auch nicht umhin, eigene **Positionen** zu entwickeln. Aus diesem Grunde haben wir beispielhaft auf *Volker Zastrows* Texte verwiesen. An ihnen kann man nicht nur die eigenen Argumente schärfen, an ihnen sieht man auch die Kraft anderer Diskurse, denen man nicht nur mit Gegenpolemik begegnen sollte, sondern die Überzeugungsarbeit erfordern. In jedem Fall können und müssen zur eigenen **Position** dissente Diskurse zur Vertiefung der eigenen Überlegungen anregen.

Supervisor_innen müssen sich in politisch relevanten Fragen wie bei den Themen Gender, Arbeit/Arbeitslosigkeit, Lohngerechtigkeit usw. usw. positionieren, müssen eigene Standpunkte und Parteilichkeiten kritisch und informiert hinterfragen, ggf. neue Positionen bilden und sich deren Gewichtungen und Ausrichtungen b e w u s s t sein, auch um sie eventuell in supervisorischen Situationen zurücknehmen zu können aus dem Respekt vor anderen Diskursen. Jeder weltanschaulich-missionarische Gestus ist in der Supervision unangebracht, es ist vollauf hinreichend, komplexe Sachverhalte zu „problematisieren“ (sensu *Foucault*).

Wir positionieren uns in der Genderfrage mit der Affirmation, dass eine **gendergerechte, gleichstellungsorientierte, Genderintegrität schützende und Gendersolidarität fördernde Supervisionspraxis anzustreben ist**. Um diese zu erreichen, müssen Supervisor_innen und Supervisand_innen in einen „informierten“, konzeptkritischen Diskurs über **Positionen** (im oben definierten Sinne) eintreten. Das vorliegende Buch von *Surur Abdul-Hussain* bietet für ein solches Informationserfordernis eine gute Materialbasis und einen fundierten Ansatz. Man kann in den Diskursen zum Genderthema nicht positionslos argumentieren. Das gilt einerseits für den Standpunkt, den man in Supervision und Coaching vertritt, denn diese Praxeologien sind von den theoretischen und methodischen Ansätzen her – und wir betonen den Plural – so heterogen, dass wir nach Sichtung der internationalen Forschungsliteratur zu der Konklusion kommen mussten, dass es *„**die** Supervision derzeit nicht gibt“* (*Petzold, Schigl* et al. 2003). Es gibt eine Vielfalt von Ansätzen, Richtungen, „Schulen“ mit unterschiedlichem Grad an theoretischer Elaboration und praktischer Wirksamkeit – durchaus in einem Fachverband – und damit also auch Supervision und Coaching mit schwacher oder schlechter Effektivität, was ein gewisses Risiko für die Nutzer_innen dieser Beratungsdienstleistungen birgt[6]. Hier liegt die Situation nicht anders als in der Psychotherapie, wie sie

[6] *Ehrhardt, Petzold* 2011, *Kero* 2010.

Grawe (et al. 1994) seinerzeit aufgezeigt hat, nur dass bislang oft so getan wird, als habe die Supervision als Methode eine übergreifende, hinlängliche Konsistenz, die Aussagen über eine „generelle Wirksamkeit" zuließen. Dafür liegt noch keine Forschung vor. Metaanalysen (die bislang fehlen) würden Äpfel und Birnen vergleichen, und wahrscheinlich ist das ein Grund für ihr Fehlen. Deshalb müssen Anbieter_innen von Supervision ihre konzeptuelle Position offenlegen und sollten am besten auch empirische Wirkungsnachweise für ihre Form der Supervision oder Supervisionsausbildung dokumentieren[7]. Davon ist man noch weit entfernt, aber die Disziplin ist in Bewegung (*Haubl, Hausinger* 2009).

Surur Abdul-Hussain wurde in „Integrativer Supervision" von der Autorin und dem Autor dieses Textes an der Donau-Universität in Krems, „Department für Psychotherapie und Psychosoziale Medizin" im „Studiengang Supervision" ausgebildet, und sie wurde in ihrer Masterthese, die diesem Buch zugrunde liegt, von *Hilarion G. Petzold* als verantwortlichem Dozenten begleitet, der diesen Begleitungsprozess mit *Ilse Orth*, gleichfalls dort lehrend, immer wieder diskutiert hat[8]. *Es ist dem Genderthema und unserer langjährigen Zusammenarbeit geschuldet*, dass wir diesen Text einer Ko-Reflexion gemeinsam abfassen. *Abdul-Hussain* legt ihre integrative Position dar und argumentiert von dieser Theoriebasis her, aber sie hat ihre Darstellung so aufgebaut, dass sie für das gesamte Feld der Supervision und für die angrenzenden Felder der Psychotherapie, Soziotherapie, Sozialarbeit etc. zu nutzen ist, denn sie hat sich an dem methodologischen Imperativ orientiert, den wir für Arbeiten zur Psychotherapie formuliert hatten und der in gleicher Weise für die Supervision Geltung haben kann.

> „Erarbeite therapeutische [supervisorische s.c.[9]] Konzepte und Methoden so, dass sie an die Grundlagenwissenschaften (z.B. Psychologie, Neurobiologie, Medizin) und die Forschungsergebnisse der Psychotherapieforschung anschlussfähig sind und durch neue Forschung überprüft werden können. Entwickle Beiträge so, dass sie nicht nur der eigenen Richtung dienen, sondern für das gesamte Feld der Psychotherapie und vor allem für PatientInnen von Nutzen sind. Was wirklich

[7] Für den Integrativen Ansatz vgl. *Schigl, Petzold* 1997; *Oeltze, Ebert, Petzold* 2002/2010.
[8] *I. Orth* ist mit dem Genderthema langjährig befasst. So hatte sie ihre Staatsexamensarbeit über das Frauenbild bei *George Eliot* und Texte über Probleme der Weiblichkeit in Therapie und Supervision geschrieben (*Orth* 1960, 2002, 2010).
[9] Im Folgenden auf den Supervisionsbereich umzuformulieren.

grundlegend wichtig ist, muss für alle Richtungen und für PatientInnen Bedeutung haben und mit ihnen partnerschaftlich umzusetzen sein." (Therapietheoretischer Imperativ, *Petzold* 2000h)

Surur Abdul-Hussain kann in ihrer Arbeit auf einen Supervisionsansatz zurückgreifen – und das war für ihre Untersuchung von Vorteil –, der über eine elaborierte, diskurs- und methodenübergreifende Basis in Erkenntnistheorie, Anthropologie, Ethik und Persönlichkeits- und Entwicklungstheorie verfügt,[10] mit einer klaren, sozialpsychologischen und klinisch-psychologischen Orientierung. Sie hat darüber hinaus selbst zur empirischen Supervisions- und Psychotherapieforschung zahlreiche Beiträge geleistet[11], und zwar in den verschiedensten supervisorischen Praxisfeldern (*Petzold, Schigl* et al. 2003). Die Genderfrage wurde dabei immer mit berücksichtigt und schon früh im Integrativen Ansatz thematisiert, wobei sie zunehmend an Bedeutung gewann[12]. Sie ist – wie die Frage der Diversität – eng mit dem Machtthema (*Petzold* 2009d) verbunden und verlangt die Entwicklung expliziter machttheoretischer Positionen[13], die letztlich auf Grundsatzfragen einer „supervisorischen Ethik" und „melioristischen Supervisionspraxis" hinauslaufen. Diese müssen an die ethiktheoretischen und gerechtigkeitspolitischen Diskurse in der Moderne anschlussfähig sein[14].

„**Meliorismus** ist eine philosophische und soziologische Sicht (philosophiegeschichtlich in vielfältigen Strömungen entwickelt), die danach strebt, die Weltverhältnisse, die Gesellschaften oder den Menschen zu ‚verbessern'. Meliorismus setzt dabei voraus, dass im Verlauf historischer Prozesse und kultureller Evolution Gesellschaften verbessert werden können, Fortschritt im Sinne einer kontinuierlichen Entwicklung zum Besseren möglich ist und mit Vernunft, wissenschaftlichen Mitteln, materiellen Investitionen und sozial-humanitärem und ökologischem Engagement vorangetrieben werden kann" (*Petzold, Orth, Sieper* 2010, 133; *Petzold, Sieper* 2011, 160).

---

[10] *Petzold* 2003a; 2007a; *Petzold, Orth, Sieper* 2010.

[11] *Leitner* 2010; *Petzold, Hass* et al. 2000; *Steffan, Petzold* 2001b; *Schigl, Petzold* 1997.

[12] *Petzold* 1998h; *Orth* 2002, 2010; *Petzold, Sieper* 1998; *Gahleitner, Ossola* 2007; *Spilles, Weidig* 2005.

[13] *Orth, Petzold, Sieper* 1995; *Haessig, Petzold* 2009; *Petzold, Orth* 1999; *Petzold* 1998a, 327 ff.

[14] An *Arendt, Foucault, Habermas, Krämer, Levinas, Nussbaum, Ricœur, Rorty,* um Referenzautoren des Integrativen Ansatzes zu benennen, auf die er in seiner Ethiktheorie zurückgreift, vgl. *Moser, Petzold* 2003/2007; *Petzold, Orth, Sieper* 2010.

Wir vertreten in diesem Kontext der Genderfragen die **Position** eines „**kritischen Meliorismus**", der auf die **Mitwirkung** – mehr ist einem Einzelnen oder einer Gruppe bei dieser Zielsetzung nicht möglich – an Gewährleistung der „**Integrität** von Menschen, Gruppen, Lebensräumen" zielt (*Petzold* 1978c).

> „**Integrität** wächst in konvivialen Räumen, die ‚menschengerecht' sind. Solche Räume als Lebensräume in melioristischer Absicht zu schaffen, ihre Sicherheit zu gewährleisten, ihre Qualität als menschliche Lebensräume zu entwickeln und ihre Integrität zugrunde zu legen und zu entfalten, muss ein Anliegen aller Menschen sein, denen Menschlichkeit am Herzen liegt und die selbst auf menschenwürdige Behandlung zählen wollen, wenn sie sie brauchen" (*Petzold, Sieper, Orth* 2010, 133; Vgl. *Petzold, Sieper* 2011, 155f.).

In diesem Rahmen betrachten wir auch das **Genderthema**. Es muss – wie eigentlich jedes Basisthema in Supervision und Coaching – aus der Sicht des Integrativen Ansatzes ***mono***- und ***multidisziplinäre*** Betrachtungsweisen überschreiten und in ***interdisziplinärer*** Weise unter verschiedenen Perspektiven reflektiert werden (z.B. Recht, Biologie, Philosophie, Soziologie, Psychologie, Linguistik, Geschichts- und Kulturwissenschaft usw.), um durch solche Mehrperspektivität zu übergreifenden „***transdisziplinären***" Konzepten zu kommen – so die für die Integrative Supervision formulierte erkenntnis- und wissenschaftstheoretische Position (*Petzold* 1998a, 26). Dieser Sicht ist das Buch von *Surur Anbdul-Hussain* verpflichtet. Für den Kontext dieses „*ko-reflexiven*" Beitrags seien dann aus unserer Sicht einige Perspektiven hervorgehoben:

1.1 Die Ubiquität des Genderthemas

Das Genderthema findet sich in jeder sozialen Situation (auch in genderhomogenen Gruppen) und damit auch in jeder Supervisionssituation: auf der *Supervisand_innenebene* (1) zwischen Supervisor und Supervisandin, aber auch auf der Ebene des *Klient_innensystems* (2) zwischen Beraterin und Klient – in welcher Genderkonstellation auch immer. Deshalb muss eine Verständigung über die Mann-/Frau- oder die Frau-/Frau- oder die Frau-/Mannverhältnisse usw. in Supervisionsprozessen stattfinden. Das ist die Position, die wir im Integrativen Ansatz vertreten und lehren. Damit sind natürlich immer auch Wertsetzungen verbunden, die nicht völlig rational aufgelöst und objektiviert werden können. Es bleibt ein *subjektives Moment*, das der *ethischen Entscheidung* eines jeden anheimgestellt bleibt, welches aber in den diskursiven Prozessen des Supervisionsgeschehens soweit wie irgend möglich rational begründbar und mit Positionen der Forschung vereinbar gemacht wird.

Die Position der Integrativen Supervision sieht **Gender** als Entwicklung der Geschlechtsidentität im Rahmen von Enkulturations- und Sozialisationsprozessen, aber durchaus auch in Ökologisationsprozessen (*Petzold* 2006p)[15]. Diese Prozesse bestimmen das Erleben einer Geschlechtsidentität. Ethnizität und Religion kommen als weitere Faktoren hinzu. Gendererleben, aber auch das Erleben der biologischen Sexualität – beides findet immer in kulturellen Räumen statt – kommen also nie „pur" zum Tragen und sind immer **soziale Konstruktionen**. Es gibt Geschlechtlichkeit nicht als eine rein biologische „Objektivität".

Ein Blick in die Geschichte der Biologie als Diszplin macht diese Position gerade am Thema der Sexualität deutlich. Sexualität als biologische Funktion ist immer ein soziokulturell an kollektive Denkmuster rückgebundenes Phänomen, aber zugleich auch ein höchst individualisiertes – in diesem Aspekt ist *Judith Butler* (1991, 1993, 1997) zuzustimmen, die die Unterscheidung sex/gender problematisiert. Im Integrativen Ansatz sehen wir durchaus die männlichen und weiblichen biologischen Körper in ihrer Differenz bis in die Genetik und die Hirnfunktionen[16], aber wir sind uns natürlich bewusst, dass dies die Sicht einer hochtechnisierten, spätmodernen Wissenschaftsgesellschaft ist, die aufgrund ihrer Forschungslage darum weiß, dass Männer und Frauen in Teilbereichen unterschiedlicher physiologischer Prozesse recht verschieden sein *können*, was Denken, Fühlen und Wollen anbelangt (*Baron-Cohen* 2004; *Bischof-Köhler* 2002). Dabei sind sie immer auch soziokulturell geformt[17]. Genderspezifische Sozialisation, etwa im Wertebereich[18], hinterlässt ihre Spuren bis in Biologische, bis in die „Verkörperungen" von soziokulturellen Genderattributionen (*Wex* 1979). Wir sehen also *sex* und *gender* verschränkt. Diese **soziobiokulturelle** und **sozialneurowissenschaftliche** Betrachtung (vgl. *Decety, Ickes* 2009; *de Haan, Gunnar* 2009; *Freitas-Magalhäes* 2010), die sich durch histori-

[15] Vgl. die von Landschaften bedingten Arbeitsverhältnisse: Fischers-, Ackers-, Jägersmann, Bauersfrau etc.

[16] *Haier, Jung* et al. 2005; *Harasty, Double* et al. (1997); wobei manche Positionen heftige Diskussionen auslösten *Brizendine* (2006, 2010); *Fine* (2010).

[17] Man denke an die Effekte geschlechtsspezifischer infant and child rearing practices, z.B. *Hopkins, Westra* 1990.

[18] *Hopf, Nunner-Winkler* 2007; *Nunner Winkler* 1995.

sche wie ethnische Dokumente fundiert sieht[19], negiert die biologische Dimension nicht (*Fausto-Sterling* 1992), sondern sieht sie ein als reflektierte Beziehung zwischen sozialem *(gender)* und biologischem *(sex)* Geschlecht in einer jeweils individuell gegebenen Verschränkung dieser Dimensionen in konkreten Subjekten. Diese sind als solche wiederum von „kollektiven mentalen Repräsentationen" bestimmt – auch in ihrer Konflikthaftigkeit (*Moscovici* 2001; *Petzold* 2003b) und ihrer performativen Umsetzung in den **Interaktionen** zwischen den Geschlechtern (*Goffman* 2001; *Gildemeister* 2004). Gender muss deshalb immer **interaktional** als ein Geschehen **„zwischen den Geschlechtern"** in der individuellen Ausprägung des jeweiligen Subjektes gesehen werden – es gibt kein Standardformat der biologischen „sex role", welche jeweils in ihrer erlebten und performatorisch vollzogenen subjektiven Wirklichkeit bestimmt werden muss. Die Abhängigkeit von den je spezifischen soziokulturellen Diskursen, Praxen und Alltagsroutinen zwischen den Geschlechtern, in die Momente des sozioökonomischen Status, der Schicht, der Bildungs- oder auch Sportbiographie, des Alters, der Arbeitswelt usw. eingehen, macht **Gender** als die vielfältig bedingte Geschlechtsidentität (*Bosinskj* 2004) durch sozialisatorische und enkulturierende Einflüsse formbar, was die **erlebte Genderidentität** und **Genderintegrität** anbelangt.

> „Geschlechtsidentität (gender identity) beginnt mit dem Wissen und dem Bewusstsein, ob bewusst oder unbewusst, dass man einem Geschlecht (sex) angehört und nicht dem anderen. Geschlechtsrolle (gender role) ist das äußerliche Verhalten, welches man in der Gesellschaft zeigt, die Rolle, die man spielt, insbesondere mit anderen Menschen" (*Stoller* 1968).

Wenn man sich an diese frühe Konzeptualisierung *Stoller*s erinnert, und eine Verbindung zu *Wests* und *Zimmermans* (1987) *„Doing Gender"* Konzeption denkt, dann wird deutlich, dass die in der *„subjektiven mentalen Repräsentation"* (*Petzold* 2003b, 2008b) gründende Praxis/Performanz des persönlichen *„doing gender"* Anderen und sich selbst gegenüber zentral für die erlebte **Genderintegrität** ist. Genderabwertung, die Mann praktiziert und Frau erlebt/erleidet (und das ist natürlich durchaus vice versa gegeben), Erfahrungen von Gendergewalt, Dominanzerleben (als dominieren und dominiert werden) in der Biographie werden für das eigene „genderimprägnierte Integritätserleben" maßgeblich. Im Integrativen Ansatz, der der **Entwicklungspsychologie der Lebensspanne** (*Petzold* 2003a; *Sieper* 2007) verpflichtet ist, sieht man eine auch

[19] *Villa* 1999; *Gerl-Falkovitz* 2009

über die Adoleszenz hinausgehende Entwicklung im Erwachsenenalter bis ins hohe Senium (*Petzold, Horn, Müller* 2010). Durch persönliche „Selbsterfahrung" und „Arbeit an sich selbst" und „mit den Anderen" (*Petzold, Orth, Sieper* 2006) wird die Ausgestaltung der persönlichen **„Genderintegrität"** eine bedeutsame **Entwicklungsaufgabe** (*Havighurst* 1948; *Oerter, Montada* 2008). Diese muss in therapeutischen, beratenden Prozessen und damit auch in ihrer supervisorischen Begleitung fokussiert und differentiell reflektiert werden – auf allen Ebenen des **„supervisorischen Mehrebenensystems"** (*Petzold* 1990o, 2007a), also auch mit den Patient_innen und Klient_innen, zu deren Heilung, Selbstfindung und Selbstgestaltung Beratung/Therapie und deren Supervision ja beitragen will.

1.2 *Differentielle Perspektiven auf Diversität und Gender*

In der Genderthematik, das wurde bisher schon deutlich gemacht, sind aus integrativer Sicht differentielle Perspektiven erforderlich, auch weil wir die aus der **Differenz** emergierende **Diversität** als wünschenswerte Vielfalt und kostbare Mannigfaltigkeit[20] betrachten. Das Gender-Thema und das Diversity-Thema liegen durch das beiden inhärierende Faktum der **Differenz** nahe beieinander und sollten immer wieder mit Quergängen von einem zum anderen reflektiert werden[21]. Das wurde bislang erst in Ansätzen in Angriff genommen. Die amerikanische Juristin und Frauenrechtlerin *Kimberle Crenshaw* führte 1989 den Begriff der **„Intersektionalität"** (Intersectionality) – also die Verbindung von Gender und anderen gesellschaftlichen Differenzierungsfaktoren – ein und stieß damit eine fruchtbare Debatte an, denn bei Benachteiligungen kommt es meist zu akkumulierenden Effekten (vgl 2.2). Aber diese Diskussion ist noch vollauf im Gange und schwierig, denn dabei werden angrenzende Themen aufgerufen: Macht, Ohnmacht, Unrecht und Gerechtigkeit, Schuld und Schuldfähigkeit (*Petzold* 2003d), Menschenwürde und Menschenrechte (*Petzold, Orth* 2004b), Macht und Machtmissbrauch, die Opfer und Täter schaffen, Zugehörigkeit und Fremdheit, Themen, die im Fluss sind und im Fluss bleiben werden, weil gesellschaftliche Kontexte sich beständig

---

[20] Kommt nicht von „Mann" sondern vom unbest. Zahlwort „manch", mhd. manec, manig, ahd. manag, gemeingerm. Wort, vgl. z.B. aengl. manig (engl. many); der ch-Auslaut wurde im Frühnhd. aus den Mundarten übernommen, vgl. Duden – Deutsches Universalwörterbuch, 5. Aufl. Mannheim 2003 [CD-ROM].

[21] Vgl. zu unseren Positionen zum Thema Diversity *Petzold* 2009d Abschn. 3.1 „Macht, Gender und Diversity".

verändern. Besonders wenn multikulturelle Settings zur Rede stehen, kommt das Genderthema ohne Diversity-Perspektiven und identitätstheoretische und xenologische Überlegungen nicht aus (*Petzold* 1995f, 2001p, 2009d). Das alles steht noch in durchaus kontroversen, wissenschaftlichen Diskursen, in denen Gender- und Diversity-Themen (*Adul-Hussain, Baigh* 2009; *Engel* 2009; *Bruchhagen, Koal* 2008)[22] derzeit keineswegs mit klaren und breit akzeptierten Konsenspositionen ausdiskutiert sind, genauso wie die differenztheoretischen Positionen – z.B. von *Derrida, Foucault, Lyotard,* aber auch von *Levinas* (1983) und *Ricœur* (1985, 2009), alle in den Diversity-Diskursen ausgeblendet – noch offen sind und jeweils spezifisch herangezogen werden können, wie das im Integrativen Ansatz immer wieder geschieht. Unsere Differenzpositionen – nicht mit den Differenztheorien der Mailänder Philosophinnen gleichzusetzen – fokussieren im Gender-Kontext u.a. folgende Bereiche:

1.2.1 Ethiktheoretische Fragen

Fragen der Ethik müssen in sozialinterventiven **Praxeologien** (*Petzold* 1993a, Bd. III) behandelt werden, weil sie die Praxis der Arbeit mit Menschen fundieren, und da gilt es Themen wie das der grundsätzlichen Achtung der **„Andersheit des Anderen"** (*Levinas*[23]) zu erörtern oder das der Verpflichtung zur **Verantwortung** für den Anderen aufgrund seiner „**Hominität**". Klient_innen und Patient_innen sind ja Menschenwesen in einer „**Qualität des Mitsubjekts**", mit denen ich als Helfer in meiner „Qualität als Mitwirkender an gemeinsamen Ereignissen" (*Bachtin*[24]) tätig bin. Hominität impliziert auch gemeinsame Verantwortlichkeiten, die ich mit dem Patienten/der Patientin aufgrund unseres gemeinsamen Menschseins teile wie etwa die Verantwortung für die **„gemeinsame Lebenswelt"**, die nur gemeinschaftlich wahrgenommen und realisiert werden kann (*Jonas*[25]) und deshalb die – zumindest potentielle – Mitwirkung eines jeden braucht (Weiteres 2.4).

---

[22] Vgl. zu Diversity *Knoth* (2006), *Koall, Bruchhagen, Höher* (2007), *Roughgarden* (2004), *Stuber* (2004).

[23] *Levinas* 1963, 1989; vgl. *Petzold* 1996j; *Striedelmeyer* 2003.

[24] *Bachtin* 1919/2008, vgl. *Shchyttsova* 2002, 2006; sowie das Ko-respondenzmodell von *Petzold* (1978c, 2002c).

[25] *Jonas* 1973, 1979, 1987. Zur ökologischen Verantwortung aus integrativer Sicht vgl. *Petzold* 2006j, p.

1.2.2 Gerechtigkeitstheoretische Fragen

Diese Fragen werden notwendig u.a. wegen des Gleichheitsgrundsatzes und der Gewährleistung von **Würde** und **Integrität** durch Entwicklung und Anwendung der Menschenrechte. Die Rechtssubjekte – Frauen wie Männer – sind „vor dem Gesetz" gleich. Die gerechtigkeitstheoretischen Positionen müssen dabei breit abgesichert werden etwa im Rekurs auf *Derrida* (1996), *Habermas* (1992, 2005), *Nussbaum* (1999), *Rawls* (1975), *Ricœur* (1990b, 2007b), *Sen* (1999), um nur einige der für uns wichtigsten Protagonist_innen zu nennen[26], ohne dass an dieser Stelle die gerechtigkeitstheoretischen Positionen für die „**Integrative Praxeologie**", d.h. für die Theorie und Methodik von Praxis (*Orth, Sieper* 2004, *Sieper* 2006) dargelegt werden können (vgl. aber *Petzold* 2003d, h, i, 2006n). Es muss indes in der Supervision um gerechtigkeitstheoretische Fundierungen für ihre praxeologischen Konzepte und ihr Praxishandeln gehen, etwa für die Handhabung der therapeutischen oder der supervisorischen Beziehung im Rückgriff auf relevante gerechtigkeitstheoretische Positionen (Weiteres hier 2.4). Mehr ist von Verfahren bzw. Ansätzen in Supervision und Therapie nicht zu leisten, das aber, der Ausweis gerechtigkeitstheoretischer Referenztheorien, kann und muss geleistet werden (*Petzold, Orth, Sieper* 2010).

1.3 Menschen sind keine Fälle! – Anthropologische Fragen – Komplexe Hominität – zur Vielfalt von Menschen

Überlegungen zum Wesen des Menschen und zum Menschenbild sind natürlich mit Blick auf das Genderthema unverzichtbar und stellen die Mehrzahl der Supervisionsansätze (von den Coachingformen nicht zu reden) vor große Probleme, weil sie anthropologisch wenig erarbeitet oder ihre Quellverfahren (z.B. Psychoanalyse oder Systemtheorie) in ihrer anthropologischen Substanz nicht an den supervisorischen Kontext adaptiert haben[27].

Insgesamt ist die anthropologische Frage in Psychotherapie, Supervision, Soziotherapie mit Blick auf ihre zentrale Position wenig thematisiert (*Petzold* 2003e, 2011), obwohl mit ihr u.a. das Leib-Seele-Thema, die Frage des freien bzw. nicht-freien Willens, des Sinnes und der Werte, der Kreativität und natür-

---

[26] Vgl. auch *Höffe* 2003; *Empfter, Vehrkamp* 2007.

[27] Vgl. aber *Buer* 1999; 2004, 2010 für die psychodramatische Supervision.

lich der Geschlechtlichkeit verbunden sind[28]. Im Integrativen Ansatz wurde sehr umfänglich zum Thema „Menschenbild" gearbeitet (*Petzold* 2003a, e, 2009c, 2011) mit Positionen, die an dieser Stelle natürlich nicht in extenso dargelegt werden können.

Das zentrale *Metakonzept* der **Hominität**[29] sei aber kurz angesprochen, ein Begriff, den *Petzold* 1970 im Integrativen Ansatz prägte zur Kennzeichnung des Menschenwesens in seiner Vielfalt, seinen Entwicklungspotentialen, seiner differentiellen Verfasstheit und Verwurzeltheit in spatiotemporalen Zusammenhängen – wir sprechen von *Kontext/Kontinuum* oder synonym von *Chronotopos* (*Petzold* 1991a, 21/2003a; 2003e) – seiner Mitmenschlichkeit und Subjekthaftigkeit als Leibsubjekt im „zwischenleiblichen Miteinander". Diese intersubjektive Grundlegung (*Marcel* 1967), welche die Dimension der Verbundenheit und der Lebendigkeit betont, grenzt sich gegen Tendenzen der Objektivierung und der Verdinglichung ab, sondern betont partnerschaftliche Kommunikation in Respekt und Wertschätzung. Das hat für die Genderfrage eine grundlegenden Bedeutung, aber auch für die theoretische Konzeptualisierung und die Handlungspraxis bis hin in die Sprache und Begriffsbildung der Interventionen. So sind Menschen keine „Fälle" – ein in Supervision und Therapie häufig gebrauchter, verdinglichender Begriff (*Billmeier* et al. 2005) jenseits jeder Sprachsensibilität. Sie sind kein „Fallmaterial" oder „Patientengut", sie sind keine „Objekte", sie sind auch kein „Humankapital" und keine „Produktionsmittel". Wo sie zu „Menschenmaterial" werden in „Materialschlachten" (bei Verdun Februar bis Dezember 1916 ca. 800 000 Tote, *Gräßler* 2009, oder an der Somme Juli bis November 1916 mit über 1 Million getöteten, verwundeten und vermissten Soldaten, *Hirschfeld* et al. 2006; *Philpott* 2010), oder bei Großbauprojekten wie der Transsibirischen Eisenbahn (*Mossé* 2001) mit geschätzten 300 000 Toten, oder in der Zwangsprostitution in Frontbordellen (ca. 200 000 in den japanischen Kriegen, *Hicks* 1995; *Yoshimi* 2002 und natürlich nicht nur bei den Japanern) wird ihre **Hominität** mit Füßen getreten und zerstört. Kriegszeiten dehumanisieren (*Fussel* 1989), das hatte schon *Henri Dunant* (1987, in: *Petzold, Sieper* 2011, 41–54) angeprangert.

Fall, case liegen als Begriffe wirklich zu nahe bei *Gefallenen* und *casualties* (der Film „Casualties of War" demonstrierte die grausamen Qualitäten der

[28] Vgl. etwa zu Leib-Seele (*Petzold* 1999c), Wille (*Petzold, Sieper* 2008), *Sinn* (*Petzold, Orth* 2005a), Werte (*Petzold,Orth, Sieper* 2010).

[29] Keine Beziehung besteht zum verkürzenden Hominitätskonzept, das *Wolfgang Leidhold* (2002) im Rahmen seiner politischen Philosophie für die festgelegte biologische Grundlage des Menschen einführte.

Dehumanisierung, Massaker, Raub, Vergewaltigung und Ermordung einer Vietnamesin durch US-Soldaten, vgl. *Lang* 1969; *Fitzpatrik* 1989). Deshalb muss man solchen verdinglichenden oder diskriminierenden Begriffen wie „Objektbeziehungen", „Fallmaterial", „Fallbesprechungen", „Fallsupervisionen" durch antidiskriminierungsbewusste Supervision genauso entgegentreten, wie einer reifizierenden und diskriminierenden Interventionspraxis. Belastete Menschen in belastenden Situationen sollte man nicht als „Problemfälle" deklassieren. Objektivierende Sprache verstellt überdies das Faktum, dass es um **differentielle** „intersubjektive Beziehungen" geht und dass die Helfer mit ihren Klient_innen in Beziehungs*prozessen* stehen, weshalb der Begriff „Prozesssupervision" angemessener wäre (*Petzold, Orth-Petzold, Ratz* 2010). Anthropologische Positionen, die als Grundlage für psychosoziales Handeln dienen sollen, müssen den Subjektcharakter des Menschen und seine Konstituierung durch gelebte **Intersubjektivität** in das Zentrum der Überlegungen stellen. Im Integrativen Ansatz wird deshalb folgende „anthropologische Grundformel" zum Ausgangspunkt psychosozialen Handelns als intersubjektiver Praxis:

> „Der Mensch – als Frau und Mann – ist ***Leibsubjekt*** und Teil der *Lebenswelt*, ein Körper-Seele-Geist-Wesen, verschränkt mit dem sozialen/kulturellen und ökologischen *Kontext/Kontinuum*. Er ist fähig in diesem *Chronotopos*, beeinflusst von den in ihm wirkenden ökonomischen Bedingungen, kollektiven Sinnmatrizen und **Diskursen** durch **Ko-respondenz** mit relevanten Anderen in Prozessen intersubjektiver Verbundenheit und gelungenen Affiliation, ein personales ***Selbst*** auszubilden, mit emergierendem ***Ich*** und transversaler ***Identität***. Menschen stehen über ihre *Lebensspanne* hin in ‚herakliteischen' Prozessen beständigen Wandels, die – wenn sie gelingen – *konnektivierende* Differenzierung, Integration, Kreation, schöpferische Überschreitung ermöglichen, Intersubjektivität bekräftigen, Verbundenheit vertiefen und Entfremdung entgegenwirken." (vgl. *Petzold* 2003e, 114 und hier Anmerk. 89)

Hier wird differenz- bzw. diversitätstheoretisch argumentiert, denn das Menschenwesen ist in seiner „**Hominität"** keine transhistorische, invariante Konstante, sondern steht in permanenten „soziokulturellen Entwicklungsprozessen", die *Frauen wie Männer* betreffen. Sie sind durchaus durch Einflüsse „**multipler Entfremdung** und **Verdinglichung**" gefährdet und bedroht (*Petzold* 1987d; *Petzold, Schuch* 1992), für deren gefährdende Potentiale persönliche und politische Wachheit und Sensibilität entwickelt werden muss. **Hominität** muss deshalb heute an ein metaethisch zu bestimmendes Milieu von „**Humanität**" gebunden sein, was die **Dignität** *(dignity dimension)*, die

Gleichheit an Rechten *(equality dimension),* unter Wahrung an notwendiger und gewünschter **Differenz** anbelangt (*diversity dimension,* bezüglich Gender, Ethnie, Religion, Schicht, Alter u.a.m.).

Hominität bezeichnet die „Menschennatur in ihrer *biopsychosozialen* Verfasstheit und ihrer *ökologischen* und *kulturellen* Eingebundenheit und mit ihrer individuellen und kollektiven **Potentialität** zur Destruktivität/Inhumanität, Entfremdung/Verdinglichung, aber auch zu Verbundenheit und lebendiger Solidarität, zu **Dignität/ Humanität**. Diese entsteht durch symbolisierende und problematisierende **Selbst-** und **Welterkenntnis** und durch melioristisches und altruistisches Handeln. Aus ihr erwachsen die menschlichen Vermögen zu engagierter **Selbst**sorge und **Gemeinwohl**orientierung, zu kreativer **Selbst-** und **Weltgestaltung**, zu Souveränität und Mitmenschlichkeit durch Kooperation, Narrativität, Reflexion, Diskursivität in sittlichem, helfendem und ästhetischem Handeln – das alles ist **Kulturarbeit**, die der **Humanität** enspringt, und sie zugleich in fruchtbarer Rekursivität begründet und vertieft. Die Möglichkeit, Humanität zu realisieren, eröffnet einen Hoffnungshorizont; die Faktizität ihrer immer wieder stattfindenden Verletzung verlangt einen desillusionierten Standpunkt. Beide Möglichkeiten des Menschseins, das Potential zur Destruktivität und die Potentialität zur Dignität, erfordern eine wachsame und für **Hominität** eintretende Haltung. Das Hominitätskonzept sieht den Menschen, *Frauen und Männer,* als Natur- und Kulturwesen in *permanenter Entwicklung durch Selbstüberschreitung,* so dass **Hominität** eine Aufgabe ist und bleibt, eine permanente, melioristische Realisierung mit offenem Ende – ein *WEG,* der nur über die Kultivierung und Durchsetzung von **Humanität** führen kann (vgl. *Petzold* 2002b, 2009d).

Die komplexen anthropologischen Themen wie Freiheit, Friede, Weisheit, die Möglichkeiten einer Lebenskunst, eines „guten Lebens", „gesicherter Lebensräume" und „kultureller Entfaltung" kommen hier als **Humanessenzialien** (*Petzold, Orth* 2004b) ins Spiel und finden in den Menschenrechten der ersten, zweiten und dritten Generation[30] Niederschlag, die gewährleistet werden müssen – auch unter genderbewussten Perspektiven, bei denen auch die „Lesbian, gay, bisexual, transgender rights" (LGBT) zu berücksichtigen sind[31]. In Weiterbildungen, die wir zu diesem Thema für Angehörige psychosozialer Berufe durchgeführt haben, hat man uns entgegengehalten, dass mit dem Blick auf das immer wieder bedrohte „Recht auf Leben", welches noch nicht einmal

[30] Vgl. *Bielefeldt* 2005; *Ishay* 2008; *Janz, Risse* 2007.

[31] Vgl. *Graupner, Tahmindjis* 2005 und http://en.wikipedia.org/wiki/LGBT_rights

zu einem „Menschenrecht auf Frieden“ ausgebaut werden konnte, im Angesicht global zunehmend zerstörter Lebensräume es doch wichtigere Themen gebe, als die der LGBT-Rechte oder die „Genderfragen“. Dabei blendet man aber aus, dass gerade im Genderbereich höchste Lebensgefahr gegeben ist, denn Menschen sind oft genug weder friedlich noch gendergerecht, sondern agieren durchaus auch mit genderspezifischer Grausamkeit (vgl. 2.1), was die Verfolgung und Tötung Homosexueller im Dritten Reich (*Grau* 2011) oder gegenwärtig wieder mit besonderer Heftigkeit in arabischen und afrikanischen Ländern zeigen, genannt seien hier nur der Jemen oder Uganda, wo am 26. Januar 2001 einer der bekanntesten Gay Activists, *David Kato,* zu Tode geprügelt wurde (*Böhm* 2011; *Gettleman* 2011).

Anthropologische Grundannahmen müssen deshalb auch die dunklen Seiten des Menschseins in den Blick nehmen, die wir in uns tragen, und in die man sich verstricken kann, und hier geht es nicht nur um „Einzelfälle“ (*Petzold* 1985d, 1996j, 2008b). Sie müssen auch die destruktiven Lebenskontexte der Menschen betrachten, um Kausalitäten zu erkennen und sie – wo möglich – zu verändern. Deshalb muss man zu diesen Fragen seine eigenen Sichtweisen, Positionen und Praxen überprüfen, um sie, wo notwendig, zu revidieren. Supervision hat dazu als Disziplin ihre Beiträge zu leisten. Supervisor_innen haben als Staatsbürger_innen und spezifisch auch als Fachpersonen für Humanität und Hominität, für die ökologischen und sozialen Lebenszusammenhänge von Menschen und für ihre Integrität und Würde eine „**Wächterfunktion**“ wahrzunehmen, wie die vielen anderen gesellschaftlichen Institutionen, Organisationen und Professionen auch, die für und mit Menschen arbeiten. Das ist nicht zuletzt erforderlich, weil Helfer, „Menschenarbeiter“ (*Sieper, Petzold* 2001c) in besonderer Weise mit den negativen, ja zum Teil desaströsen Auswirkungen entfremdeter und destruktiver Kontexte in Kontakt kommen. Daraus erwächst für sie die Verpflichtung, Missstände aufzudecken, die Öffentlichkeit zu informieren, d.h. öffentliches Bewusstsein für Problemlagen zu schaffen und auch in Parteinahme für ihre Klient_innengruppen sozial- und gesundheitspolitisch aktiv zu werden.

Die Verwirklichung von **Humanessenzialien** in sozialinterventiven Praxeologien wie Therapie oder Supervision muss in melioristischer Absicht konkret werden. Weiterhin müssen sie im *intertheoretischen Diskurs* den grundlegenden Prinzipien einer „Praxis von Gerechtigkeit“ verpflichtet sein (mit Blick auf die Breite der Gerechtigkeitsdiskussion, siehe oben). Eine Umsetzung in sozialinterventive Praxis verlangt dann das Bemühen um eine „gerechte Therapie bzw. Supervision“ und natürlich „Gerechtigkeit in Therapie bzw. Supervision“ als solidarisches Handeln, wie es dem Integrativen Ansatz ein Anliegen ist („*supervision juste*“, „thérapie juste“, *Petzold* 2003j, 2006n). Supervisorische Grundprobleme wie das Dilemma von „Allparteilichkeit und Parteinahme“ (etwa für Benachteiligte im Genderdiskurs) oder der „Exzentrizität und des Engagements“ (*Petzold* 1989i; *Leitner, Petzold* 2010) können ohne anthropologische, ethik- und gerechtigkeitstheoretische Diskurse nicht hinlänglich fundiert und *verantwortlich* gelöst werden. Flache Pragmatiken, wie man sie vielfach zu diesen Themen findet, genügen nicht, sondern verbleiben auf einem Status von „schlechten Ideologien“ oder „Ideologemen“, die nicht durch die Mühen **ideologiekritischer Diskurse** und **metakritischer Reflexionen** gegangen sind (zu diesem vgl. *Petzold, Orth* 1999, 125ff)[32].

In einer anthropologisch fundierten Sicht sind menschliche Subjekte sowohl aus einer „**Intergenderperspektive**“, der Differenz zwischen den Geschlechtern, als auch in einer „**Intragenderperspektive**“, den Differenzen innerhalb eines Geschlechtes, was etwa Alter, Bildung, Religion usw. betrifft, in breiter Weise als unterschiedlich zu sehen. Die differenztheoretischen Überlegungen im feministischen Diskurs etwa der italienischen Richtung (*Abdul-Hussain*, dieses Buch Abschn. 4.2.2), die sich den gleichheitstheoretischen Strömungen (ibid. 4.2.3) in diesem Diskurs entgegenstellen, sind nach integrativer Auffassung als zwei Perspektiven einer **grundsätzlichen Mehrperspektivität** (*Petzold* 2007a) zu sehen, die das Genderthema – wie jedes Grundsatzthema – aus unserer Sicht erfordert[33]. Deshalb argumentieren wir in der Genderfrage **diversitätstheoretisch** mit einer grundsätzlichen Verpflichtung auf **differentielle** Betrachtung, denn nur die ist der Vielfalt von Menschen angemessen. Wir haben das an anderer Stelle ausführlich dargestellt (*Petzold* 2009d; *Petzold, Orth, Sieper* 2010). Dabei bewegen wir uns, von unserem Konzept der „**Hominität**“ ausgehend, sowohl auf dem Boden *biologisch-anthropologischer* (1) und *philosophisch-anthropologischer* (2) Diskurse. Das sei kurz aufgezeigt:

(1) Trotz der hohen genetischen Übereinstimmung zwischen den Humanprimaten von 99,9 % (biologisches Gleichheitsmoment) und nur 0.1 % genetischer Varianz (Differenzmoment), wie die Genforschung etwa mit dem „International HapMap Project“ (2007, 2010; *Sabeti, Varilly* et al. 2007) anhand einer „haplotype map of over 3.1 million SNPs“ zeigen konnte, sind die Unterschiede zwischen den Menschen enorm, denn diese rest-

[32] Wobei diese selbst wiederum auf ihre ideologische Ausrichtung hin befragt werden müssen in *metahermeneutischen, diskursanalytischen* und *dekonstruktivistischen* Reflexionen (*Petzold* 1998a, 70, 104ff, 157ff.; *Luhmann* 1992).

[33] Vgl. idem 1990o, *Sieper* 2006 und *Sieper, Orth, Schuch* 2007.

lichen 0,1 % sorgen „für unterschiedliches Aussehen, erhöhen oder senken das Risiko, an bestimmten Krankheiten zu erkranken oder besser/schlechter auf manche Medikamente anzusprechen, befähigen die einen zum ‚Zungerollen', während andere das nicht können und sorgen insgesamt dafür, dass das Leben etwas interessanter wird" (*Schu* 2008)

(2) Menschen als kulturschaffende Wesen, Frauen und Männer, haben auf ihren „Wegen durch die Evolution" (*Petzold* 2005t) tausende Kulturen hervorgebracht in einer Geschichte von 82 000 Generationen von Hominiden und dabei beständig Differenzen und Diversität produziert bis in die Mikrostrukturen der jeweiligen Kultur hinein. Der Mensch ist in integrativer Sicht ein kulturelle Differenzierungen und Diversität schaffendes Wesen, das zugleich aber – und das ist gleichfalls ein Merkmal von Kultur – beständig auch Verbindendes und Vereinheitlichendes schafft[34]. *Einheit in der Vielfalt, Vielfalt in der Einheit* – jeweils mit einer Vielzahl von Abstufungen in dem sich zwischen diesen Polen auftuenden Spektrum, das ist unsere kulturanthropologische Sicht.

Eine beide Betrachtungsweisen integrierende Position ermöglicht das anthropologische Konzept des Integrativen Ansatzes vom *„Informierten Leib – embodied and embedded"* (*Petzold* 2002j; 2009c). Danach nimmt der „perzeptive Leib", mit seinem *explorativen Neugier-Antrieb* die Welt durchforschend, Informationen über die Welt in sich auf und inkorporiert das Erlebte *(embodiment)*, einschließlich all dessen, was er mit seinem „expressiven Leib" in seinem *poietischen Gestaltungsantrieb*[35] an kultureller Lebenswelt, in die er eingebettet ist *(embedded)*, hervorgebracht hat (vgl. *Petzold* 1998a, S. 79, 2009c). Der *Informierte Leib* ist damit das bedeutendste Wahrnehmungs- und Handlungsorgan des menschlichen Seins und gewährleistet eine **Rekursivität von Körper, Psyche, Geist** und **Sozialität**. Das ist gendertheoretisch relevant, denn:

Der Begriff **Gender** beschreibt soziokulturelle Aspekte der Geschlechtlichkeit von Subjekten, welche sie in Enkulturations- und Sozialisationsprozessen und in Rekursivität mit ihren biologischen Prozessen in ihren jeweiligen soziokulturellen Kontexten erwerben und gestalten. In *sozialen Welten* werden Wert- und Normvorstellungen von Gender ausgebildet, welche von Machtdiskursen und -konstellationen geprägt sind und sich in *kollektiven* und in *persönlich-subjektiven „mentalen*

[34] *Petzold* 2005t, 2010f; *Richerson, Boyd* 2005.

[35] Diese antriebs- und motivationstheoretische Sicht, die über *Freud*s duale Triebtheorie hinaus geht, ist besonders für die Supervision geeignet (*Petzold* 2003d, 2010f, 2.4.2).

Repräsentationen" des Denkens, Fühlens und Handelns in ihren Interaktionsmustern und ihrer Körpersprache (*Doing Gender*) sowie ihrer sprachlichen Performanz (*Performing Gender*) zeigen mit Auswirkungen bis in die neurobiologischen Strukturen (*Abdul-Hussain*, dieses Buch 1.6).

Der von *Abdul-Hussain* hier formulierte „**komplexe Genderbegriff**" nutzt den sozialphilosophischen und sozialpsychologischen Theoriefundus des Integrativen Ansatzes, um ein differenziertes Genderverständnis zu umreißen, das unmittelbar in Praxiskontexte eingebracht werden kann und hier analytische und interventive Perspektiven erschließt. Wir selbst sehen in ganz ähnlicher Weise

„**Gender** als in soziokulturellen *Mentalisierungsprozessen* entstandene/*konstruierte*, kollektive *mentale Repräsentationen* über erlebte ‚biologische' Geschlechtlichkeit, wobei in der Regel ein ‚kulturelles' Alltagsverständnis von Natur/Biologie zum Tragen kommt, es also schon sozial imprägniert ist. Diese Repräsentationen führen zu spezifischen Enkulturations-/Sozialisationspraxen, d.h. Verleiblichungen und Identitätsinszenierungen (*Goffman* 1959; *Petzold* 2001p), in denen selbst aber immer auch evolutionär-biologische *Narrative* zum Tragen kommen. Genderkonstruktionen sind deshalb zwar kulturgebunden, aber transkulturell auch von evolutionsbiologischen Narrativen bestimmt, so dass sich im Genderbegriff ‚Natur und Kultur' verschränken und zwar mit der ganzen Variationsbreite, die die Vielfalt menschlicher Kulturen in globaler Perspektive bietet" (*Petzold, Orth* 2000).

Die biologische Realität von Geschlechtlichkeit wird hier von uns durchaus ernst genommen, behält aber immer im Bewusstsein, dass selbst in einer biologischen Betrachtungsweise stets eine soziale Perspektive mitgegeben ist. Der Genderbegriff – ähnlich wie der Begriff des Biologischen, beides soziale Konstruktionen – erfordert damit immer eine Analyse der unter spezifischen Konstruktionsbedingungen entstandenen kulturbestimmte Männer- und Frauenbilder, Homo- oder Transsexualitätsverständnisse und kann auf der *inhaltlichen* Ebene damit zu keinem konstanten, invarianten „Metakonzept" führen, sondern nur zu einem strukturanalytischen Konzept, das jeweils diskursiv bzw. ko-respondierend bestimmt werden muss. Der Befund solcher Bestimmungen (in mikro-, meso-, makrokulturellen Räumen der jeweiligen „community") enthüllt die kollektiven *„représentations sociales"* (*Moscovici* 2001, *Petzold* 2003b) über Geschlecht bzw. Mann- und Frau-Sein, Queer-Sein etc. und erschließt die damit verbundenen sozialen Praxen (Förderung, Tolerierung, Stigmatisierung,

Verfolgung). Und hier müssen dann ethische Fragen einsetzen: In welchem Ethikverständnis stehen diese Konstrukte – und weitergreifend: In welchem Demokratieverständnis? Dann erst können die Versuche greifen, eine „**meta-ethische**" Betrachtung und Bewertung einzubringen, die sich etwa an einem modernen Verständnis von Menschenrechten orientiert, wohl bewusst, dass auch die Menschenrechte sich in Entwicklung befinden und solcher Entwicklung dringend bedürfen (Recht auf Bildung, auf Wiedergutmachung, Recht auf *differentielle Genderidentitäten*, womit durch den Plural eine ausschließliche Orientierung auf ein Zweigeschlechter-Modell in Frage gestellt ist).

Die Betrachtung von ethnie- und kulturspezifischen Ausfaltungen (einschließlich religiöser Kulturen, wo das Recht auf Religionsfreiheit oft mit dem der Gendergleichheit, ja Genderintegrität kollidiert), sind natürlich auch in historischer und sozioökologischer Sicht erforderlich (Kulturen in Extremzonen, Wüsten-, Polarregionen etc.), denn **Hominität ist keine transhistorische, invariante Konstante, sondern Hominität „in Kontexten und Entwicklungsprozessen"**, die allerdings heute an ein metaethisch zu bestimmendes Milieu von „**Humanität**" gebunden sein muss, das die **Dignität**, die Gleichheit an Rechten (unter Wahrung gewünschter Differenz!), die Freiheit, den Frieden, die Möglichkeiten eines „guten Lebens" und „kultureller Entfaltung" als **Humanessenzialien** (idem 2002h; *Petzold, Orth* 2004b) zu gewährleisten hat.

Es herrscht in beiden Betrachtungsweisen, der biologischen und kulturanthropologischen bzw. soziologischen, immer **Differenz**, der Rechnung getragen werden muss, damit sie **intentional** in bewusst gestaltbare **Diversität** überführt werden kann.

In diesem „Differenz-Sein" besteht einerseits ein Moment der Gleichheit, das zu nutzen ist: Biologisch ist hohe Gleichheit in der Verschiedenheit gegeben, andererseits besteht kulturanthropologisch hohe Verschiedenheit allerdings auch mit beachtlicher Gleichheit, was ein Fülle von Möglichkeiten schafft, zuweilen aber auch durchaus prekäre Situationen.

> *„**Gleichheit** in der Würde und Integrität aber kann die Prekarität von **Differenzen** überwinden hin zu fruchtbarer **Diversität, wenn man das will**[36] und dafür Einsatz bringt, der durch einen Reichtum von Chancen belohnt wird".*

Deshalb müssen wir – Männer wie Frauen, persönlich wie gesellschaftlich – mit diesen Problemen der **Differenz** (u.a. mit der von Natur und Kultur)

[36] Zur volitionstheoretischen Situation unter neurobiologischer, psychologischer und philosophischer Perspektive vgl. *Petzold, Sieper* 2008.

umgehen lernen, und das wird möglich sein, weil wir aufgrund unserer *biologischen Natur Kulturwesen* sind (*Richerson, Boyd* 2005; *Petzold* 2010f), so dass wir keineswegs gezwungen sind, **Natur** und **Kultur** in einen Antagonismus zu bringen. „Wir sind Wesen, die ihre **Natur** kultivieren können, ja müssen, blicken wir auf die gefährlichen Seiten unserer Natur, die in unserer Frühkultur durchaus nützlich und lebenssichernd waren" (*Petzold* 2005t, S. 38), heute aber überwunden werden müssen (z.B. Eroberungsaggression, Naturvernutzung, Faustrecht etc.).

Geschlecht ist – biologisch **und** soziokulturell betrachtet – selbst **Differenz**, unterscheidet und trennt z.T. radikal, aber verbindet auch die Menschen miteinander gerade durch diese „Angrenzungen" ermöglichende Verschiedenheit (vgl. *Rendtorff* 1998, 2003).

Neben der unbedingten Rechtsgleichheit sind indes auch vorfindliche, ungerechte und belastende Ungleichheiten wirksam, denen man in den Differenzen leider immer wieder begegnet – etwa in Situationen faktisch mangelnder Rechtsgleichheit, ja der Ungerechtigkeiten, mit denen man im psychosozialen Feld so oft zu tun hat und die dieses Feld im Umgang mit Menschen z.T. häufig selbst produziert. Diese **prekären Differenzen** müssen aufgefangen werden, so sie denn nicht beseitigt werden können. Das sollte von Seiten der Helfer_innen durch eine Haltung grundsätzlichen **Respekts** (*Sennett* 2002) den Klient_innen und Patient_innen gegenüber gewährleistet werden. Helfer_innen müssen die Achtung vor der **Klient_innenwürde** als Menschen (*client dignity*, vgl. *Petzold* 2000d) erleben können, weil sie Subjekte sind, deren **Integrität** für das gesamte Helfer_innensystem ein zentrales Anliegen sein sollte – aller **Differenz** zum Trotz, weil die aus ihr hervorgehende **Diversität als gewollte**, als **wertgeschätzte Andersheit,** als ein Reichtum und nicht als Bedrohung aufgefasst werden kann.

Solche Positionen müssen für Menschen im Feld der Hilfeleistungen – Therapie, Beratung, Supervision, Medizin, Pflege usw. – Konsequenzen haben:

1. durch sozialpolitische Aktivitäten auf der Seite von Benachteiligten und Betroffenen (z.B. auch durch Fachverbände, etwa für Supervision);
2. durch solide Maßnahmen der **Qualitätssicherung** in Bemühungen um „**best practice**" – beides muss durch empirische Forschung gestützt sein. In Supervision und Coaching ist man hierzu erst auf dem Wege (*Petzold, Schigl* et al. 2003; *Petzold* et al. 2011);
3. durch ideologie- und konzeptkritische Arbeit bis in die Fachterminologie und Interventionssprache hinein, denn Sprache, Begriffe, Konzepte schaffen (wie oben aufgezeigt) Fakten, oft destruktive. Das haben gerade die

umfangreichen, internationalen Diskussionen und Forschungen zu „Gender und Sprache" und zu „geschlechtergerechter Sprache" usw. gezeigt[37].

Mit einer dignitätstheoretisch fundierten Haltung muss über gendersensible Sprache hinaus im Bereich Supervision, Psycho- oder Soziotherapie vor allen Dingen eine Sensibilisierung für Prozesse der Verdinglichung und der „**multiplen Entfremdung**" – Entfremdung vom Mitmenschen, zwischen den Gendern, von der Lebenswelt, der Lebenszeit, vom eigenen Leibe, von der Arbeiten usw. (*Petzold* 1987d) – entwickelt werden, denn Alienationen verletzen Integrität, wirken destruktiv und machen krank. Man muss ihnen entgegentreten, sie verhindern und – wo sie eingetreten sind – ihnen mit Maßnahmen begegnen, die wieder „**multiple Verbundenheit**" und **Konvivialität** ermöglichen und herstellen (*Orth* 2005a, 2010; *Petzold, Schuch* 1992).

2 „Genderintegrität" – ein „Leitparadigma" für ethiktheoretisch fundierte, feld- und fachkompetente Supervision in multiplen Kontexten

> „La Femme a le droit de monter sur l'échafaud;
> elle doit avoir également celui de monter à la Tribune"[38]
> (*Olympe de Gouges*, Déclaration des droits
> de la femme et de la citoyenne 1791, art. X)

Das Thema „Genderintegrität" ist oft mit Unrechtsdiskursen, Machtmissbrauch, Unterdrückung, Gewalt verbunden, „struktureller Gewalt" zumal (*Galtung* 1975, 1996, 1999), die durchaus im Genderkontext in vielen Gesellschaften als „kulturelle Gewalt" gesehen werden muss. Auf diese düstere Realität verweist uns das Schicksal der *Olympe de Gouges* (7.5. 1748, hingerichtet Paris 3.11. 1793), Autorin der bedeutenden *„Déclaration des droits de la femme et*

[37] Vgl. die Zusammenstellung der Literatur zum Thema „Gender und Sprache": http://www.ada-mentoring.de/FramesA/_Literatur/GenderM/LitGM_Dateien/LiteraturGenderSprache.pdf; weiters die Materialien bei „Deutscher Bundestag, Maskuline und feminine Personenbezeichnungen in der Rechtssprache, Bericht der Arbeitsgruppe Rechtssprache vom 17. Januar 1999, Drucksache 12/1041" oder bei Bundesministerium für Familie, Senioren, Frauen und Jugend http://www.gender-mainstreaming.net/gm/Wissensnetz/wie-funktioniert-gender-mainstreaming,did=16578.html.

[38] Artikel 10: „Die Frau hat das Recht, das Schafott zu besteigen. Gleichermaßen muss ihr das Recht zugestanden werden, eine Rednertribüne zu besteigen."

de la citoyenne" (vgl. *Doormann* 2003). Sie musste im „Freiheitsdiskurs" der französischen Revolution erleben, dass die „Idee der Rechtsgleichheit und Freiheit" sich bei ihren männlichen Zeitgenossen nur auf die Männer bezog und dass alle Frauen von der Volkssouveränität ausgeschlossen waren. Wie anders, denn als „Tyrannei", konnte sie das neue Regime in ihrer rigorosen Proklamation von Freiheits- und Gleichheitsrechten für die „Frauen und Bürgerinnen" bezeichnen? Sie hatte die Redner-Tribüne betreten, kämpferisch, sich als Frau geäußert, und sie wurde 1791 vom Revolutionstribunal wegen „Anschlags auf die Souveränität" (des Mannes, versteht sich) zum Tode durch die Guillotine verurteilt (*Schröder* 2000). Das *„mulier taceat in ecclesia"* (1. Korinther 14, 34[39]) wog schwer – es sei erinnert: das Frauenstimmrecht in der Schweiz wurde erst durch eine eidgenössische Abstimmung am 7. Februar 1971 und im letzten Kanton Appenzell Innerrhoden entgegen einem Mehrheitsentscheid der Männer an der Landsgemeinde am 29. April 1990 eingeführt (*Mesmer* 2007; *Stämpfli* 2003), also 200 Jahre nach der Hinrichtung der *Olympe de Gouges*.

Es haben sich stets nur wenige Männer auf die Seite der Frauen gestellt. Einige der wenigen Beispiele seien hier aus einem breiten historischen Zeitrahmen erwähnt, um die Zeit- und Kulturgebundenheit der Positionen zu verdeutlichen. Bekannt ist *Plato*s Haltung im V. Buch der Politeia: „Vortrefflich, o Sokrates, sagte er, hast du uns die Herrscher wie ein Bildner dargestellt. – Und auch die Herrscherinnen, sprach ich, o Glaukon. Denn glaube ja nicht, daß, was ich gesagt, ich von Männern mehr gemeint habe als von Frauen, soviel sich von tüchtiger Natur darunter finden. – Richtig, sagte er, wenn sie ja gleichen Teil an allem haben sollen mit den Männern, wie wir ausgeführt haben" (540c, Übers. *Schleiermacher*). *Plato* stellt sich mit dieser Haltung über den vorherrschenden Zeitgeist, auch wenn er insgesamt natürlich zeitgebunden ist und seine Aussagen bezüglich der Frauen – z.B. in den „Gesetzen" – sorgfältig und kontextualisiert betrachet werden müssen (vgl. *Morag Buchan* 1999; *William W. Fortenbaugh* 1975; *Nancy Tuana* 1994). Noch weiter geht *Musonius* (* vor 30 n. Chr. † vor 101/102 n.Chr.), ein bedeutender Vertreter der späten Stoa und Lehrer des *Epiktet* (vgl. *James T. Dillon* 2004).

> „Als aber jemand ihn fragte, ob es auch für die Frauen notwendig sei zu philosophieren, begann er auf folgende Art zu beweisen, dass sie es allerdings müssten: Die Frauen, sprach er, haben ja von den Göttern dieselbe Vernunft bekommen wie die Männer. Es ist dieselbe Vernunft, die wir im Umgang miteinander gebrauchen

[39] „... lasset eure Weiber schweigen in der Gemeinde; denn es soll ihnen nicht zugelassen werden, dass sie reden, sondern sie sollen untertan sein, wie auch das Gesetz sagt".

und durch die wir über jede Angelegenheit urteilen, ob sie gut oder böse, schön oder hässlich ist. Ebenso hat auch die Frau die gleichen Sinnesempfindungen wie der Mann .... Das Streben schließlich und die natürliche Neigung zur Tugend ist nicht bloß den Männern angeboren, sondern auch den Frauen; denn sie sind nicht weniger als die Männer dazu geschaffen, in schönen und gerechten Werken Gefallen zu finden und das Gegenteil davon zu verabscheuen. Da sich dies nun so verhält, warum sollte es vor allem den Männern zukommen, zu forschen und zu erwägen, wie sie ein sittliches Leben führen können – und dies heißt eben philosophieren –, und nicht ebenso den Frauen? Etwa weil es Sache der Männer ist, gut zu sein, Sache der Frauen aber nicht?“ (*Musonius*, Diatriben 3 „Sollten auch Frauen philosophieren“ in: *Weinkauf* 2001, 64f.)

Natürlich kann man solche Texte nicht im Sinne moderner gendertheoretischer Aussagen werten (*Eva Cantarella* 2000; *Maria Amalia Longo* 2008). Die Antike muss im Kontext der antiken Diskurse a u s den Sichtweisen (Plur.) der Moderne betrachtet werden, will man ihren Positionen gerecht werden und für die Gegenwart fruchtbare Perspektiven gewinnen (*Martha Craven Nussbaum, Juha Sihvola* 2000). Auch bei Aussagen von zeitlich näher liegenden Protagonist_innen ist die Zeitgeistdimension wesentlich. Erwähnt sei hier der greise *Henri Dunant*, Begründer des Roten Kreuzes (*Petzold, Sieper* 2011; *Giampiccoli* 2009), der 1898 Schritte unternommen hatte, eine Gesellschaft zum Schutze und zur Förderung von Frauen ins Leben zu rufen. „Dabei muss hervorgehoben werden, dass das ganze Vorhaben ausschließlich in der Hand von Frauen liegen solle“, ... es ging ihm dabei um „einen Anspruch auf Gerechtigkeit für den übervorteilten Part der Menschheit“ (ibid. 183f). Seit 1893 im Briefwechsel mit *Sara Bourcart* formuliert, waren das höchst bedeutsame, innovative Gedanken, in denen es ihm einerseits um die „Verbesserung der Lage der Frauen“ ging (ibid. 181), andererseits aber auch um seine Hoffnung, dass Frauen ihre Gaben der Liebe und Friedfertigkeit für die Bewahrung des Friedens einsetzen. *Dunant* war seiner Zeit weit voraus. „Ganz in seiner Art versuchte *Dunant* einen Weltkongress zu Gunsten der Familie und der Frau zu organisieren. Er stellte sich eine Gesellschaft vor, das *Croix Verte* [das ‚Grüne Kreuz‘], die Frauen unterstützen und schützen solle, ähnlich wie das Rote Kreuz ... zwischen 1899 und 1902 wird dann auch ein Zentrum des *Croix Verte* in Brüssel aktiv, um von ihren Männern verlassene Frauen und Mütter, arbeitslosen Frauen, jungen Mädchen vom Lande ... zu helfen“[40]. Das war eine Beratungsstelle und ein frühes Frauenhaus in Brüssel. *Dunant* sprach von „Oasen der moralischen

[40] Société Henry Dunant, http://www.shd.ch/?a=6506&p=10073).

und materiellen Errettung", eine Idee, die vom „Nationalrat belgischer Frauen" aufgenommen wurde (*Giampiccoli* 2009, 184). Aber die Kraft des alten Mannes reichte nicht mehr aus, um hier eine große Bewegung auf den Weg zu bringen – gegen den Widerstand der Männerwelt.

Auch einer der bedeutendsten Protagonisten einer *melioristischen* Gesellschaftsorientierung, *Lester Frank Ward* (1841 – 1913), Paläontologe, Botaniker, einer der Gründerväter der amerikanischen Soziologie und Streiter gegen den zu seiner Zeit modischen Sozialdarwinismus (*Chriss* 2006; *Rafferty* 2003) hat sich – konträr zum Zeitgeist – für die Gleichheit der Frau starkgemacht, insbesondere was ihre Intellektualität anbelangt, wo doch 1900 der Neurologe und Psychiater *Paul Julius Möbius* (1853 – 1907) ein beachtetes Buch „Ueber den physiologischen Schwachsinn des Weibes" verfasste, das 1909 schon in die neunte Auflage gehen konnte (vgl. *Steinberg* 2005). Immerhin bezeichnete *Sigmund Freud* – ein weiteres Negativbeispiel – *Möbius* als einen „der Väter der Psychotherapie" und steht seinen Ansichten auch nicht allzu ferne, wenn er meint: „Das Weib anerkennt die Tatsache seiner Kastration und damit auch die Überlegenheit des Mannes und seine eigene Minderwertigkeit" (*Sigmund Freud* 1931: Über die weibliche Sexualität, GW. 14). Oder: „Die Frauen vertreten die Interessen der Familie und des Sexuallebens; die Kulturarbeit ist immer mehr Sache der Männer geworden .... so sieht sich die Frau durch die Ansprüche der Kultur in den Hintergrund gedrängt und tritt zu ihr in ein feindliches Verhältnis" (idem 1930: Das Unbehagen in der Kultur GW 14, 463). – Ganz anders *Lester Frank Ward,* der aufgrund seiner evolutionsbiologischen Überlegungen Frauen – ähnlich den Positionen in der heutigen feministischen Differenztheorie (*C. Gilligan*) – als grundsätzlich unterschiedlich, ja als dem Mann überlegen ansah (*Ward* 1888). Berühmt ist seine vielzitierte Aussage:

> „And now from the point of view of intellectual development itself we find her side by side, and shoulder to shoulder with him furnishing, from the very outset, far back in prehistoric, presocial, and even prehuman times, the necessary complement to his otherwise one-sided, headlong, and wayward career ... And herefore again, even in the realm of intellect, where he would fain reign supreme, she has proved herself fully his equal and is entitled to her share of whatever credit attaches to human progress hereby achieved." *(Lester F. Ward).*

Heute wird *Ward* als einer der Initiatoren der Genderperspektive in der Soziologie betrachtet, wie *Barbara Finlay* (1999) aufgezeigt hat: *„he should be recognized as one of the important forerunners of the sociology of gender"* (ibid. 251).

Deutlich wird an diesen als exemplarisch zu verstehenden Beispielen, die sich schon in einer bloß kursorischen Übersicht vervielfältigen ließen, dass das Verhältnis der Geschlechter über die Jahrtausende ein zumindest nicht einfaches, häufig ein prekäres und oft leider auch ein desaströses zu Lasten von Frauen war. Deutlich sollte auch geworden sein, dass es in hohem Maße eine jeweils *kulturgebundene Sicht* ist, die ein historisierender oder ethnie- und kulturspezifischer Blick erschließt. **Gendergerechtigkeit** und **Genderintegrität** lassen sich eben nicht aus „historischen" Rechten oder gar mythotropen Begründungen herleiten (vgl. den Lilith-Mythos als *porte-flambeau* im feministischen Diskurs, *Heide Göttner-Abendroth* 2004; *Léa Silhol* 2001), sondern sie müssen durch besonnene und zugleich engagierte Arbeit in der Gegenwart an den Genderverhältnissen und ihrer rechtlichen Absicherung hier und heute angestrebt werden. Es geht um die **Integrität** der Gender, die wir erreichen **wollen** mit dem Ziel einer weltweit, grundrechtlich verankerten Geltung und einer politisch gewährleisteten Realisierung. Nur so kann es zu einer gendergerechten Zukunft für die Menschen in der Welt kommen, wo sie im Respekt vor ihrer **Würde** leben können. Davon sind wir leider noch recht weit entfernt …

2.1 *Genderintegrität – gefährdet allüberall*

Wir kommen im Feld der Supervision mit der Verletzung der Genderintegrität in vielfältigen Kontexten und in vielfältiger Weise in Kontakt. Damit wird es aus ethik- und rechtstheoretischen Gründen notwendig, dass Supervisor_innen sich Gedanken machen, wie sie solchen Missständen entgegentreten können, denn sie sind in ihrer besonderen Funktion, über die Qualität psychosozialer Arbeit in Feldern der Hilfeleistung oder der Optimierung der Arbeit mit Menschen im Rahmen ihres Auftrags und ihres Aufgabenbereiches zu wachen. Sie sind gefordert, auf diese Thematik besonders zu achten und zu diesen Fragen Bewusstheit zu schaffen. Als Staatsbürger_innen im Geltungsbereich demokratischer Verfassungen sollte das ohnehin eine Selbstverständlichkeit sein. Darüber hinaus müssen Supervisor_innen diesen Themenkreis auch in einem übergeordneten Rahmen beobachten und verfolgen, um von der Informationsseite (Forschung, Theorienbildung, Rechtsbestimmungen, Aktualitäten) bei diesen Fragen *à jour* zu sein. Beispielhaft seien nachstehend einige Themen genannt.

Häusliche Gewalt: Neben den Problemen der „institutionellen" und „strukturellen" Gewalt ist besonders das Thema der häuslichen Gewalt brennend – weltweit! Es findet sich die Gewalt von Erwachsenen gegenüber Kindern[41] – sie ist genderdifferentiell zu betrachten –, nicht anders als die Gewalt in Partnerschaften[42] mit weiblichen Opfern[43] und männlichen Opfern, lange Zeit und vielfach bis heute ein Tabuthema. Die Gewalt gegen ältere Menschen, Männer und Frauen – häusliche und institutionelle[44] – nimmt zu und bedarf wachsender Aufmerksamkeit, besonders von der Seite der Supervisor_innen, die in sozialgerontologischen Feldern derzeit Terrain verlieren, noch ehe sie es wirklich gewonnen hatten, denn Supervision ist hier noch wenig verbreitet. In unseren drei empirischen Untersuchungen des Gerontofeldes zur Akzeptanz und Praxis von Supervision in den deutschsprachigen Ländern (Au, Ch, D, vgl. die Übersicht *Petzold, Müller, König* 2007) waren nur ein knappes Drittel der Befragten Mitarbeiter_innen zufrieden mit ihren Supervisor_innen und mit deren **Feldkompetenz** (Kenntnis des Feldes) und **Fachkompetenz** (Stand des feldspezifischen Fachwissens, z.B. in sozialgerontologischer, pflegewissenschaftlicher, gerontopsychiatrischer Hinsicht). Genderspezifische Kenntnisse sind hier Desiderat, etwa zu weiblicher/männlicher Sexualität im Alter, insbesondere im Bereich der Pflege[45].

Diese Thematiken wurden allzu lange ausgeblendet, und alle diese vielfältigen Probleme sind für die Sozialarbeiter_innen, Berater_innen, Familienhelfer_innen, Psychotherapeut_innen sehr, sehr schwer zu handhaben.

Als zu Beginn der 1990er Jahre die häusliche Gewalt in der Öffentlichkeit breiter diskutiert wurde, waren damit für die Helfer_innen aber kaum interventionsrelevante Forschungsprojekte verbunden oder gar Evaluationsstudien für Formen genderdifferentieller *„best practice“*. Das war u.a. wohl auch deshalb nicht intendiert, weil damit ja Gelder für effektive Programme der Hilfeleistung hätten bereitgestellt werden müssen. Immerhin wurden zur Bekämpfung der Gewalt gegen Frauen zahlreiche Maßnahmen auf den Weg gebracht, leider aber oft strukturell nicht langfristig gesichert, so dass viele Projekte nicht fortgeführt werden konnten oder die Mitarbeiter_innen ständig ums Überleben kämpfen müssen. Interventionsrelevante Ergebnisse gibt es jedenfalls zu wenig[46].

Damit wächst natürlich auch die Erwartungshaltung an die Supervision, was **feld**- und **fachkompetente** Hilfen anbelangt. Aber Supervisor_innen

---

41 Vgl. *Gemünden* 1996; *Wetzels* 1997.
42 *Henry* 2009; *Lenz* 2000; *Alvarez Deca* 2009.
43 *Gillioz* 1997; *Mark* 2006; *Roberts* 2007.
44 *Hirsch, Brendenbach* 1999; *Petzold* 2005h.
45 *Grond* 2001; *Braun* 2004; *Daimler* 2002;
46 *Hamel, Nicolis* 2007; *Roberts* 2007; *Seith* 2003; *Mark* 2006.

stehen ja selbst vor dem Dilemma der oft schmalen Basis an sozialwissenschaftlichen Forschungsdaten, nicht zuletzt des fast gänzlichen Fehlens von Literatur aus Supervisionsforschung, supervisionsspezifischer Konzeptarbeit und an supervisorischen Praxisberichten aus diesen Problembereichen (unter genderspezifischer Betrachtung ohnehin). Das, was da ist, sollte deshalb besonders aufmerksam zur Kenntnis genommen werden (z.B. *Roberts* 2007; *Hamel, Nicholls* 2007; *Petzold, Müller* 2005), um Weiterentwicklungen voranzutreiben. Vielleicht rührt der festgestellte Mangel auch daher, dass diese Bereiche supervisorisch schwierig zu handhaben sind, weil zwei prekäre Themen: **Gender** und **Gewalt** zusammenkommen, weil Fragen der Intergenerationalität ins Spiel kommen und *„social high risk environments"* besondere Probleme für die psychosoziale Intervention aufwerfen (z.B. Armuts- und Migrationsmilieus mit Problemen wie Langzeitarbeitslosigkeit, Drogen, Jugendgewalt, Obdachlosigkeit, vgl. *Tyler, Beal* 2010). Die **Genderintegrität** ist dabei zumeist „at risk". Eigentlich sollte deshalb hier ein prioritäres Thema der Supervision liegen, das Theoriearbeit, Praxisberichte und Forschung herausfordert, spezielle Weiterbildungsangebote und fachverbandliche Aktivitäten erforderlich machen würde, aber hier ist offenbar noch viel Entwicklungsarbeit zu leisten. In Literaturrecherchen wird man nicht fündig. Doch die Problembereiche wachsen – Jugendarbeit wie auch Altenarbeit seien hier exemplarisch genannt, was auch mit den demographischen Veränderungen zu tun hat[47]. In der Gesellschaft der Hochaltrigen (*Scholz* 2010) fehlen die Männer. In der Gesellschaft der Jungen sind die männlichen Jugendlichen und jungen Männer besonders gefährdet. Es herrscht kein Zweifel bei Experten „Youth crime is disproportionately male"[48]. Aufrüttelnde Appelle wie *Kirsten Heisigs* (2010) Statement: *„Wenn wir nicht rasch und konsequent handeln, wenn wir unsere Rechts- und Werteordnung nicht entschlossen durchsetzen, werden wir den Kampf gegen die Jugendgewalt verlieren"*, müsste auch die gender- und problembewusste supervisorische Szene aufrütteln und die Supervisionsverbände zu „Task force-Initiativen" anregen, wie wir sie etwa bei der „American Psychological Association" für Brennpunktthemen finden.

Das in der Kapitelüberschrift betonte „Allüberall" soll noch in einen weiteren Bereich durch ein Beispiel verdeutlicht werden mit einem bedrängenden Bezug, der unseres Erachtens im Kontext der Begründung des Themas „**Genderintegrität**" nicht fehlen darf und der in der supervisorischen Bearbeitung dieser Fragen in Supervisionsausbildungen und Supervisionspraxis im Sinne

[47] *Petzold, Feuchtner, König* 2009; *Petzold, Horn, Müller* 2010.
[48] *Beelman, Rabe* 2007; *Garbarino* 1999.

der supervisorischen Aufgabe, „Bewusstsein zu schaffen", immer wieder erwähnt werden sollte:

Femizid, Genderzid, Gender Genital Mutilation: In den asiatischen Gesellschaften fehlen in der Bevölkerungsstatistik in dramatischem Ausmaß Frauen, die dort vorhanden sein müssten, aber aufgrund eines offenen oder verdeckten „**Femizids**", der massenhaften Tötung von Frauen, nicht auftauchen. Das *Geneva Centre for the Democratic Control of Armed Forces (DCAF)* gibt an, dass jährlich weltweit zwei bis drei Millionen Frauen aufgrund ihrer Geschlechtszugehörigkeit getötet werden. Femizide in Mexiko und Guatemala[49] sind nur Beispiele für ein weltweites Phänomen (*Gerstendörfer* 1998). „**The Economist**" (March 6th 2010, Nr. 8672) fragt in einer aufrüttelnden Titelgeschichte: „What happened to 100 million baby girls". Die Zahlen für den asiatischen Raum sind schon länger bekannt: „Killed, aborted or neglected, at least 100m girls have disappeared – and the number is rising" (ibid. p.11). Das ist „Gendercide. The world wide war on baby girls" (ibid. 61 – 64). Die Abermillionen fehlender Frauen aufgrund der Abtreibungs- und Tötungspraxis besonders in Asien sind ein Faktum mit weltpolitischen Konsequenzen[50]. **Virizid**, die Tötung von wehrfähigen Männern, **Genderzid**, die massenhafte Tötung von Frauen und Männern wegen ihrer Geschlechtszugehörigkeit (*Warren* 1985), sind bedrängende Genderfragen, gravierende Verletzungen der **Genderintegrität**!

In unserem thematischen Zusammenhang muss auch auf genitale Verstümmelungen bei Frauen und Männern „**Gender Genital Mutilation**" hingewiesen werden, die bei Frauen durch die brutalen und gefährlichen Formen des *female genital cutting* mit ihren massiven körperlichen und seelischen Schäden besondere Aufmerksamkeit verdient. *Female genital mutilation* (FGM, *Boyle* 2002; *Pichler* 2010) wird in vielen Ländern der Welt praktiziert. Nach Schätzungen von „Amnesty International"[51] waren 135 Millionen Frauen weltweit verschiedenen Formen von FGM ausgesetzt und mehr als 2 Millionen Mädchen sind diesen grausamen Prozeduren jährlich unterworfen, zumeist im Kontext sogenannter „ritueller Beschneidungen" mit traumatischen psychischen und z. T. gravierenden Folgen für die körperliche Gesundheit (*Aldeeb* 2001; *Obermeyer* 2003). Obwohl international zunehmend strafrechtlich unter-

---

49 Für Mexiko vgl.http://www.feministezine.com/feminist/international/Gender-Violence-in-Mexico.html, für Guatemala *Sanford* (2008)

50 *Err* 2008; *Manier* 2008; *Hudson, den Boer* 2004, 2005.

51 Document – What is Female Genital Mutilation? AI Index: ACT 77/06/97 – http://www.amnesty.org/en/library/asset/ACT77/006/1997.

sagt – wenngleich wenig geahndet – ist diese Praxis weltweit weiterhin gängig und findet sich auch in Immigrationspopulationen in Europa (*Pichler* 2010). Im Gender-Kontext muss natürlich auch über die männliche Beschneidung (*male genital mutilation* MGM) nachgedacht werden, die meist noch ohne Betäubung durchgeführt wird, was bei unserem heutigen Wissen über „infant pain" durchaus nicht unproblematisch ist (*Lander* et al. 1997; *Petzold, Orth* 1999a[52]). Sie wirft auch rechtliche Fragen auf, wenn sie bei unmündigen Kindern oder bei älteren Kindern ohne deren Zustimmung erfolgt (*Putzke* 2008). NGOs wie „Genital Autonomy" setzen sich für die mündige Entscheidung der Betroffenen also gegen *infant circumcision* ein.

Genderintegrität kann, das dürfte bei den Themen Femizid, FGM, MGM deutlich werden, nicht nur regional in den Ländern der „ersten Welt" gesichert werden, sondern bedarf auch des solidarischen Engagements, besonders bei einer Profession wie die der Supervision, die „Überschau" verspricht. Das kann geschehen etwa durch fördernde Mitgliedschaft supervisorischer Fachverbände (und natürlich von Supervisor_innen als Einzelpersonen) in entsprechenden internationalen Organisationen und durch Beteiligung an ihren Initiativen[53] – das ist einfach eine Frage des Gewissens (*Petzold, Orth, Sieper* 2010)! Supervisionsverbände beginnen ja das Gender- und Diversity-Thema neuerlich in der Qualitätssicherung zu beachten – aber ist die *„supervisio"* dabei breit genug, wo doch das Genderthema – wie wir es in diesem Text immer wieder betont haben (vgl. Abschnitt 1.1) – ubiquitär verbreitet, also allgegenwärtig ist?

2.2 *Die Transmission prekärer Genderintegrität – akkumulierende Stigmatisierung*

Es geht bei **prekärer Genderintegrität** um die Integrität von Frauen und Männern, selbstverständlich! Dennoch scheint es unzweifelhaft, dass Frauen auch heute noch in besonderer Weise unter den Bedingungen *„struktureller Gewalt"* leiden, verstanden als *„die vermeidbare Beeinträchtigung grundlegender mensch-*

---

[52] Vgl. dort das Kapitel „von den Schmerzen des Säuglings – Beschneidungstrauma, Urangst und Kastration" *Petzold, Orth* 1999a, 96ff und das „Circumcision policy statement. American Academy of Pediatrics. Task Force on Circumcision". *Pediatrics* 103, 3, 1999, 686–693.

[53] Plattform for Action: Towards the Abandonment of FGM/C – A Matter of Gender Equality. http://www.iom.int/jahia/webdav/shared/shared/mainsite/projects/documents/platform_for_action.pdf oder Genital Autonomy http://www.genitalautonomy.eu/ oder bei den Initiativen UNICEFF (2005), WHO (2008) usw.

licher Bedürfnisse oder, allgemeiner ausgedrückt, des Lebens, die den realen Grad der Bedürfnisbefriedigung unter das herabsetzt, was potenziell möglich ist" (*Galtung* 1969). Hier sind Frauen in der Tat besonders gefährdet. Es sollte aber dabei nicht vergessen werden, dass die Verpflichtung, als Soldat sein Leben – nicht immer für eine „gerechte Sache" oder auch in Unrechtsregimen – einsetzen zu müssen, gefährdete **Genderintegrität** bedeutet, ein Risiko, dass auch wehrpflichtige Soldatinnen und zwangsrekrutierte Frauen betrifft (es sei an die Frauen erinnert, die in Revolutionen und Diktaturen kämpfen mussten) und das spezifische Genderprobleme aufwirft (vgl. *Taylor* 1999, *Skaine* 1999; *Zajcek* 2010). Hierhin gehört natürlich auch das Heer der Kriegskrankenschwestern, die schwersttraumatisiert wurden und unter horriblen Bedingungen zerrissenen jungen Männern in desolaten Frontlazaretten[54] mit mangelnder Ausrüstung das Leben zu retten suchten (*Smith* 1994[55]) und die Folgen ein Leben lang mit sich trugen – auch Überwindungsleistungen verwischen die Spuren nicht (*Teegen, Handwerk* 2006). „In den Krieg zu müssen" ist eine Gewalterfahrung, die Männer und Frauen verbindet, wie das „Oral History Project", das das „American Folklife Center" der Library of Congress durchführt, „Voices of War"(*Wiener* et. al. 2004, vgl. auch *Litoff, Smith* 1994), beeindruckend dokumentiert.

Die Perspektive „struktureller Gewalt" im Genderkontext gewinnt noch Gewicht, wenn man mit so unterschiedlichen Autoren wie *David Riesman, Norbert Elias, Michel Foucault, Lev S. Vygotskij* u.a. das Problem der **Verinnerlichung**, der **Interiorisierung** zur **Selbstkonstitution** in Sozialisations- und Enkulturationsprozessen mit Blick auf Genderklischees bedenkt. Es geht dabei um die *Transmission prekärer Genderintegrität und von Gendervorurteilen als „kol-*

---

[54] Exemplarisch sei aus dem Interview-Bericht der Army Nurse *Rhona Marie Knox Prescott*, Third Field Hospital, 616th Clearing Company, 85th Evac, ANC aus dem Veterans History Project 24. Mai 2002 zitiert: „The operating room was just one little area with these two little metal tables and an autoclave that was akin to a pressure cooker that we might use at home for cooking. It wasn't really safe. The stuff was old. Since I was acting chief nurse I decided that the casualties would all just go into the receiving tent where there was more room and more tables and where the doctors posted themselves. That tent became our surgery. It was beyond primitive .... It was dirty; it was a non-sterile environment. We didn't have enough instruments. We didn't have enough hands. Needless to say we shared things during surgical procedures that were absolutely needed to save lives, but they weren't sterile. We didn't have suction, we didn't have penicillin to irrigate wounds, didn't have enough blood to transfuse, we just didn't have... We did have so many casualties right out of the field ...". http://lcweb2.loc.gov/diglib/vhp-stories/loc.natlib.afc2001001.01146/transcript?ID=sr0001

[55] Vgl. die Materialien der Veteraninneninitiativen: www.WomenInVietnam.com; http://www.illyria.com/vnwomen.html.

lektiven mentalen Repräsentationen" (*Moscovici* 2001; *Petzold* 2003b). Sozialisatorische Transmission vermittelt an die Sozialisierten zu Genderverhältnissen häufig Bilder und Qualitäten von Herrschen und Beherrschtwerden, von Oben und Unten, aber auch von Täter-Sein und Opfer-Sein, was Dynamiken der Schuld, des Vorwurfs, der Vergeltung, der Viktimisierung in Gang setzt und virulent halten kann. Oder es kommt zu Haltungen der chronifizierten Ohnmacht, der Resignation, der Anpassung bis hin zur „Normalisierung des Nicht-Normalen", wenn Frau zu sein zwar faktisch ein **Stigma** bedeutet[56], das indes zur Qualität einer „Normalidentität" geworden ist. Die von Viktimisierung betroffenen Frauen sehen dann aufgrund fehlender „Exzentrizität" ihre Lage als „normal" an und die Männer ihr Dominanzverhalten, ja ihre *„domestic violence"* als „normal" und berechtigt! Besonders fatal wird es, wenn dies zur Weitergabe von Mustern „**akkumulativer Stigmatisierung**" führt – ein Begriff, den *Petzold* im Diskurs der Probleme alter Menschen 1991 einführte (*Petzold* 1985a, *Petzold, Orth, Sieper* 2010, 259). Das sind Stigmatisierungen, die kollektiv tradiert werden können, nicht zuletzt von den Betroffenen selbst – als Tätern und als Opfern –, ohne dass sie sich dieser Prozesse der Transmission von Genderstereotypen bewusst sind. Es kommt dieses Konzept dem Begriff der „**Intersektionalität**" nahe, das *Kimberle Crenshaw* (1989, 1990; *Winkler, Degele* 2009) in den Diskurs stellte. Das Thema bekam modische Konjunktur „Going Gender and Diversity". (*Appiano-Kugler, Kogoj* 2007). Aber ob die Amalgamierung, Verbindung, Vermischung –whatsoever – dieser beiden Diskurse eine „Vernunftehe" ist (*Gertraude Krell* 2009) oder zu einer Chaotisierung der Diskurse beiträgt, ist noch keineswegs ausgemacht. Insofern ist *Krells* „Plädoyer für vielfältige Verbindungen" sicher wichtig, wenngleich sie keine epistemologische und sozialwissenschaftlich-methodologische Basis für solche Verbindung liefert. Die integrative Theorie der „Konnektivierung" (*Petzold* 1992a/2007a, 89ff) könnte hier zumindest mit ihren „Theoriekriterien" (ibid. 93f) einen Rahmen bieten, der Kategorienfehler vermeidet und Geltungsansprüche klären hilft. Bei **Intersektionalität** ging es zunächst ja um diskriminierungspolitische und -rechtliche Probleme bei Überschneidungen (*intersections* = Schnittflächen bzw. -mengen) von verschiedenen Diskriminierungsformen, die eine Person betreffen oder in ihr (durch stigmatisierende

---

[56] Der Stigmabegriff wird hier sensu *Goffman* (1963) als *„spoiled identity"* verstanden, als identitätstheoretischer Begriff . Vgl. *Brusten, Homeier* 1975; *Gaebel* et al. 2004. Er wird trotz seiner konzeptuellen Fundiertheit (*Heatherton* et al. 2000; *Kurzban, Leary* 2001) in seiner Fruchtbarkeit für supervisorische Analysen im Bereich Gender und Diversity (*Blaine* 2000) zu wenig genutzt, vgl. aber *Schölzhorn* 2009; *Sørensen, Petzold* 2009, *Petzold* 2009n.

Attribuierungen und ihre Interiorisierung) zur Wirkung kommen, so dass „beeinflusst durch den Kontext und die Situation – eine Person aufgrund verschiedener zusammenwirkender Persönlichkeitsmerkmale Opfer von Diskriminierung wird" (*Gummich* 2004). Solche Diskriminierung muss aber immer auch stigmatheoretisch mit Verletzungen der Identität und personalen Integrität verbunden und deshalb identitäts- und integritäts-, das heißt aber ethiktheoretisch abgesichert werden (Petzold 2009n; Soerensen, Petzold 2009n), was bislang noch kaum geschehen ist. Unsere gendertheoretischen Überlegungen zu diesen Themen könnten hier Anstöße geben. Weiterhin sind die Kontextbedingungen der Diskriminierung zu beachten und damit kommt man mitten in aktualpolitische Situationen und gesellschaftstheoretische Fragen (vgl. *Becker-Schmidt* 2007). Modelle der „Multiperspektivität" werden hier gefragt, wie wir sie erarbeitet haben (*Petzold* 1998a/2007a) oder wie sie als „Mehrebenenanalyse" (*Degele, Winke* 2007). entwickelt wurden. Ihre interventionstheoretischen und vor allen Dingen interventionspraktischen Probleme sind in Supervision und Coaching noch kaum bedacht. Vor allen Dingen sind die Aporien nicht bearbeitet, die dadurch entstehen, dass der Diversity-Diskurs – aus Rassismus-, Benachteiligungs-, Ungerechtigkeits-, Diskriminierungsproblemen (*Räthsel* 2008) hervorgegangen –, mit ökonomischen und betriebswirtschaftlichen Politiken der Optimierung wirtschaftlicher Nutzung von Mitarbeiter_innenpotentialen verbunden wird, deren neoliberale Entfremdungstendenzen (sensu *Bourdieu*) kaum befragt, geschweige denn hinterfragt werden. Was heißt das aber für die Praxis? *Bourdieu* hatte stets betont, dass die Praxis immer im Blick bleiben müsse. Sie dürfe niemals um ihrer selbst Willen entwickelt werden, sondern müsse die Theorie-Praxis-Bezüge selbstreflexiv berücksichtigen (*Bourdieu* 1998, 205 ff.). Wir haben die beständigen Rückkoppelungen von Theorie und Praxis betont und entsprechende Modelle entwickelt (vgl. *Petzold* 2007a, 103, 105, Abb. 2 und 3). Diese Rückkoppelung muss natürlich auch zwischen den Diskursen der *„community of theorists"* und der *„community of practioners"* erfolgen, und hier geschieht noch wenig, denn die *„professional community"* der Coaches und OE-Leute, die im Praxisfeld tätig sind, hat mit den „scientfic communities" der Gender- und Diversity-Forschung und –Theorienbildung wenig gemeinsam. So begegnet man allenthalben im „Geschäftsfeld" von Diversity und Gender Mainstreaming Coaches, Supervisor_innen und Organisationsentwickler_innen mit vollmundigen Angeboten zu diesen Themen im „Trainings-Business", ohne dass in ihren Ankündigungen und Ausschreibungen diese Probleme reflektiert erscheinen – es werden nur die „gains" und „profits" beschrieben, die durch entsprechende Maßnahmen für die Unternehmen entstehen sollen, denen Kooperation, Commitment und Kreativität ihrer Arbeitnehmer erschlossen würden – evidenzbasierte Wirkungsnachweise fehlen dabei weitgehend! Es wird darum gehen, wie die sozialkritischen Theorien der Gender- und Diversity-Diskurse und ihre emanzipatorischen Ziele mit den offenen und verdeckten Zielen der Gewinnmaximierung – auch durch Exploitation der Arbeitnehmer_innen – im Profit-Bereich hinlänglich verträglich verbunden werden, denn hier besteht oft **„kontroverse Diversität“**. Hier gibt es keine Standardlösungen, deshalb müssen sich die Interventoren (Coaches, Supervisor_innen usw.), ihre Coachees und Supervisand_innen bzw. die im begleiteten Gesamtsystem Beteiligten (und hier ist die Arbeitgeberseite nicht immer einzubinden) immer in vielfältig vernetzten **Polylogen** und **Ko-respondenzprozessen** durch Konsens-Dissens-Prozesse gehen, um einen hinlänglich tragfähigen Konsens zu finden oder „respektvollen Dissens“. Auf jeden Fall müssen die Coaching- und Diversity-Expert_innen sich der in ihren Interventionstexten oft entstehenden Double-Bind-Situationen und Werte-Konflikten bewusst sein, sie müssen sich um klare Positionierungen für sich selbst bemühen, sonst wird eine Identifizierung von *„Differenzlinien“*, wie sie die Intersektionalitätstheorie herausarbeiten will (*Anthias* 2001; *Klinger* 2003; *Lutz, Wenning* 2001), nicht möglich und noch weniger ein zielführender interventiver Umgang mit ihnen. Was an den Kreuzungen dieser Linien geschieht, welche Auswirkungen sie auf der individuell-personalen Ebene etwa auf die Prozesse der Identitätsbildung haben oder auf kollektiv-polyadische Ebenen in Gruppen-, Team- oder Organisationsprozessen, ihren „kollektiven mentalen Repräsentationen“, dafür gibt es bislang nur skizzenhaft ausgearbeitete Theoriemodelle (*Lück, Arapi* 2008), die zudem noch kaum Anbindungen an die sozialwissenschaftlichen identitätstheoretischen Diskurse aufweisen. Konstrukte wie das einer *„intersektionellen Identität“* (ibid.) sind wenig mehr als tentative Benennungen hochkomplexer Zusammenhänge (*McCall* 2005), die zugleich Aufgaben für Theorienbildung und Forschung werden müssen. Die aus dieser Situation zu ziehende Konklusion ist, dass offenbar bei den politischen Strategien im Bereich von Diversity eher Heuristiken und Rohkonzepte zugrunde gelegt wurden, und in den Praxeologien eher mit Ideologemen gearbeitet wird als mit robusten Konzepten. Hier liegen also große Aufgaben vor Theorieentwicklung und Forschung für Fragen, deren Bedeutung zweifelsohne künftig zunehmend Gewicht gewinnen können (allerdings, das muss gesagt werden, auch abhängig von den politischen Entwicklungen in der EU und ihren Mitgliedstaaten, von globalen Perspektiven nicht zu reden). Klar ist deshalb, dass die jeweils **„signifikanten Milieus und die Konventionen des Konstruierens“** reflektiert werden müssen, auch um das Herkommen des jeweiligen Diversity-Diskurses zu erfassen, z.B. seinen

Transport von den USA nach Europa oder Canada (*Siltanen, Doucet* 2008) bzw. seine Implementierung in den verschiedenen europäischen Ländern (*Knapp* 2005; *Verloo* 2006). Die aktuellen Konstruktionsmilieus (etwa beim Entwurf eines Schulungsprogramms) müssen natürlich auch in die Prozesse der Feldanalyse und Interventionsplanung einbezogen werden, um überhaupt verlässliche Daten und *ökologisch valide Konzepte* zu erhalten, auf denen dann die Entwicklung solider Modelle der Situationsanalyse und Prozesssteuerung efolgen können. Hingewiesen werden muss auch in diesen Kontexten darauf, dass es natürlich – wie sollte es anders sein – auch Geschäftsinteressen des „Berater_innen-Business" gibt, das „Diversity" und „Gender Mainstreaming" als Schulungs- und Organisationsentwicklungsprodukte anbietet, oft – soweit wir solche Angebote im „Markt" gesehen haben – mit höchst affirmativen (ideologischen) Aussagen über Inhalte und Effekte, die u. E. vom Stand der Theorieentwicklung, der Qualität der theoretischen Folien nur wenig fundiert sind, von evidenzbasierter Evaluationsforschung nicht zur reden.

Wir können dieses Thema an dieser Stelle nicht vertiefen, hoffen aber, aus komplexitätstheoretischer Sicht einige Perspektiven aufgezeigt zu haben, wobei die wesentlichste Aufgabe darin liegt, die Multiperspektivität und die Dimensionen der Wechselseitigkeit von Einflüssen zu beachten und aufzuzeigen. Das wird dann auch eine zentrale Funktion von **gender- und diversity-kompetenter Supervision** mit ihrem „exzentrischen", über solche Dynamiken „informierten Blick". Dabei ist es erforderlich, Funktionsabläufe zu sehen und auch die **Wertungen** zu beachten, durch die zuweilen bei Berater_innen im Gender- und Diversitykontext verstehbare und manchmal notwendige (bei Migrationsfragen, z. B.) Parteilichkeiten entstehen oder durch sie verstellt werden. Die voranstehend aufgezeigte Komplexität lässt sich zumindest in Eckpunkten durch Offenlegung und Klärung ethiktheoretischer Positionen reduzieren. So kann etwa deutlich werden: Man steht in der Arbeit mit Migranten auf der Seite der betroffenen Frauen, aber versteht nicht die Motive und Sozialisationshintergründe der Männer und ihrer Familien, nicht zuletzt ihrer Mütter (Stichwort „Ehrenmorde", s. u.). Damit hat man keine für weiterführende Interventionen erforderliche Verstehensbasis. Oder es gilt in der Männerarbeit (*Spilles, Weidig* 2005) zu sehen, dass die Macht- und Gewaltstrategien gegen die Identität von Anderen auch für die Täter, die Identitätsverletzer, nicht ohne Folgen bleiben, da Identitätsprozesse reziproken Charakter haben: Wenn jemand durch Stigmatisierungen Menschen beschädigt, sie zu Opfern macht, wird er zum Täter, der damit seine eigene Hominität und Humanität beschädigt. Er verhärtet, verroht. Auch wenn die Definitionsmacht für die Identität des Anderen, die Macht zur Verletzung und Stigmatisierung zunächst beim Täter, beim Stigmatisierenden zu liegen scheint (*Schölzhorn* 2009; *Sørensen, Petzold* 2009), kann es zu negativen Rückkoppelungseffekten kommen (z. B. Ansehensverlust, Ablehnung, soziale Isolation). Solche subtilen Wechselwirkungen in Macht-Ohnmachtskonstellationen finden sich häufig bei Gender- und auch bei Diversityproblemen. Untersucht man ihre Transmissionsdynamik, werden oft genug Benachteiligungen von Frauen als Einschränkungen der Entfaltung weiblicher Identität, Be- und Verhinderungen von Identitätsentwicklungen erkennbar, zuweilen sogar als „doppelte Benachteiligung" oder „doppelte Stigmatisierung", als akkumulatives, „multiples Stigma", was auch oft „multiple Unterdrückung" bedeutet.

Beispiel: Frau und alt – Frau, Ausländerin, Unterschicht – Frau, „Farbige", Lesbe und arbeitslos. Exklusion, Verelendung, Abhängigkeit, Hörigkeit, Unterdrückungsverhältnisse sind die Folge. Solche „Multiple Internalized Oppressions" (*Szymanski, Arpana* 2009) haben gerade im Genderbereich Folgen für innerseelische Zustände, für das Selbstwertgefühl und das Identitätserleben[57]. Bei den genannten Konstellationen zeigen sich für die betroffenen Gruppen besondere Risiken. Frauen aus der Unterschicht, dem Migrationskontext, Alleinerzieherinnen, alleinstehende alte Frauen haben ein höheres Risiko, psychisch und psychosomatisch zu erkranken, und werden bei Behandlungen oft benachteiligt[58].

Stigmatheoretische Überlegungen sind in der Diversity-, Gender- und Supervisionsliteratur selten, obgleich sie in zentraler Weise in die **Identitätstheorie** gehören (*Heuring, Petzold* 2004; *Petzold* 2001p, 2011) und Konnektivierungen zum Thema der **Intersektionalität** hergestellt werden könnten. Das wäre auch Aufgabe von Supervision – nicht nur im Gender- und Diversitykontext – Stigmatisierungsdynamiken, besonders die subtilen, aufzudecken und konstruktive Identitätsprozesse zu fördern (*Swanton* 2010; *Keller* 2007).

Beispiel: Was bedeutet es, wenn neben den seit 1.1. 2004 staatlich geschützten Berufsbezeichnungen **Gesundheits- und Krankenpflegerin/Gesundheits- und Krankenpfleger** doch noch von den Pflegerinnen selbst an der synonymen ehemaligen Berufsbezeichnung **Krankenschwester** festgehalten wird, auch wenn es sich um keine Ordensschwestern handelt? Die „Brüder" haben sich hier schon lange verabschiedet. Kein Krankenpfleger greift auf den Bruder-Begriff der Krankenpflege-Orden zurück.

---

[57] Vgl. *Henderson* 1997; *Burack* 2004.
[58] *Bühren* 2004; *Harlfinger* 2005; *Nesseler* 2010

Das könnte durchaus eine relevante Frage genderbewusster Supervision bei Thematisierungen institutioneller Macht, der Unterordnung in Hierarchien oder der Verhaltensweisen von Patienten ♂ gegenüber ♀ „Pflegefachkräften/Krankenschwestern" sein. Welche subtilen Stigmatisierungen/Selbststigmatisierungen finden sich hier in den Selbstattributionen der „Schwestern", die aus interiorisierten Fremdattributionen resultieren? Welche Implikationen haben die damit verbundenen *„kollektiven mentalen Repräsentationen"* (*Moscovici* 2001, *Petzold* 2003b) in der „Kultur" des Krankenhauses?[59]

Gender- und Diversityfragen sind mit dem Stigmathema und damit mit Identitätsfragen unlösbar verbunden. Diese Verbindung gilt es im Supervisionskontext mit den Supervidierten für ihre Arbeit mit Klient_innen, Patient_innen usw. und deren Problemlagen zu klären, etwa in der Erziehungs- oder Partner_innenberatung. Zentrale Fragen sind z.B.:

Was lernen Mädchen/Frauen über Frauen, über Frau-Sein von Frauen, was von Männern? Was lernen Jungen/Männer über Männer, Mann-Sein von Männern, was von Frauen? Mit „welchen Augen" sehen sich Frauen beim morgendlichen Make-Up an? Viele sicher mit Männeraugen oder mit Augen von Frauen, die ihre Töchter mit Männeraugen betrachten. Es ist keineswegs nur der ungefilterte, *direkte* Männerblick, der erlebt und verinnerlicht wird und die Qualität des Begehrens, des Besitzergreifens, der Dominanz vermittelt (und natürlich gibt es auch andere Blickqualitäten, hier soll keiner Vereinseitigung das Wort geredet werden), sondern es ist auch der verinnerlichte Blick mit diesen Qualitäten aus der *Indirektheit*, von Frauen als Erziehungsstrategien des „Gefallenwollens" und des „Gefallensollens", ja Gefallenmüssens, dessen manipulative Kraft nur schwer zu entlarven ist und eine doppelte Reflexion erfordert. Es sind auch die Zuschreibungen zu untersuchen, die Jungen von ihren Müttern erhalten, Blicke, in denen sich die Ideale der Mütter und ihrer Männer, denen sie diese Söhne geboren haben, zeigen.

Supervision kann hier herausarbeiten, dass die dekonstruktive Betrachtung der Blicke und Botschaften von der Männerseite u n d der Frauenseite, der Botschaften aus der Wechselseitigkeit der verhaltensdeterminierenden Erwartungen, wohl die besten Chancen hat, eine nachhaltige **Freiheit** gegenüber den Diskursen der Bemächtigung, der Abwertung und Unterdrückung auf

---

[59] Im Integrativen Ansatz verstehen wir Kultur als kollektive „kognitive, emotionale, motivationale und volitive **mentale Repräsentationen**", in denen die jeweiligen individuellen Repräsentationen verankert sind (*Petzold* 1998a, 312, 2003b) und die es zu verändern gilt, will man Organisationskulturen verändern!

den Weg zu bringen und zu erreichen. Es ist eine Freiheit, die dazu führen kann, **Genderidentität** in einer Weise **neu** zu gestalten, dass sie einer gerechtigkeits- und ethiktheoretisch fundierten, emanzipatorischen Qualität von **Genderintegrität** entspricht, und damit erhält man robuste Massstäbe für gendergerichtete Projekte (und natürlich auch für Diversity-Fragen).

Es geht also nicht darum, emanzipatorische Diskurse im Rekurs auf mythoforme Argumente zu fundieren, sie als „Befreiung" verschütteter *matriarchaler* (*Göttner-Abendroth*), *mutterrechtlich* oder *gynaikokratisch* (*Johann Jakob Bachofen*), *matrifokaler* oder *gylanischer* (*Riane Eisler*) Lebensformen von einer „historischen" *patriarchalen* Bürde zu legitimieren, um die Rückkehr zu einer unbelasteten, gleichsam „natürlichen" Genderintegrität, die verloren gegangen war, zu gewinnen: „paradise lost", *Milton*. Es ist durch Eva kein Paradies verloren gegangen, das nunmehr wiedergewonnen werden muss. Es geht vielmehr darum, ein für Genderfragen sensibles, aktuelles öffentliches Bewusstsein zu schaffen durch *historisch-kritische*, gegenwartsrelevante Aufarbeitungen von Genderunrecht, das mit Männerdominanz, machismo, Paternalismus[60] usw. verbunden ist. Nur durch solche, aktuelle Analysen von prekären Bedingungen für Gender- und Diversity-Rechte mit ihren Auswirkungen für reale Menschen, können Veränderungen initiiert werden, welche konkrete und greifende politische Maßnahmen in Angriff nehmen und umsetzen: in praktizierter **Gendersolidarität** durch Frauen u n d Männer. Es ist dabei die Intention nicht primär auf Schuldzuweisungen gerichtet (einseitige gar), aber es wird von uns auch nicht einer Ausblendung von Fragen der Schuld und Schuldfähigkeit (*Petzold* 2006i) das Wort geredet. Andernfalls besteht die Gefahr, dass kollektive Mythen fortgeschrieben werden und *gemeinsame Verantwortung* der Gender verhindert wird. Adam bleibt weiter unschuldig (*Rouvière* 2009), denn – so lesen wir in *John Miltons* Gedicht „Paradise Lost" – er aß ja *nur aus Liebe* zu Eva von dem ihm dargebotenen Apfel, um ihre Schicksale aneinander zu binden. Zwar wird Eva dann in einem beglückenden Traum mitgeteilt, dass doch nicht alles verloren sei, indes der Text bleibt zwiespältig:

„This further consolation yet secure
I carry hence; though all by mee is lost,

[60] Die historisierende Patriarchats-/Matriarchats-Diskussion lassen wir hier bei Seite, sie hat ihre Bedeutung verloren, nicht zuletzt, weil sie zur Erklärung der Phänomene der Moderne keine wirklichen Kausalitäten aufzeigen kann.

Such favour I unworthy am voutsaft,
By mee the Promis'd Seed shall all restore".
Milton, Paradise Lost 1667, Lib. XII, 620[61]

Eva ist hier nicht nur die allein Schuldige, sie bleibt auch die Unwürdige, durch die zwar alles *wiedergewonnen* werden kann, die aber bis dahin mit jeder Geburt die „Erbsünde" an ihre Kinder weitergibt. Im mythodramatischen Diskurs der jüdisch-christlichen Religionen mit ihren verschiedenen Ausfaltungen des Erbsündenthemas[62] bleibt Eva also schuldig und wird es wieder und wieder. Im kryptoreligiösen Diskurs der Psychoanalyse „kehrt die Erbsündenlehre im ‚Geburtstrauma' (*Rank, Bernfeld*) wieder, in der Urangst, die durch die Geburt grundgelegt wird (*Freud*) und alle Frauen so an ihrem Kind schuldig werden lässt, wie Eva an der Menschheit schuldig wurde" (*Petzold, Orth* 1999, 90). Der Frauen (aber auch Homosexuelle) diskriminierende, mythisierende Diskurs in der *Freud*schen Psychoanalyse (*Leitner, Petzold* 2009) muss immer wieder diskurskritisch konfrontiert werden, um zu neuen genderdifferentiellen Vorstellungen in dieser Therapieform – und nicht nur in dieser – zu gelangen.

***Genderintegrität**, wie wir sie aus integrativer Perspektive betrachten, kann also nicht – als einstmals verlorene – **wiedergewonnen** werden, sondern muss immer wieder in **emanzipatorischen Polylogen** und in **gendersensibler Kulturarbeit** neu geschaffen und in **genderkompetenter sozialer Praxis** umgesetzt werden – auf dem jeweiligen Erkenntnisstand aller Gender.*

Miltons Eva muss aus ihrer Selbstsicht einseitiger Schuld heraustreten, *Miltons* Adam muss seiner Mitverantwortlichkeit gerecht werden, beide müssen **wechselseitige** Wertschätzung pflegen, damit ihre von dem Dichter feinfühlig beschriebene wechselseitige Liebe sich in von beiden Seiten attribuierter und gesicherter Genderintegrität verwirklichen kann.

---

[61] „Den einen Trost empfind' ich sicher doch, / Daß, ob auch jetzt das Glück verloren ist, / Ich doch gewürdigt bin, durch eignen Samen / Einst das Verlorne wieder zu gewinnen." Dtsch. Übers. von *Adolf Böttger*: Milton, John: Das verlorene Paradies. Leipzig: Reclam jun. 1869. Bei: Permalink: http://www.zeno.org/nid/2000538303X.

[62] Vgl. *Maldamé* 2007; *Blocher* 1997; *Schwager* 2004; *Drewermann* 1988.

2.3 *Gender- und Genderintegritäten als „soziale Konstruktionen" auf dem Boden „wechselseitiger Empathie"*

> „Gewöhne dich, auf die Rede eines anderen genau zu achten und versetze dich so intensiv wie möglich in die Seele des Sprechenden" (*Marc Aurel* VI, 53).
> „Suche Zugang zum Inneren eines jeden Menschen zu finden, aber gestatte auch jedem anderen, in deine Seele zu blicken" *Marc Aurel* (VIII, 61).

Mit Blick auf unsere vorausgehenden Ausführungen dürfte unsere *sozialkonstruktivistische* Position hinlänglich deutlich geworden sein: Begriffe wie „Würde" und „Integrität" sind mit einer solchen Position, die sich auch für die Psychologie und Psychotherapie einzunehmen lohnt, in mentalisierenden Sozialisations- und Enkulturationsprozessen – besonders im (kindlichen) Spracherwerb – sozial konstruiert (*Gergen* 1985; *Scarr* 1985; *Burr* 1995; *Petzold* 2010f). Dabei gilt es zu sehen, dass es sich hier nicht allein um präfrontale, **kognitive Einschätzungen** (*appraisals*) und Kontrollen geht (*Ochsner* 2009; *Petzold* 2003a, 546f), sondern auch um limbische Prozesse **emotionaler Wertungen** (*valuations*, ibid. 546, vgl. *Knutson, Wimmer* 2009) und **volitionaler Strebungen** (*Petzold, Sieper* 2008a). Beides wird in Prozessen **„wechselseitiger Empathie"** aufgenommen und über szenisch-atmosphärisches Lernen im „Leibgedächtnis" abgespeichert, wie es die neuropsychologische „Integrative Theorie komplexen Lernens" darlegt (*Sieper, Petzold* 2002; *Chudy, Petzold* 2011). In solchen Lernprozessen werden auch durch Imitationsmodelle aus dem familialen Netzwerk bzw. Konvoi (darunter verstehen wir das „Netzwerk in der Zeit, *Brühlmann-Jecklin, Petzold* 2004; *Hass, Petzold* 1999) Frauen- und Männerbilder in frauen- und männerspezifischen Szenen aufgenommen, d.h. Männer-und-Frauen-in-Interaktion, wie es der kulturelle Code erlaubt, der durch das Wahrnehmen von und das Teilnehmen an diesen Prozessen mentalisierend erworben wird. **Mentalisierung** im Integrativen Ansatz folgt hier dem „Vygotskij-Prinzip", dass alles *„Intramentale zuvor intermental"* war (*Vygotskij* 1931/1992, 236). Dabei bilden Imitationsprozesse einen wesentlichen Einstieg für die Empathieentwicklung (*Decety, Meyer* 2009). In diesen Prozessen werden auch Modelle für Wertsetzungen vermittelt – über den Wert, den ein Junge oder ein Mädchen in der entsprechenden Kultur hat, womit Maßstäbe für die **Genderintegrität** als *kognitiv-emotionale soziale Konstruktionen* aus den kollektiven mentalen Repräsentationen (*Moscovici* 2001; *Petzold* 2010g, 213–231) transmittiert werden, sich als *individuelle mentale Repräsentationen* (ibid. 227) niederschlagen und handlungsleitend werden.

2.3.1 Soziale Konstruktionsprozesse und „signifikante Milieus des Konstruierens"

Es können hier keine Diskussionen über den „sozialen Konstruktivismus" geführt werden, Wir begründen ihn, das dürfte schon angeklungen sein, nicht nur sozialwissenschaftlich, sondern *auch* neurowissenschaftlich (*Petzold* 2008b, e). Deshalb seien hier nur einige Perspektiven aufgewiesen. Im Integrativen Ansatz wird unsere konstruktivistische Auffassung aus verschiednen Quellen gespeist: Aus der sozialphänomenologischen Tradition, wo wir uns auf die Leitpublikation von *Berger* und *Luckmann* (1970) abstützen. Dabei sind allerdings durchaus kritische Ergänzungen zu bedenken, wie das Problem des Verhältnisses von Individuum und Gesellschaft oder der Naturwissenschaften zu den Sozialwissenschaften – *Giddens* (1984) hat sie mit seiner Strukturationstheorie angedacht. Weiterhin ist der Bezug der „objektiven Wissenschaften" zu „hermeneutischen" und „sprachphilosophischen" Ansätzen kritisch zu betrachten, denn es kann nicht angehen, wie das die „Sokal-Affäre"[63] peinlich ans Licht gebracht hat, dass naturwissenschaftliche Erkenntnisse allein metaphorisierend (und dabei noch missverstehend/missverstanden) in konstruktivistischen Diskursen vernutzt werden, wie es der Physiker *Alan Sokal* für so manche Autor_innen der postmodernen Diskurse aufgezeigt hat (*Sokal* et al. 2005; idem 2010). Das Faktum sozialer Konstruktionen muss deshalb, soll es nicht zu einer Banalität verkommen – ein Problem, auf das *Ian Hacking* (1999, 2003) hingewiesen hat –, in differenzierter Art und Weise auf **signifikante Milieus des Konstruierens** bezogen werden und auf den **Diskurs und die Konventionen der Konstruktion**. Im soziologischen Diskurs verläuft das Konstruieren anders als im sozialpsychologischen oder klinisch-psychologischen. Die Konventionen in den verschiedenen Non-Profit-Bereichen (Krankenhäuser, Altenheime, Beratungsstellen, Schulen etc.) variieren und zu den gleichfalls recht unterschiedlichen Profit-Bereichen (Finanzdienstleister, Auto-, Elektroindustrie, Pharmasektor etc.) finden sich schwer zu überbrückende Differenzen. Deshalb muss verstanden werden: In

[63] Mit seinem 1996 als „Streich" oder Parodie geschriebenen Artikel *„Transgressing the Boundaries: Towards a Transformative Hermeneutics of Quantum Gravity"(Die Grenzen überschreiten: Auf dem Weg zu einer transformativen Hermeneutik der Quantengravitation"*,abgedr. in *Sokal, Bricmont* (1999) zeigte er auf, wie Autor_innen wie Jacques *Lacan, Julia Kristeva, Luce Irigaray, Bruno Latour, Jean Baudrillard* usw. physikalische und mathematische Analogien und Mystifikationen verwenden bzw. kreieren, jenseits eines seriösen Bezugs oder eines fachlich korrekten Verstehens. Ähnliche Phänomene finden sich in Bezug auf die Neurobiologie heute im psychotherapeutischen Feld.

welchem prädominanten Konstruktionsmilieu, *wann, wo, warum, wozu* und *wie* (hier sind die Konventionen zu finden) – unter welchen Bedingungen also – sind soziale Konstruktionen so gebildet worden, dass sie zu hinlänglich stabilen, „**mentale Repräsentationen**“ wurden, die damit handlungsbestimmend werden konnten? Auf dem Lande, in der Stadt, in welcher Stadt – Berlin und Köln seien hier als Beispiele für Verschiedenheit genannt – in welchem Milieu, welcher Schicht, in welcher Ethnie? – Das sind zentrale Fragen, die unbedingt in das Assessment von Situationen mit ihren sozialen Kontexten einbezogen werden müssen, um „mentalen Repräsentationen“ auf Mikro- und Mesoebenen und ihre Konstruktionsmilieus erfassen zu können. Damit wird man auf alltagsweltliche Milieus (*Ickes* 2003), auf Zeitgeist (*Petzold* 1989f) und auf Lebenspraxen in komplexen Lebens-, Sozial-, Kulturwelten verwiesen, wie sie eine fruchtbare, sozialkonstruktivistische Richtung, der „methodische Kulturalismus“ (*Hartmann, Janich* 1996), zum Ausgangspunkt nimmt. Die Rückbindung zur konkreten Lebenspraxis wird damit für Begriffsbildungen und Wertsetzungen konstitutiv, was unseres Erachtens für Konzepte wie „**Gender**“ und „**Integrität**“ von zentraler Bedeutung ist, denn damit erfasst man, wie „Gender“ sozialkonstruktiv und performativ produziert, gelebt und praktiziert wird. Hier kommen Konzepte wie „**Genderkompetenz**“ und „**Genderperformanz**“, gerade auch was **praktizierte Integrität** anbelangt, in den Blick und es erschließt sich das *„doing gender“* als ein Denken, Fühlen und Wollen, als ein Sprechen und leibhaftiges Handeln in seiner unentflechtbaren Rekursivität: Sie findet in Sprache als Handlung und Handlung als Sprechen Ausdruck (*Petzold* 2010f), in einer „Poiesis“, die gestaltend wirksam ist und dabei zugleich selbst gestaltet wird. Im Blick des methodischen Kulturalismus (*Janich* 1996; *Hartmann* 1998) muss auch der wissenschaftliche Zugriff auf das zu Explizierende betrachtet werden. Im Kontext des Genderthemas führt uns das ganz grundsätzlich zu dem in diesem Beitrag immer wieder betonten Postulat, dass Genderverständnisse stets an konkrete historische, kontextuelle (soziale, kultürliche, ökonomische ggf. auch ökologische) Gegebenheit gebunden sind, aus denen sie hervorgingen und zu denen sich deshalb auch die sozialhermeneutische Verstehensarbeit wenden muss. Abstrahierte, dekontextualisierte Genderkonzepte und normative Genderregelungen, die die Kontext/Kontinuumsgegebenheiten nicht berücksichtigen, laufen in Probleme, Menschen „nicht gerecht“ zu werden (*Petzold* 2003h, i, 2006n).

Überlegungen zur Genderintegrität in konkreten supervisorischen Situationen müssen auf dem hier aufgezeigten, sozialkonstruktivistischen Boden in diagnostischer Hinsicht immer bemüht sein, Genderkategorien, Mann-/Frauverständnisse und -bewertungen bei Klient_innen, *kontextualisiert* zu erfassen und die kollektiven und persönlichen „mentalen Repräsentationen" (Wissens*kompetenzen*) mit den von ihnen bestimmten Lebenspraxen (Handlungs*performanzen*) der Gegenüber einzubeziehen. Dabei sind *empathische Leistungen* unverzichtbar.

Marc Aurel gibt uns, wie die am Anfang dieses Abschnittes zitierten Texte zeigen, den Ratschlag, Achtsamkeit in empathischen Prozessen zu praktizieren und zwar in Prozessen, in denen die **Wechselseitigkeit**, die **Mutualität** die zentrale Rolle spielt. Im Integrativen Ansatz haben wir diese Maxime des stoischen Philosophen stets als Leitlinie genommen. Im Genderkontext heißt das: Der andere Mensch muss als Frau und Mann „erfasst" werden, der Eine muss sich vom Anderen erfassen lassen, **wechselseitige Empathie** ist erforderlich (*Petzold* 2003a, 798). Ohne sie sind keine gelingenden Kommunikationen möglich, gelingt keine Beratung, Therapie oder Supervision. Dabei kommen natürlich, wie dargelegt wurde, auch Männeransichten und Frauenperspektiven ins Spiel, die kulturell vermittelt wurden, „soziale Konstruktionen", die vielleicht eine gute, vielleicht auch eine schlechte „Passung" haben. Deshalb wird es notwendig, in Beratungsprozessen auch die eigenen Verständnisse zu betrachten und sie den Gesprächspartner_innen offenzulegen, so dass die Positionen mit ihren kognitiven, aber auch ihren emotionalen Seiten in Wechselseitigkeiten – d.h. in **polylogischer** Mitbeteiligung aller – diskursiviert werden können.

Genderverständnisse *(plur.) müssen in Prozessen wechselseitiger Empathie, gemeinschaftlich* ***ko-respondierend****, von allen an einer Situation Beteiligten in ihrem jeweiligen Differentsein erarbeitet und auf ihre kulturellen Hintergründe, auf konkordante und diskordante Qualitäten des Verstehens von Mann-Sein, Frau-Sein untersucht werden, um einen gemeinsam getragenen* ***Konsens*** *(etwa zu Konzepten über Integritätsstandards) und damit Handlungsoptionen für die* ***kooperativ*** *zu gestaltende Gegenwart und Zukunft von* ***Genderverhältnissen*** *zu gewinnen.*

Es wird hier das integrative „**Ko-respondenzmodell**" zu Grunde gelegt, das durch Konsens-Dissenz-Prozesse zu Konzepten, zu Kooperationen und kokreativen Gestaltungen führt (*Petzold* 1978c/2003a, 93ff).

2.3.2 „Wechselseitige“ und „pluridirektionale Empathie“ – „Developmental Cognitive Neuroscience“ und darüber hinaus

Menschen müssen, das sei nochmals unterstrichen, stets sozioökologisch **kontextualisiert** – d.h. in ihrem Lebenszusammenhang – und natürlich biographisch **temporalisiert** – d.h. in ihrem *life span development* (*Petzold* 1992e) – betrachtet werden. Das ist die Botschaft des Integrativen Ansatzes (*Sieper* 2007b/2011). Bei diesen Aufgaben ist für uns unsere Orientierung an der kulturhistorischen Tradition *Vygotskijs* (1992, vgl. *Jantzen* 2008; *Kölbl* 2006; *Petzold, Sieper* 2005) von Nutzen. Die russische Schule bindet die „höheren psychischen Funktionen“, d.h. Denken, Sprechen, Wollen als **Mentalisierungsprozesse** an soziale (historische und ökonomische) Realitäten zurück (*Jantzen* 2008). *Lurija* und *Vygotskij* (1930) haben überdies schon früh auf deren evolutionäre Genese verwiesen, und *Lurija* (1932, 1986, 1992, 1993) hat in seinem Lebenswerk beständig die Verbindung zwischen neurobiologischen, entwicklungspsychologischen und historischen, soziokulturellen Einflüssen herausgearbeitet (*Petzold, Michailowa* 2008).

Soziale Konstruktionen werden aus Gehirnen von Subjekten, Menschen und Menschengruppen (societies of brains, Freeman 1996) *unter soziohistorischen und sozioökonomischen Bedingungen hervorgebracht*, die sich in evolutionären Prozessen der Auseinandersetzung mit der Umwelt im „Mesokosmos“ (*Vollmer* 1975), zu der auch die jeweilige soziale Mitwelt gehört, entwickelt haben. „Unser Erkenntnisapparat ist ein Ergebnis der Evolution. Die subjektiven Erkenntnisstrukturen passen auf die Welt, weil sie sich im Laufe der Evolution in Anpassung an diese reale Welt herausgebildet haben. Und sie stimmen mit den realen Strukturen (teilweise) überein, weil nur eine solche Übereinstimmung das Überleben ermöglichte“ (*Vollmer* 1998, S. 102). Die evolutionäre Erkenntnistheorie (*Lorenz, Riedl, Vollmer*) unterfängt damit den sozialkonstruktivistischen Ansatz, wie wir ihn auch in Bezug auf neuere evolutionstheoretische Ansätze, z.B. *Susan Oyamas* (2000) *„developmental systems theory“*, in Integrativem Verständnis sehen und nutzen – etwa auch in unserer integrativen Theorie der Sprache (*Petzold* 2006j, 2009a, 2010f). Die neue „**Social Neuroscience**“ bzw. der „**Developmental Social Neuroscience**“ unterstreichen das mit ihren Forschungsergebnissen (*de Haan, Gunnar* 2009), die Ontogenese und Phylogenese konnektivieren (*Carter* et al. 2009; *Myowa-Yamakoshi, Tomonaga* 2009; *Stone* 2007). Mit Evolutionstheorie und Neurowissenschaften wird aus integrativer Sicht eine Brücke zur Naturwissenschaft möglich – einerseits durch das Konzept des „**Informierten Leibes**, embodied and embedded“ von *Petzold* (2009c), das neurocerebrale Lern- und Gedächtnistheorie und leibphänomenologische

Wahrnehmungstheorie verbindet (*Sieper, Petzold* 2002), andererseits durch das Konzept der „**Mentalisierung**", wie es auf der Basis von *Moscovici, Lurija* und *Vygotskij* von *Petzold* erarbeitet wurde (*Petzold* 2008b, 2010f, 2010g, 224ff) und cerebrales Lernen als Informationsaufnahme (*Oyama* 2000) aus dem sozioökologischen Kontext-Kontinnum begreift: „**Körper-Seele-Geist-Welt-Verhältnisse**" werden in unlösbarem Zusammenhang gesehen (*Petzold* 2009c). Wenn Lebenserfahrungen im sozioökologischen Raum sich neurocerebral niederschlagen, dann ist der Mensch, Frau und Mann, als Leib-Subjekt immer auch „social body" und als solcher auch in seiner **Genderrealität** soziokulturell bestimmt in einer Verschränkung von Natur und Kultur.

Eine solche Sicht wird heute neben den „**Cognitive Neuroscience**", die *Michael Gazzaniga* (et al. 2008) Ende der Achtzigerjahre inaugurierte, auch von der „**Affective Neuroscience**" vertreten, die Anfang der Neunzigerjahre aufkam als eine konsequente Differenzierung des neurowissenschaftlichen Diskurses. Sie ist u.a. mit den Namen *Josef E. Ledoux* (1995; idem et al. 2009), *Jaak Panksepp* (1998), *Richard J. Davidson* (et al. 2008) oder *Antonio Damasio* (2000) verbunden. Der differentielle und kontextuelle Blick auf die Grundlagen dieser Forschungsgebiete führte dann schon bald zu den erwähnten Spezialisierungen der „**Social Neuroscience**" bzw. der „**Developmental Social Neuroscience**", die Ende der Neunzigerjahre eine foudroyante Entwicklung nahmen. Mit ihnen werden die individuumszentrierten Sichtweisen der traditionellen Hirnforschung überwunden, in der es um das Gehirn *eines* Menschen ging. Die **Relationalität** von Menschen in **Polyaden**, ihr Leben in „polyzentrischen sozialen Netzwerken" (*Hass, Petzold* 1999) kommen mit diesem neuen Paradigma als Faktor der Hirnentwicklung (*Beer* 2007; *Mills, Conboy* 2009) in all ihrer Bedeutsamkeit in den Blick (*Cacioppo, Berntson* 2005; *Decety, Ickes* 2009; *de Haan, Gunnar* 2009). Phänomenologische Betrachtung von alltäglichem kognitiven und emotionalen Geschehen hatte das schon stets nahegelegt (*Merleau-Ponty* 1966).

Alexandre R. Lurija (1932, 1992) und sein Lehrer *Lev S. Vygotskij*, Vertreter der russischen neuropsychologischen und kulturhistorischen Schule (*Jantzen* 2002, 2008; *Kölbl* 2006; *Petzold, Michailowa* 2008), hatten schon früh die Verschränkung von „*Subjekt, Sozialität und neurocerebralen Prozessen im Entwicklungsgeschehen*" erkannt und diese polyadische Perspektive in heilpädagogischer und therapeutischer Arbeit berücksichtigt. *Walter Freeman* (1996) hatte von „Societies of Brains" gesprochen, *Michael Tomasello* (2002, 2009) hatte die „geteilte Intension" der in Polyaden kooperierenden Primaten, insbesondere der Menschen, in seinen Forschungen aufgezeigt. Die Entdeckung der Spiegelneurone (*Rizzolatti* et al 1996, 2008; *Stamenov, Gallese* 2002) hat dann euphorische Reaktionen ausgelöst (*Ramachandran* 2000), weil dadurch für das „Gruppenwesen Mensch" eine neuronale Basis zu den Synchronisationsfunktionen ihrer Primatengehirne geliefert wurde. Spiegelneurone scheinen auch für differenzierte Prozesse wie Imitation und Empathie eine bedeutsame Rolle zu spielen (*Rizzolatti, Sinigaglia* 2008). Indes, man muss sich vor überzogenen Darstellungen[64] hüten, weil es durchaus kritische Diskussionen gibt[65] (vgl. *Greg Hickok* 2009). Im Integrativen Ansatz suchen wir durch unsere neuromotorische und klinisch-bewegungstherapeutische, Nonverbalität einbeziehende Arbeit seit Ende der Neunzigerjahre Spiegeneuroneeffekte zu nutzen (*Petzold* 2002j, 2004h), greifen also enger als *Bauer* (2005) oder *Staemmler* (2009) es in ihrer – aus unserer Sicht „Überdehnung" – der Spiegelneurone als Explanans tun. Wir haben stets betont; Spiegeneuroneaktivität macht noch kein empathisches Geschehen aus, auch wenn sie eine gewisse Rolle in diesen Prozessen etwa auf der Ebene der Verarbeitung nonverbaler und prosodischer Signale spielt. Es sind **Subjekte**, die empathieren und dafür szenisch-episodisch und narrativ abgespeichertes **kulturelles Wissen** nötig haben, wie es auf Grund von Mentalisierungen im Sozialisations- und Enkulturationsgeschehen besonders im hippocampalen Gedächtnis als atmosphärische und szenische Abspeicherungen niedergelegt ist – auch als Wissen über Mann-Sein und Frau-Sein. Soziale und emotionale Informationsverarbeitung, das zeigt die sozialneurowissenschaftliche Forschung (*Norris, Cacippo* 2009), greift weiter als Spiegelneuroneeffekte zu erklären vermögen. Amygdaläre Aktivierungen spielen eine Rolle bei bedrohlichen Gesichtern und Szenen (ibid. 91 f.), sind aber auch mit präfrontalen Aktivierungen verbunden. Insgesamt spielen *kognitive* und *emotionale* Prozesse meist zusammen, und Studien zeigen, dass „empathy does not reley merely on mirror neurons and activation of motor networks or imitation of emotional expression" (ibid. 96). In der Nutzung neurowissenschaftlicher Erkenntnisse durch die Psychotherapie oder Supervision ist also immer eine gewisse

[64] Z. B. von *Joachim Bauer* (2004); auch *Ramachandrans* Eloge in *Edge* (2000) hatten schon heftige Kontrovesen ausgelöst.

[65] *Grawe* (2004) hat absichtsvoll darauf verzichtet, im „Spiegelneuroneboom" mitzuschwimmen (pers. Mitteilung 2004), was *Staemmler* (2009, 167), der in seinem Buch vielleicht zu sehr auf dieser Welle „mitschwimmt", zur Frage veranlasste, warum *Grawe* „jede Bezugnahme auf Spiegelneurone und ihre Relevanz für die therapeutische Interaktion" unterlässt (*ibid.*). *Grawe* sah offenbar die Forschungslage noch ungenügend geklärt und *Staemmler*, der ja kein Neurowissenschaftler oder empirisch forschender Psychologe ist, hat offenbar die kritischen Diskussionen übersehen – er führt sie jedenfalls nicht auf –, die sich an *Vilayanur S. Ramachandrans* „landmark lecture" in *„Edge"* (6.1. 2000) „MIRROR NEURONS and imitation learning as the driving force behind ‚the great leap forward' in human evolution" anschloss und bis heute noch im Gange ist (vgl. *Greg Hickock* 2009).

Geduld angesagt, bis sich die Forschungslage in den Ausgangsdisziplinen hinreichend geklärt hat. Für das Genderthema und besonders auch für Therapie und Supervision in diesem Kontext sind die Erkenntnisse der „Developmental Social Neuroscience" (*de Haan, Gunnar* 2009) von größter Wichtigkeit. Es geht in **Intergender-Prozessen** und es geht im Therapie- und Supervisionsgeschehen um Empathie – um **wechselseitige** –, es geht um emotionale Ansteckung, um Imitation und „imitation learning", also *auch* um Spiegelneuroneaktivitäten, aber die sind von kognitiven und von emotionalen Prozessen sowie von motivationalen Lagen abhängig, die biographisch und kulturbestimmt sind und die berücksichtigt werden müssen – etwa in Konkurrenzsituationen, wo sich keine großen aber immerhin feststellbare Differenzen in männlicher und weiblicher „power motivation" feststellen lassen (*Schultheiss, Wirth* et al. 2005) oder in Fragen der Bewertung von Botschaften emotionaler Kommunikation (*Freitas-Magalhäes* 2010).

Informationen über differentielles Empathieren von Männern und Frauen, wie es die Alltagserfahrung und klinische Beobachtungen nahelegen, liegen von Seiten der Empathieforschung bislang noch nicht vor, und auch die Prozesse der Wechselseitigkeit in empathischen Mann-Frau-Transaktionen sind noch kaum erforscht, obgleich hier interessante Erkenntnisse zu finden sind, etwa was das „Lesen" emotionaler Mimik von Männern und Frauen bei Männern und Frauen anbelangt (*Stanley* et al. 2010; *Wester* et al. 2002), wobei wieder die Fragen aufgeworfen werden, was genetisch disponiert und was sozial erlernt ist. Die bislang schmale Forschungsbasis macht eine umso sorgfältigere Beobachtung und Reflexion solchen Intergender-Geschehens erforderlich vor dem Hintergrund einer breiten Fachkompetenz, was Wissen um die „**empathische Grundfunktion**" (*Petzold, Müller* 2005/2007) in jeglichem zwischenmenschlichen Miteinander anbetrifft, aber auch was gendertheoretisches Wissen anbelangt (da gilt es allerdings auch, den eigenen ideologischen Vorannahmen und Wertungen von Forschungsbefunden gegenüber kritisch zu sein, so sicher sind die Positionen nicht).

Die Grundannahme der integrativen Anthropologie, dass das Wesen des Menschen in der Leiblichkeit gründet (*Petzold* 1988n), führt allerdings vor dem Hintergrund der vorgetragenen Überlegungen und auch mit Blick auf die Forschungslage zwingend zu der Erkenntnis, dass Leiblichkeit immer in ihrem Wesen als Zwischenleiblichkeit begriffen werden muss: Mensch wird man durch den Mitmenschen, Subjektivität ist intersubjektiv verfasst (*Tomasello* 2009), verbale und nonverbale Kommunikation sind in Reziprozität eingelassen (*Freitas-Magalhäes* 2010). Menschen wachsen nicht nur und dominierend in Dyaden („Mutter-Kind-Dyade") auf, sondern in **Polyaden** „Mutter-Vater-Kind-

Geschwister-Polyaden" (*Petzold, Müller* 2005, 26; repr. 2007a). Sie gedeihen in benignen Nahraumbeziehungen, die aber gerade auch in der Dimension der Leiblichkeit, des Männerkörpers und des Frauenkörpers, differentiell betrachtet werden müssen. Dabei geht es wiederum um in hohem Maße *kulturbestimmte* Verhältnisse zwischen den Geschlechtern. Das Fungieren von Spiegelneuronen kann hier nur in begrenzter Weise für den interventiven Support genutzt werden. Gender Mainstreaming kommt dabei auch konzeptuell an Grenzen, weil es für differentielle Handhabungen der Beziehungen zwischen den Geschlechtern nur sehr grobe Leitlinien gibt – für die Aufgaben im supervisorischen Bereich, was Psycho- und Soziotherapie anbetrifft, klar zu wenige. Wenn gendersensible Supervision auf Problemsituationen zu Genderthemen trifft, ist deshalb eine hohe **Fachkompetenz** zu Genderfragen erforderlich, neben der **Feldkompetenz**, mit der die zur Rede stehende Situationen im Rahmen der Feldbedingungen und ihrer sozialen Codes gehandhabt werden müssen und neben der **allgemeinsupervisorischen Kompetenz**, durch die ein optimales Einbeziehen aller, die an einer Situation beteiligt sind, in konstruktiven Problemlösungsprozessen – gendersensiblen – ermöglicht werden sollte. Da es bei der Genderthematik immer auch um die Dimensionen der Geschlechtlichkeit geht, und diese unablösbar vom Thema der Leiblichkeit, ja der Zwischenleiblichkeit ist, was im Bereich der nonverbalen Kommunikation besonders zum Tragen kommt (*Petzold* 2004h, *Lamacz-Koetz* 2009) müssen diese Konzepte auch interventiv im Supervisionsgeschehen Berücksichtigung finden (*Bolhaar, Petzold* 2008).

Zwischenleiblichkeit wurde im Anschluss an *Gabriel Marcel*s (1985) philosphischer Theorie „leiblicher Begegnung" und an die entwicklungspsychobiologischen Forschungen *Ajuriaguerra*s (1962, 1970) zum *„dialogue tonique"* zwischen Mutter und Kind – auf einer multitheoretischen Grundlage also – von *Petzold* zu einem Kernkonzept des Integrativen Ansatzes gemacht. Zwischenleiblichkeit ist damit auch die Basis aller empathischer Prozesse.

„**Empathie** gründet nach Auffassung des Integrativen Ansatzes in genetisch disponierten, u.a. durch die Funktion von Spiegelneuronen gestützten, cerebralen Fähigkeiten des Menschen zu intuitiven Leistungen und mitfühlenden Regungen, die in ihrer Performanz ein breites und komplexes, supraliminales und subliminales Wahrnehmen „mit allen Sinnen" erfordern, verbunden mit den ebenso komplexen bewussten und unbewussten mnestischen Resonanzen aus den Gedächtnisarchiven. Diese ermöglichen auch „wechselseitige Empathie" als reziproke Einfühlungen in pluridirektionalen Beziehungen im Sinne des Erfassens von anderen

„minds" vor dem Hintergrund und in Bezug auf ein Bewussthaben des eigenen „minds". Das ermöglicht in einer „Synergie" ein höchst differenziertes und umfassendes Erkennen und Erfassen eines anderen Menschen (personengerichtete Empathie), oder von Menschengruppen in und mit ihrer sozialen Situation (soziale Empathie) nebst ihren subjektiven und kollektiven sozialen Repräsentationen" (*Petzold, Müller* 2005, 39).

„**Wechselseitige Empathie**" kommt in allen gesunden Modalitäten der Relationalität vor – in **Kontakt, Begegnung, Beziehung, Bindung**, z. T. in der Abhängigkeit, etwa in der Pflege alter Menschen. So ist „Begegnung ... ein *wechselseitiges empathisches Erkennen und Erfassen* im Hier-und-Jetzt geteilter Gegenwart, bei dem die Begegnenden im frei entschiedenen Aufeinanderzugehen ganzheitlich und zeitübergreifend ein Stück ihrer Geschichte und ihrer Zukunft aufnehmen und in einen *leiblich-zwischenleiblichen* (d. h. körperlich-seelisch-geistigen) Austausch treten, eine Berührtheit, die ihre ganze Subjekthaftigkeit einbezieht. Begegnung ist ein Vorgang, in dem sich Intersubjektivität lebendig und leibhaftig realisiert" (ibid. 40, Hervorheb. hier). Dass „Leiblichkeit" und „Zwischenleiblichkeit" im Kontext von Genderfragen ein unübergehbares Thema ist, sollte deutlich geworden sein, ein weitgreifendes Thema, das hier aber nicht weiter vertieft werden kann. Es sollen für diesen Kontext nur zwei „Brückenkonzepte" des Integrativen Ansatzes kurz erwähnt werden:

1. das Konzept des „**Informierten Leibes**", der in die Welt eingebettet ist und Welterfahrungen verkörpert (*body subject, embodied and embedded*, vgl. *Petzold* (2009c). Es verbindet multitheoretisch die neurocerebrale Lern- und Gedächtnistheorie mit der leibphänomenologischen Wahrnehmungstheorie (*Sieper, Petzold* 2002) und impliziert schon das zweite Brückenkonzept;

2. nämlich das der „**Mentalisierung** (*Petzold* 2003a, 105; 2008b, 2010f), wie es auf der Basis von *Moscovici, Lurija* und *Vygotskij* erarbeitet wurde (*Petzold* 2010g, 224ff) – also auf einer völlig anderen Theoriegrundlage als *Fonagy* und Mitarbeiter_innen (2002), die die genannten Mentalisierungstheoretiker ausgeblendet hatten. **Mentalisierung** bedeutet in der Integrativen Therapie in **naturwissenschaftlicher Perspektive** neurocerebrales Lernen als leibhaftige Informationsaufnahme (*Oyama* 2000) aus dem sozioökologischen Kontext-Kontinuum (mit seinen Gendermodellen), insbesondere im interpersonalen, zwischenleiblichen Kontakt, womit eine **natur-**, **sozial-** und **kulturwissenschaftliche Perspektive** ins Spiel kommt. Durch **Mentalisierung** im integrativen Verständnis begreift ein Mensch, Frau und Mann „**Körper-Seele-Geist-Welt-Verhältnisse**" – die

eigenen und die Anderer – in ihrem unlösbaren, kulturspezifischen Zusammenhang, und das über die Entwicklung hin in wachsendem Maße mit der zunehmenden Ausbildung „höherer geistiger Funktionen" (*Vygotskij* 1992; *Lurija* 1992), seiner wachsenden **Sinnerfassungs-**, **Sinnverarbeitungs-** und **Sinnschöpfungskapazität** (*Petzold* 2009c). Menschen, Frauen und Männer, müssen deshalb, das sei nochmals unterstrichen, stets sozioökologisch **kontextualisiert** – d.h. in ihrem Lebenszusammenhang – und natürlich biographisch **temporalisiert** – d.h. in ihrem *life span development* (*Petzold* 1992e) – betrachtet werden. Das ist die für gendertheoretische Betrachtungen und genderpraxeologische Haltungen unverzichtbare Position des Integrativen Ansatzes (*Sieper* 2007b/2011).

Wechselseitiges Erfassen, mutuelle Empathie, wie es die integrative Empathietheorie vertritt[66] muss also multiple informationale Einflüsse zu nutzen suchen: ein feinkörniges Erfassen der Nonverbalität wird notwendig, ein differenziertes Verstehen der aktuellen, soziokulturellen Lebenszusammenhänge und des biographischen Herkommens, wie wir es in der Integrativen Supervision praktizieren (*Swanton* 2010), ein Berücksichtigen kognitiver, emotionaler und volitiver Stile (*Petzold, Sieper* 2008a), deren Qualität mit den Klient_innen erarbeitet werden muss, immer auch im Blick auf Genderperspektiven. Dabei muss der Berater/die Beraterin sich immer einer gewissen Gefangenheit in der eigenen Genderpespektive bewusst sein, um Beratungs-/Supervisionsfehler zu vermeiden. Die Information über diese Möglichkeit und die Pflege eines partnerschaftlichen Interaktions- und Arbeitsstils „auf Augenhöhe" ist dabei unerlässlich. Gerade hier aber wird in unseren empirischen Untersuchungen immer wieder von Supervisand_innen bei ihren Supervisor_innen ein superioritärer, herablassender Interaktionsstil beklagt (*Petzold, Müller, König* 2007;

---

[66] *Frank-M. Staemmler* (2009) hat in seinem Buch über Empathie in der Psychotherapie ein vorgeblich „neues Verständnis von Empathie" vorgetragen, das wechselseitige Empathie betont, in der die empathischen Prozesse von Klient_innen und Therapeut_innen zusammenwirken. Nun ist das wirklich nicht neu, sondern wird in der Integrativen Therapie und Supervision mit Rückgriff auf die empirische Säuglingsforschung (*Tronick, Trevarthen, Papoušek, Bischof-Köhler*) und Referenzautoren wie *Ferenczi, Marcel, Merleau-Ponty, Vygotskij* seit langem – theoretisch gut ausgearbeitet – vorgetragen. *Staemmler* greift diesen von *Petzold* in die Psychotherapie eingeführten Theoriediskurs *ohne Verweis* auf dieses Faktum auf, zitiert Literatur selektiv (*Petzold, van Beek, van der Hoek* 1994) und lässt dabei die Konzepte zur „wechselseitigen Empathie" unter den Tisch fallen (ibid. p. 560, 590 et passim). Eigenartig auch, dass *Staemmler* das Werk „Integrative Therapie" (1993, 2. Aufl. 2003a) ausspart, wo „Begegnung als wechselseitiges empathisches Erfassen" (S. 793) und zwischenleiblich verortete Empathie (803, 872f, 1027f) ausführlich dargestellt werden und zwar als „wechselseitige Empathie" (p. 78, 275 798ff). Ergo: quid novum?

Ehrhardt, Petzold 2011). Wenn Empathie ein so wesentlicher Faktor ist, dann sollten wir wissen, ob empathische Prozesse – einseitige und wechselseitige Prozesse –, die Art des Empathierens bei Frauen und Männern gleich sind oder sich unterscheiden. Von Seiten der sozialneurowissenschaftlichen Forschung haben wir noch keine Informationen hierzu. Auch aus dem Bereich der Psychotherapie gibt es keine Informationen. *Frank M. Staemmler* (2009), der sich neuerlich mit dem Empathiethema beschäftigte, hat das Genderthema nicht einmal im Schlagwortverzeichnis. Leider finden sich in dem maßgeblichen Handbuch der „**Developmental social Neuroscience** „von *Michelle de Haan* und *Megan R. Gunnar* (2009) weder ein spezielles Kapitel noch wesentliche Verweise zum Thema „gender" oder „sex", obwohl mit sozialneurowissenschaftlichen Untersuchungsmethoden zu Kategorisierungen, Vorurteilen, Motivationen Genderaspekte durchaus zu beforschen sind (*Ito* et al. 2009; *Mouchetan-Rosaing, Girard* 2003; *Schultheiss* et al. 2005). Hier wird künftig noch viel in Forschungen zu investieren sein, zumal mit einem auf empathische Prozesse gerichteten Forschungsschwerpunkt sich viele wichtige Perspektiven auftun, etwa im Bereich der Gesundheit, wo das heilsame Potential von guten sozialen Beziehungen durch die sozialen Neurowissenschaften nachweisbar ist (*Uchino* et al. 2009).

„**Pluridirektionale Empathie**" bestimmt das Geschehen in sozialen Gruppen, in **Polyaden**, von Männern und Frauen, Mädchen und Jungen seit den Anfängen der Menschheitsgeschichte. Es sind „gemeinsam agierende Individuen. Ausgestattet mit einer speziellen Art der kulturellen Intelligenz, die artspezifische sozial-kognitive Fähigkeiten zu Zusammenarbeit, Kommunikation, sozialem Lernen und anderen Formen der geteilten Intentionalität umfasst" (*Tomasello* 2010, 13). Darum kooperieren sie effektiv. Empathisches Erfassen, emotionale Ansteckung (*Hatfield* et al. 2009), imitatives Lernen und ostentatives Lehren (*Decety , Meyer* 2009; *van Baaren* et al. 2009) – alles in allem rekursive Prozesse – bestimmen das emotionale und kognitive Geschehen in den Beziehungs- und Bindungsverhältnissen der Polyaden, in denen sich das „social brain" ausbildet (*Mills, Conboy* 2009). Die biologisch prädisponierten Attachement-Beziehungen, in denen z. B. protoempathische Prozesse oder das „*intuitive parenting*" bei Kleinkindern stattfinden (*Hanuš Papoušek, Mechthild Papoušek* 1992; *H. Papoušek* 1994), unterliegen dabei immer auch den kulturellen Bewertungen, nicht zuletzt genderspezifischen (*Hopkins, Westra* 1990), auch wenn die neurohumoralen Regulationsmechanismen im „mothering" oder in Liebesbeziehungen (*Marazziti 2009, Bales, Carter* 2009) kulturunhabhängig und in ihrer Neurobiologie spezifisch zu sein scheinen (*Mayes* et al. 2009). Beides, biologische, protoempathische und intuitive Prozesse im ersten Lebensjahr

(*Papoušek* 2007) und dann die stärker kulturbestimmten Prozesse, wie das „sensitive caregiving" bei Kleinkindern (*Petzold, van Beek, van der Hoek* 1994), gilt es zu verstehen, oder bei Erwachsenen die biologischen Komponenten von Liebesbeziehungen und die kulturellen, weshalb die Psychobiologie der Genderverhältnisse und die soziokulturellen Regelsysteme der jeweiligen Alltagswelt (*Ickes* 2003) – für Genderbeziehungen, Eltern-Kind-Beziehungen etc. – in den Blick genommen werden müssen. Nicht zu vergessen ist dabei das jeweilige Empathieverständnis des Anderen (Beobachters/Supervisorin/Therapeutin etc., vgl. *Batson* 2009). Das eine, das Biologische, geht nicht ohne das andere, das Kulturelle. Künftige qualitätsvolle psychosoziale Arbeit mit Menschen wird nicht ohne die schon vorhandenen Beiträge der „**Developmental Social Cognitive Neuroscience**" auskommen können, geschweige denn, was aus diesem Forschungsbereich künftig zu erwarten ist, wenn er sich noch stärker auf den „life span", auf Erwachsenenleben und Alter richten wird. Schon jetzt muss man die von diesen Forschungen deutlich gemachten Verbindungen von *Sozialem, Kognitivem* und *Emotionalem* auf der neurocerebralen und psychophysiologischen Ebene berücksichtigen, die in sozialen Wahrnehmungs-, Bewertungs- und Handlungssystemen zum Tragen kommen, was mit einem „sozioemotionalen Processing im Gehirn" einhergeht (*Norris, Cacioppo* 2009; *Beer* 2009; *Shamay-Tsoory* 2009) und mit reflexiv-metareflexiven Prozessen der Selbstbesinnung des Subjekts, das seine Positionen klärt und bestimmt.

Das Wissen über solche komplexen neurobiologischen und metahermeneutischen Prozesse wird auf Dauer mehr und mehr in Supervision, Beratung und Therapie rezipiert werden, wodurch diese Praxeologien nach und nach wissenschaftlich fundierter werden, wenn sie die neuen Erkenntnisse – wo sinnvoll und möglich – kompetent umsetzen. Aber – das sollte deutlich geworden sein – Neurobiologie ist nicht alles. Darüber hinaus müssen die komplexen psychologischen Prozesse auf der kognitiven, affektiven und sozialen Ebene, die neurobiologischen ergänzend (*Fazendeiro* et al. 2009), berücksichtigt werden. Und darüber hinaus bedarf es eines breiten soziokulturellen Wissens über die Kontexte und die Menschen in ihnen, mit denen man arbeitet. Und schließlich darüber hinaus muss man an diesen Menschen mitmenschlich engagiert sein – Wissen ist nicht alles (*Petzold* 1989i, *Petzold, Sieper* 2011 , *Petzold, Orth, Sieper* 2010)! – Es geht nicht ohne den Faktor solchen Engagements, besonders wenn es um Fragen der **Integrität**, hier der **Genderintegrität** geht (*Petzold, Orth, Sieper* 2010).

2.3.3 Ko-respondenz um ethische Maximen im Integrativen Ansatz zwischen sozial-konstruktivistischer und systemischer Sicht

Aus integrativer Perspektive vertreten wir mit der systemischen Orientierung der russischen Schule (*Anokhin, Bernšteijn, Lurija, Vygotskij,* vgl. *Petzold, Michailowa* 2008) und der *„developmental systems theory"* (DST, vgl. *Oyama* 2000, eadem et al. 2001), dass mit einer breiten Sicht auf biologische und insbesondere evolutionäre Entwicklungen in der Humanevolution **Natur** und **Kultur** in rekursiven Prozessen zusammenwirkend gesehen werden müssen[67]. Das Gehirn ermöglichte Sprache und Kultur, und diese wiederum und zugleich formten das Gehirn in permanenter Rekursion (*Petzold* 2010f; *Richerson, Boyd* 2002). **Es ist die Natur des Menschen, Kultur hervorzubringen** (*Petzold, Orth* 2004), und das erfordert auch eine Rekursivität von individuell-persönlichen und kollektiv-sozialen Prozessen, eine Position, die den Konstruktivismus in die Sprach- und Kulturtheorie führt (*Petzold* 2008b, 2010f), aber auch mitten in die Sozialpsychologie, wie sie *Serge Moscovici* (1961, 2001) mit seiner Idee der *„représentations sociales"* (*Moscovici, Markovà* 2006) entwickelt hat. Sie können damit durchaus auch systemisch – als „mentale Systeme" (*Markovà* 2003) oder auch als „Wissenssysteme" (*Petzold* 1974j, 304, Abb. III) begriffen werden, welche *eine* Basis in kollektiver *und* individueller cerebraler Arbeit haben, womit sich die Spirale der Rekursivität fortschreibt. Wir haben *Mosocovicis* Konzept zur Idee kollektiver „mentaler", d.h. *kognitiver, emotionaler* und *volitionaler Repräsentationen* (verstanden als komplexe Konfigurationen von Information, nicht als statische Bilder) mit ihren handlungskonkreten Praxisbezügen erweitert (*Petzold* 2003b, 2008b). In „Kontext und Kontinuum" konstruiert (*Petzold* 1978c, 2008b), beeinflussen sie natürlich auch ethische Positionen und Konventionen. **Polylogische Ko-respondenzprozesse** (idem 1991e) ermöglichen durch Konsens-/Dissensklärungen **„Konzepte"** (wie z.B. Gender, Männlichkeit, Weiblichkeit), die Grundlage konsistenten Handelns und abgestimmter **Kooperationen** werden können (z.B. wie man mit Männern/Männerrechten und Frauen/Frauenrechtlosigkeit umgeht). Damit wird natürlich die Frage aufgeworfen, an welchen *ethischen Prinzipien* solches Handeln ausgerichtet sein sollte, die ihrerseits wiederum als Konstruktionspro-

[67] *Maturana* und *Varela* (1987; *Varela* et al. 1995) haben mit ihrem „Autopoise-Konzept" einen etwas anderen Weg als wir eingeschlagen. In der autopoietischen Wende *Luhmanns* (1984, 2008) Anfang der Achtzigerjahre des vergangenen Jh. fand diese Sicht auch in die Sozialwissenschaften Eingang, nicht zuletzt in die „systemische Supervision", allerdings mit oft flacher Rezeption (vgl. die Kritik von *Wolfgang Ebert* 2001, von *Bischof* 1998a, b und *Pirschel* 2010).

zesse all derer, die an einer Situation beteiligt sind und ihre Traditionen des Denkens einbringen, gewonnen werden müssen – so auch der methodische Kulturalismus (*Kwon* 2003). Das ist kein einfaches Unterfangen, weil in solche Konstruktionsprozesse von ethischen Maximen natürlich Wissensstände aus dem kulturellen Raum eingehen, „kollektive soziale Repräsentationen", die Niederschlag stattgehabter ethischer Diskurse und ihrer mnestisch archivierten Normen sind, so dass „übergeordnete ethische Milieus" (*Petzold* 1978c) die aktualen Entscheidungsprozesse derjenigen beeinflussen, die über ein Problem ko-respondieren. In die Konstruktionen gehen also einstmalige Konstruktionen ein: **Diskurse**, sensu *Foucault* 1974, 1981; *Waldenfels* 1986); **Metaerzählungen**, sensu *Lyotard* (1986), **Mythen**, sensu *Bischof* (1996), **Narrative** sensu *Petzold* (1997d, 2003g in Bezug auf *Ricœur* 1983, 2009), die konzeptuelle Strukturgerüste und Leitlinien für „neue" Konstruktionen bieten und dann oft so „neu" gar nicht sind. Es ist deshalb wesentlich, immer wieder auf „überkommene" Konzepte zu schauen und auf **„signifikante Milieus ihres Ursprungs"**. Damit ist sowohl das Problem einer situationsethischen Beliebigkeit abgewendet, als auch die Problematik einer unreflektierten Traditionsverhaftetheit bzw. Konservativität. Beides schränkt die souveräne Mitwirkung und Willensbildung aktual Betroffener an den Ko-respondenzprozessen ein, die sie doch in besonderer Weise betreffen. Allerdings ist damit noch keine „Wertung" über die Qualität der gewonnenen ethischen Entscheidung getroffen, wie etwa der „Respekt" vor Männern und Frauen mit jüdischem, türkischem oder rumänischem etc. Hintergrund in Deutschland oder Frankreich gehandhabt werden soll. Es gibt durchaus auch die Transmission fragwürdiger, ja gefährlicher „sozialer Konstruktionen" aus der Vergangenheit in gegenwärtigen Transmissionsprozessen – der Antisemitismus ist hier ein bedrückendes Beispiel (*Petzold* 1996j, 2008b).

Ko-respondenzprozesse, Polyloge, und die aus ihnen hervorgegangenen **Konzepte** (Konstruktionen) müssen deshalb beständig auch auf ihre Kontexte und zeitgeistliche Situiertheit hin (*Petzold* 1989f) reflektiert und in ethischen Diskursen bewertet werden, auf die historischen und zeitgeistlichen Einflüsse hin und auf die prospektiv absehbaren Entwicklungen hin. Das gilt besonders bei prekären Begriffen wie **Gender** oder **Genderintegrität**. Deshalb wenden wir hier die von *Petzold* (1978c, 1991e) entwickelte Theorie und Methodologie der **Ko-respondenz** auf das Gender- und Integritätsthema an. Wie zuvor schon umrissen:

Gender *und* ***Genderintegrität*** *müssen in polylogische* ***Ko-respondenzprozesse*** *unter Einbezug aller Beteiligten und ihrer soziokulturellen Kontexte gestellt werden,*

Polylogpartner_innen, zwischen denen ***Konsens-/Dissensklärungen*** *über diese zentralen Qualitäten der Hominität, des Männlichen und Weiblichen, stattfinden. Sie müssen zu* ***Konsens*** *und handlungsrelevanten* ***Konzepten*** *(z.B. Konstruktionen über Frauen und Männer) führen, die man persönlich und gemeinschaftlich bejaht, die also von der* ***Konsensgemeinschaft*** *getragen, wertgeschätzt und in* ***Kooperationen*** *realisiert werden können, ja ggf. zu schützen und zu verteidigen sind (etwa zur Sicherung der Integrität* von *Frauen und Männern – auf individuellen und auf kollektiven Ebenen).*

Konzepte zu **Genderintegrität** in sozialen Systemen werden in diesem Verständnis immer wieder ko-respondierend konstruiert werden. Die Qualität der Konzepte hängt dabei von der Sorgfalt der Ko-respondenzprozesse ab, von der Perspektivenvielfalt und T i e f e der dabei erforderlichen Konstruktionsarbeit, also auch vom Einbezug vorgängiger Diskurse zur anliegenden Fragestellung: historisch-kritische Analysen, ethische Überlegungen, rechtlich-normative Reflexionen. Weiterhin sind die B r e i t e der Beteiligung und die Intensität der Mitarbeit, derjenigen, um deren Anliegen es geht, ein wichtiger Maßstab. Ko-respondierende Konstruktionsarbeit erfordert natürlich *jeweils* inhaltliche Bestimmungen dazu, was die notwendigen Qualitätskriterien sind, wo relevante Interessen liegen und zwar in Bezug auf die vorfindliche Situation und die Menschen in ihr. Damit kann man gemeinsam zu handlungsleitenden Konstruktionen finden im Bewusstsein darüber, welche übergeordneten soziokulturellen Einflüsse wirksam sind, die in der Situation und in den Gemütslagen und Wertesystemen der Menschen zum Tragen kommen. Kann man dann für spezifische oder auch übergeordnete Kontexte die gefundenen Integritätsvorstellungen (etwa zum Thema Gender) auf eine gemeinsame, **fundierte ethiktheoretische Basis** stellen (*Moser, Petzold* 2003/2007; *Petzold, Sieper, Orth* 2010 ; *Petzold, Sieper* 2011), dann kann **Genderintegrität** eine Wertegrundlage und ein Leitparadigma für die biopsychosoziale Praxis sein, die jeweils angefragt und notwendig ist. Zur Problemanalyse von Kontexten folgen nun einige Perspektiven.

2.4 Kontextspezifität und gouvernementale Machtdiskurse – Herausforderungen für eine transversale Praxis von Supervision

> „Gender Mainstreaming ist nur ein Werkzeug und damit in der Praxis nur so gut wie die Leute, die dieses Werkzeug verwenden."
> (*Bruno Köhler*, manndat 2006)

Gender-Stigmatisierungen sind in den modernen, demokratischen Zivilgesellschaften oft schwer zu erkennen. Sie sind subtil geworden, geschehen oftmals verdeckt durch multikulturelle Dynamiken, institutionelle Kulturen, politisches Aktualgeschehen, wie es für die Komplexität der Gesellschaften in einer **transversalen Moderne**, einer Moderne in permanenten Übergängen, charakteristisch ist. Das „gender mainstreaming" selbst ist, wie zu Anfang dieser Arbeit schon aufgezeigt, in verdeckte Diskurse unterschiedlicher Gouvernementalitäten eingebunden, wie die kritischen Debatten um diesen Begriff (*Zastrow* 2006c) zeigen – von Frauenseite (z.B. *Stiegler* 2000, *Röhl* 2005) und von der Männerbewegung (*Köhler* 2006, 2008). Der Begriff „Gender Mainstreaming" und seine Umsetzung müssen kritisch beleuchtet werden, damit seine für Gendergerechtigkeit, Gleichstellung und Genderintegrität brauchbare Substanz herausgearbeitet werden kann, und Abirrungen vermieden werden, für die beispielhaft aus dem „Hochschulfreiheitsgesetz NRW, § 24 Gleichstellungsbeauftragte" zitiert sei:

> (1) Die Gleichstellungsbeauftragte hat die Belange der Frauen, die Mitglieder oder Angehörige der Hochschule sind, wahrzunehmen. Sie wirkt auf die Einbeziehung frauenrelevanter Aspekte bei der Erfüllung der Aufgaben der Hochschule hin, insbesondere bei der wissenschaftlichen Arbeit, bei der Entwicklungsplanung und bei der leistungsorientierten Mittelvergabe". http://www.innovation.nrw.de/objekt-pool/download_dateien/hochschulen_und_forschung/HFG

Derartige Gleichheitsverletzungen unter der Maske der Gleichstellung – sie geschehen zur Männer- wie zur Frauenseite hin – zeigen Probleme mangelnden Reflexionsniveaus, unterschwelliger Politiken oder auch von unbeachteten Verwirbelungen, wie sie in der Komplexität der verschiedenen gesellschaftlichen Kontexte *„transversaler Modernität"* auftauchent[68]. Supervision muss

[68] Wir ziehen den Term *„transversal"* dem Begriff *„postmodern"* vor, da die Postmoderne selbst ja schon wieder überschritten ist (*Petzold* 2003e/2010; 2009d).

deshalb für Menschen, die in ihren Kontexten mit „gender mainstreaming“[69] befasst sind, feld- und fachkompetente Unterstützung geben, damit sie dieses Werkzeug gut verwenden (*Köhler* 2006) und die auftauchenden Probleme aus der exzentrischen „supervisio“ bemerken und klären.

> „Unter ***Transversalität*** verstehen wir ein nicht-lineares, pluriformes Denken von Vielfalt in permanenten Übergängen, mehrperspektivisches Reflektieren und Metareflektieren in vielfältigen Bezügen, das durch beständiges Überdenken, Nachdenken und metahermeneutisches Durchdringen der eigenen Positionen und ihrer Kontexte deren ganze Komplexität mehr und mehr erschließt. Damit werden Anschlussstellen und Überschreitungen in alle Richtungen möglich gemacht.“ (*Petzold* 1988a, 35)

In solcher Komplexität soll Supervision bei schwierigen Problemen wie denen von Macht und Herrschaft, d.h. der Steuerung von Menschen durch *gouvernementalité* (sensu *Foucault*) und damit verbunden Fragen von Gerechtigkeit, Gender, Inklusion/Exklusion usw. durch differentielle, zielgruppen- und **kontextspezifische** Analysen unterstützen. Sie soll Transparenz in unübersichtlichen Kontexten herstellen und damit Hilfen für ein sicheres Navigieren und Intervenieren in Problemfeldern erarbeiten. Dabei kann das von *Foucault* (2004) und der angelsächsischen und deutschen sozialwissenschaftlichen Forschung in seiner Tradition erarbeitete Konzept der **Gouvernementalität** (*Barry* et al. 1996; *Burchel* et al. 1991) – dieses auch substantiell erweiternd – zur Anwendung kommen. „Gouvernementalité“ umfasst eine Herrschaftsanalytik und damit auch die Untersuchung von Führungsstrategien und -praxen (*Dean* 1999; *Lemke* 1997, 2001; *Rose* 1996), wodurch sich dieser Ansatz auch für supervisorische Analysen anbietet. Er ermöglicht nämlich, die Politiken zu erfassen, mit denen Regierungen die Staatsbürger oder Organisationen die Mitglieder hervorzubringen suchen, die bestmöglich zu den Herrschaftszielen und zu dem Herrschaftsstil des jeweiligen Regierungs-/Herrschaftssystems passen. Für den Staat sind Familien-, Bildungs-, Medien-, Informationspolitik hier wesentliche Instrumente, durch die „**Interiorisierungen**“ (*Vygotskij* 2000), d.h. auf das eigene Selbst bezogene Verinnerlichungen des Subjekts (*Petzold* 2010g, 182ff) in Enkulturations- und Sozialisationsprozessen möglich werden und die Selbststeuerung der Individuen bestimmen. Für Organisationen (Parteien, Konzerne, Firmen, Vereine) bedeutet *gouvernementalité* die organisationalen Praktiken zur Steuerung „kollektiver mentaler Repräsentationen“ (*Moscovici* 2001), d.h.

---

[69] *Meuser, Neusüß* 2004; *Baer, Englert* 2006.

in der erweiterten, integrativen Sicht dieses Konzeptes von „kollektiven Kognitionen, Emotionen, Motivationen und Volitionen" (*Petzold* 2003b, 2008b), die die „individuellen mentalen Repräsentationen" (ibid.) infiltrieren. Das erfolgt durch Präsentation von Kulturmerkmalen (*corporate identity*) und durch spezifische Gratifikations- bzw. Sanktionssysteme, vermittels derer die Subjekte gezielt in ihren „Mitgliedsrollen" in Systemen (*Luhmann* 1964, 1968) geformt und bestärkt werden (*Jeffreys, Sigley* 2009).

Das Aufgabenspektrum von Supervision erstreckt sich in einer Perspektive der **Gouvernementalität** von der Kontext- und Kontinuumsanalyse (historische, aktuelle antizipierbare, künftige Lagen), vom Problemassessment und der Lage- und Problembewertung bis zur Interventionsplanung und Interventionsumsetzung. Diese kann als Krisenintervention, Konfliktmoderation, Prozessberatung erfolgen, aber auch als professionelle Weiterbildung, als Arbeit an Organisationskulturen und als Sensibilisierung für „**Kulturarbeit**" mit Blick auf makro-, meso- und mikrogesellschaftliche Kontexte. Hier liegt unserer Auffassung nach eine besondere Aufgabe und Herausforderung für die Supervision als sozialinterventive Disziplin und Praxeologie.

> „**Kulturarbeit** ist immer zugleich kritische Bewusstseinsarbeit (Wahrnehmen, Erfassen, Verstehen, Erklären) und kokreative, proaktive Gestaltungsarbeit (Kreieren, Handeln, Schaffen, Verändern) auf allen Ebenen und in allen Bereichen des Kulturationsprozesses, um das Projekt der Entwicklung einer konvivialen, d.h. menschengerechten und lebensfreundlichen Kultur engagiert voranzubringen." (*Petzold* 2002b; *Petzold, Orth-Petzold* 2009)

Arbeit an Fragen der **Genderidentität** und **Genderintegrität** ist als eine derartig verstandene „Kulturarbeit" aufzufassen. Man kann diese Definition durchaus im Sinne eines säkularen, humanitären und demokratischen **Meliorismus** sehen, zu dem Supervision beitragen sollte, wie wir in unseren machttheoretischen Überlegungen ausgeführt haben (*Petzold* 2009d), und zwar nicht nur mit der Zielsetzung des Aufdeckens dysfunktionaler und illegitimer „Machtspiele", sondern auch im Sinne einer positiven Dimension von Macht. Auch die hatte *Foucault* (2005) herausgearbeitet: Macht als Gestaltungspotential (*Haessig, Petzold* 2009). „Zur supervisorischen Kulturarbeit gehört u.a. das Aufspüren von Macht-Potentialen, um durch „Empowerment" dazu beizutragen, solche Macht zu nutzen und Machtverhältnisse in transparenter, partizipativer und gemeinwohlorientierter Weise zu gestalten.

Genderprozesse sind in soziale Dynamiken auf Meso- und Makroebenen von Gesellschaften eingelassen, aber auch auf den Mikroebenen von sozialen

Netzwerken. Sie vollziehen sich und finden Ausdruck in den Diskursen und Polylogen zwischen Männern und Frauen, in den Ko-respondenzprozessen wechselseitigen Austauschs und wechselseitiger Auseinandersetzung.

Dazu muss der ‚supervisorische Blick' transversal alle möglichen Bereiche in Theorie und Praxis durchqueren, und er muss sich auch auf die eigenen Positionen des Helfers, Supervisors, Therapeuten richten! Der Supervisor/die Supervisorin muss sich dabei auch a k t i v a u f s u c h e n d mit den *‚ordinary vices: cruelty, hypocrisy, snobbery, betrayal, misanthropy'*, die *Judith Nisse Shklar* (1984) so meisterlich dargestellt hat, befassen, nach ihnen Ausschau halten, gerade auch in ihren subtilen Formen" (*Petzold* 2009d). Haben Supervisor_innen ausreichend Konzepte und Werkzeuge, diese Manifestationen von „mean-spiritedness and inhumanity" (*Shklar*) supervisorisch-interventiv anzugehen, nachdem man sie zuvor problemanalytisch hinreichend prägnant erfasst hat? – Das ist in der Tat gerade für die Analyse von Genderproblemen und für genderkompetente Interventionen eine zentrale Frage.

In der genannten Unüberschaubarkeit und Unübersichtlichkeit, die insgesamt ein Phänomen der Moderne ist (*Habermas* 1985), ist es möglich, dass subtile Stigmatisierungen, Genderbenachteiligungen nicht erkannt werden, oder sich nur in bestimmten Arealen inszenieren, ohne dass das breiter ins öffentliche Bewusstsein tritt. Das macht auch möglich, dass Menschen „ohne Tätermentalität" stigmatisierende Genderbenachteiligungen praktizieren oder fördern, weil sie in einem, ihnen zumeist unbewussten „Diskurs gouvernementaler Macht" (sensu *Foucault*, vgl. *Dauk* 1989) agieren, etwa verdinglichende, Gendervorurteile fortschreibende Strategien verfolgen aufgrund von „Netzwerken aus Macht und Wissen", wie sie *Foucault* mit dem Konzept der *„Gouvernementalité"* beschreibbar gemacht hat (*Foucault* 2004; *Lemke* 1997). **Gouvernementalität** ist in ihrer Qualität als Regierungskunst („art of government" *Burchel* et al. 1991, 78) auch Verwaltungspraxis als Anwendung der „techniques and strategies by which a society is rendered governable" (*Jones* 2007,174). Elend verwaltende Beamt_innen, Ärztinnen und Ärzte oder auch Pflegekräfte im Bereich der Medizin, Mitarbeiter_innen im Bereich der Sozialarbeit, aber auch Supervisor_innen in diesen Kontexten sind in solche Netze von gouvernementalen Macht- und Wissensdiskursen verstrickt. In der Arbeit mit derartigen Unüberschaubarkeiten kann Supervision von einem *„Foucault-schen Blick"* profitieren. *Foucault* versteht unter seinem Term **Gouvernementalität** u.a. ein Herrschaftshandeln gegenüber Menschen *im Einverständnis* mit den Beherrschten (die oft ein solches Einverständnis nicht wirklich bewusst gegeben haben, sondern auf dieses „fungierend" sozialisiert worden sind). Es ist, das sei noch einmal hervorgehoben, eine Art der „Regierungskunst" und der Herrschaftspraxen, die sich nicht allein auf den Staat beschränken, sondern sich auch auf organisationale Macht- und Herrschaftsbereiche, auf Institutionen, Konzerne, Verbände etc. beziehen. Deshalb ist es stets wichtig, die je vorfindichen Kontexte sehr genau zu betrachten. Gouvernementalität ist im hohen Maße kontextbestimmt, das liegt auf der Hand, und sie ist keineswegs immer im Interesse der Regierten ausgerichtet. Es entstehen in ihr subtile Strukturen und Prozesse, „Diskurse und Dispositive der **Macht**" (*Foucault* 1978a; *Haessig, Petzold* 2009), in die vielfältige Hilfsagenturen – mit Aufgaben der Beratung, Supervision und Therapie – disziplinierend und als Diziplinierer_innen einbezogen werden können.

Auf die disziplinarische Funktion dieser sozialinterventiven Methoden (Beratung, Therapie) hatten schon *Berger* und *Luckmann* (1970) aufmerksam gemacht, was in der Therapie-Berater-Supervisionsszene tunlichst übergangen wurde. In der Gouvernementalität werden bei der Disziplinierung der Individuen durch *äußere* Führung diese Maßnahmen durch konforme *innere* Selbstführung/Selbstdisziplinierung unterstützt. Wer sich in diese Machtdiskurse nicht einfügt, wird **exkludiert**, marginalisiert, stigmatisiert oder drangsaliert ... und Schlimmeres (*Waibel, Petzold* 2007). Die Prozesse der Konformisierung kommen natürlich dem von *Bourdieu, Chomsky, Foucault, Harvey*[70] u.a. diagnostizierten und von der Gouvernementalitätstheorie und -forschung untersuchten[71]wachsenden Einfluss „neoliberaler" Tendenzen in der Gesellschaft entgegen, die einer alleinig wertschöpfungsorientierten Synchronisierung der Menschen zum Nutzen von Eliten das Wort reden und Benachteiligung und Verelendung produzieren, prekäre Konditionen, in denen Frauen wie auch Männer in jeweils spezifischer Weise betroffen sind. „Neoliberalismus" ist hier ein „Kampfbegriff" geworden (*Willgerodt* 2006), der mit Blick auf die Geschichte der liberalen/neoliberalen Bewegung und des Begriffes sicher nicht glücklich ist[72]. In der Sache aber ist er bedeutsam. Er steht als Kampfterm für unsoziale Politiken der Benachteiligung, Ungerechtigkeit und Rücksichtslosigkeit Menschen und Natur gegenüber (*Harvey* 2005; *Luke* 1997), für eine Privilegierung weniger Reicher zu Lasten und auf Kosten der großen Mehrheit. Wir möchten das als eine Form **„dunkler Gouvernementalität"** bezeichnen, die in Gouvernementalitätsstudien zu diesen Fragen der Macht und Fremdbestimmung/Unterdrückung im Dienste der neoliberalen Herolde

---

[70] Vgl. in diesem Kontext zu *Bourdieu* (*Bittlingmayer* 2002), zu *Chomsky* (*McChesney* 1999), zu *Foucault* (*Lemke* 2001).

[71] *Kahl* 2004; *Langmeyer* 2002; *Gertenbach* 2007.

[72] Vgl. *Renner* 1999; *Harvey* 2005; *Stockhammer* 2010.

der Wertschöpfung und des Marktes zum Vorschein kommt[73]. Beispielhaft für das Spiel gouvernementaler Kräfte sei die Situation von Frauen am Arbeitsmarkt erwähnt. Es hatte sich als „normal" etabliert, dass Frauen (für gleiche Arbeit) weniger verdienen als Männer[74]. Frauen erschien das lange – es war ja fungierend sozialisiert – als „selbstverständlich". Die Männer mussten ja „eine Familie ernähren", eine Idee aus der Zeit, als der bürgerliche Mann noch Alleinverdiener war, die bürgerliche Frau Hausfrau. Die Zeiten ändern sich indes schneller als offenbar die Stereotype in den mentalen Repräsentationen der Klient_innen. Diese sinistre Normalität kam der „neoliberalen" Unternehmenspolitik der Wertschöpfung durch Senkung der Lohnkosten natürlich entgegen. Die gegenwärtigen Bestrebungen zu leistungsbezogener Entlohnung und zur Risikobeteiligung der Arbeitnehmer_innen (*Lengfeld* 2007, 2010) wird die Ungleichbehandlung von Frauen wohl nicht verändern, sofern nicht gesetzliche Regulierungen das verhindern, wenn sie denn durchgesetzt werden. Auch die erwähnten Benachteiligungen von Frauen im Medizinalsystem (Anmerk. 59) scheinen irgendwie „selbstverständlich" und erfolgen offenbar unreflektiert durch die Benachteiliger. Eine „Gendermedizin" beginnt sich erst in jüngster Zeit zu profilieren (*Rieder, Lohff* 2008). Auch das spricht für ein wenig ausgeprägtes Bewusstsein für Genderfragen in der Medizin. Von einer breiten Umsetzung ist man noch weit entfernt – und das gilt für das weibliche wie das männliche Gender, denn Männer haben im Medizinalsystem ihre eigenen Benachteiligungen. Weder Mediziner_innen, noch Sozialarbeiter_innen, noch Supervisor_innen sind sich in der Regel bewusst, dass sie und inwieweit sie in die Strategien einer sich „neoliberal" orientierenden Gouvernementalität eingebunden sind (*Kessl* 2005). Der begriffliche Wandel und die Veränderungen in der Ausrichtung im Bereich der Supervision in den deutschsprachigen Ländern seit Ende der Achtzigerjahre zeigt das auf: man spricht von Dienstleistungen statt von Hilfeleistung, von „Kunden" statt von „Klienten" (*Petzold, Petzold* 1997), von „Markt" statt von „Feld", geht also von der **„Hilfeleistungsorientierung"** – historisch der Ursprung der Supervision (*Petzold* 2005e) und einst ihr zentrales Anliegen – zu einer dominanten „**Marktorientierung**" mit monetärer Ausrichtung[75]. Es ist die Einseitigkeit dieser Entwicklung, die wir

[73] *Bröckling* et al. 2000; *Pieper, Gutiérrez* 2003; *Gertenbach* 2007.

[74] Vgl. trotz verfassungsmäßiger Gleichstellung und erreichtem Wahlrecht die mangelnde Lohngerechtigkeit gegenüber Frauen in der Schweiz, *Jann* 2003; für die deutsche Situation vgl. *Stiegler* 1999.

[75] Der zentrale deutsche Berufsverband (DGSv) führt derzeit regionale Analysen (des Feldes?, des Marktes?) durch: „Supervision und Coaching in Berlin. Ausgewählte Ergebnisse einer Evaluationsstudie zur Praxis von Supervision, Coaching und Teamentwicklung in Organi-

als bedenklich ansehen. In einer weitgreifenden Analyse dieser „Feldentwicklung" haben wir diesen Trend aufgezeigt und dokumentiert (*Petzold, Ebert, Sieper* 1999/2010). Man könnte auch von einem kaum reflektierten Trend zu einer einseitig **marktorientierten „Gouvernementalité"** sprechen.

> „Es war das die Zeit, in der die DGSv eine Entwicklung zu einer immer stärkeren Ausrichtung am „Markt" nahm (eine Lieblingsvokabel, die von *Weigand* [dem damaligen Verbandsvorsitzenden, s.c.] u.a. im Feld propagiert wurde), weg von der Ursprungsorientierung der Supervision, die Qualität sozialer Hilfeleistung zu verbessern" (*Petzold* et al. 1999/2010). *Weigand* hält 2010 im Angesicht der „globalen Krise" an seiner Marktorientierung nach wie vor unbeirrt fest: „Nun ja, Supervision musste an den Markt! ... Inzwischen sind sie [die Supervisoren] einigermaßen am Markt angekommen, und ich frage mich heute, ob der Markt sie verschlingt oder ob sie sich zu sehr an den Markt anpassen" (*Weigand* 2010[76]). Da hätte man vorher einmal theoretisch solide drüber nachdenken sollen, meinen wir, gerade in einer Zeit, wo kritische Geister zum Umdenken mahnen. *Sloterdijk* (2009) hatte unlängst doch besonnenen Menschen zugerufen „Du musst dein Leben ändern" mit Blick auf diese Krise und unsere Konsum- und Marktorientierung.

Änderungen müssen in der Tat in weitgreifender Überschau, „supervisorisch" also, in neuer Weise überdacht werden, Themen wie Globalisierung der Hilfeleistung und des Marktes, der Gender- und Diversitätsgerechtigkeit und ihrer Bestimmtheit durch Markterfordernisse, des Faktums, dass die Pflegeberufe und die der psychosozialen Hilfeleistung überwiegend Frauenberufe geworden sind – wobei die Leitungsstrukturen immer noch zu einem Großteil von Männern besetzt sind – und welche Konsequenzen das hat, usw. usw. All diese Zusammenhänge müssen immer wieder auf Makro-, Meso- und Mikroebenen *spezifisch* reflektiert werden, z.B. auf die Art und Qualität der jeweilig wirksamen Gouvernementalität. Dabei geht es keineswegs darum, dass Supervisor_innen nicht im Profitbereich tätig werden sollten, wenn sie dort über Feld- und Fachkompetenz verfügen, oder dass Supervision sich nicht in

---

sationen und Unternehmen (November 2010)". Deutsche Gesellschaft für Supervision e.V., Köln. Vgl. auch *Fellermann* et al. 2009. Hier wäre klarzumachen, mit welcher Zielsetzung und welchen Schwerpunkten im Doppelziel der Hilfeleistungs- und der Marktorientierung hier Verbandspolitik gemacht wird. Bei solchen Untersuchungen würde man sich wünschen, dass die Erhebung von Bedarfen der Hilfeleistung, die Fragen nach der Art der benötigten Supervision im Kontext von psychosozialen und betrieblichen Aufgaben und nach differentiell erhobenen Effekten deutlich würde unter Beachtung von Gender- und Diversity-Perspektiven.

[76] DGSv Aktuell, 2, 2010, 26.

Märkten (wo dieser Term soziologisch und ökonomisch stimmt) positionieren sollten. Wir vertreten hier keine altlinken Positionen, sondern es geht uns um die Unausgewogenheit zwischen Hilfeleistungsorientierung und Marktorientierung, die sich in bestimmten superviorischen Szenen breit macht, um die sozialwissenschaftlich unstimmige Konfundierung von **Markt** und **Feld**, um die konzeptuellen Unschärfen, die Unreflektiertheit, mit der sozialpolitisch höchst problematische Strukturveränderungen mitvollzogen werden, die durchaus genderpolitische Auswirkungen haben.

Beispiel: Es sei auf Umwandlungen von Institutionen der Hilfeleistung (Krankenhäuser, Heime) in privatisierte Profitbetriebe verwiesen, die mit massiven Personalkürzungen und nachteiligen Veränderungen in den Pflege- und Betreuungskonzeptionen und ihrer Umsetzung einhergingen – häufig dysfunktionalen – und die von Teilen der Supervisionsszene mitvollzogen wurden, ja in Absurditäten unterstützt wurden. Genannt sei z. B. die supervisorisch begleitete Entwicklung von realitätsfernen Leitbildern oder die Einführung von „Kundenorientierung" in Altenpflegenheimen mit überwiegend dementen, nicht geschäftsfähigen Bewohnern ohne „Kundensouveränität" (*Petzold, Petzold* 1997). Derartige Maßnahmen waren/sind mit einer weitgehenden Überlastung des durchweg weiblichen Personals verbunden. Häufige Zwischenfälle in der Pflege (*Petzold, Müller* et al. 2005) sind die Folge und hohe Zahlen von Burn-Out-Erkrankungen der Pfleger_innen in diesem Bereich. Hinzu kommt der umfängliche Verlust an qualifiziertem Personal, das in andere Berufsfelder abwandert. Es wird durch unausgebildetes, kaum supervidierbares, „billigeres" und damit *leichter führbares* Personal ersetzt – eine „**dunkle Gouvernementalisierung**", eine „neoliberale", im Sinne der Kampfrhetorik, die wir in unserer supervisorische Arbeit in diesem von Inhumanität bedrohten Feld seit vielen Jahren beobachten, dokumentieren, beforschen und anprangern (*Petzold* 1979l, 1989b, 2005h usw.). Hier läge ein genderbezogenes, kontextspezifisches Task-Force-Thema für die Supervision, die sich damit gegen einen z. T. menschenverachtenden Qualitätsverlust im gerontologischen Bereich wenden würde, der durch die zunehmende Hochaltrigkeit (*Petzold, Horn, Müller* 2010) und den wachsenden „Pflegenotstand" gerade für Frauen ein beachtliches Gefährdungspotential bietet.

Diese *Foucault*sche Betrachung von Kontexten in ihrer Spezifität ist erforderlich, weil das Genderthema differentiell auf das jeweilige Feld bezogen werden muss. Es stellt sich nicht überall gleich dar – im Migrationsmilieu oft in jeder Population unterschiedlich. Aber auch auf der Mikroebene in den supervisierten Institutionen/Organisationen und Teams können ja – je nach ideologischer Orientierung der Mitarbeiter_innen – sehr unterschiedliche Verständnisse von „Gender" vorliegen. Häufig findet sich ein einseitig frauenorientiertes Verständnis bis in die oberen Verwaltungsstrukturen, was von männertheoretischer Position verschiedentlich kritisiert worden ist, wo man die Auffassung vertritt, dass die Geschlechterpolitik in Deutschland an einem Männer-Bias krankt. „Sie ist ein frauenpolitischer Monolog und bezieht sich nach wie vor allein auf die ‚Frauenfrage'. Die Glaubwürdigkeit einer Politik im Zeichen des Gender Mainstreaming wird sich daran messen lassen müssen, inwieweit sie bereit ist, auch die Belange männlicher Mitbürger ernsthaft zu berücksichtigen. Derzeit muss man sagen, dass Gender Mainstreaming in Deutschland noch nicht angekommen ist" (*Köhler* 2006). Aufgabe von Supervision kann es sein, dies im konkreten Fall zu thematisieren, um Vorurteile in kontextspezifischen *„kollektiven mentalen Repräsentationen"* (*Moscovici* 2001; *Petzold* 2003b) oder in ihnen liegende Konfliktpotentiale aufzudecken.

In jedem dieser Felder müssen in einem sorgfältigen Assessment die gegebenen Situationen und Aufgaben untersucht werden, um eine *ökologische Validität* der zu planenden und umzusetzenden Maßnahmen im Gender Mainstreaming fachlich kompetent zu gewährleisten. Das verlangt von den Supervisor_innen ein hohes Maß an **Feldkompetenz** – d. h Kenntnis der Lebenslagen des Klientsystems, der Arbeit von Organisationen und Institutionen im Feld und der für sie maßgeblichen Rechtsvorschriften – und an **Fachkompetenz** (Fachwissen zum Forschungsstand und zur Theorienbildung bezüglich des jeweiligen Feldes bzw. Klientensystems und seiner Probleme). Beide Kompetenzbereiche müssen die **allgemeinsupervisorische Kompetenz** unbedingt ergänzen, wie wir in zahlreichen empirischen Felderkundungen zur Bewertung von Supervision etwa im Bereich der Altenarbeit, der Psychiatrie oder Krankenpflege zeigen konnten, wo nur ein Drittel der Befragten mit der Feld- und Fachkompetenz ihrer Supervisor_innen zufrieden waren bzw. sind (eine Übersicht bei *Petzold, Müller, König* 2007).

2.5 „Genderintegrität" und „Menschenwürde" – gerechtigkeits- und ethiktheoretische Positionen

Die Arbeit mit dem Konzept der „**Genderintegrität**" und mit der Praxis des **Gender Mainstreaming** verlangt von Supervisor_innen in ihrer **allgemeinsupervisorischen Kompetenz** gerechtigkeits- und ethiktheoretische Wissensstände, deren Bedeutung schon herausgestellt wurde (1.2.1, 1.2.2). Diese sind in der Genderfrage unerlässlich (*Nussbaum* 1999; *Shklar* 1990; *Young* 2002) und müssen durch **feldkompetentes** und spezifisches, **fachkompetentes** Wissen, wie schon ausgeführt (2.1), kontextangemessen zugepasst werden. Aus integrativer Sicht muss von Supervisor_innen eine unbedingte **Rechtsgleichheit** der Geschlechter, muss **Gendergerechtigkeit** vertreten werden, ungeachtet der ethnischen, religiösen Zugehörigkeit, sozialen Schicht oder des Alters – Letztgenanntes hat übrigens ein beachtliches Diskriminierungspotential mit den Phänomenen des „Ageism", der Altersvorurteile[77], die sich mit der rasanten Zunahme der Hochaltrigkeit – vornehmlich von Frauen – noch verschärfen (*Petzold, Horn, Müller* 2010). Werden Rechtsgleichheit in menschlichen Gesellschaften und die **Inklusion** (*Shklar* 1990, 1991) der Menschen, die in ihnen leben, nicht gewährleistet, entstehen Unrecht, Benachteiligung, Leid, Krankheit, Segregation[78], Marginalisierung und Exklusion[79]. Damit verbunden sind dann die Probleme, die etwa in der Sozialarbeit und Soziotherapie (*Sieper, Petzold* 2011; *Petzold, Sieper* 2011) und der Supervision in diesen Bereichen zu Buche schlagen,[80] etwa im Bereich der Arbeit mit Migranten und mit Menschen *„sans papiers"* oder in der Arbeit mit Langzeitarbeitslosen[81], Menschen aus dem „Prekariat" (*Bourdieu* 1998)[82], Populationen, für die das Thema der „sozialen Ungleichheit" sich mit dem Thema der Gendergerechtigkeit verbindet (*Schwinn* 2007; *Budowski, Nollert* 2010), denn oft sind Frauen die Benachteiligten (etwa in bestimmten Migrantenmilieus), oft aber auch Männer (etwa im Bereich des hohen Alters oder der illegalen Arbeit). Mit Verlust der Rechtsgleichheit – an welchem gesellschaftlichen Ort auch immer – ist eine Gefährdung der rechtsstaatlichen, demokratischen Gesellschaftsform gegeben und wird der Weg zu einer sich immer prägnanter entwickelnden regionalen und globalen „Zivilgesellschaft" verstellt[83]. Die Civic Society ist eine gesellschaftspolitische Vision, der wir im Integrativen Ansatz im Anschluss an *Hannah Arendt, Jürgen Habermas, Antonio Gramsci, Judith Butler, Jacques Derrida, Michel Foucault, Richard Sennet* u.a. verpflichtet sind[84]. In diesem Kontext muss auch das Thema der **Gendergerechtigkeit** verortet werden und auf der ethischen Dimension das der „**Genderintegrität**". Beides ist im Kontext von Überlegungen zur „**Menschenwürde**" zu sehen (*Gerhardt* 2004; *Tiedemann* 2006; *Wallau* 2010). Sozialinterventive Verfahren wie Therapie, Supervision, Beratung, deren Aufgabe es ist, Menschen zu sichern und zu unterstützen, müssen des-

---

[77] *Calasani, Slevin* 2006; *Lagacé* 2010; *Nourney* 2006.
[78] *Harth* et al. 2000; *Ceylan* 2006.
[79] *Keupp* 2010; *Bude, Willisch* 2006.
[80] *Petzold, Sieper* 2008b; *Sieper, Petzold* 2011.
[81] *Hartz, Petzold* 2010; *Alt* 2003; *Noiriel* 2006
[82] Vgl. *Castel, Dörre* 2009; *Perrin* 2004; *Hilgers* 2009.
[83] *Anheier, Toepler* 2010; *Knodt, Finke* 2005
[84] *Flyvbjerg* 1998; *Petzold, Orth* 2004b; *Petzold, Orth, Sieper* 2010.

halb dignitäts- und integritätstheoretische Referenzen haben und diese auch offenlegen (*Petzold, Orth, Sieper* 2010).

2.5.1 „Würde, Menschenwürde, Genderwürde" – Aspekte zu prädominanten Konstruktionsmilieus

Zur Erarbeitung **ethiktheoretischer Positionen** im Kontext von Supervision gehört unserer Auffassung nach unverzichtbar das hier von uns entwickelte Konzept der „**Genderintegrität**" (*Petzold* 1990g; *Sieper, Orth, Petzold* 2010, 413) als eine ethische bzw. metaethische Kategorie. Sie ist für uns rückgebunden an das Konzept und den Basiswert der „**Menschenwürde**", die für Menschen jedes Genders gewährleisten will, als Mensch Teil der menschlichen Gemeinschaft sein zu können und damit an dieser **Würde** zu partizipieren, die wir als höchstes normatives Ideal für jeden Menschen und für uns selbst **wollen**. Das verpflichtet uns zu einem **gemeinsamen Wollen**, mit dem wir in dem demokratischen Staatswesen, welchem wir als Bürger_innen angehören, für Menschenrechte genderbezogen eintreten. Darüber hinaus gilt es, sich weltweit in den Völkergemeinschaften für die Einführung und Stärkung solcher Rechte zu engagieren. Insofern kann man auch von „**Genderwürde**" als einer Dimension oder Qualität der „**Menschenwürde**" sprechen. Als Frau und Mann, Mädchen oder Junge partizipiere ich an dem übergeordneten, höchsten Wert „**Menschenwürde**". Mit jedem Menschen, der diesen Wert mit seinem Willen anstrebt und gewährleisten will, und der sich dem „joint effort", diesen Wert zu realisieren, anschließt, wird er sicherer und strahlender – wir schreiben das durchaus mit Emphase! **Integrität** betrifft all das, was dazu beiträgt, Menschenwürde zu sichern. **Genderintegrität** betrifft dann nach unserem Verständnis all das, was die **Würde** eines Menschen als Frau oder Mann, also die Genderqualität ihres/seines Menschseins betrifft und diese Würde gewährleistet und sichert. Damit diese Konzepte, wie sie hier vorgelegt werden, praxeologische Bedeutung gewinnen für die „**scientific** and **professional communities**"[85] von Supervisor_innen, Coaches, Berater_innen, Therapeut_

[85] „**Professional community** wird definiert als eine Makro- oder Mesogruppierung von Menschen, die einerseits im gesellschaftlichen Kontext als Ausübende einer bestimmten Profession mit einer gemeinsamen Interessenlage und -vertretung identifiziert werden [z.B. ‚die Ärzte'], und die sich andererseits mit ihrer Profession identifizieren, berufsständische Normen, Regeln und Organisationsformen herausbilden und ein ‚professionelles Bewusstsein' entwickeln [z.B. ‚wir als Psychologen']. Das Maß der ‚professionellen Identität' des einzelnen wie der Gesamtgruppierung hängt von der Prägnanz der Gruppenbildung, also

innen, müssten sie in den Diskursen und polylogischen Ko-respondenzen dieser Communities erörtert werden und **Konsens** finden. Man kann indes davon ausgehen, das diese Professionals z.B. als deutsche Staatsbürger_innen dem Grundgesetz der Bundesrepublik Deutschland verpflichtet sind, also schon in dieser Konsensgemeinschaft stehen, die sich den Artikel **1 GG** als Basis gegeben hat. In unserem zentralen Werk zur Supervision (*Petzold* 1998a/2007a), haben wird unseren Ansatz „Integrativer Supervision" genau von dieser Grundlage her entwickelt (ibid. 41). Ein solcher Bezug muss aber immer wieder ins Bewusstsein gehoben und aktualisiert werden, damit er Wirkung entfalten kann und damit er nicht ein nur mehr theoretisch-abstrakter Wert bleibt. Vielmehr muss darüber nachgedacht werden, wie er in der Praxis von Supervisionsprozessen optimal verwirklicht werden kann – wieder und wieder: in der Analyse des Geschehens zwischen Supervisor_in und Supervisand_in bzw. zwischen Berater_in und Klient_in, etwa in dyadischer „Prozesssupervision"[86]. Wir haben für die Integrative Supervision mit ihrer Zielsetzung, die **Würde** und **Integrität** aller Beteiligten als Menschen in ihrem „Recht auf Andersheit" ernst zu nehmen und zu gewährleisten, wie folgt, in einer gemeinschaftlichen, phänomenologisch-hermeneutischen Analyse fundiert:

> ***Würde*** *wird in unserem Verständnis und im Konsens mit den demokratischen Wertegemeinschaften als die „Grundqualität des Menschseins" gesehen, die in sich selbst, d.h. in dem Faktum Mensch zu sein, begründet ist und* ***jedem*** *Menschenwesen unabdingbar attribuiert wird. Sie ist mit spezifischen* ***Menschenrechten*** *von universellem Geltungsanspruch verbunden, die die* ***Integrität*** *des Menschen als Subjekt gewährleisten und über den Gesetzen eines jeden Landes stehen müssen, gleichsam globale Metawerte darstellen. Die* ***Würde*** *des Menschen als „personales Subjekt" muss in Menschengemeinschaften den höchsten Wert, das höchst normative Ideal und damit das schützenswerteste Gut darstellen* (*Petzold* 2000h).

Würde wird attribuiert. Man kommt nicht mit selbsterlebter Würde auf die Welt. Wenn wir respektvoll behandelt werden als Kinder und Jugendliche,

---

dem Grad der Organisiertheit, Kohärenz, Interessenverfolgung ab, weiterhin von den verbindenden Zielen, Werten und Konzepten sowie der gesellschaftlichen, durch Wissen, Kapital, Einfluß, Tradition gesicherten *Macht*, d.h. von ihrer Präsenz als ‚commercial community' im Markt oder als ‚ökonomischer Faktor' in der Volkswirtschaft" (vgl. *Petzold, Sieper* 1993, 56).

[86] „Prozesssupervision" steht an Stelle der begriffslogisch problematischen Termini „Einzelsupervision" und „Fallsupervision" (s.u.), der zudem noch diskriminierend ist – Menschen sind keine „Fälle".

wenn man uns nicht verletzt, unsere Grenzen respektiert, uns nicht überfordert und überlastet, d.h. unsere **Integrität** nicht beschädigt, dann resultiert aus diesem *Erleben* allmählich ein *Erfassen* und *Verstehen*, was **Würde** ist, oder sein könnte, zumal wenn Kinder zugleich dazu angehalten werden, anderen Menschen respektvoll gegenüberzutreten, ihnen Würde zu erweisen. Das als Wert gesetzte und kognitiv erfasste ***Abstraktum*** **„Würde"** muss erst erlebnistheoretisch aufgefüllt werden, ehe es wirklich als „felt dignity" begriffen werden kann. Durch das in leibhaftigem Erleben dem Subjekt zugängliche ***Konkretum*** **„Integrität"** mit seinen Empfindungsqualitäten und den mit ihr verbundenen Gefühlstönungen können Menschen in Erfahrungen des Verletztwerdens und der Beschädigung von Integrität (als Mädchen und Junge, Mann und Frau) und nach ermessen und lernen, was Würde ist, und für sie eine grundsätzliche Sensitivität entwickeln. Sie können dann auch begreifen – etwa in der Adoleszenz (*Petzold* 2007d) –, dass auch ihnen Würde zukommt, dass ihnen und anderen aber auch gleichermaßen die „Würde" genommen werden kann, weil sie im ***Konkretum*** über Integritätsverletzungen „antastbar ist", auch wenn sie nicht angetastet werden dürfte – um keinen Preis. Es kann in solchen Erfahrungen auch begriffen werden, dass die *in concreto* durch Integritätsbeschädigungen angetastete **Würde** im ***Abstraktum*** nicht antastbar sein kann, solange sie als Wert von den Wertegemeinschaften, in denen dieser Wert in polylogischer Ko-konstruktion geschöpft wurde, hochgehalten wird.

In der Darlegung des Begriffes der „**Würde**", den wir hier phänomennah im *hermeneuo* zu erschließen suchten, rekurrieren wir in eben diesem Geschehen auf Vorverständnisse, die einstmals irgendwo **konstruiert** wurden und – fungierend und intentional tradiert – in unseren mentalen Repräsentionen (uns z.T. nicht einmal bewusst erschließbar) anwesend sind. Die uns, dem Autor und der Autorin dieses Textes, bewusst zugänglichen Tradierungen sollen in ihrer Qualität als „soziale Konstruktion" im Sinne unserer obigen Ausführungen (2.3) auf die für uns „**signifikanten Milieus ihres Ursprungs**", ihre „**prädominanten Konstruktionsmilieus**" hin kurz beleuchtet und exemplarisch offengelegt werden.

Eines dieser Milieus war durchaus der uns in unserer humanistischen Gymnasialbildung vermittelte antike Diskurs der Verbindung von „Würde und Ehre". Zwar hat der Mensch bei *Cicero* dem Tier gegenüber Würde *„Weil wir alle an der Vernunft teilnehmen, an dieser Vorzüglichkeit, mit der wir die Tiere übertreffen"* (*Cicero,* De officiis I,106), doch die Würde muss durch Leistungen für das Gemeinwohl und Arbeit an der Tugend bewahrt oder gesteigert werden und kann auch verloren gehen, so dass es viele Qualitäten von Würde, also „Würden" gibt *(dignitates, Cicero,* De repubica. I,53). Das hat jedem von uns in den Zeiten des Studiums zu den Menschenwürdediskursen der Renaissance geführt, zentral zu *Giovanni Pico della Mirandolas* „De hominis dignitate" (publ. 1496/1990), der die Nicht-Determiniertheit des Menschen und die grundsätzliche für Frauen und Männer gegebene Möglichkeit der „Selbstgestaltung" aus „**Freiheit**" herausstellt (*Busi* 2010; *Toussaint* 2010). Dieses Denken war uns in den Siebzigerjahren bei der Formulierung der integrativen Antriebstheorie des Menschen (*Petzold, Orth* 1998; *Orth, Petzold* 2008; *Petzold* 2010f) mit den Konzepten eines „explorativen Neugierde-Antriebes" und eines gestalterischen „Poiesis-Antriebs"[87] durchaus im Gedächtnis, wobei unsere Begründung natürlich, anders nämlich evolutionsbiologisch akzentuiert ist (*Petzold* 2008m). Der „Mensch als **Frau** und **Mann**", als „Körper-Seele-Geist-Wesen in Kontext/Kontinuum", so die – 1988 um den Genderaspekt erweiterte – anthropologische Grundformel des Integrativen Ansatzes (*Petzold* 1988a, 2003e)[88], verfügt in seiner Hominität über eine „hinlängliche Freiheit"[89], sich selbst zu gestalten. So sehen wir durchaus genderspezifisch „das Selbst als Künstler_in und Kunstwerk" (*Petzold* 1999q), was eine Dimension der Würde begründet, die aus dem Potential der Selbstgestaltung erwächst. Sie öffnet die Sicht auf eine „Ästhetik der Existenz" (*Foucault* 1984, 2007; *Petzold* 1999q), in der *Anmut* und *Würde* von einem strebenden, (hinlänglich) *freien Willen* durch den Menschen realisiert werden kann. Und hier trat *Schiller* – wieder ein Geschenk unserer Gymnasialbildung – in unseren Diskurs: „So wie die Anmut der Ausdruck einer schönen Seele ist, so ist Würde der Ausdruck einer erhabenen Gesinnung", so *Schiller* (1793/1997, 267) in seinem bedeutenden Essay

---

[87] Neben dem Antrieb „explorativer Neugierde" ist dies ein zweiter wichtiger Antrieb (*Petzold* 2010f), durch den die neugierig gefundenen Materialien gestaltend verarbeitet werden. *Otto Rank* hatte in seiner Abkehr vom Freudismus in „Art and Artist: Creative Urge and Personality Development" (1932) ein Zitat aus *Pico della Mirandolas* „de hominis dignitate" als Leitmotiv gewählt: „ …I [God] created thee as a being neither celestial nor earthly… so that thou shouldst be thy own free moulder and overcomer…".

[88] Ursprünglich lautete unsere 1965 formulierte Grundformel „Der Mensch ist ein Körper-Seele-Geist-Wesen …" (*Petzold* 1965). Sie war also ohne die explizite Genderdimension formuliert worden, obgleich für uns, wir waren damals schon mit de Beauvoirs Werk gut vertraut und hatten sie auch persönlich erlebt, immer eine geschlechterdifferente Sicht vorhanden war. Allerdings sahen und sehen wir in der **Hominität** – neben der Genderdifferenz – auch anthropologische Dimensionen, die die Genderrealität übersteigen, wie die Sterblichkeit oder die Würde. Die explizite Benennung der Genderdifferenz in der Formel hatte wesentlich den Grund in unserer (*Orth, Petzold, Sieper*) Einsicht, dass man für dieses anthropologisch eigentlich selbstverständliche Faktum der Frau-Mann-Differenz gar nicht oft und klar genug Bewusstsein schaffen müsse.

[89] Wir können heute, an der Neurobiologie ausgerichtet, nur von einem „bedingt freien Willen" sprechen (*Petzold, Sieper* 2008),

„Über Anmut und Würde". In ihm versucht er in Auseinandersetzung mit der *Kant*schen Ethik und Ästhetik den Dualismus Vernunft/Gefühl, Pflicht und Neigung in dem synthetischen Begriff der „schönen Seele" zu verbinden und zu versöhnen. Auch Weibliches (Anmut) und Männliches (Würde), für *Schiller* in der griechischen Plastik in höchster Ästhetik repräsentiert (Niobe, Apoll von Bellvedere), werden in seiner Sicht integriert: „Bei der Würde also führt sich der Geist in dem Körper als Herrscher auf, [...] Bei der Anmut hingegen regiert er mit Liberalität, weil er es hier ist, der die Natur in Handlung setzt und keinen Widerstand zu besiegen findet. Nachsicht verdient aber nur der Gehorsam, und Strenge kann nur die Widersetzung rechtfertigen. Anmut liegt also in der Freiheit der willkürlichen Bewegungen; Würde in der Beherrschung der unwillkürlichen" (ibid. 277). Anmut und Würde sind Qualitäten, die „nicht von Natur gegeben, sondern vor dem Subjekt selbst hervorgebracht" werden (ibid. 235). Verbinden sich Anmut und Würde in einer Person, „so ist der Ausdruck der Menschheit in ihr vollendet, und sie steht da, gerechtfertigt in der Geisterwelt und freigesprochen in der Erscheinung" (ibid.).

Wir sind als Leitfiguren des von uns vertretenen therapeutischen Verfahrens mit unserem Würdebegriff in der Integrativen Therapie sicherlich von den genannten Diskursen stark beeinflusst, die in unserer Bildungsgeschichte prägend waren und die – obwohl sie in unserer universitären philosophischen Ausbildung natürlich distanzierende Einordnungen erfuhren – Auswirkungen hatten. Durch unsere neuerliche Auseinandersetzung mit *Schillers* medizinischen bzw. anthropologischen Schriften und Ideen (vgl. *Hinderer* 2006; *Riedel* 1995; *Noetzel* 2006, 2008) und mit den Ursprüngen der Psychotherapie in der Romantik (*Orth, Petzold* 2008), gewannen sie erneut Bedeutung. Mit dem Essay und den Briefen „Über die ästhetische Erziehung des Menschen" [1795, 1801/2000) wurde der Arzt, Dichter und Philosoph *Friedrich Schiller* durchaus für uns zu einem Einfluss in unserer kreativitätsorientierten Praxis in Therapie und Supervision (*Petzold, Orth* 1990a; *Orth, Petzold* 2008). Er war auch – neben *Montaigne, Nietzsche* und *Foucault* – inspirierend für die Bedeutung, die wir der „Lebenskunst" (*Noetzel* 2006, 2009; *Petzold* 1999q) in unserem Integrativen Ansatz zumessen. Das Lebenskunstwerk, das ein Mensch in seiner Lebensgestaltung hervorbringt, ist für uns eine wichtige Qualität, ihm „**Würde zu erweisen**", denn Würde hat zweifelsohne auch eine attributive Qualität. Die Behinderungen der Möglichkeiten, ein solches Lebenskunstwerk zu gestalten oder seine Beschädigung oder Zerstörung (durch Unterdrückung, Verelendung, Verletzung, Folter usw.), werden als Angriffe auf das Konkretum der Integrität erlebt. Wir hatten uns stets über die Borniertheit der Psychotherapieschulen – besonders der Psychoanalyse – gewundert, mit der sie über die anthropologischen, seelenkundlichen und seelenheilkundlichen Erträge in den Werken von *Goethe, Herder, Schiller, Wieland* hinweggegangen sind, die für unsere Zeit durchaus substanzreiche Überlegungen und Perspektiven zu bieten haben (*Orth, Petzold* 2008; *Riedel* 1985).

Das bedeutendste **Konstruktionsmilieu** für den **Würde**- und **Integritätsbegriff** waren und sind für uns – und damit für den Integrativen Ansatz – die Menschenrechtsdiskurse nach dem Zweiten Weltkrieg, die durch die ungeheuerlichen Menschenrechtsverletzungen der Nazi-Genozide an Juden, Roma, Slawen und durch die Gigantifizierung der Kriegsgräuel mit den Flächenbombardements von europäischen Städten (*Friedrich* 2002) und mit den Atombomben auf Hiroshima und Nagasaki (*Lifton* 1996; *Newman* 1995) eine neue Dimension bekommen haben. Nach Auschwitz konnten Menschenrechte und Menschenwürde nicht mehr nur als rechtsphilosophische oder völkerrechtliche Problemata diskutiert werden (*Tiedemann* 2006; *Baumbach, Kunzmann* 2010), wie sie in der Aufklärung und in den Rechtswissenschaften thematisiert worden waren. Seit den frühen und bedeutenden Arbeiten zum Naturrecht und Völkerrecht bei *Samuel von Pufendorf* (*Hüning* 2009; *Schmidt* 2005) – er führte „Würde" *(dignatio)* des Menschen als ein Grundrecht ein – sieht man einen akademischen Diskurs über die Menschenrechte mit durchaus humanistischen Anliegen. Aber nach den Katastrophen des Menschlichen, den unvorstellbaren Inhumanitäten des Zweiten Weltkrieges in Europa, in Russland in Asien – die von den Nationalsozialisten betriebene Shoah, die Strategie der verbrannten Erde in Russland und China, die Massenmorde von Naking, die biologische Kiegsführung gegen die chinesische Zivilbevölkerung (*Dower* 1986; *Neier* 1998; *Margolin* 2009), die Verbrechen des japanischen Militärs an den „comfort women" (*Hicks* 1995; *Yoshimi* 2002), die furchtbaren Geschehnisse des „Asian Holocaust", *„unspeakable and unthinkable"* (*Blumenthal* 1999), die mit in den Blick genommen werden müssen – machen eine **neue Radikalität der Idee der Würde** erforderlich. Das hat uns in intensiver Auseinandersetzung mit dem Holocaust und der menschenverachtenden Nazi-Ideologie und ihren Hintergründen (*Petzold* 2008b, 1996j) massiv berührt, hat uns in unseren persönlichen Bemühungen der Verarbeitung des Zeitgeschehens in „unserem Jahrhundert" bestimmt. Die Mitautorin des vorliegenden Beitrags, Tochter eines Richters, der in der NS-Zeit allem Druck zum Trotz integer blieb, der Mitautor, Sohn eines Vaters, der als Pazifist den Dienst mit der Waffe verweigerte[90]

[90] *Lamprecht* (2003) S. 214 Anmerk. 174: „Hugo Petzold wurde zu einer Gefängnisstrafe verurteilt, weil er sich aus ‚religiösen Gewissensgründen' der Einziehung zum Wehrdienst verweigerte".

und Verfolgter des Naziregimes war und einer Mutter, die im Untergrund der „bekennenden Kirche" aktiv war ... , wir haben unseren Würdebegriff aus diesem Hintergrund in die integrative Theorienbildung und Praxeologie eingebracht – durchaus im Sinne eines theoretischen Beitrags zur „Kulturarbeit", die Psychotherapie zu leisten hat. Und wir haben aus diesem Fundus unserem Verfahren eine **melioristische** Ausrichtung gegeben (*Petzold* 2009k; *Petzold, Orth, Sieper* 2010). Eine allein naturrechtliche oder ontologisierende Begründung der Menschenwürde[91] (auch das ist ja eine soziale Konstruktion) kann nach Auschwitz nicht genügen, das ist unsere **Position**. Vielmehr muss ein radikales **kollektives Wollen** einsetzen, es müssen kollektive Willensentscheidungen erfolgen, wieder und wieder, damit nicht nur „Konventionen" entschieden werden, wie es 1945 mit der UN Charta geschah[92], sondern damit sie als **lebendige mentale Repräsentationen** im öffentlichen Raum stehen, weltweit, in Erziehungsprozessen transportiert und als persönliche Willensentscheidung immer wieder bekräftig werden[93]:

Wir w o l l e n die Menschenwürde als höchsten Wert – allüberall und immer (*Andorno* 2009; *Petzold* 1996j).

Wir **wollen** das auch und gerade im „desillusionierten" Bewusstsein über die **dunklen Seiten unserer Menschennatur** (ibid. 407) und im Bewusstsein der **Prekarität der Würde**, die am „Konkretum der Integrität" verletzt werden kann.

Fasst man Würde als von Menschen vertretenes Ideal auf, als vernunftbegründeten **Wert**, der sich aufgrund der historischen Erfahrung und demokratietheoretisch als unverzichtbar erwiesen hat, und deshalb als Ausdruck eines *kollektiven Willens* in gesellschaftlichen Gesetzen/Konventionen formuliert wurde, also rechtsbewehrten Niederschlag gefunden hat, wird dieser Wert damit zum normativen Postulat, so dass bei dessen Verletzung justiziables Verbrechen geschieht (‚gegen die Menschlichkeit' z.B.). Würde kann dann bei einem konkreten Menschen in Dimensionen seiner Integrität verletzt

---

[91] Auch bei *Gabriel Marcels*, die „Menschenwürde und ihr existentieller Grund" (1967) in Fortführung von „Homo Viator" – in den letzten Kriegsjahren geschrieben – ist der Nachhall des Zweiten Weltkriegs und des Holocaust unter der ontologischen Argumentation nicht zu übergehen, wie *Marcel* uns versicherte.

[92] Wie z. B. das Internationale Übereinkommen zur Beseitigung jeder Form der Rassendiskriminierung (ICERD, „Rassendiskriminierungskonvention") vom 7. März 1966 oder gegen die Diskriminierung der Frau „Frauenrechtskonvention" CEDAW vom 18. Dez. 1979.

[93] Etwa am 24. Oktober – da trat 1945 die Charta der Vereinten Nationen in Kraft – da müsste es eigentlich einen gemeinsamen Internationalen „Feiertag der Menschenrechte" in jedem Staat geben, damit es zu lebendigen „kollektiven mentalen Repräsentationen" auf globaler Ebene käme, denn die werden erforderlich, wenn sie greifen sollen.

werden, und das kann eine furchtbare persönliche Erfahrung sein. Aber als ethischer Wert und als rechtliche Norm, als gesetztlich geschütztes Rechtsgut bleibt **Würde** dennoch bestehen und gewährleistet den Anspruch auf Wiederherstellung der Würde, auf Beseitigung der Integritätsverletzungen und auf Bestrafung der Täter oder auf Unterstützung von Maßnahmen der Wiedergutmachung. Mit dieser Position wird Würde n i c h t ontologisierend begründet wie von *Gabriel Marcel* oder *Pawel Florenskij* – eine durchaus überdenkenswerte Linie des Würdeproblems, die sich bei diesen Referenzphilosophen des Integrativen Ansatzes findet, von uns aber hier im sozialwissenschaftlichen und klinischen Diskurs nicht aufgenommen wird. **Würde** wird von uns vielmehr in der Linie von *Kant* und *Habermas* vernunftsethisch bzw. universalpragmatisch fundiert (*Petzold, Orth* 2010) mit H. Dunant und A. Schweitzer durch Menschenliebe unterfangen (*Petzold, Sieper* 2011) sowie mit dem Postulat konkreter Maßnahmen der Sicherung von **Integrität** und dem festen Willen verbunden, zur Umsetzung dieses Postulats in unseren Bereichen beizutragen: z. B. im Kontext der Ausbildung von Psychotherapeut_innen und Supervisor_innen (*Petzold, Leitner, Sieper, Orth* 2008; *Sieper, Orth, Petzold* 2010), aber auch offensiv in strittigen Fachdiskursen, da, wo wir Würdeverletzungen sehen (*Petzold* 2007j; *Märtens, Petzold* 2002), oder in gesundheitspolitischer Arbeit (*Petzold, Müller* 2005a).

Hier sei dann noch auf ein weiteres, für uns bedeutsames **Konstruktionsmilieu** verwiesen, das im Kontext von Supervision, Beratung und Therapie Beachtung finden muss – im europäischen Raum und im deutschen zumal – und das für uns als in der Psychotherapie heilkundlich Tätige Beachtung gefunden hat. Im Albtraum des Dritten Reiches waren viele verstrickt – auch Ärzte, Psychologen, Psychotherapeuten[94]. Hunderttausendfache Zwangssterilisationen, grausamste Menschenversuche mit tausenden Todesopfern, zehntausende „Euthanasie"-Morde an Kranken, Psychiatriepatient_innen, Behinderten. Der Nürnberger Ärzteprozess (*Mitscherlich, Mielke* 1978) zeigte, wie führende Vertreter der „staatlichen medizinischen Dienste" des Dritten Reiches im Kontext ihrer ärztlichen Profession, die mit hippokratischem Ethos Leben retten und heilen sollten, zu Tätern geworden sind, welche im großen Stil Kriegsverbrechen und Verbrechen gegen die Menschlichkeit begangen, menschliche Würde mit Füßen getreten und Integrität von Menschen aufs Schwerste beschädigt haben. Das fand in den rechtlichen Aufarbeitungen dieser Zeiten medizinischer Unmenschlichkeit Niederschlag. Folter, Menschen-

[94] Wir müssen hier das männliche Gender verwenden. Vgl. für Psychologie und Psychoanalyse *Geuter* (1988), *Lockot* (1985); für die Medizin *Kopke* (2001), *Ebbinghaus, Dörner* (2001), *Klee* (1997).

versuche, Zwangskastration, Zwangssterilisation werden durch *rechtsstaatliche Garantien* untersagt. Auch Gefangene dürfen „weder seelisch noch körperlich misshandelt" werden (GG Art. 2 Abs. 2, Art. 104 Abs. 1). Auch die heilkundlichen Professionen selbst haben – wenn auch sehr langsam – reagiert. Die „Declaration of Helsinki" der „World Medical Association", die im Juni 1964 verabschiedet und durch verschiedene Revisionen präzisiert wurde[95], ist klar: „It is the duty of physicians who participate in medical research to protect the life, health, **dignity**, **integrity**, right to **self-determination**, privacy, and confidentiality of personal information of research subjects." (Art. 11, unsere Hervorhebung). Das Genderthema fehlt in diesem auch gendersprachlich nicht differenzierenden Text! Der **Europarat** hat am 4. April 1997 in Oviedo eine *„Convention for the Protection of Human Rights and Dignity of the Human Being with regard to the Application of Biology and Medicine"*[96] verabschiedet – wieder ohne Genderperspektiven zu berücksichtigen. In der Präambel der Convention weist man darauf hin: „that the misuse of biology and medicine may lead to acts endangering human dignity", und deshalb verpflichtet man sich: „Parties to this Convention shall protect the **dignity** and **identity** of all human beings and **guarantee** everyone, without discrimination, respect for their **integrity** and other rights and fundamental freedoms with regard to the application of biology and medicine" (unsere Hervorhebung).

In diesen Texten wird durchweg **Würde** und **Integrität** differenziert. Mit dem zugesicherten Schutz der „**Identität**" kann man die Genderfrage *impliziert* sehen und auch das Diversity-Thema, aber Implikationen sind nicht ausreichend, und hier werden sicherlich Revisionen erforderlich werden. Deutlich wird, dass ein **„Recht" auf Integrität** – neben anderen (Menschen)rechten und Freiheiten angenommen wird, die zu respektieren „**garantiert**" wird. **Integrität** kann man natürlich nicht prinzipiell garantieren. Sie ist verletzbar. Aber Rechtsgarantien können und müssen gegeben werden, weil damit eine verpflichtende Zusicherung des Respekts verbunden ist als Ausdruck eines **kollektiven Wollens** der europäischen Staatengemeinschaft und mit der Helsinki Deklaration auch der internationalen „**scientific and professional community**" der Mediziner.

Die Umsetzung dieser Entscheidungen bedarf beständiger Wachsamkeit, Pflege und Weiterentwicklung, wie an dem ausgeblendeten Genderthema deutlich wird.

---

[95] Der Text der aktuellen Revision vom Oktober 2008 in Seoul http://www.aerzteblatt.de/v4/plus/down.asp?typ=PDF&id=5324

[96] Der Text http://conventions.coe.int/Treaty/en/Treaties/Html/164.htm (vgl. *Andono* 2005).

Auf dem Hintergrund unserer volitionspsychologischen und neurobiologischen Arbeiten zum menschlichen Willen und Wollen (*Petzold, Sieper* 2008) vertreten wir, dass solche Dezisionen auf der Ebene von Suprastrukturen zügig und gezielt in den Feldern der Praxis umgesetzt und konkret werden müssen, damit sie nicht nur leere Postulate bleiben. Supervision kommt hier im Bereich der Medizin und Psychotherapie und ihren Institutionen und Praxisfeldern durchaus Bedeutung zu, nicht zuletzt auch, um „Implikate" solcher Texte diskursiv „explizit" zu machen und inhaltliche Verdeutlichungen anzuregen, denn was „**Würde**" und was „**Integrität**" ist – ungeachtet des Faktums, dass die erwähnten Texte in ihren „sozialen Konstruktionen" hier auch nicht immer sehr klar sind –, muss im jeweiligen Kontext etwa in einer Krankenhausabteilung oder in einem Stationsteam „**nachkonstruiert**" werden durch Ko-respondenzprozesse und Konsensfindungen. Dabei kann man mit dem integrativen Ansatz der phänomenologisch-hermeneutischen Analyse bei dem leibhaftigen Eigenerleben der Teilnehmer_innen an der Supervision ansetzen mit den Fragen: „Was **fühlen** Sie zu Ihrer persönlichen **Integrität** (als Frau, als Mann) – im eigenleiblichen **Spüren** und seelischen **Empfinden**?" Integrität, ihr Heil-Sein oder Verletzt-Sein spürt man, emp-findet man. „Was **denken** Sie über Ihre Würde, den Respekt, mit dem man Sie behandelt? – Welche Würde messen Sie sich selbst zu?" – Im Nachspüren, Nachsinnen über die eigene Integrität wendet man sich zur **Zentriertheit** im Leib. Im Nachdenken über die eigene Würde wendet man sich in die **Exzentrizität**, betrachtet sich in Kontexten wie einen Anderen – *Ricœur* (1990a) hat diese Perspektive des Selbst, das auch ein Anderer ist, unterstrichen, und damit eine Perspektive betont, die wir für den Umgang mit der eigenen Würde und auch für das Entwickeln eines **Gefühls der Würde** über das eigene Integritätserleben (man bekam es ja nicht in die Wiege gelegt) für wesentlich erachten. **Würde** und **Integrität** werden dann erkennbar in einer Qualität der „Aufgabe", an Werten, die man vertritt und entwickelt, zu arbeiten und sie werden damit als Frucht der eigenen Lebensarbeit erfahrbar. Sie werden aber auch in einer Qualität der „Gabe" oder des „Geschenks" (*Derridas* 1993, 2000) erkennbar, in der Erfahrung der *erwiesenen Wertschätzung*, die einem als Frau und als Mann, als Mitmensch in den eigenen Alltagsbezügen – etwa in Freundschaftsbeziehungen – und als Kollege/Kollegin in Bezügen der Arbeitswelt entgegengebracht wurde. Damit wird eine „persönlich bedeutsame" Erlebensbasis für die Auseinandersetzung mit den Themen **Würde** und **Integrität** in supervisorischen Kontexten geschaffen, und es entsteht eine Konkretheit, die sich von der Qualität von „Leitbildzielen"[97]

[97] *Bleicher* 1994; *Knassmüller* 2005.

auf Hochglanzpapier unterscheidet. Über Umsetzungsqualitäten sagen solche Broschüren noch wenig. Sie sind keine Garantie für menschlich zugewandtes, integres Praxishandeln.

Würde und **Integrität** bedürfen deshalb auch innerhalb der Fach-Communities, Verbände, Institutionen der inhaltlichen Arbeit. Sie müssen in der und für die Praxis bewusst erarbeitete Konstruktionen werden (*Petzold* 2003d), die interventiv realisiert und in Ausbildung und Praxisfeld performativ umgesetzt werden (z.B. idem 2001m; *Petzold, Müller* et al. 2005). Das bedeutet Bemühungen um **Integrität,** die mit dem Würdekonzept unlöslich verbunden ist, konkret in Angriff zu nehmen.

2.5.2 Ko-respondenzen um Integrität

Die Begriffe **Würde** und **Integrität** klar voneinander abzugrenzen, ist keineswegs einfach und wird nicht immer eindeutig gelingen, allein schon aufgrund des Faktums, dass sie „soziale Konstruktionen" sind und damit an die konstruierenden Polyaden gebunden werden müssen, an **Ko-respondenzgruppen**, die die Begriffe bestimmen und inhaltlich ausgestalten und an **Konsensgemeinschaften**, die gewonnenen **Konsens** zu handlungsleitenden **Konzepten** ausformulieren und in guten **Kooperationen** umsetzen (*Petzold* 1978c/1991e). So finden sich unterschiedliche Definitionen zu den zur Rede stehenden Begriffen, und wir sehen das als keinen Schaden, denn das zwingt dazu, sich mit diesen so wichtigen Fragen immer wieder auseinanderzusetzen und sich um situativ stimmige Zupassungen zu bemühen. Es wäre durchaus möglich, den Begriff der **Integrität** dem der **Würde** vorzuordnen und das philosophisch stimmig zu begründen und vice versa. Mit Blick auf die Verfassungen vieler Staaten und die internationalen Menschenrechtsdokumente, als starke „Konsensäußerungen" wichtiger Konsensgemeinschaften, die gleichsam Vorentscheidungen anbieten, haben wir das Konzept der **Würde** für unseren Ansatz priorisiert. Wir folgen hier auch der Wertsetzung des deutschen Grundgesetzes mit seiner „Ewigkeitsklausel" (*Kempen* 1990) bezüglich Artikel 1 GG mit dem Bekenntnis zu den Menschenrechten und der Rechtsverbindlichkeit der naturrechtlich verorteten Grundrechte, die durch diese Klausel besonders geschützt werden. Der Parlamentarische Rat wollte damit den Erfahrungen aus der Zeit des Nationalsozialismus begegnen. Laut Art. 79 Abs. 3 GG ist eine *„Änderung dieses Grundgesetzes, durch welche (…) die in den Artikeln 1 und 20 niedergelegten Grundsätze berührt werden (…) unzulässig."*

Das Integritätskonzept, dass ja gleichermaßen über Art. 2 Abs. 2 GG grundrechtlich verankert gesehen werden kann, wird damit in keiner Weise unbedeutend. Wir haben über das Integritäts-Würde-Thema oft nachgedacht – zuweilen mit unterschiedlichen Resultaten und Differenzierungen in Feinstrukturen (*Sieper, Orth, Petzold* 2010, 368). Wir haben es mit unseren Patient_innen besprochen und häufig auch bearbeiten müssen – sie kamen oft mit Schwierigkeiten und Fragen zu dieser Thematik. Wir haben darüber mit unseren Supervisand_innen **ko-respondiert** (*Petzold* 1978c), immer wieder auch zu Genderproblemen und kamen oft zu gutem Konsens. Wir haben es in Polylogen mit Kolleg_innen aus dem therapeutischen, supervisorischen und philosophischen Bereich erörtert – also immer wieder auch interdisziplinär – und sind meistens zu einem „hinlänglich tragfähigen" Konsens, aber auch zu unterschiedlichen, durchaus auch dissenten Ergebnissen gekommen: in *respektvollem Dissens*, und das ist schon viel, weil es weiterführen kann. Es ist offensichtlich für Ko-Konstruktionsprozesse charakteristisch, so unsere Erfahrung, immer wieder zu Refigurationen dieses Themas zu kommen, was die Feinstimmungen anbelangt. In der großen Linie herrscht ein großer Konsens, dass **Integrität** und **Würde** unverzichtbare und für menschliches Miteinander und psychosoziale Arbeit grundlegende Werte, Qualitäten, Leitlinien für melioristische Praxis und konkrete interventive Arbeit sind und Feinabstimmungen in jeder Situation ohnehin **ko-respondierend** mit allen Beteiligten in **Konsens-Dissens-Prozessen** erfolgen müssen. Wir stellen hier deshalb (wieder einmal) als heuristische **Position** einen konzeptuellen Rahmen zum Thema zur Verfügung:

Integrität *sehen wir in einer Doppelqualität: einerseits als die Qualität der* ***psychophysischen Unversehrtheit*** *eines konkreten Menschen, wie er sie als* ***„personales Subjekt"****, dessen Unverletzbarkeit und* ***Würde*** *gesichert werden muss, selbst erlebt. Andererseits sehen wir* ***Integrität*** *als die Qualität des* ***„moralischen Subjekts"****, das von interiorisierten und reflexiv bejahten Werten und Prinzipien einer Wertegemeinschaft geleitet ist und diese Werte selbst verwirklicht, in Treue zu sich selbst für sie eintritt und in diesem Geschehen* ***Würde*** *gewinnt.*

Integrität *bedarf in beiden Qualitäten der Sicherung und des Schutzes, denn die Verletzung der einen Qualität der Integrität ist durch reziproke Wirkungen mit der Beschädigung der Anderen verbunden, was immer auch auf eine Verletzung von Würde hinauslaufen kann. Beide Integritätsqualitäten, die personale und die moralische, können verlorengehen und müssen dann restituiert werden, denn* ***Integrität*** *hat in beiden Qualitäten auch Entwicklungspotentiale, die zur selbstgeschaffenen* ***Würde*** *beitragen,* *so dass sie in ihrer je gegebenen Eigenheit und Schönheit entfaltet werden kann. Das gilt es zu fördern.*

Integrität *ist für den vollsinnigen Menschen – Frau und Mann, älteres Kind – eine subjektiv wahrgenommene und bewertete Qualität des personalen Selbst- und Identitätserlebens. Sie bedarf also immer der* ***kognitiven*** *Einschätzung (appraisal) und der* ***emotionalen*** *Wertgebung (valuation) des seiner selbst bewussten Subjekts, das damit über die Qualität seiner Integrität selbst befindet und darin nicht fremdbestimmt werden darf. Das wäre eine Verletzung seiner* ***Würde. Integrität*** *kann deshalb nicht allein external-attributiv werden, sondern verlangt die souveräne Selbstdefinition des Subjekts, das seine Position intersubjektiv kommuniziert und vertritt. Bei Menschen, die aufgrund ihres Alters oder durch Erkrankung und Verletzung nicht in der Lage sind, die eigene Integrität zu vertreten und zu sichern und deren* ***Würde*** *damit Gefahr gerät, tritt die Gesellschaft mit von ihr bestellten Helfern für die Gewährleistung von Würde und Integrität ein. Gerade bei solchen Situationen muss die Integritätszusicherung mit besonderer Sorgfalt umgesetzt werden. Die Idee der „unterstellten Intersubjektivität" (Petzold 1978c) postuliert dann, man solle den Betroffenen so behandeln, dass man annehmen kann, er würde im Vollbesitz seiner geistigen Kräfte diesem Handeln zustimmen. (Supervision und Intervision können hier unterstützende Kontrollen geben).*

Mit diesen „**Positionen**" haben wir eine Wertebasis, die ethisch fundiertes Handeln im sozialen Kontext – im persönlichen wie im professionellen – hinlänglich begründet, diskursfähig macht und Umsetzungen vorbereiten und durchtragen kann. Das betrifft natürlich auch die Genderthematik. Es geht dabei, das sei nochmals unterstrichen, nicht nur um körperliche Unversehrtheit/Integrität, sondern auch um psychische. Beschneidungen der Freiheit und Selbstbestimmtheit, Verletzungen der Gleichheit und der gerechten Behandlung, Gefährdung des Rechts auf Leben – mit all dem sind **Beschädigungen von Integrität** verbunden. Die zugesicherten Rechte auf freie Meinung, Religionsausübung, auf eine gewaltfreie Erziehung, auf politische Willensbildung, Wahl der sexuellen Orientierung – all das sind integritätssichernde Rechte, deren Verletzung **Integrität** beschädigen und damit Gesundheit und Wohlbefinden des Subjekts beeinträchtigen kann. Man kann auch sagen: derartige Verletzungen des Konkretums **personaler Integrität** sind zugleich auch Angriffe auf die **Würde des personalen Subjekts** und auf das Abstraktum des höchsten normativen Ideals, die Unverletzbarkeit der Menschenwürde.

Wie sind nun diese Ausführungen mit der Praxeologie der Supervision und der Genderfrage zu verbinden? – Wenn auch die **Verletzung von Integrität** und damit der Respektsverpflichtung vor der **Würde des Subjekts** in der Supervision auf allen Ebenen des „Systems Supervision" stattfinden kann: **1.** auf der Ebene des „Supervisor_innensystems", **2.** der des „Supervisand_innensystems" und **3.** der des „Patient_innen- bzw. Klient_innensystems, so ist doch das höchste Beschädigungspotential zumeist aber auf der Ebene der Betroffenen (3) zu finden, also bei den Frauen, die ins Frauenhaus kommen, bei den Männern, die im Betrieb gemobbt werden (*Waibel, Petzold* 2007), oder als „illegale ausländische Arbeiter" auf dem Bau zu Schandlöhnen schuften müssen. Die Aufgabe von Supervision und ihrer ethischen Grundsätze *„client/patient integrity"* und *„client/patient dignity"* (*Müller, Petzold* 2002) konkret zu sichern, liegt also auf einer Ebene, mit der Supervisor_innen meist nur *indirekt* Kontakt haben, es sei denn, sie machen „life supervision" – eine der effektivsten Supervisionsformen (*Petzold, Orth-Petzold, Ratz* 2011). Genderintegrität sichernde Arbeit bedarf deshalb besonderer Sorgfalt, die damit beginnt, dass der Supervisand/die Supervisandin, wie rechtlich erforderlich, den Patienten/die Patientin um Zustimmung bittet, persönliche Materialien in der Supervision vorzustellen (*Petzold, Rodriguez-Petzold* 1997). Weiterhin müssen die Arbeitsergebnisse wieder zu den Supervisand_innen hin kommuniziert werden. Schließlich ist die Frage zu stellen, ob z.B. das Problem der Klientin ♀ mit ihrem dominanten Mann ♂, der ihre **Integrität** verletzt, bei ihrem Berater ♂ und seinem Supervisor ♂ gut aufgehoben ist, besonders, wenn sie die Genderproblematik nicht thematisieren, was allzu oft der Fall ist (*Petzold* 1998a, 199ff.). Hier haben also auf allen Ebenen Ko-respondenzprozesse stattzufinden, über die Transparenz hergestellt werden muss. Bei sehr belasteten Klient_innen aus benachteiligten Schichten, deren **Integrität** schon vielfach beschädigt worden ist, ist eine „Sorge für die eigene Integrität" zuweilen gar nicht mehr möglich, sondern es müssen Schutzmaßnahmen ergriffen werden. Es sei nur an die Situation von Frauen in bestimmten islamischen Kreisen, die Problematik der sogenannten „Ehrenmorde" und die damit verbundene Genderproblematik auf Seiten der Frauen und der Männer erinnert[98]. Hier werden konkrete Maßnahmen erforderlich, damit Menschen verstehen: Sie haben ein Recht, Rechte zu haben, wie *Hannah Arendt* (2000) das formulierte[99]. Oft ist ein „Normatives Empowerment" (**NEP**) erforderlich, ein Konzept, das wir – mit Bezug zu *Freihart Regners* (2006; *Petzold, Regner* 2005) Arbeiten zum „Unrechtserleben bei politisch Traumatisierten"– für den breiteren Bereich der Bearbeitung von Unrechtserfahrungen im Kontext von Psychotherapie und

[98] *Apfeld* 2010; *Schirrmacher, Spuler-Stegemann* 2004; *Toprak* 2005; *Caki-Ceylan* 2011.
[99] Vgl. *Haessig, Petzold* 2006; *Benhabib* 2007.

Supervision (*Petzold* 2003d) aufgenommen haben und hier in den Genderdiskurs stellen:

„**Normativ-ethisches Empowerment** (**NEP**) ist die von professionellen Helfer_innen oder von Selbsthelfer_innen im Respekt vor der „Würde und Andersheit der Anderen" erfolgende Förderung der Bereitschaft und Unterstützung der Fähigkeit zu *normativ-ethischen* Entscheidungen und Handlungen durch Menschen – Frauen und Männern in genderbewusster Betrachtung –, die von Problem- und Belastungssituationen betroffen sind: auf einer möglichst umfassend informationsgestützten Basis, ausgerichtet an generalisierbaren, rechtlichen und ethischen Positionen (Grundrechte/Menschenrechte, Völkerrecht, Konventionen zum Schutz unserer Lebenswelt etc.) und im gleichzeitigen Bemühen um die Gewährleistung ihres Sicherheits-, Rechts- und Freiheitsraumes. NEP vermittelt den „Muth, sich seines e i g e n e n Verstandes zu bedienen" (*I. Kant*), ein Bewusstsein, für das „Recht, Rechte zu haben" (*H. Arendt*), sensibilisiert für die „Integrität von Menschen, Gruppen, Lebensräumen" (*H. Petzold*), baut Souveränität, Solidarität, Zivilcourage auf, erschließt Möglichkeiten der Informations- und Ressourcenbeschaffung, so dass die Betroffenen als Einzelne und als Kollektive die Kompetenz und Kraft gewinnen, durch kritische Vernunft, mitmenschliches Engagement und im Rekurs auf demokratische Rechtsordnungen begründete *normativ-ethische Entscheidungen* für sich, für andere Betroffene, für das Gemeinwesen zu fällen, ihre Umsetzung zu *wollen* und für ihre assertive Durchsetzung einzutreten. Dabei ist es Aufgabe und Verpflichtung der HelferInnen, an der Seite der Betroffenen zu stehen und sich für sie nach besten Kräften einzusetzen" (vgl. *Petzold* 2007e).

Eine solche Empowerment-Strategie gründet in einer **Ethik der Integrität**, die jeweils die ethnischen und religiösen Kontexte berücksichtigend, in **ko-respondierender Weise** „gendersensibel" zugepasst werden muss, damit sie greifen kann. Das ist nicht immer einfach und bedarf ggf. der Supervision, die ihrerseits „genderkompetent" Unterstützung geben muss. Dabei muss der Respekt vor der „Andersheit des Anderen", der Respekt vor seinem Willen maßgeblich sein und jede „supervisorische Hybris" von der Art „wir wissen wo's lang geht", wie sie in unseren empirischen Untersuchungen von Supervisand_innen zuweilen beklagt worden ist (*Ehrhardt, Petzold* 2011), ist unangebracht. Die Klientin selbst muss den eigenen Standpunkt klarmachen als Ausdruck „ihrer selbst", der eigenen „**Unizität**" – d.h. ihrer Einzigartigkeit als Frau oder Mann oder Transsexueller, mit der sie beanspruchen, in der Vielheit von Menschen dieser besondere Mensch zu sein. Das muss einem Menschen durch „ethisch-normatives Empowerment" zunehmend deutlich werden – soweit es ihr bzw. ihm möglich ist. Und ist es nicht möglich, müssen Beratung und Therapie und die sie begleitende Supervision dazu beitragen, dass er/sie sich immer besser verstehen und „empowered"n zu vertreten lernen, zu Lebens- und Identitätsentwürfen finden, die ihr/ihm gemäß sind. Diese Prozesse „begleiteter Selbstfindung" sind nicht ungefährdet – man kann sich verfehlen. Man kann aber auch fehlgeleitet oder beschädigt werden – auch und gerade durch stark ideologisierte Psychotherapie oder Soziotherapie wie z.B. die psychoanalytische Orthodoxie (vgl. *Leitner, Petzold* 2009), gestaltistische Ideologeme und Emotionsflutungen (vgl. *Petzold* 2007j), verwirrende mythologisierende und spiritualisierende Praxen (*Daecke* 2007; *Petzold, Orth, Sieper* 2009) oder durch Genderperspektiven ausblendendes Arbeiten usw.

Psychotherapien sind insgesamt nicht unproblematisch. Sie können schaden, zur Krankheitsursache werden (*Petzold* 1996f), die Würde eines Menschen verletzen, wie die wachsende Literatur zu Therapieschäden zeigt[100], und bei allen Schadensvorkommnissen und Verletzungen von Würde müssen Genderfragen aufgeworfen werden, wie etwa bei vernachlässigender, gefährlicher Pflege im Gerontobereich, bei Diskriminierung von Migranten, Situationen, wo Menschen nicht mehr für sich eintreten können. Hier muss dann Supervision in ihrem Tätigkeitsbereich auf den Plan treten und auf Patient_innengefährdung[101] oder diskriminierende Zustände achten. Supervisor_innen erhalten damit aus integrativer Sicht eine „**Wächterfunktion**" – wir wissen, dass viele Kolleg_innen diese unbequeme Aufgabe ablehnen. Indes: Sie müssen dazu beitragen, über die „Würde und Integrität von Menschen zu wachen", und das geht nicht, wenn sie nicht für Menschen engagiert sind (*Petzold* 1989i, 2009d).

Michail Bachtin hat in seinem frühen Werk gezeigt, dass aus der Teilnahme des Menschen an „Ereignissen" eine Qualität des „Mit-Seins" entsteht, ein Bezug von Ich und Anderem, aus dem sich eine grundsätzliche Verantwortung eines jeden für das Geschehen ergibt, an dem er Teil hat (*Shchyttsova* 2002). Anders als *Levinas* (1963, 1989, 1993), der die Ethik als „Erste Philsophie" und daraus seine Verantwortungsethik konstituiert, legt sie *Bachtin* in die zwischenmenschliche Praxis des Ereignisses. Aus beiden Ansätzen lässt sich eine „**Ethik der Integrität**" begründen, wie wir das im Integrativen Ansatz unternehmen, allerdings mit noch weiteren Referenzautor_innen. So zeigt *Ricœur* (1990a, 2000), dass ich mir selbst immer auch ein Anderer bin, woraus sich eine Selbstverpflichtung dem „Anderen und mir selbst" gegenüber ergibt, ein grundsätzlicher „Respekt, ja Freundschaft" (idem 2007b, 259) auch den Geschädigten gegenüber (z.B. dem Behinderten, der Psychiatriepatientin), zu

[100] *Märtens, Petzold* 2002; *Petzold* 1996f; *Petzold, Orth* 1999.
[101] Vgl. *Petzold, Müller* 2005; *Müller, Petzold* 2002.

denen ich selbst potentiell auch gehören könnte, vielleicht sogar einmal gehöre. Dehalb müssen „Selbstsorge" und „Sorge für den Anderen" unlösbar verbunden sein, eine Argumentation, die sich auch im Diskurs von *Foucault* (1984, 1985, 1986) findet. In Bezug auf diese Referenzphilosophen des Integrativen Ansatzes (und es könnten hier noch andere wie *Jürgen Habermas* und *Hans Jonas* genannt werden), wird Supervision von uns als eine Praxis verstanden, welche ihre *Legitimation aus einer grundsätzlichen Verantwortung für die Integrität der Anderen* erhält, die zu übernehmen der Supervisor/die Supervisorin bereit sein muss. Das ist für uns eine Basisposition supervisorischer und therapeutischer Ethik (*Moser, Petzold* 2007). Supervisor_innen haben, werden sie in Institutionen (Krankenhaus, Beratungsstellen, sozialen Diensten etc.) mit der Zielsetzung der Sicherung und Verbesserung der Qualität der dort geleisteten Arbeit mit Menschen tätig bzw. eingesetzt, einen *gesellschaftlichen Auftrag* (es geht ja nicht um Audits zur Qualitätskontrolle von Geräten). Dieser Auftrag der Qualitätssicherung im medizinischen und psychosozialen Bereich ist letztlich grundrechtlich fundiert, und damit kommen wir wieder zum **Artikel 1, Abs. 1** des Deutschen Grundgesetzes (GG):

„Die Würde des Menschen ist unantastbar. Sie zu achten und zu schützen ist Verpflichtung aller staatlichen Gewalt", woraus sich auch ein Schutz vor Diskriminierung ergibt.

Weiterhin durch **Art. 2 Abs. 2 GG**:

„Jeder hat das ***Recht auf Leben*** *und körperliche Unversehrtheit. Die Freiheit der Person ist unverletzlich. In diese Rechte darf nur aufgrund eines Gesetzes eingegriffen werden."* –
*„**Träger** dieses Rechts ist jeder Mensch"* (Art. 1 Abs. 3 GG).

An der aus dem „Grundrecht auf Leben" und auf „Unversehrtheit/Integrität" abgeleiteten Fürsorgeverpflichtung des Staates als Solidargemeinschaft jedem Bürger gegenüber[102] partizipieren Supervisor_innen, wenn sie in Bereichen solcher Fürsorgeleistungen tätig werden. Damit können sich Supervisoren nicht auf eine Position „zurückgenommener Abstinenz" zurückziehen. Sie müssen, wo sie mit Unrecht, der Verletzung von Integrität in Kontakt kommen – wie

[102] „Die Pflicht des Staates, jedes menschliche Leben zu schützen, lässt sich deshalb bereits unmittelbar aus Art. 2 Abs. 2 Satz 1 GG ableiten" (BVerfGE 39, 1, (41) im ersten Urteil zum Schwangerschaftsabbruch.

bei „gefährlicher Pflege" (*Petzold, Müller* et al. 2005) oder bei der würdeverletzenden Diskriminierung in Genderkontexten (*Orth* 2010) –, einschreiten, „dazwischengehen" (*Leitner, Petzold* 2010). Deshalb ist in Supervisionen neben dem *„patient security"* auch das Thema von *„patient dignity"* anzusprechen – ein von *Petzold* (1985d, 2000d) in das klinische und psychosoziale Feld eingeführter therapie- und supervisionsethischer Begriff, der zugleich ein Postulat und ein Handlungsimperativ ist, denn die Würde und Integrität von Patient_innen und Klient_innen wird immer wieder auf vielen Ebenen und in vielen Bereichen verletzt, bis hin zu Patient_innenmisshandlungen und Patient_innentötungen, mit denen wir als Supervisor_innen in Kontakt kamen (*Petzold* 1985d, 2005h; *Petzold, Müller* et al. 2005). Nicht zuletzt wird die **„Genderintegrität"** immer wieder verletzt – oft ohne dass das wirklich intentional erfolgt.

Beispiel: Zur Verdeutlichung eine scheinbar „unbedeutende" Situation aus einer Supervision, die für die Supervisand_innen keine „große Sache" war, aber für die betroffenen Patientinnen höchst belastend, ein Geschehen, in dem der Begriff **„Genderintegrität"** von *Petzold* (1990g) geprägt wurde. Das war im gerontologischen Feld bei der supervisorischen Arbeit mit Pflegerinnen und Pflegern, die sich beklagten, dass einige alte Menschen (Männer wie Frauen) große Probleme hatten, im Intimbereich notwendige Pflegehandlungen zu akzeptieren, was bei der knappen Zeit „den Betrieb aufhalte. Das gehöre doch zur Pflege. Da solle man sich doch nicht so anstellen!" Es musste deutlich gemacht werden, dass generationenbedingte und persönliche, genderbedingte Schamgrenzen in diesen Situationen zum Tragen kamen. Das Personal hatte dafür zunächst keine große Sensibilität. Erst in einer Imaginationsübung, in der sie selbst solchen Pflegesituationen ausgesetzt wurden, konnte das Problem begreifbarer werden und führte dadurch zu einer Veränderung der Praxis.

Bringe ich Menschen, ihrer Würde und Integrität aus meiner Grundüberzeugung **Respekt** entgegen, wird jedes so respektierte Subjekt damit für mich „ein Anderer"[103], was mir erst die Möglichkeit eröffnet, ein differentes Selbst, mit einer prägnanten Identität zu sein (*Petzold* 2001p), für die ich **Integrität** beanspruche. **Genderidentität** wird hier subjekttheoretisch rückgebunden (*Ricœur* 1990a) an die Idee eines personalen **Selbst**, einer persönlichen **Identität**, die sich durch ein prozessuales **Ich** über den Anderen konstituiert und das damit den Anderen auch in sich trägt. Jedem Selbst inhäriert in seinem Selbst-Sein eine **„Plurizität"**: die der interiorisierten Anderen, die als „generalized other"

[103] Die Großschreibung „Anderer" soll auf das subjekthafte Verständnis des Wortes (mit Blick auf *Levinas*) verweisen.

(*Mead* 1934), als innere Vielstimmigkeit (*Bachtin* 1981) das vielfältige Selbst-Sein eines jeden Menschen bereichern, so dass er mit sich in innere „**Polyloge**" eintreten kann (*Petzold* 2002c, 2010f; *Eilenberger* 2010). Nimmt man den Prozess der **Interiorisierung** (*Vygotskij* 1978, 2000) ernst, so kann das Konzept von Gender nicht homophon sein, also allein **weiblich** oder **männlich** klingen, denn es gibt die Verinnerlichung von Frauen und Männern als Bezugspersonen im Nahraum des sozialen Netzes, die dadurch „mental repräsentiert" sind – man spricht von den „männlichen und weiblichen Seiten" eines Menschen, die mit unterschiedlicher Intensität ausgeprägt sein können. Wäre dem nicht so, könnten Supervisorinnen keine Supervisanden und Supervisoren keine Therapeutinnen und Berater keine Klientinnen und Mütter keine Söhne oder Väter keine Töchter verstehen und begleiten. Es bleibt festzustellen:

Genderintegrität betrifft die **Würde** von Menschen in ihrer Genderidentität und den Respekt vor ihnen, eine Zusicherung für Unverletzbarkeit und Schutz einzutreten: gegenüber **1**.dem ***weiblichen Gender***, **2**. dem ***männlichen Gender*** in je spezifischer und grundsätzlicher Wertschätzung, was in differentieller Betrachtung genauso für andere Formen der Genderausprägung gilt (LGBT[104]), sowie **3**. für die jeweiligen ***Genderbeziehungen*** zueinander und in ihrer ***wechselseitigen Bezogenheit***. Auch diese Bezogenheit verlangt **Integrität**. – Ohne eine diskursive Wechselseitigkeit, ohne eine kooperative und kokreative Zusammenarbeit der Gender in ihrer *Verschiedenheit* und *Verbundenheit* bei diesem Thema können Genderbewusstheit, Gendergerechtigkeit, Gender Mainstreaming und eine gendersensible Kultur nicht realisiert, entwickelt und gepflegt werden. Um „**Genderintegrität**" zu verstehen, um sie zu gestalten, um sie ko-respondierend und ko-operierend zu realisieren und nachhaltig zu sichern, braucht es alle Gender, ihr Engagement und ihre Kokreativität.

3 Abschließende Positionierungen: Gender-Kooperation und Gender-Solidarität als Wege, um Versöhnungs- und Integritätspotentiale zu entwickeln

Es sei abschließend nochmals an die sehr überzeugenden Forschungsergebnisse von *Michael Tomasello* (2009, 2010) zur menschlichen Kooperationsfähig-

[104] Vgl. Thema LGBT (Lesbian, Gay, Bisexual, Transgender) vgl. *Blasius* 2001; *Califia* 2003; *Hirschauer* 1993a, b; *Sigusch* 1992; und die Handbücher von *Shankle* 2006, *Levy* und *Sidel* 2005.

keit aus evolutionsbiologischer und entwicklungspsychobiologischer Sicht erinnert, Forschungen, die zeigen, dass wir Hominiden nur durch unsere phantastische Kommunikations- und Kooperationsfähigkeit unseren *WEG* so erfolgreich durch die Evolution nehmen konnten – als Frauen und Männer, das haben wir herausgestellt (*Petzold* 2005t). Ja, es ist diese Kooperationsfähigkeit, diese kokreative Poiesis und immer wieder auch die Solidarität zwischen den Geschlechtern, zwischen den Gendern, die unser Überleben und – darüber hinaus – unsere kulturellen Leistungen in der Menschheitsgeschichte ermöglicht haben und in der Gegenwart noch ermöglichen. Dass dabei immer wieder auch Genderintegrität gefährdet war und beschädigt worden ist, Gendersolidarität verraten wurde, ist genauso im Blick zu behalten wie das Faktum, dass Genderwürde, Genderintegrität, Gendersolidarität auch immer wiederhergestellt, gepflegt und entwickelt wurden. Die Kooperation der Geschlechter war und ist, das zeigt die evolutionsbiologische und kulturgeschichtliche Evidenz – allen Beschwernissen und Belastungen zum Trotz – *„good enough"*, um uns bis in unsere Zeit zu bringen, die sich auf guten *WEGEN* wachsender Wertschätzung, Gerechtigkeit und Integrität zwischen den Geschlechtern, zwischen den Menschen in ihrer Verschiedenheit befindet, sicherlich in unterschiedlichen Bereichen der Welt in höchst verschiedenen Niveaus, wie in so vielen Fragestellungen, blickt man auf globale Perspektiven. Es erscheint uns wichtig – ohne dass etwas schön geredet werden sollte – bei der Genderthematik auch nicht nur auf die Dimensionen des Geschlechterkampfes, der Gendergewalt und des Genderunrechts zu schauen mit einem defizit- und pathologieorientierten Blick (ähnlich dem in der traditionellen Psychiatrie und in der klassischen Psychoanalyse), sondern sich auch auf die *Ressourcen* und die *Potentiale* zu richten, die Integritäts- und Versöhnungspotentiale, die gute Genderbeziehungen und eine praktizierte Gendersolidariät bereitstellen. Integre, solidarische Genderbeziehungen generieren protektive Faktoren und salutogene Kräfte. Zu diesen Perspektiven hat die Genderforschung noch zu wenig an Materialien erarbeitet und hat die genderbezogene Therapie und Supervision noch zu wenig an Interventionsmöglichkeiten entwickelt, um *„Enlargement-, Enrichment-* und *Empowermentstrategien"* (*Orth, Petzold* 1995b) in breiter Weise einzusetzen. Aber auch von Seiten streibarer/verstrittener Gendergruppen und -parteiungen ist noch wenig an konstruktiven Impulsen gekommen, miteinander voranzukommen. Hier ist vielleicht an *Stéphane Hessels* (2011, 19) Vorschlag zu denken: „Wenn es gelingt, dass Unterdrücker und Unterdrückte über das Ende der Unterdrückung verhandeln, wird keine terroristische Gewalt mehr erforderlich sein" – vielleicht eben auch keine „Beziehungsterrorismen", deren destruktive Kraft oft genug zwischen Gendern spielt. Aus solidarischen Kooperationsprojekten von Frauen und Männern ist da noch viel zu erwarten, und deshalb müssen solche Projekte initiiert und gefördert werden. Supervision hat hier eine besondere Verpflichtung, Aufgabe und Chance, diese Perspektiven in konkrete Arbeitsprozesse einzubringen und für sie zu sensibilisieren, Solidaritäten aufzurufen und Kooperationen zu optimieren. Oft reicht ja schon das Eröffnen einer Perspektive aus, um neue Entwicklungen auf den Weg zu bringen.

In unserer Übersicht über den Stand der supervisorischen Forschungsliteratur von *Petzold, Schigl* et al. (2003) haben wir viele weiße Flecken aufzeigen müssen. Es ist in so mancher Hinsicht – auch mit Blick auf das Genderthema – ein Mängelbericht, und solche liest man nicht gerne. Wir haben aber auch im Sinne konstruktiver, „**weiterführender Kritik**" zu jedem Bereich relevante Forschungsfragen vorgeschlagen in der Hoffnung, dass sie in Forschungsprojekten aufgegriffen würden. Genderthemen waren auch dabei – natürlich. Wir konnten den wenigen Studien, die wir fanden, kein gutes Zeugnis ausstellen (ibid. Kapitel 4.8). Von den dann von uns vorgeschlagenen Forschungsfragen für den Genderbereich wurde bis heute kaum etwas aufgenommen, obwohl sie thematisch immer noch auf dem Stand der Diskussion sind und in Angriff genommen werden müssten. Ist das Genderthema also wirklich für Supervision und Coaching ein Thema, in das man investieren will, muss man da fragen? – Ohne Forschung im Bereich der Theorie und ohne empirische Untersuchungen der supervisorischen Praxis wird es letzlich kein Weiterkommen mit diesem wichtigen Thema geben, das offenbar zu „Lippenbekenntnissen" einlädt. Die Ausbildungsinstitute und Fachverbände müssen sich fragen lassen, wie sie es mit der Genderthematik halten, ob sie Gender- und Antidiskriminierungsbeauftragte ernannt haben[105], Gender Mainstreaming, Genderforschung betreiben usw. Es sind dies notwendige und lohnenswerte Investitionen, weil über sie Möglichkeiten „weiterführender Kritik" geschaffen werden, und die brauchen wir alle.

> „**Weiterführende Kritik** ist der Vorgang eines reflexiven Beobachtens und Analysierens, des problematisierenden Vergleichens und Wertens von konkreten Fakten (z. B. Dokumenten, Handlungen) oder virtuellen Realitäten (z. B. Positionen, Ideen)

[105] Die Mehrzahl der Supervisionsverbände und Supervisionsausbildungsinstitute haben das nicht – eigentlich eine unmögliche Situation! In der von uns geleiteten Institution, der „Europäische Akademie für psychosoziale Gesundheit", Hückeswagen, haben wir Gender- und Antidiskriminierungsvertreter_innen, neben Ethikkommission und Ausbildungskandidat_innenvertretung. Die entsprechenden Regularien (Stand 1991, 1993, 2006) finden sich in: *Petzold, Orth, Sieper* 2010, 432 ff.

aus der Exzentrizität unter mehrperspektivischem Blick aufgrund von legitimierbaren Bewertungsmaßstäben [für Psychotherapie, Soziotherapie, Supervision: die der Humanität, Menschenwürde und Gerechtigkeit, Genderintegrität, weiterhin die der Wissenschaftlichkeit, klinischen Fachlichkeit, des client dignity, s.c.] und des Kommunizierens der dabei gewonnenen Ergebnisse in ko-respondierenden Konsens-Dissens-Prozessen. Das muss in einer Weise geschehen, dass die parrhesiastisch, d.h. in mutiger Offenheit kritisierten Realitäten im Sinne der Wertsetzungen optimiert und entwickelt werden können. Weiterführende Kritik ist Ausdruck einer prinzipiellen, schöpferischen Transversalität" (*Petzold* 2000a).

Mit einem solchen Zugang und mit den im vorliegenden Buch aufgezeigten Positionen und Perpektiven wird ein „Programm auf viele Jahre" für ein **sich entwickelndes Feld** angezeigt, das als Aufgabe und Herausforderung zu benennen ist: **Supervision ist in vielen Bereichen eine Disziplin in Entwicklung.** Das Genderthema gehört dazu, und deshalb ist die vorliegende Arbeit von *Surur Abdul-Hussain* ein wichtiger, weiterführender Beitrag, der für Theorienbildung, Methodenentwicklung, Forschung und Praxis im supervisorischen Feld Grundlagen bereitstellt für die unbedingt erforderlichen weiteren Arbeiten an diesem Thema.

Die Begleitung dieser Arbeit durch uns, der eine als der offizielle universitäre Betreuer, die andere als kongeniale Diskurspartnerin und Supervisorin, hat uns selbst bereichert. Wir konnten unsere **Konzepte, Vorstellungen, Haltungen** und **Praxen** zu diesem Thema erneut in Ko-respondenzprozesse, also in „Konsens-Dissenz-Prozesse" für den von uns vertretenen Ansatz, die „Integrative Therapie" und die „Integrative Supervision", stellen. So ist dieser „**koreflexive Beitrag**" entstanden, in dem wir unsere „**Positionen**" vorlegen: als „Standorte auf Zeit" bei Fragen, mit denen wir noch zu Gange sind (vgl. *Derrida* 1986; *Petzold* 2009d).

Mit dem Genderthema werden wir „auf dem Weg" bleiben und unsere „Positionen" immer wieder in den **Polylog** stellen, denn nur in Polylogen, d.h. vielfältigen Austauschprozessen (*Petzold* 2002c) zwischen den Disziplinen, zwischen Theoretiker_innen und Praktiker_innen, zwischen Supervisor_innen, Berater_innen, Klient_innen wird es gelingen, zu differentiellen und integrativen Erkenntnissen zu gelangen, zu *transdisziplinären* Einsichten, durch die die ultrakomplexen Prozesse hinlänglich verstanden werden können, die unser kollektives Leben bestimmen und damit auch das Leben jedes Einzelnen, von „Männern wie Frauen" und – daraus folgend – zu kooperativen Projekten, die **Gender-Solidarität, Versöhnungs- und Integritätspotentiale** entwickeln.

Jede Disziplin hat dazu Beiträge zu leisten: zum Gesamtverständnis des Menschen als Lebewesen in seiner „Hominität“, in der sich Individualität und Kollektivität und auch Genderqualitäten verschränken: Das ist ein Verständnis, das *prozessual* bleiben muss, immer wieder zu „Positionen auf Zeit“ kommen kann, aber zu keinem „abschließenden Ergebnis“, weil solche **Positionen** selbst wieder als rekursives Geschehen in die kollektiven und individuellen „Mentalisierungsprozesse“ (*Petzold* 2008b) eingehen, welche Kulturen, Mentalitäten, Gedankenwelten schaffen.

Die von *Surur Abdul-Hussein* mit dem vorliegenden Buch erschlossenen, vielfältigen **Positionen** der verschiedenen Diskursgemeinschaften und Autor_innen zum Genderthema, werden, so hoffen wir, neue Diskurse, Ko-respondenzen, Polyloge anregen, denn ihr Buch bietet unverzichtbare Perspektiven aus der Genderdiskussion für Coaches und Supervisor_innen. Mit ihnen können sie ihre eigenen Genderpositionen klären und ihre „**Genderkompetenz**“ in der Praxis verbessern. Wir hoffen weiterhin, dass das hier von uns vor diesem Hintergrund vorgestellte und breit begründete Konzept der „**Genderintegrität**“ dazu beitragen kann, in den Arbeitszusammenhängen, in denen Supervisor_innen, Coaches, aber auch Therapeut_innen und Berater_innen tätig sind, die respektvolle und wertschätzende Kooperation aller Beteiligten, Frauen und Männer, für die wir in unserer Menschennatur ja durchaus gut ausgerüstet sind (*Tomasello* 2010), zu förden und durch ihre Bewusstsein und Integritätspotentiale schaffende und Gendersolidarität fördernde Arbeit zu sichern – im Interesse der Menschen.

Literatur

Abdul-Hussain, Surur (2009): Über Diversity integrativ ko-respondieren. In: *Abdul-Hussain, Surur, Baig, Samira* (Hg.): Diversity in Supervision, Coaching und Beratung. Wien: facultas.wuv, 172–204.

Abdul-Hussain, Surur, Baig, Samira (Hg.) (2009): Diversity in Supervision, Coaching und Beratung. Wien: facultas. wuv.

Abdul-Hussain, Surur, Baig, Samira (2009a): Diversity – eine kleine Einführung in ein komplexes Thema. In: *Abdul-Hussain, Surur, Baig, Samira* (Hg.): Diversity in Supervision, Coaching und Beratung. Wien: facultas.wuv, 15–60.

Ajuriaguerra, Julian de (1962): Le corps comme relation, *Revue de psychologie pure et appliquée* 2, 137–157.

Ajuriaguerra, Julian de (1970): Manuel de Psychiatrie de l'Enfant, Paris: Masson.

Aldeeb, Sami Abu-Sahlieh (2001): Male and female circumcision among Jews, Christians and Muslims: religious, medical, social and legal debate. Warren Center, PA: Shangri-La Publications.

Alt, Jörg (2003): Leben in der Schattenwelt – Problemkomplex illegale Migration. Neue Erkenntnisse zur Lebenssituation „illegaler" Migranten in München und anderen Städten Deutschlands. Karlsruhe: Loeper.

Alvarez Deca, Javier (2009): La violencia en la pareja: bidireccional y simétrica. Análisis comparativo de 230 estudios científicos internacionales. Madrid: AEMA.

Amodio, David, M., Devine, Patricia, G., Hamon-Jones, Eddie (2007): Mechanisms for the regulation of intergroup responses: Insights from a social neuroscience approach. In: *Harmon-Jones, Winkielman* (2007) 353–375.

Amos, Valerie, Parmat, Pratibha (1984): Challenging Imperial Feminism. In: *Feminist Studies* 17, 3–19.

Andorno, Roberto (2005): The Oviedo Convention: A European Legal Framework at the Intersection of Human Rights and Health Law, *Journal of International Biotechnology Law*, 2, 133–143.

Andorno, Roberto (2009): Human dignity and human rights as a common ground for a global bioethics. Journal of Medicine and Philosophy, 3, 223–40.

Anheier, Helmut K., Toepfler, Stefan (2010): International Encyclopedia of Civil Society (1. Auflage). New York: Springer.

Anthias, Floya (2001): The Material and the Symbolic in Theorizing Social Stratification: Issues of Gender, Ethnicity and Class. *British Journal of Sociology* 52, 367–390.

Anzaldùa, Gloria, Moraga, Cherrie (1983): This Bridge Called my Back: Writings by Radical Women of Color. San Francisco: Kitchen Table/Women of Color.

Apfeld, Nourig (2010): Ich bin Zeugin: des Ehrenmords an meiner Schwester. Reinbek: Wunderlich Verlag.

Appiano-Kugler, Iris, Kogoj, Traude (2008): Going Gender and Diversity. Wien: facultas.

Arendt, Hannah (2000): Elemente und Ursprünge totaler Herrschaft. Antisemitismus, Imperialismus, totale Herrschaft. München: Piper.

Baaren, Rick van, B., Decety, Jean, Dijksterhuis, Ap, van der Leij, Andries, van Leeuwen, Matthijs, L. (2009): Being imitated: Consequences of nonconsciously showing empathy. In: *Decety, Ickes* (2009) 31–42.

Bachtin, Michail Michajlowitsch (1919): К философии поступка. Moskau 1986; engl. (1993): Toward a Philosophy of the Act. Austin: University of Texas Press; dtsch. (2010): Die Philosophie der Handlung. Berlin: Matthes & Seitz Berlin.

Bachtin, Michail Michajlowitsch (1981): Dialogical imagination. Austin: University of Texas Press.

Bachtin, Michail Michajlowitsch (2008): Die Ästhetik des Wortes. Frankfurt: Suhrkamp.

Baer, Susanne, Englert, Dietrich (2006): Gender Mainstreaming in der Personalentwicklung – Diskriminierungsfreie Leistungsbewertung im öffentlichen Dienst. Bd. 1, Gender kompetent, Beiträge aus dem GenderKompetenz Zentrum Bielefeld: Kleine Verlag,

Bargehr, Gabriele (2009): Diversitätskonzepte im Kontext politisierter Zugänge der Cultural Studies. In: *Abdul-Hussain, Surur, Baig, Samira* (Hg.): Diversity in Supervision, Coaching und Beratung. Wien: facultas.wuv, 121–140.

Bargehr, Gabriele, Marth, Gabriele (2000): Das Spiel mit der und um die Geschlechterdifferenz. Supervisionskontext „Frauen" und „Männer". In: *ÖVS, Heilinger, Anneliese, Peukert, Michael, Wustinger Renate* (Hg.): Schriftenreihe Supervision Band 3: Der Arbeit nach! Supervision im Zugzwang. Innsbruck: Studienverlag. 67–74.

Bailey, Kenneth E. (2006): Der ganz andere Vater – Die biblische Geschichte vom verlorenen Sohn aus nahöstlicher Perspektive in Szene gesetzt. Schwarzenfeld: Neufeld Verlag.

Bales, Karen, L., Carter, C. Sue (2009): Neuroendocrine mechanisms of social bonds and child-parent attachment, from the child's perspective. In: *De Haan, Gunnar* (2009) 246–264.

Baron-Cohen, Simon (2004): Vom ersten Tag an anders. Das weibliche und das männliche Gehirn. Düsseldorf und Zürich: Walter Verlag.

Barry, Andrew, Osborne, Thomas, Rose, Nikolas (1996): Foucault and Political Reason: Liberalism, Neo-Liberalism, and Rationalities of Government, Chicago, IL: University of Chicago Press.

Batson, Daniel C. (2009): These Things Called Empathy: Eight Related but Distinct Phenomena, in: *Decety, Ickes* (2007) 3–16.

Bauer, Joachim (2005): Warum ich fühle, was du fühlst: intuitive Kommunikation und das Geheimnis der Spiegelneurone. Hamburg: Hoffmann und Campe.

Baumann, Armin (2008): Die symbolischen Wunden des Mannes. Integrative Geschlechterdynamik unter dem Blickwinkel der Selbstorganisations- und Chaostheorie. Polyloge 30/2008, http://www.fpi-publikation.de/polyloge/alle-ausgaben/30-2008-baumann-armin-die-symbolischen-wunden-des-mannes.html.

Baumbach, Christine, Kunzmann, Peter (2010): Würde – dignité – godność – dignity. Die Menschenwürde im internationalen Vergleich. München: Herbert Utz Verlag.

Baumgartinger, Persson P. (2007): Geschlechtergerechte Sprache? Über queere widerständige Strategien gegen diskriminierenden Sprachalltag. In: Stimme von und für Minderheiten. 62/Frühjahr. Wien: Bürgerinitiative Demokratisch Leben, 16–17.

Beauvoir, Simone de (1968): Memoiren einer Tochter aus gutem Hause. Hamburg/Reinbek: Rowohlt.

Beauvoir, Simone de (1996): Das andere Geschlecht. Sitte und Sexus der Frau. Reinbek bei Hamburg: Rowohlt Taschenbuch Verlag. Neuübersetzung, Erstveröffentlichung 1949.

Becker, Ruth, Kortendiek, Beate (Hg.) (2004): Handbuch Frauen- und Geschlechterforschung. Theorie, Methoden, Empirie. Wiesbaden: VS Verlag für Sozialwissenschaften.

Becker-Schmidt, Regina (2007): „class", „gender", „ethnicity", „race". Logiken der Differenzsetzung, Verschränkungen von Ungleichheitslagen und gesellschaftliche Strukturierung. In: *Knapp, Gudrun-Axeli, Wetterer, Angelika*: Achsen der Differenz. Gesellschaftstheorie und feministische Kritik 2. Münster: Westfälisches Dampfboot, 56–83.

Becker-Schmidt, Regina, Knapp, Gudrun-Axeli (2000): Feministische Theorien zur Einführung. Hamburg: Junius-Verlag.

Beelmann Andreas, Raabe, Tobias (2007): Dissoziales Verhalten bei Kindern und Jugendlichen: Erscheinungsformen, Entwicklung, Prävention und Intervention. Göttingen: Hogrefe.

Beer, Jennifer, S. (2007): The Importance of emotion-social cognition interactions for social functioning: insights from orbitofrontal cortex. In: *Harmon-Jones, Winkielman* (2007) 15–30.

Bendl, Regine, Hanappi-Egger, Waltraud, Hofmann, Roswitha (Hg.) (2006): Agenda Diversität: Gender- und Diversitätsmanagement in Wissenschaft und Praxis. München und Mering: Rainer Hampp Verlag.

Benhabib, Seyla (1993): Subjektivität, Geschichtsschreibung und Politik. Eine Replik. In: *Benhabib, Seyla, Butler, Judith, Cornell, Drucilla, Fraser, Nancy* (Hg.): Der Streit um Differenz. Feminismus und Postmoderne in der Gegenwart. Frankfurt am Main: Fischer Verlag, 105–121.

Benhabib, Seyla (2007): „Das Recht, Rechte zu haben." – Kant und Arendt zu kosmopolitischem Recht und Staatsbürgerschaft. Am 29. November 2007. http://hsozkult.geschichte.hu-berlin.de/termine/id=8337

Benhabib, Seyla, Butler, Judith, Cornell, Drucilla, Fraser, Nancy (1993): Der Streit um Differenz. Feminismus und Postmoderne in der Gegenwart. Frankfurt am Main: Fischer Verlag.

Berger, Peter L., Luchmann, Thomas (1970): Die gesellschaftliche Konstruktion der Wirklichkeit. Eine Theorie der Wissenssoziologie. Frankfurt: Fischer.

Berghahn, Klaus L. (2000): Schiller, Friedrich: In den Briefen „Über die ästhetische Erziehung des Menschen" v. Über die ästhetische Erziehung des Menschen in einer Reihe von Briefen. Stuttgart: Reclam.

Bersani, Leo (1995): Homos. Cambridge MA: Harvard University Press.

Bielefeldt, Heiner (2005): Philosophie der Menschenrechte. Grundlagen eines weltweiten Freiheitsethos. Darmstadt: Wissenschaftliche Buchgesellschaft.

Bilden, Helga (1991): *Geschlechtsspezifische Sozialisation.* In: *Hurrelmann, Klaus, Ulich, Dieter (Hg.):* Neues Handbuch der Sozialisationsforschung. Weinheim, Basel: Beltz. 279–301.

Billmeier, Reinhard, Kaul, Christine, Kramer, Michael, Krapoth, Sebastian, Lauterbach, Matthias (2005): Der Beginn von Coaching-Prozessen – Vom Fall zum Konzept. Bergisch Gladbach: EHP.

Bischof, Norbert (1985): Das Rätsel Ödipus. Die biologischen Wurzeln des Urkonflikts von Intimität und Autonomie. München: Piper, 3. Aufl., Reinbek: Rowohlt 1991.

Bischof, Norbert (1998a): Das Kraftfeld der Mythen. Signale aus der Zeit, in der wir die Welt erschaffen haben. München: Piper.

Bischof, Norbert (1998b): Struktur und Bedeutung: eine Einführung in die Systemtheorie für Psychologen. 2., korrig. Aufl. Bern: Huber.

Bischof, Norbert (2009): Psychologie. Ein Grundkurs für Anspruchsvolle. 2. durchgesehene Auflage Stuttgart: Kohlhammer,

Bischof-Köhler, Doris (2002): Von Natur aus anders. Die Psychologie der Geschlechtsunterschiede. Stuttgart: W. Kohlhammer Verlag, 3., überarbeitete und erweiterte Auflage.

Bittlingmayer, Uwe H. (2002): Theorie als Kampf? Zur politischen Soziologie Pierre Bourdieus. Opladen: Leske + Budrich.

Blaine, Bruce E. (2007): Understanding the Psychology of Diversity. London: SAGE.

Blanc, Olivier (1989): Olympe de Gouges. Wien: Promedia Verlag.

Blasius, Mark (2001): Sexual Identities, Queer Politics. Princeton, NJ: Princeton University Press.

Bleicher, Knut (1994): Leitbilder. Orientierungsrahmen für eine integrative Managementphilosophie, Zürich: Verlag Neue Zürcher Zeitung. 2. Aufl., Stuttgart: Schäffer.

Blocher, Henri (1997): Original Sin: Illuminating the Riddle. Grand Rapids: Eerdmans Publishing.

Blumenthal, Ralph (1999): The World: Revisiting World War II Atrocities; Comparing the Unspeakable to the Unthinkable. In: *The New York Times*, March 7, 1999.

Bolhaar, Ralf, Petzold, H. G. (2008) Leibtheorien und „Informierter Leib" – ein „komplexer Leibbegriff" und seine Bedeutung für die Integrative Supervision und Therapie. Bei www.FPI-Publikationen.de/materialien.htm – *POLYLOGE: Materialien aus der Europäischen Akademie für psychosoziale Gesundheit* 04/2008.

Boll, Silke, Eckert, Barbara (Hg.) (1986): Geschlecht: Behindert. Besonderes Merkmal: Frau. Ein Buch von behinderten Frauen. München: AG SPAK Verlag.

Böhm, Andrea (2011): Nachruf auf einen Furchtlosen: zum Mord an David Kato, *Die Zeit*, 27. Januar 2011, www.zeit.de.

Bosinski, Hartmut A. G. (2004): Diagnostik und Therapie sexueller Störungen. *UROLOGE* A 43, 279–284.

Böttger, Adolf (1869): Milton, John: Das verlorene Paradies. Leipzig: Reclam Jun.

Bourdieu, P. (1998): Gegenfeuer. Wortmeldungen im Dienste des Widerstandes gegen die neoliberale Invasion. Konstanz: UVK.

Boyle, Elizabeth Heger (2002): Female genital cutting: Cultural conflict in the global community. Baltimore: Johns Hopkins University Press.

Braun, Christina von, Stephan, Inge (Hg.) (2005): Gender@Wissen. Ein Handbuch der Gender-Theorien. Köln, Weimar, Wien: Böhlau Verlag.

Braun, Moritz, Klotz, Theodor, Engelmann, Udo (2004): Männliche Sexualität und Alter. Stuttgart: Thieme.

Brizendine, Louanne (2006): The Female Brain. New York: Morgan Road/Broadway Books.

Brizendine, Louanne (2010): The Male Brain. New York: Morgan Road/Broadway Books.

Bröckling, Ulrich, Kramann, Susanne, Lemke, Thomas (2000): Gouvernementalität der Gegenwart. Frankfurt a.M.: Suhrkamp Verlag.

Bruchhagen, Verena (2005): Gender zwischen Privatheit, Politik und Profession. Herausforderungen für die Supervision. *Supervision. Mensch Arbeit Organisation. Gender-Perspektiven.* 2, 5–13.

Bruchhagen, Verena, Koall, Iris (2008): Managing Diversity: Ein (kritisches) Konzept zur produktiven Nutzung sozialer Differenzen. In: *Becker, Ruth, Kortendiek, Beate* (Hg.): Handbuch Frauen- und Geschlechterforschung. Theorie, Methoden, Empirie. Wiesbaden: VS Verlag für Sozialwissenschaften, 931–938.

Brühlmann-Jecklin, Erica, Petzold, Hilarion G. (2004): Die Konzepte ‚social network' und ‚social world' und ihre Bedeutung für Theorie und Praxis der Supervision im Integrativen Modell. Bei www. FPI-Publikationen.de/materialien.htm – *SUPERVISION: Theorie – Praxis – Forschung. Eine interdisziplinäre Internet-Zeitschrift* – 5/2005 und in *Gestalt* 51(Schweiz) 37–49.

Brusten, Manfred, Hohmeier, Jürgen (1975): Stigmatisierung Band 1. Neuwied: Luchterhand Verlag.

Bublitz, Hannelore, Bührmann, Andrea D., Hanke, Christine, Seier, Andrea (1999): Das Wuchern der Diskurse. Perspektiven der Diskursanalyse Foucaults. Frankfurt a.M.: Campus

Buchan, Morag (1999): Women in Plato's Political Theory. London: Routledge.

Bude, Heinz, Willisch, Andreas (2006): Das Problem der Exklusion. Ausgegrenzte, Entbehrliche, Überflüssige. Hamburg: HIS-Verlagsgesellschaft.

Budowski, Monica, Nollert, Michael (2010): Soziale Ungleichheiten. Zürich: Seismo Verlag.

Buer, Ferdinand (1999): Lehrbuch der Supervision. Der pragmatisch-psychodramatische Weg zur Qualitätsverbesserung professionellen Handelns. Grundlegung – Einstiege – Begriffslexikon. Münster: LIT-Verlag.

Buer, Ferdinand (2004): Praxis Psychodramatischer Supervision. Ein Handbuch. Wiesbaden: VS Verlag.

Buer, Ferdinand (2010): Psychodrama und Gesellschaft. Wege zur sozialen Erneuerung von unten. Reflexionen – Dialoge – Konzepte. Wiesbaden: VS Verlag.

Bühren, Astrid (2004): Gesundheitsreform: Frauen benachteiligt. *Dtsch. Ärzteblatt* 101(21): A-1471/B-1224/C-1176. http://www.aerzteblatt.de/v4/archiv/artikel.asp?id=41989

BUNDESKANZLERAMT: ÖSTERREICH – BUNDESMINISTERIN FÜR FRAUEN (2007): Frauen und Männer in Österreich: Statistische Analysen zu geschlechtsspezifischen Unterschieden. Wien: Friedrich VDV.

BUNDESKANZLERAMT: ÖSTERREICH – BUNDESMINISTERIN FÜR FRAUEN UND ÖFFENTLICHER DIENST (Hg.) (2010): Frauenbericht 2010. Bericht betreffend die Situation von Frauen in Österreich im Zeitraum von 1998 bis 2008. Wien: Friedrich VDV.

BUNDESMINISTERIUM für Familie, Senioren, Frauen und Jugend (2007): Gender Bias – ein zentrales analytisches Konzept. http://www.gender-mainstreaming.net/gm/Wissensnetz/instrumente-und-arbeitshilfen,did=16602.html [31.05.2007].

BUNDESMINISTERIUM der Justiz (2006): Allgemeines Gleichbehandlungsgesetz kommt. http://www.bmj.bund.de/enid/0,9d4fb66d795f6d6f6e7468092d0937093a096d795f79656172092d0932303036093a0970726573736617274696b656c5f6964092d0

93234393709 3a095f7472636964092d09313734/Presse/Pressemitteilungen_58.html [22.12.2007]

Burack, Cynthia (2004): Crossing Boundaries: Black Feminism and Group Leadership. *Gender & Psychoanalysis* 3 (July 1997) 343–367.

Burack, Cynthia (2004): Healing Identities: Black Feminist Thought and the Politics of Groups. Ithaca: Cornell University Press.

Burchell, Graham, Gordon, Colin, Miller, Peter (1991): The Foucault Effect: Studies in Governmentality. Chicago, IL: University of Chicago Press, 87–104.

Burr, Vivien (1995): An Introduction to Social Constructionism. London: Routledge.

Busi, Giulio (2010): Vera relazione sulla vita e i fatti della vita di Giovanni Pico Conte della Mirandola. Torino: Aragno Nino Editore.

Butler, Judith (1991): Das Unbehagen der Geschlechter. Frankfurt: Suhrkamp Verlag.

Butler, Judith (1993): Für ein sorgfältiges Lesen. In: *Benhabib, Seyla, Butler, Judith, Cornell, Drucilla, Fraser, Nancy*: Der Streit um Differenz. Feminismus und Postmoderne in der Gegenwart. Frankfurt am Main: Fischer Taschenbuch Verlag. 122–132.

Butler, Judith (1997): Körper von Gewicht. Gender Studies. Frankfurt am Main: Suhrkamp Verlag.

Butler, Judith (1998): Haß spricht. Zur Politik des Performativen. Berlin: Berlin Verlag.

Butler, Judith (2001): Psyche der Macht. Das Subjekt der Unterwerfung. Frankfurt am Main: Suhrkamp Verlag.

Butler, Judith (2001): Jemandem gerecht werden. Geschlechtsangleichung und Allegorien der Transsexualität. *Das Argument* 242, 671–684.

Butler, Judith (2003): Kritik der ethischen Gewalt. Adorno-Vorlesungen 2002. Frankfurt: Suhrkamp.

Butler, Judith (2004): Undoing Gender. New York: Routledge.

Butler, Judith (2004): Gefährdetes Leben. Politische Essays. Frankfurt: Suhrkamp.

Butler, Judith (2006): Haß spricht. Zur Politik des Performativen. Frankfurt am Main: Suhrkamp Verlag.

Cacioppo, John T., Berntson, Gary G. (2005). Social Neuroscience. London: Psychology Press.

Cacioppo, John T., Berntson, Gary G. (2009): Handbook of Neuroscience for the Behavioral Science. New York: John Wiley and Sons.

Cakir-Ceylan, Esma (2011): Gewalt im Namen der Ehre. Eine Untersuchung über Gewalttaten in Deutschland und in der Türkei unter besonderer Betrachtung der Rechtsentwicklung in der Türkei. Frankfurt a.M.: Peter Lang.

Calasanti, Toni M., Slevin, Kathleen F. (2006): Age Matters: Realigning Feminist Thinking. New York: Routledge.

Califia, Patrick (2003): Sex changes. The politics of transgenderism. San Francisco: Cleis Press.

Cantarella, Eva (2000): The Incomplete Feminism of Musonius Rufus, Platonist, Stoic, and Roman, in: *Nussbaum, Sihvola* (2000) 283–326.

Carroll, Michael, Holloway, Elisabeth L. (1999): Counselling Supervision in Context. London, Thousand Oaks, New Delhi: Sage Publications.

Carter, C. Sue, Harris, James, Porges, Stephen, W. (2009): Neural and evolutionary perspectives on empathy. In: *Decety, Ickes* (2009) 169–182.

Cavarero, Adriana (1990): Die Perspektive der Geschlechterdifferenz. In: *Gerhard, Ute, Jansen, Mechtild, Maihofer, Andrea, Schmid, Pia, Schultz, Irmgard* (Hg.): Differenz und Gleichheit. Menschenrechte haben (k)ein Geschlecht. Frankfurt am Main: Ulrike Helmer Verlag, 95–111.

Carver, Leslie J., Cornew, Lauren (2009): The development of social information gathering in infancy: A model of neural substrates and developmental mechanisms. In: *De Haan, Gunnar* (2009) 122–141.

Castel, Robert, Dörre, Klaus (2009): Prekarität, Abstieg, Ausgrenzung. Die soziale Frage am Beginn des 21. Jahrhunderts. Frankfurt a.M.: Campus.

Ceylan, Rauf (2006): Ethnische Kolonien. Entstehung, Funktion und Wandel am Beispiel türkischer Moscheen und Cafés. Wiesbaden: VS Verlag.

Charlesworth, Hilary (2005): Not waving but Drowning: Gender Mainstreaming and Human Rights in the United Nations. *Harvard Human Rights Journal*, 18, 1–8.

Chakravarty, A. (2010): The creative brain – revisiting concepts. *Med. Hypotheses*, 3, 606–12; Department of Neurology, Vivekananda Institute of Medical Science, 1E 1202, Avishikta II, Calcutta 700 078, India. saschakra@yahoo.com

Chriss, James J. (2006): The Place of Lester Ward among the Sociological Classics, *Journal of Classical Sociology* 1, 5–21.

Chudy, M., Petzold, Hilarion G. (2011): „Komplexes Lernen" und Supervision – Integrative Perspektiven.: www.FPI-Publikationen.de/materialien.htm *Supervision: Theorie – Praxis – Forschung. Eine interdisziplinäre Internet-Zeitschrift* – 3/2011

Connell, Robert W. (1995): „The Big Picture": Formen der Männlichkeit in der neueren Weltgeschichte. *Widersprüche. Zeitschrift für sozialistische Politik in Bildungs-, Gesundheits- und Sozialbereich*, 56/57, 23–45.

Connell, Robert W. (2006): Der gemachte Mann. Konstruktion und Krise von Männlichkeiten. Opladen: VS Verlag für Sozialwissenschaften. 3. Auflage.

Cordes, Mechthild (2008): Gleichstellungspolitiken: Von der Frauenförderung zum Gender Mainstreaming. In: *Becker, Ruth, Kortendiek, Beate* (Hg.): Handbuch Frauen- und Geschlechterforschung. Theorie, Methoden, Empirie. Wiesbaden: VS Verlag für Sozialwissenschaften. 2., erweiterte und aktualisierte Auflage, 916–924.

Crenshaw, Kimberlé W. (1989): Demarginalizing the Intersection of Race and Sex: A Black Feminist Critique of Antidiscrimination Doctrine, Feminist Theory and Antiracist Politics. *University of Chicago Legal Forum*, 1989, 139–167.

Crenshaw, Kimberlé W. (1991): Mapping the Margins: Intersectionality, Identity Politics, and Violence against Women of Color. *Stanford Law Review*, 43/6, 1241–1299.

Colapinto, John (2000): Der Junge, der als Mädchen aufwuchs. Olten: Walter-Verlag.

Daecke, Karin (2006): Moderne Erziehung zur Hörigkeit. Die Tradierung strukturell-faschistischer Phänomene in der evolutionären Psychologieentwicklung und auf dem spirituellen Psychomarkt. Neuendettelsau: Edition Psychotherapie und Zeitgeschichte.

Daimler, Renate (2002): Verschwiegene Lust. Frauen über 60 erzählen von Liebe und Sexualität. 2. Auflage. München: Piper.

Damásio, António R. (2000): Ich fühle, also bin ich – Die Entschlüsselung des Bewusstseins. München: List.

Dams, Andreas (1999): Sozialer Konstruktivismus und der kausale Status von strukturellen Konzepten in der Persönlichkeitspsychologie. München: Grinn.

Dauck, Elke (1989): Denken als Ethos und Methode. Foucault lesen. Berlin: Reimer.
Davidson, Richard J., Scherer, Klaus R. Goldsmith, Hill H. et al. (2002): Handbook of Affective Sciences. Oxford University Press.
Davis, Angela (1981): Gender, Race & Class. New York: Random House.
Dean, Mitchell (1999): Governmentality: Power and Rule in Modern Society. London: Sage.
De Haan, Michelle, Gunnar, Megan, R. (2009): Handbook of developmental social neuroscience. New York: Guilford Press.
De Haan, Michelle, Gunnar, Megan, R. (eds.) (2009): The brain in a social environment: Why study development? In: *De Haan, Gunnar* (2009) 3–12.
Decety, Jean (2007): A social cognitive neuroscience model of human empathy. In: *Harmon-Jones, Winkielman* (2007) 246–270.
Decety, Jean, Ickes, William (eds.) (2009): The social neuroscience of empathy. Cambridge MA: MIT.
Decety, Jean, Meyer, Meghan (2009): Imitations as a stepping stone to empathy. In: *De Haan, Gunnar* (2009) 142–158.
Degele, Nina, Winke, Gabriele (2007): Intersektionalität als Mehrebenenanalyse. http://www.tu-harburg.de/agentec/winker/pdf/Intersektionalitaet_Mehrebenen.pdf
Dekeyser, Mathias, Elliot, Robert, Leijssen, Mia (2009): Empathy in psychotherapy: Dialogue and embodied understanding. In: *Decety, Ickes* (2009) 113–124.
Derrida, Jacques. (1972): Marges de la philosophie. Paris: Editions de Minuit; dtsch. (1976): Randgänge der Philosophie. Frankfurt a. M.: Suhrkamp.
Derrida, Jacques (1979): Die Stimme und das Phänomen. Frankfurt am Main: Suhrkamp.
Derrida, Jacques (1983): Grammatologie. Frankfurt am Main: Suhrkamp.
Derrida, Jacques (1986): Positionen. Graz: Böhlau.
Derrida, Jacques (1987): Dekonstruktion. In: *Falter, Wiener Stadtzeitung,* Beilage zum „Falter" Nr. 22a, 302, 11–12.
Derrida, Jacques (1990): Die différence. In: *Engelmann, Peter* (Hg.): Postmoderne und Dekonstruktion. Texte französischer Philosophen der Gegenwart. Stuttgart: Reclam, 76–113.
Derrida, Jacques (1993): Zeit geben I. Falschgeld, München: Fink.
Derrida, Jacques (1996): Marx' „Gespenster". Der Staat der Schuld, die Trauerarbeit und die neue Internationale. Frankfurt: Fischer.
Derrida, Jacques (1997): Cosmopolites de tous les pays, encore en effort. Paris: Gallimard.
Derrida, Jacques (2000): Politik der Freundschaft. Frankfurt: Suhrkamp.
Diamond, Milton (2004): Sex, gender, and identity over the years: a changing perspective. *Child and Adolescent Psychiatric Clinics of North America* 13, 591–607.
Dietze, Gaby (2005): Postcolonial Theory. In: *Braun, Christina von, Stephan, Inge* (Hg.): Gender@Wissen. Ein Handbuch der Gender-Theorien. Köln, Weimar, Wien: Böhlau Verlag, 304–324.
Dietze, Gabriele, Hark, Sabine (2007): Gender kontrovers. Genealogien und Grenzen einer Kategorie. Sulzbach/Taunus: Ulrike Helmer Verlag.
Dillon, James T. (2004): Musonius Rufus and Education in the Good Life. A Model of Teaching and Living Virtue. Dallas: University Press of America.
Doormann, Lottemi (2003): Ein Feuer brennt in mir. Die Lebensgeschichte der Olympe de Gouges. Weinheim: Beltz.

Dower, John W. (1986): War Without Mercy: Race and Power in the Pacific War. New York: Pantheon.
Drewermann, Eugen (1988): Strukturen des Bösen. Die jahwistische Urgeschichte in exegetischer Sicht ... in philosophischer Sicht. Sonderausgabe. Paderborn: Schöningh.
Dunant, Henry (1897a): Kleines Arsenal gegen den Militarismus. In: *Die Waffen nieder!* (5, 161–166); repr. In: *Petzold, H. G., Sieper, J.* (2011): Menschenliebe heilt. Altruismus und Engagement. Potentialorientierte Psychotherapie – Die Aktualität des HENRY DUNANT 1828–1910. Wien: Krammer, 41–54.
Ebbinghaus, Angelika, Dörner, Klaus (2001): Vernichten und Heilen. Der Nürnberger Ärzteprozess und seine Folgen. Berlin: Aufbau-Verlag.
Ebert, Wolfgang (2001): Systemtheorie in der Supervision. Opladen: Leske + Budrich.
Ehrhardt, Jutta, Petzold, Hilarion G. (2011): Wenn Supervision schadet. Risiken, Nebenwirkungen und Schäden durch Supervision – eine Dunkelfeldstudie. Hückeswagen: *Europäische Akademie für psychosoziale Gesundheit.* In: *Integrative Therapie* 1, 2011, Sonderfheft Therapieschäden. Wien: Krammer Verlag.
Eilenberger, Wolfram (2009): Das Werden des Menschen im Wort. Eine Studie zur Kulturphilosophie Michail M. Bachtins. Zürich: Chronos.
Eisenberg, Nancy, Eggum, Natalie, D. (2009): Empathic responding: Smpathy and personal distress. In: *Decety, Ickes* (2009) 71–84.
Empfter, Stefan, Vehrkamp, Robert (2007): Soziale Gerechtigkeit – eine Bestandsaufnahme. Gütersloh: Bertelsmann Stiftung.
Engelmann, Peter (2004): Postmoderne und Dekonstruktion. Stuttgart: Reclam.
Engel, Roland (2009): Diversity Management – Entstehung und Nutzen. Einführung in grundlegende Thesen. *Integrative Therapie* 35/1, 9–22.
Epiktet, Teles, Musonius (1994): Ausgewählte Schriften, hrsg. und übers. von *Rainer Nickel*, München/Zürich: Artemis & Winkler.
Erger, Raimund, Molling, Manfred (1991): Der kleine Unterschied. Frauen und Männer in Supervision. Hille: Ursel Busch Fachverlag.
Err, Lydie (2008): Feminicides. Report. Committee on Equal Opportunities for Women and Men. Doc. 11781, 19 December 2008 Council of Europe Parliamentary Assembly. http://assembly.coe.int/Main.asp?link=/Documents/WorkingDocs/Doc08/EDOC11781.htm
Evatt, Cris (2010): Männer sind vom Mars, Frauen von der Venus: Tausend und ein kleiner Unterschied zwischen den Geschlechtern. 8. Aufl. München: Piper.
Facendeiro, Tedra, Chenier, Troy, Winkielman, Piotr (2007): How dynamics of thinking create affective and cognitive feelings: between fluency, liking, and memory. In: *Harmon-Jones, Winkielman* (2007) 271–289.
Faulstich-Wieland, Hannelore (2004): Doing Gender. Konstruktivistische Beiträge. In: *Glaser, Edith, Klika, Dorle, Prengel, Annedore* (Hg.): Handbuch Gender und Erziehungswissenschaft. Bad Heilbrunn/Obb.: Verlag Julius Klinkhardt, 175–191.
Faulstich-Wieland, Hannelore (2006): Einführung in Genderstudien. Opladen, Farmington Hills: Verlag Barbara Budrich, 2. Auflage.
Fausto-Sterling, Anne (1992): Myths of gender: biological theories about women and men. New York: BasicBooks.

Fellermann, Jörg, Rosenkrantz, Doris, Scholz, Norbert (2009): Aktuelle Daten zum Markt für Supervision und Coaching. In: *NDV Nachrichtendienst des Deutschen Vereins für öffentliche und private Fürsorge* e.V. 89. Jg. 6, 238–240.

Filyvbjerg, Bent (1998): Habermas and Foucault: Thinkers for Civil Society? *British Journal of Sociology*, 49, 2, 210–233.

Fine, Cordelia (2010): Delusions of Gender: How Our Minds, Society, and Neurosexism Create Difference. New York: W. W. Norton & Company.

Finlay, Barbara (1999): Lester Frank Ward as a Sociologist Of Gender: A New Look at His Sociological Work. *Gender & Society*, 2, 251–265.

Fischer, Sigrid (2011): Wider die Normierung. Der Weg ist das Ziel. In: *Genderwerkstätte* (Hg.): Mind the gap. Über Bewegliches und Brüchiges im Gender Diskurs: Gender-Werkstätte 10 Jahre. Graz. 46–47. http://www.genderwerkstaette.at/images/pdf/angebote/seminare/GEWE%20Jubilaeum_Broschuere.pdf [20.05.2011].

Flammer, August (1990): Erfahrung der eigenen Wirksamkeit. Einführung in die Psychologie der Kontrollmeinung. Bern: Huber.

Fonagy, Peter, Gergely, György, Jurist, Elliot L., Target, Mary (2002): Affektregulierung, Mentalisierung und die Entwicklung des Selbst. Stuttgart: Klett-Cotta.

Fortenbaugh, William W. (1975): On Plato's Feminism in Republic V, *Apeiron* 9, 1–4.

Foucault, Michel (1974): Die Ordnung des Diskurses, München: Hanser.

Foucault, Michel (1978): Dispositive der Macht. Berlin: Merve.

Foucault, Michel (1984): Eine Ästhetik der Existenz. In: idem: Von der Freundschaft. Michel Foucault im Gespräch, Berlin: Merve, 133–41.

Foucault, Michel (1985): Geschichte der Sexualität. *Ästhetik und Kommunikation* 57/58, 157–164

Foucault, Michel (1986): Die Sorge um sich. Sexualität und Wahrheit 3, Frankfurt: Suhrkamp.

Foucault, Michel (1989): Der Gebrauch der Lüste. Sexualität und Wahrheit. Bd. II. Frankfurt a.M.: Suhrkamp.

Foucault, Michel (1996): Diskurs und Wahrheit. Berkeley-Vorlesungen 1983. Berlin: Merve Verlag.

Foucault, Michel (1998): Foucault, ausgewählt und vorgestellt von *Mazumdar, P.*, München: Diederichs.

Foucault, Michel (2002): Archäologie des Wissens. Frankfurt a.M.: Suhrkamp.

Foucault, Michel (2004): Geschichte der Gouvernementalität. Frankfurt a.M.: Suhrkamp Verlag.

Foucault, Michel (2005): Analytik der Macht. Frankfurt a.M.: Suhrkamp Verlag.

Foucault, Michel (2007): Ästhetik der Existenz: Schriften zur Lebenskunst. Frankfurt a.M.: Suhrkamp.

Freeman, Walter J. (1995): Societies of Brains. Mahwah NJ: Lawrence Erlbaum Associates.

Freitas-Magalhäes, Armindo (2010): Emotion and Expression: The Brain and the Face. Porto: edições Universidade Fernando Pessoa.

Friedrich, J. (2002): Der Brand. München: Propyläen.

Frey, Regina (2003): Gender im Mainstreaming. Geschlechtertheorie und -praxis im internationalen Diskurs. Königstein/Taunus: Ulrike Helmer Verlag.

Frohn, Dominic (2007): Out im Office?! Sexuelle Identität, (Anti-)Diskriminierung und Diversity am Arbeitsplatz. In: *Schwules Netzwerk NRW e.V. in Zusammenarbeit*

mit der LAG Lesben in NRW e.V. und dem Schwulen Forum Niedersachsen e.V. (Hg.): Alltagswelten – Expertenwelten Band 13.
Fussel, Paul (1989): Wartime – Understanding and Behavior in the Second World War. New York: Oxford University Press.
Gaebel, Wolfgang, Möller, Hans-Jürgen, Rössler, Wolf (2004): Stigma – Diskriminierung – Bewältigung. Der Umgang mit sozialer Ausgrenzung psychisch Kranker. Stuttgart: Kohlhammer.
Gahleitner, Silke B., Ossola, Elena (2007): Genderaspekte in der Integrativen Therapie: Auf dem Weg zu einer geschlechtssensiblen Therapie und Beratung. In: *Sieper, Johanna, Orth, Ilse, Schuch, H. Waldemar:* Neue Wege Integrativer Therapie. Klinische Wissenschaft, Humantherapie, Kulturarbeit – Polyloge – 40 Jahre Integrative Therapie, 25 Jahre EAG – Festschrift für Hilarion G. Petzold. Bielefeld: Edition Sirius im Aisthesis Verlag. 405–447.
Galtung, Johan (1975): Strukturelle Gewalt. Reinbek: Rororo.
Galtung, Johan (1990): Cultural Violence. *Journal of Peace Research*, Vol. 27, 3, 291–305.
Galtung, Johan (1999): Die Zukunft der Menschenrechte. München, Campus,
Garbarino, James (1999): Lost Boys: Why Our Sons Turn Violent and How We Can Save Them. New York: Free Press.
Gardenswartz, Lee, Rowe, Anita (2003): Diverse Teams at Work. Capitalizing on the Power of Diversity. Alexandria: SHRM.
Garfinkel, Harold (1967): Studies in Ethnomethodology. Englewood Cliffs N.J.: Prentice-Hall.
Gazzaniga, Michel S., Ivry, Richard B., Mangun, George R. (2008): Cognitive Neuroscience: The Biology of the Mind. New York: W. W. Norton.
Geier, Andrea (2006): Stellt ihn vom Platz! Eine rote Karte für Volker Zastrows geschlechterpolitische Rhetorik der Diffamierung. *Literaturkritik.de*, Nr. 7, Juli 2006, Debatten.
Gemünden, Jürgen (1996): Gewalt gegen Männer in heterosexuellen Intimpartnerschaften. Marburg: Tectum Verlag.
GENDERWERKSTÄTTE (Hg.) (2011): Mind the gap. Über Bewegliches und Brüchiges im Gender Diskurs: GenderWerkstätte10 Jahre. Graz. http://www.genderwerkstaette.at/images/pdf/angebote/seminare/GEWE%20Jubilaeum_Broschuere.pdf [20.05.2011]
Gergen, Kenneth .J. (1985): The social constructionist movement in modern psychology. *American Psychologist* 40, 266–275.
Gerhard, Ute, Jansen, Mechtild, Maihofer, Andrea, Schmid, Pia, Schultz, Irmgard (Hg.) (1990): Differenz und Gleichheit. Menschenrechte haben (k)ein Geschlecht. Frankfurt am Main: Ulrike Helmer Verlag.
Gerhardt, Volker (2004): Die angeborene Würde des Menschen. Berlin: ParErga.
Gerl-Falkovitz, Hanna-Barbara (2009): Frau – Männin – Menschin. Kevelaer: Butzon & Bercker.
Gerstendörfer, Monika (1998): Femizid: Tödliche Gewalt gegen Frauen. Verfügbar unter: http://www.uni-muenster.de/PeaCon/wf-98/9841900m.htm [20.01.2007].
Gertenbach, Lars (2007): Die Kultivierung des Marktes. Foucault und die Gouvernementalität des Neoliberalismus. Berlin: Parados Verlag.

Gettleman, Jeffrey (2011): Ugandan Who Spoke Up for Gays Is Beaten to Death. *New York Times* 28. Januar 2011, http://www.nytimes.com/2011/01/28/world/africa/28uganda.html?_r=2

Geuter, Ulfried (1988): Die Professionalisierung der deutschen Psychologie im Nationalsozialismus. Frankfurt: Suhrkamp.

Giampiccoli, Franco (2009): Herr Dunant. Der Gründer des Roten Kreuzes. Neukirchen-Vluyn: Aussaat-Verlag.

Giddens, Anthony (1984): Die Konstitution der Gesellschaft. Grundzüge einer Theorie der Strukturierung. Frankfurt: Suhrkamp,

Gildemeister, Regine (2008): Doing Gender: Soziale Praktiken der Geschlechterunterscheidung. In: *Becker, Ruth, Kortendiek, Beate* (Hg.): Handbuch Frauen- und Geschlechterforschung. Theorie, Methoden, Empirie. Wiesbaden: VS Verlag für Sozialwissenschaften. 2., erweiterte und aktualisierte Auflage. S.137–145.

Gildemeister, Regine, Wetterer, Angelika (1992): Wie Geschlechter gemacht werden. Die soziale Konstruktion der Zwei-Geschlechtlichkeit und ihre Reifizierung in der Frauenforschung. In: *Knapp, Gudrun-Axeli, Wetterer, Angelika* (Hg.): TraditionenBrüche: Entwicklungen feministischer Theorie. Forum Frauenforschung, Freiburg im Breisgau: Kore Verlag, 201–254.

Gilligan, Carol (1982): In a Different Voice. Cambridge, Ma: Harvard University Press.

Gilligan, Carol (1992): Meeting at the Crossroads: Women's Psychology and Girls' Development, Cambridge, Ma: Harvard University Press

Gillioz, Lucienne (1997): Domination et violence envers la femme dans le couple. Lausanne: Payot.

Glaser, Edith, Klika, Dorle, Prengel, Annedore (Hg.) (2004): Handbuch Gender und Erziehungswissenschaft. Bad Heilbrunn/Obb.: Verlag Julius Klinkhardt.

Goffman, Erving (1963): Stigma: Notes on the Management of Spoiled Identity. Englewood Cliffs, NJ: Prentice-Hall.

Goffman, Erving (1994): Interaktion und Geschlecht. Frankfurt, New York: Campus. Erstveröffentlichung 1977.

Göttner-Abendroth, Heide (2004): Inanna, Gilgamesch, Isis, Rhea – Die großen Göttinnenmythen Sumers, Ägyptens und Griechenlands. Königstein: Ulrike Helmer Verlag.

Gräßler, Martin J. (2009): Fort Douaumont. Verduns Festung, Deutschlands Mythos. München: AVM – Akademische Verlagsgemeinschaft.

Grau, Günter (2011): Lexikon zur Homosexuellenverfolgung 1933–1945. Geschichte: Forschung und Wissenschaft, Band 21. Münster: Lit Verlag.

Graupner, Helmut, Tahmindjis, Phillip (2005): Sexuality & Human Rights. New York: Haworth Press.

Grawe, Klaus, Donati, Ruth, Bernauer, Friederike (1994): Psychotherapie im Wandel. Von der Konfession zur Profession. Göttingen: Hogrefe.

Gray, John (2003): Mars, Venus & Eros: Männer lieben anders. Frauen auch. München: Goldmann.

Grimm, Eckhard (2009): Männliche Selbst-, Leib- und Körperwahrnehmung und ihr Umgang damit. Eine qualitative Genderbefragung in einer Männersuchtklinik. *POLYLOGE* 26/2009. http://www.fpi-publikation.de/polyloge/alle-ausgaben/26-2009-grimm-eckard-maennliche-selbst-leib-und-koerperwahrnehmung.htm

Grond, Erich (2001): Sexualität im Alter – (K)ein Tabu in der Pflege. Hagen: Brigitte Kunz Verlag.

Gummich, Judy (2004): Schützen die Antidiskriminierungsgesetze vor mehrdimensionaler Diskriminierung? Oder: Von der Notwendigkeit die Ausgeschlossenen einzuschließen. In: Antidiskriminierungsnetzwerk des Türkischen Bundes in Berlin-Brandenburg (Hg.): QUEbERlin. Mehrfachzugehörigkeit als Bürde oder Chance? – Die Gesichter des Queer-Seins und Migrantin/Schwarz-Seins, 6–16.

Gutiérrez Rodríguez, Encarnación (2008): Postkolonialismus: Subjektivität, Rassismus und Geschlecht. In: *Becker, Ruth, Kortendiek, Beate* (Hg.): Handbuch Frauen- und Geschlechterforschung. Theorie, Methoden, Empirie. Wiesbaden: VS Verlag für Sozialwissenschaften. 2., erweiterte und aktualisierte Auflage. 267–275.

Gutschlhofer, Birgit (2006): Rechtliche Rahmenbedingungen für Diversitätsmanagement. Erste Erfahrungen mit dem neuen Gleichbehandlungsgesetz in Österreich. In: *Bendl, Regine, Hanappi-Egger, Waltraud, Hofmann, Roswitha* (Hg.): Agenda Diversität: Gender- und Diversitätsmanagement in Wissenschaft und Praxis. München und Mering: Rainer Hampp Verlag. 44–51.

Haan, Michelle de, Gunnar, Megan R. (2009). Handbook of Developmental Social Neuroscience. The Guilford Press.

Habermas, Jürgen (1971): Vorbereitende Bemerkungen zu einer Theorie der kommunikativen Kompetenz. In: *Habermas, Jürgen, Luhmann, Niklas:* Theorie der Gesellschaft oder Sozialtechnologie? Was leistet die Systemforschung. Frankfurt: Suhrkamp.

Habermas, Jürgen (1981): Theorie des kommunikativen Handelns, 2 Bde., Frankfurt: Suhrkamp.

Habermas, Jürgen (1983): Diskursethik, Notizen zu einem Begründungsprogramm. In: Habermas, J. (1983): Moralbewußtsein und kommunikatives Handeln. Frankfurt: Suhrkamp, 53–126.

Habermas, Jürgen (1985): Die Neue Unübersichtlichkeit. Frankfurt a.M.: Suhrkamp Verlag.

Habermas, Jürgen (1992): Faktizität und Geltung. Beiträge zur Diskurstheorie des Rechts und des demokratischen Rechtsstaates. Frankfurt: Suhrkamp.

Habermas, Jürgen (2005): Zwischen Naturalismus und Religion. Frankfurt a.M.: Suhrkamp Verlag.

Hagemann-White, Carol (1984): Sozialisation: Weiblich – männlich? Opladen: Leske + Budrich.

Hagemann-White, Carol (1993): Die Konstrukteure des Geschlechts auf frischer Tat ertappen? Methodische Einsichten einer theoretischen Einsicht. *Feministische Studien* 2, 68–78.

Hagemann-White, Carol, Kavemann, Barbara, Ohl, Dagmar (1997): Parteilichkeit und Solidarität. Praxiserfahrungen und Streitfragen zur Gewalt im Geschlechterverhältnis. Bielefeld: Kleinheinrich Buch- und Kunstverlag.

Hacking, Ian (1999): The Social Construction of What? Cambridge, Massachusetts: Harvard University Press.

Hacking, Ian (2003): Soziale Konstruktion beim Wort genommen. In: *Vogel, Matthias, Wingert, Lutz* (Hg.): Wissen zwischen Entdeckung und Konstruktion. Erkenntnistheoretische Kontroversen. Frankfurt/M.: Suhrkamp, 23–54.

Haessig, Hans, Petzold, Hilarion G. (2006): Hannah Arendt – Protagonistin einer „politischen Philosophie", Referenzautorin für eine „politische Therapeutik". *Psychologische Medizin* (Österreich) 1, 75–79.

Haessig, Hans, Petzold, Hilarion G. (2009): Transversale MACHT in der Supervision – integrative und differentielle Perspektiven. Mit einem Geleitwort von Hilarion G. Petzold. In: Supervision: Theorie – Praxis – Forschung. Eine interdisziplinäre Internet-Zeitschrift – Jg. 2009.

Haier, Richard J., Jung, Rex E. et al. (2005): Sex differences in N-acetylaspartate correlates of general intelligence: An 1 H-MRS study of normal human brain. *NeuroImage* 26, 965–97.

Hamel, John, Nichollis, Tonia L. (2007): Family Interventions in Domestic Violence: A Handbook of Gender-Inclusive Theory and Treatment. New York: Springer.

Harasty, Jenny, Double, Kay L. et al. (1997): Language-associated cortical regions are proportionally larger in the female brain. *Archives in Neurology* 2, 171–176.

Hardmeier, Sibylle, Vinz, Dagmar (2007): Diversity und Intersektionalität – Eine kritische Würdigung der Originalität und Leistungsfähigkeit der zwei Ansätze für die Politikwissenschaft. In: *femina politica*, „Frauen – Gender – Diversity. Perspektiven theoretischer Konzepte und ihrer politischen Umsetzung", 1, 15–25.

Hark, Sabine (2005): Queer Studies. In: *Braun, Christina von, Stephan, Inge* (Hg.): Gender@Wissen. Ein Handbuch der Gender-Theorien. Köln, Weimar, Wien: Böhlau Verlag. 285–303.

Hark, Sabine (2008): Lesbenforschung und Queer-Theorie: Theoretische Konzepte, Entwicklungen und Korrespondenzen. In: *Becker, Ruth, Kortendiek, Beate* (Hg.): Handbuch Frauen- und Geschlechterforschung. Theorie, Methoden, Empirie. Wiesbaden: VS Verlag für Sozialwissenschaften. 2., erweiterte und aktualisierte Auflage. 108–115.

Harlfinger, Werner (2005): Das neue Gesundheitskonzept benachteiligt Frauen. *Frauenarzt* 46, 9. http://www.cytomol.de/dokumente/Frauenarzt_%20u.a.Duennschichtzytologie_09_2005.pdf

Harmon-Jones Eddie, Winkielman, Pjotr (2007): Social Neuroscience: Integrating Biological and Psychological Explanations of Social Behavior. New York: Guilford Publications.

Harmon-Jones, Eddy, Beer, Jennifer S. (2009): Methods in Social Neuroscience. New York: The Guilford Press.

Harth, Anette, Scheller, Gitta, Tessin, Wulf (2000): Stadt und soziale Ungleichheit. Opladen: Leske + Budrich Verlag.

Hartmann, Dirk (1998): Philosophische Grundlagen der Psychologie. (Überarb. u. gekürzte Habil.-Schr. Marburg 1997) Darmstadt: Wissenschaftliche Buchgesellschaft.

Hartmann, Dirk, Janich, Peter (1996): Methodischer Kulturalismus. Zwischen Naturalismus und Postmoderne. Frankfurt: Suhrkamp.

Hartmann, Jutta (2004): Dekonstruktive Perspektiven auf das Referenzsystem von Geschlecht und Sexualität – Herausforderungen der Queer Theory. In: *Glaser, Edith, Klika, Dorle, Prengel, Annedore* (Hg.): Handbuch Gender und Erziehungswissenschaft. Bad Heilbrunn/Obb.: Verlag Julius Klinkhardt. 255–271.

Hartz, Peter, Petzold, Hilarion G. (2010): Chancen für arbeitslose Frauen und Männer, die ihr Leben neu gestalten wollen. *Zeitschr. für Medizinische Psychologie* 2, 47–67.

Harvey, David (2005): A Brief History of Neoliberalism. Oxford: Oxford University Press.

Hatfield, Elaine, Rapson, Richard, L, Le, Yen-Chi, L. (2009): Emotional contagion and empathy. In: *Decety, Ickes* (2009) 19–30.

Haubl, Rolf, Hausinger, Brigitte (2009): Supervisionsforschung: Einblicke und Ausblicke Interdisziplinäre Beratungsforschung. Göttingen: Vandenhoeck & Ruprecht.

Haug, Frigga (1990): Tagträume eines sozialistischen Feminismus. In: *Gerhard, Ute, Jansen, Mechtild, Maihofer, Andrea, Schmid, Pia, Schultz, Irmgard* (Hg.): Differenz und Gleichheit. Menschenrechte haben (k)ein Geschlecht. Frankfurt/Main: Ulrike Helmer Verlag, 82–94.

Haug, Frigga (2008): Sozialistischer Feminismus. Eine Verbindung im Streit. In: *Becker, Ruth, Kortendiek, Beate* (Hg.): Handbuch Frauen- und Geschlechterforschung. Theorie, Methoden, Empirie. Wiesbaden: VS Verlag für Sozialwissenschaften. 2., erweiterte und aktualisierte Auflage. 52–58.

Hass, Wolfgang, Petzold, Hilarion G. (1999): Die Bedeutung der Forschung über soziale Netzwerke, Netzwerktherapie und soziale Unterstützung für die Psychotherapie – diagnostische und therapeutische Perspektiven. In: *Petzold, H. G., Märtens, M.* (1999a) (Hg.): Wege zu effektiven Psychotherapien. Psychotherapieforschung und Praxis.: Modelle, Konzepte, Settings. Opladen: Leske + Budrich, 193–272.

Hausinger, Brigitte, DGSv (2009): Der Nutzen von Supervision. Verzeichnis von Evaluationen und wissenschaftlichen Arbeiten. Köln: DGSv.

Havighurst, Robert J. (1948): Developmental Tasks and Education, 3rd Edition 1971. New York: Longman.

Heatherton, Todd, Kleck, Robert, Hebl, Michelle, Hull, Jay (2000): The Social Psychology of Stigma. New York: Guilford Press.

Heberlein, Andrea S., Adolphs, R. (2007): Neurobiology of emotion regognition: Current evidenc for shared substrates. In: *Harmon-Jones, Winkielman* (2007) 31–55.

Heintz, Bettina, Nadai, Eva, Fischer, Regula u.a. (1997): Ungleich unter Gleichen: Studien zur geschlechtsspezifischen Segregation des Arbeitsmarktes. Frankfurt/Main: Campus.

Heisig, Kirsten (2010): Das Ende der Geduld: Konsequent gegen jugendliche Gewalttäter. Freiburg im Breisgau: Herder.

Henderson, Dorothy (1997): Intersecting Race and Fender in Feminist Theories of Women's Psychological Development. *Issues in Mental Health Nursing* 18, 377–393.

Henry, Natacha (2010): Frapper n' pas aimer, enquête sur les violences conjugales en France. Paris: Denoël.

Hessel, Stéphane (2011): Empört euch. Berlin: Ullstein.

Heuring, Monika, Petzold, Hilarion G. (2003): Emotion, Kognition, Supervision „Emotionale Intelligenz" (Goleman), „reflexive Sinnlichkeit" (Dreizel), „sinnliche Reflexivität" (Petzold) als Konstrukte für die Supervision. – Bei www.fpi-publikationen.de/supervision – *SUPERVISION: Theorie – Praxis – Forschung. Eine interdisziplinäre Internet-Zeitschrift* – 11/2005; *Polyloge* 18, 2007

Heuring, Monika, Petzold, Hilarion G. (2004): Rollentheorien, Rollenkonflikte, Identität, Attributionen – Integrative und differentielle Perspektiven zur Bedeutung sozialpsychologischer Konzepte für die Praxis der Supervision: Hückeswagen: Europäischen Akademie für psychosoziale Gesundheit. Bei www. FPI-Publikationen.de/materialien.htm – *SUPERVISION: Theorie – Praxis – Forschung. Eine interdisziplinäre Internet-Zeitschrift* – 12/2005.

Hickok, Greg (2009): Eight problems for the mirror neuron theory of action understanding in monkeys and humans. *J. Cognitiv Neuroscience* 7, 1229–1243.

Hilgers, Micha (2009): Das Prekariat auf der Couch. *Frankfurter Rundschau*, 18.10.2009.

Hinderer, Walter (2006): Friedrich Schiller und der Weg in die Moderne. Würzburg: Königshausen & Neumann.

Hirsch, Rolf, Breidenbach, Christiane (1999): Gewalt gegen alte Menschen in der Familie: Untersuchungsergebnisse der „Bonner HsM-Studie". *Zeitschrift für Gerontologie und Geriatrie*, 6, 449–455.

Hirschauer, Stefan (1989): Die interaktive Konstruktion von Geschlechtszugehörigkeit. *Zeitschrift für Soziologie*, 2/18, 100–118.

Hirschauer, Stefan (1993a): Dekonstruktion und Rekonstruktion. Plädoyer für die Erforschung des Bekannten. *Feministische Studien*. 2, 55–67.

Hirschauer, Stefan (1993b): Die soziale Konstruktion der Transsexualität. Frankfurt: Suhrkamp.

Hitschings, Paul (1999): Supervision and sexual orientation. In: *Carroll, Michael, Holloway, Elisabeth L.* (Hg.): Counselling Supervision in Context. London, Thousand Oaks, New Delhi: Sage Publications, 54–81.

Höffe, Ottfried (2003): Politische Gerechtigkeit. Grundlegung einer kritischen Philosophie von Recht und Staat. 4. Aufl., Frankfurt a.M.: Suhrkamp.

Höffe, Ottfried (2004): Gerechtigkeit. Eine philosophische Einführung. München: Beck, 2. Aufl.

Hofmann, Roswitha, Cserer, Amelie (2010): Forschungsbericht „Lesben am Werk". Explorationsstudie zur Erwerbstätigkeit lesbischer Frauen in Österreich. Wirtschaftsuniversität Wien, Abteilung für Gender und Diversitätsmanagement. http://epub.wu.ac.at/view/wp_series/S15/2010.html [27.07.2010].

Hollstein-Brinkmann, Heino, Staub-Bernasconi, Sylvia (2005): Systemtheorien im Vergleich: was leisten Systemtheorien für die Soziale Arbeit. Wiesbaden: VS Verlag.

Hopf, Christel, Nunner-Winkler, Gertrud (2007): Frühe Bindungen und moralische. Entwicklung. Weinheim und München: Juventa Verlag.

Hopfner, Johanna (2000): Geschlecht – soziale Konstruktion oder leibliche Existenz? Subjekttheoretische Anmerkungen. In: *Lemmermöhle, Doris, Fischer, Dietlind, Klika, Dorle, Schlüter, Anne* (Hg.): Lesarten des Geschlechts. Zur De-Konstruktionsdebatte in der erziehungswissenschaftlichen Geschlechterforschung. Opladen: Leske + Budrich. 71–85.

Hooks, Bell (1981): Ain't I a Woman. Boston: South End Press.

Hopkins, Brian, Westra, Tamme (1990): Motor development, maternal expectations, and the role of handling. *Infant Behavior and Development*, 1, 117–122

House, Robert J., Hanges, Paul J., Javidan, Mansour, Dorfman, Peter W., Gupta, Vipin (Hg.) (2004): Culture, Leadership and Organizations. The GLOBE Study of 62 Societies. Thousand Oaks: Sage Publications.

Hudson, Valerie. M., den Boer, Adrea M. (2004): Bare branches: The security implications of Asia's surplus male population. Cambridge, MA: MIT Press.

Hudson, Valerie M., den Boer, Andrea M. (2005): Missing Women and Bare Branches: Gender Balance and Conflict. ECSP REPORT. ISSUE 11, http://www.wilsoncenter.org/topics/pubs/Hudson&denBoer.pdf

Hull, Gloria T., Smith, Barbara, Scott, Patricia B. (1982): But Some of Us Are Brave. All Women Are White, All Blacks Are Men. Black Women's Studies. New York NY: Feminist Press.

Hüning, Dieter (2009): Naturrecht und Staatstheorie bei Samuel Pufendorf. Baden-Baden: Nomos.
Hurrelmann, Klaus, Ulich, Dieter (Hg.) (1991): Neues Handbuch der Sozialisationsforschung. Weinheim, Basel: Beltz.
Ickes, William (2003): Everyday mind reading: Understanding what other people think and feel. Amherst, NY: Prometheus Books.
Ickes, William (2009): Empathic accuraca: Its links to clinical, cognitive, developmental, social and physiological psychology. In: *Decety, Ickes* (2009) 57–70.
Irigaray, Luce (1979): Das Geschlecht, das nicht eins ist. Berlin: Merve.
Ishay, Micheline R. (2008): The history of human rights – from ancient times to the globalization era. Berkeley: Univ. of California Press.
Ito, Tiffany, A., Urland, Geoffrey, R. (2003): Race and gender on the brain: Electrocortical measures of attention to race and gender of multiply categorizable individuals. *Journal of Personality and Social Psychology*, 85, 616–626.
Ito, Tiffany, A., Willadsen-Jensen, Eve, Correll, Joshua (2007): Social neuroscience and social perception: New perspectives on categorization, prejudice, and stereotyping. In: *Harmon-Jones, Winkielman* (2007) 401–421.
Jagose, Annemarie (2005): Queer Theory. Eine Einführung. Berlin: Querverlag. 2. Auflage.
Jakob-Krieger, Cornelia, Dreger, Bernd, Schay, Peter, Petzold, Hilarion G. (2004): Mehrperspektivität – ein Metakonzept der Integrativen Supervision. Zur „Grammatik" – dem Regelwerk – der mehrperspektivischen, integrativen Hermeneutik für die Praxis. Bei www. FPI-Publikationen.de/materialien.htm – *SUPERVISION: Theorie – Praxis – Forschung. Eine interdisziplinäre Internet-Zeitschrift* – 03/2004.
Janich, Peter (1980): Die Protophysik der Zeit. Konstruktive Begründung und Geschichte der Zeitmessung. Frankfurt: Suhrkamp.
Janich, Peter (1996): Konstruktivismus und Naturerkenntnis. Auf dem Weg zum Kulturalismus Frankfurt: Suhrkamp.
Janich, Peter (2006): Was ist Information? Kritik einer Legende Frankfurt: Suhrkamp,
Jann, Ben (2003): Lohngerechtigkeit und Geschlechterdiskriminierung: Experimentelle Evidenz .http://www.soz.unibe.ch/content/ueber_uns/jann/vortraege/e20783/e20809/files20811/lohngerecht.pdf Seite 21.
Jantzen, Woflgang (2002). Alexandr R. Lurija. Kulturhistorische Humanwissenschaft. Berlin: Verlag Pro Business.
Jantzen, Wolfgang (2008). Kulturhistorische Psychologie heute – Methodologische Erkundungen zu L. S. Vygotskij. Berlin: Lehmanns Media.
Janz, Nicole, Risse, Thomas (2007): Menschenrechte – Globale Dimensionen eines universellen Anspruchs. Baden-Baden: Nomos Verlag.
Jeffreys, Elaine, Sigley, Gary (2009): Governmentality, governance and China. In: *Jeffreys, Elaine* (Hg.): China's governmentalities: governing change, changing government. New York: Routledge.
Jonas, Hans (1973): Organismus und Freiheit – Ansätze zu einer philosophischen Biologie. Göttingen: Vandenhoeck & Ruprecht.
Jonas, Hans (1987): Technik, Medizin und Ethik – Zur Praxis des Prinzips Verantwortung. Frankfurt a.M.: Suhrkamp Verlag.
Jonas, Hans (1979): Das Prinzip Verantwortung – Versuch einer Ethik für die technologische Zivilisation. Frankfurt a.M.: Suhrkamp Verlag.

Jones, Martin (2007): An Introduction to Political Geography. Space, Place, and Politics. New York: Routledge.

Kahl, Stefan (2004): Michel Foucaults politische Analytik. Studien zum Verhältnis von Wissen und Macht. Hamburg: Kovac.

Kahlert, Heike (2000): Konstruktion und Dekonstruktion von Geschlecht. In: *Lemmermöhle, Doris, Fischer, Dietlind, Klika, Dorle, Schlüter, Anne* (Hg.): Lesarten des Geschlechts. Zur De-Konstruktionsdebatte in der erziehungswissenschaftlichen Geschlechterforschung. Opladen: Leske + Budrich, 20–44.

Kahlert, Heike (2008): Differenz, Genealogie, Affidamento: Das italienische ‚pensiero della differenza sessuale' in der internationalen Rezeption. In: *Becker, Ruth, Kortendiek, Beate* (Hg.): Handbuch Frauen- und Geschlechterforschung. Theorie, Methoden, Empirie. Wiesbaden: VS Verlag für Sozialwissenschaften. 2., erweiterte und aktualisierte Auflage, 94–102.

Karlinger, Sabine (2010): Gender matters!? Genderkompetenz in der Supervision. Zur Bedeutung der Genderkompetenz von Supervisorinnen und Supervisoren im psycho-sozialen Feld. Master Thesis an der Donauuniversität Krems. http://webthesis.donau-uni.ac.at/thesen/90310.pdf [13.08.2010].

Kavemann, Barbara (1997): Zwischen Politik und Professionalität: Das Konzept der Parteilichkeit. In: *Hagemann-White, Carol, Kavemann, Barbara, Ohl, Dagmar* (Hg.): Parteilichkeit und Solidarität. Praxiserfahrungen und Streitfragen zur Gewalt im Geschlechterverhältnis. Bielefeld: Kleinheinrich Buch- und Kunstverlag. 179–235.

Keller, Dorothee (2005): Konzept und Konstrukt des Selbstwertes und seine Relevanz für die Psychotherapie. *POLYLOGE* 15/2007, http://www.fpi-publikation.de/polyloge/alle-ausgaben/15-2007-keller-d-konzept-und-konstrukt-des-selbstwertes-und-seine-relevanz-fuer-die-psychotherapie.html.

Kempen, Otto Ernst (1990): Historische und aktuelle Bedeutung der „Ewigkeitsklausel" des Art. 79 Abs. 3 GG, *Zeitschrift für Parlamentsfragen*, 2, 354–366.

Kero, Judith Monika (2010): Thematisierung von unerwünschten Effekten in der Supervision untersucht anhand der Quellenanalyse der Zeitschriften OSC und Supervision. Supervision Theorie – Praxis – Forschung, Eine interdisziplinäre Internet-Zeitschrift. Ausgabe 07/2010. http://www.fpi-publikation.de/supervision/alle-ausgaben/07-2010-kero-judith-monika-thematisierung-von-unerwuenschten-effekten-in-der-supervision.html.

Kessl, Fabian (2005): Der Gebrauch der eigenen Kräfte. Eine Gouvernementalität Sozialer Arbeit. Weinheim/München: Juventa.

Kessler, Suzanne J., McKenna, Wendy (1978): Gender. An Ethnomethodogical Approach. New York: Wiley & Sons

Keupp, Heiner (2010): Armut und Exklusion. Tübingen: Dgvt-Verlag.

Kirchler, Erich (Hg.) (2008): Arbeits- und Organisationspsychologie. Wien: facultas. wuv.

Klee, Ernst (1997): Auschwitz, die NS-Medizin und ihre Opfer. Frankfurt: S. Fischer.

Klee, Ernst (2001): Deutsche Medizin im Dritten Reich. Karrieren vor und nach 1945. Frankfurt: S. Fischer.

Kleve, Heiko (2004): Das Nicht-Identische denken: Queer im Kontext radikaler Theoriebildung. In: *Perko, Gudrun, Czollek, Leah C.* (Hg.) (2004): Lust am Denken. Queeres jenseits kultureller Verortungen. Köln: PapyRossa Verlag, 14–30.

Klinger, Cornelia (1990): Welche Gleichheit und welche Differenz? In: *Gerhard, Ute, Jansen, Mechtild, Maihofer, Andrea, Schmid, Pia, Schultz, Irmgard* (Hg.): Differenz und Gleichheit. Menschenrechte haben (k)ein Geschlecht. Frankfurt/Main: Ulrike Helmer Verlag. 112–119.

Knapp, Gudrun-Axeli (2000a): Konstruktion und Dekonstruktion von Geschlecht. In: *Becker-Schmidt, Regina, Knapp, Gudrun-Axeli* (Hg.): Feministische Theorien. Zur Einführung. Hamburg: Junius Verlag. 63–102.

Knapp, Gudrun-Axeli (2000b): Achsen der Differenz – Strukturen der Ungleichheit. In: *Becker-Schmidt, Regina, Knapp, Gudrun-Axeli* (Hg.): Feministische Theorien. Zur Einführung. Hamburg: Junius Verlag. 103–123.

Knapp, Gudrun-Axeli, Wetterer, Angelika (1992): TraditionenBrüche. Entwicklungen feministischer Theorie. Freiburg im Breisgau: Kore Verlag.

Knarr-Cetina, Karin (1989): Spielarten des Konstruktivivmus. Einige Notizen und Anmerkungen. *Soziale Welt* 1/2, 86–96.

Knassmüller, Monika (2005): Unternehmensleitbilder im Vergleich. Sinn- und Bedeutungsrahmen deutschsprachiger Unternehmensleitbilder – Versuch einer empirischen (Re)Konstruktion. Frankfurt: Peter Lang Europäischer Verlag der Wissenschaften.

Knodt, Michèle, Finkel, Barbara (2005): Europäische Zivilgesellschaft. Konzepte, Akteure, Strategien. Bürgergesellschaft und Demokratie. Bd. 18. Wiesbaden: VS Verlag.

Knopf, Wolfgang (2005): ÖVS Mitglieder Befragung 2004. Die Ergebnisse. In: ÖVS news 2/2005-Beilage. Wien

Knorr-Cetina, Karin (1989): Spielarten des Konstruktivivmus. Einige Notizen und Anmerkungen. *Soziale Welt* 40, 86–96.

Knoth, André (2006): Managing Diversity – Skizzen einer Kulturtheorie zur Erschließung des Potenzials menschlicher Vielfalt in Organisationen. Tönning: Der Andere Verlag.

Knapp, Gudrun-Axeli (2005): „Intersectionality" – ein neues Paradigma feministischer Theorie? Zur transatlantischen Reise von „Race, Class, Gender". *Feministische Studien* 23, 68–81

Knutson, Brian, Wimmer, Elliott, G. (2007): Reward: Neural Corcuitry for Social Valutation. In: *Harmon-Jones, Winkielman* (2007) 157–175.

Koall, Iris, Bruchhagen, Verena, Höher, Friederike (2007): DIVERSITY OUTLOOKS – Managing Diversity zwischen Ethik,Profit und Antidiskriminierung. Münster: LIT-Verlag.

Köhler, B. (2006): Gender Mainstreaming – Geschlechterpolitik für Frauen und Männer? 30 Punkte, die belegen, dass Gender Mainstreaming in Deutschland als reines Frauenfördermittel funktionalisiert wird. http://manndat.de/wp-content/uploads/2009/01/gender_mainstreaming_2006.pdf

Köhler, Bruno (2008): Jungen und Geschlechterpolitik. In: *Michael Matzner, Wolfgang Tischner*; Handbuch Jungen-Pädagogik. Weinheim: Beltz-Verlag, 331–342

Kölbl, Carlos (2006): Die Psychologie der kulturhistorischen Schule. Vygotskij, Lurija, Leont'ev. Göttingen: Vandenhoeck & Ruprecht.

Köllen, Thomas (2010): Bemerkenswerte Vielfalt: Homosexualität und Diversity Management. Betriebswirtschaftliche und sozialpsychologische Aspekte der Diversity-Dimension „sexuelle Orientierung". München und Mering: Rainer Hampp Verlag.

Knutson, Brian, Wimmer, Elliott, G. (2007): Reward: Neural Corcuitry for Social Valutation. In: *Harmon-Jones, Winkielman* (2007) 157–175.

Kopke, Christoph (2001): Medizin und Verbrechen. Münster, Ulm: Klemm & Oelschläger.

Krell Gertraude (2009): Gender und Diversity: Eine „Vernunftehe"– Plädoyer für vielfältige Verbindungen. In: *Andresen Sünne, Koreuber Mechtild, Lüdke Dorothea* (Hg.): Gender und Diversity: Albtraum oder Traumpaar? Interdisziplinärer Dialog zur „Modernisierung " von Geschlechter- und Gleichstellungspolitik. Wiesbaden: VS Verlag für Sozialwissenschaften, 133–153.

Krell Gertraude, Riedmüller Barbara, Sieben Barbara, Vinz Dagmar (2007): Einleitung – Diversity Studies als integrierende Forschungsrichtung. In: *Krell Gertraude, Riedmüller Barbara, Sieben Barbara, Vinz Dagmar* (Hg.): Diversity Studies. Grundlagen und disziplinäre Ansätze. Frankfurt/Main: Campus, 7–15.

Kuby, Gabriele (2007): Verstaatlichung der Erziehung: Auf dem Weg zum neuen Gender-Menschen. Kisslegg: fe-medienverlag.

Kurzban, Robert, Leary, Mark (2001): Evolutionary Origins of Stigmatization: The Functions of Social Exclusion. *Psychological Bulletin* 127, 187–208.

Kwon, Su-Hyeon (2003): Zwischen Universalismus und Partikularismus. Transkulturalität als Ziel moralphilosophischer Rechtfertigungen. Marburg: Diss. Phil. http://deposit.ddb.de/cgi-bin/dokserv?idn=972853510&dok_var=d1&dok_ext=pdf&filename=972853510.pdf

Lach, Andreas (2008): Umgekehrte Diskriminierungen im Gemeinschaftsrecht. Eine Analyse der Rechtsprechung des EuGH zum Merkmal des grenzüberschreitenden Bezugs unter besonderer Berücksichtigung der Unionsbürgerschaft – Zugleich ein Beitrag zur Dogmatik der Grundfreiheiten Frankfurt: Peter Lang.

Lagacé, Martine (2010): L'âgisme: comprendre et changer le regard social sur le vieillissement. Quebec: Presses Universite Laval.

Lamacz-Koetz, Iris, Petzold, Hilarion G. (2009): Nonverbale Kommunikation in der Supervision und ihre leibtheoretische Grundlage. Wenn Sprache nicht ausreicht – Eine explorative Studie. In: *SUPER VISION: Theorie – Praxis – Forschung* Ausgabe 03/2009 www.fpi-publikationen.de/supervision

Lamprecht, Harald (2003): Neue Rosenkreuzer. Ein Handbuch. Göttingen: Vandenhoeck & Ruprecht

Lander, Janice, Brady-Fryert, Barbara, Metcalfe, James, Nazarali, Sarah, Muttitt, Sarah (1997): Comparison of ring block, dorsal penile nerve block, and topical anesthesia for neonatal circumcision: a randomized controlled trial. JAMA 278, 24, 2157–2162.

Landweer, Hilge (1993): Kritik und Verteidigung der Kategorie Geschlecht. In: *Feministische Studien.* 2, 34–43.

Langemayer, Ines (2002): Subjektivierung als Schauplatz neoliberaler Macht. *Zeitschrift für Politische Psychologie,* 3+4, 361–375.

Lauretis, Teresa de (Hg.) (1991): Queer Theory. Lesbian and Gay Sexualities. In: differences. A journal of Feminist Cultural Studies 3/2, pp. iii-xviii.

LeDoux, Joseph E. (1996): The Emotional Brain: The Mysterious Underpinnings of Emotional Life, New York: Simon & Schuster; dtsch. (2004): Das Netz der Gefühle. München: dtv.

LeDoux, Joseph E., Keane, Terence, Shiromani, Priyattam (2009): Post-traumatic Stress Disorder: Basic Science and Clinical Practice. Totowa, NJ: Humana Press.

Lehner, Erich (1999): Arbeit, das Lebenselexier von Männern! Männliche Existenz im Spannungsfeld von Familie und Beruf. *OSC Organisationsberatung Supervision Clinical Management*, 2, 101–116.

Lehner-Hartmann, Andrea (1998): Geschlecht, ein beachtenswertes Element im Supervisionsprozess? Die Relevanz der Genderforschung für die Theorie und Praxis der Supervision. *OSC Organisationsberatung Supervision Clinical Management*, 1, 5–26.

Leidhold, Wolfgang (2002): Politische Philosophie. Würzburg: Königshausen & Neumann.

Leitner, Anton (2010): Handbuch der Integrativen Therapie. Wien: Springer.

Leitner, Anton: Therapieschäden, Integrative Therapie 1-2, Sonderheft, Wien: Krammer Verlag (im Druck).

Leitner, Anton, Petzold, Hilarion G. (2009): Sigmund Freud heute. Der Vater der Psychoanalyse im Blick der Wissenschaft und der psychotherapeutischen Schulen. Wien: Edition Donau-Universität – Krammer Verlag.

Leitner, Egon Christian, Petzold, Hilarion G. (2010): Dazwischengehen – wo Unrecht geschieht, Integrität gefährdet ist, Würde verletzt wird. Ein Interview mit Hilarion Petzold zum Thema „Engagement und Psychotherapie" und Integrativen Positionen. In: *Petzold, Hilarion G., Orth, Ilse, Sieper, Johanna* (2010): Gewissensarbeit, Weisheitstherapie, Geistiges Leben – Themen und Werte moderner Psychotherapie. Wien: Krammer. 279–366.

Lemke, Thomas (1997): Kritik der politischen Vernunft – Foucaults Analyse der modernen Gouvernementalität. Hamburg: Argument

Lemke, Thomas (2001): The birth of bio-politics: Michael Foucault's lectures at the College de France on neo-liberal governmentality', *Economy and Society* 30, 2, 190–207.

Lemmermöhle, Doris, Fischer, Dietlind, Klika, Dorle, Schlüter, Anne (Hg.) (2000): Lesarten des Geschlechts. Zur De-Konstruktionsdebatte in der erziehungswissenschaftlichen Geschlechterforschung. Opladen: Leske + Budrich.

Lengfeld, Holger (2007): Organisierte Ungleichheit. Wie Organisationen Lebenschancen beeinflussen. Schriftenreihe „Hagener Studientexte zur Soziologie", Wiesbaden: Verlag für Sozialwissenschaften.

Lengfeld, Holger (2010): Klasse - Organisation - soziale Ungleichheit. Wie Unternehmensstrukturen berufliche Lebenschancen beeinflussen. Reihe Sozialstrukturanalyse, hg. V. *Peter A. Berger*, Wiesbaden: Verlag für Sozialwissenschaften.

Lenz, Hans-Joachim (2000): Männliche Opfererfahrungen. Weinheim: Juventa.

Levinas, Emmanuel (1963): La trace de l'autre, Paris; dtsch. (1983): Die Spur des anderen. Freiburg: Alber.

Levinas, Emmanuel (1989): Humanismus des anderen Menschen. Hamburg: Meiner.

Levinas Emmanuel (1993): Totalität und Unendlichkeit. Versuch über die Exteriorität. Freiburg/München: Alber.

Levy Barry S., Sidel Victor W. (2005): Social Injustice and Public Health. New York: Oxford University.

Levy, Barry S., Sidel, Victor W. (2008): War and Public Health.. New York: Oxford university press.

Libet, Benjamin (2006): Mind Time: The Temporal Factor in Consciousness. Cambridge/ Mas.: Harvard University Press,

Liska, Gerhard (2006): Coaching als Instrument zur Aufrechterhaltung der Machtstellung von Männern in Organisationen. *OSC Organisationsberatung Supervision Clinical Management*, 1, 56–63.

Litoff, Judithj B., Smith, David C. (1994)L: We're in This War, Too: World War II Letters From American Women in Uniform. New York: Oxford Univ.Press.

Lockot, Regine (9185): Erinnern und Durcharbeiten. Frankfurt: Fischer.

Lombardo, Emanuela (2005): Integrating or Setting the Agenda? Gender Mainstreaming in the European Constitution-Making Process, *Social Politics* 3, 412–432.

Longo, Maria Amalia (2008): A Crítica Erudita Frente ao Problema do Feminino no Pensamento de Platão: Notandum Libro 10. *CEMOrOc – Centro de Estudos Medievais: Oriente & Ocidente.* Instituto Jurídico Interdisciplinar. Universidade do Porto. http://www.hottopos.com/notand_lib_10/amalia.pdf

Lorber, Judith, Farell, Susan A. (Hg.) (1991): The Social Construction of Gender. Newbury Park, London, New Delhi: Sage.

Lotman, Jurij M. (1990): The Universe of the Mind. A Semiotic Theory of Culture. London New York.

Lotman, Jurij M. (2010): Die Innenwelt des Denkens: Eine semiotische Theorie der Kultur, Berlin: Suhrkamp.

Lück, Mitja S., Arapi, Güler (2008): „I feel a little bit weird ..." – Beispiele für Intersektionalität von Diskriminierungen, in: *Czollek, Leah Carola, Weinbach, Heike*: Lernen in der Begegnung. Theorie und Praxis von Social Justice-Trainings. Bonn: IDA e.V., 57–60.

Luhmann, Niklas (1964): Mitgliedschaft als Rolle. In: Luhmann, Niklas (1964): Funktionen und Folgen formaler Organisation. Berlin: Duncker & Humblot, 39

Luhmann,Niklas (1968): Zweckbegriff und Systemrationalität. Über die Funktion von Zwecken in sozialen Systemen. Tübingen: Mohr.

Luhmann, Niklas (1984): Soziale Systeme. Grundriss einer allgemeinen Theorie. Frankfurt/M.:Suhrkamp.

Luhmann, Niklas. (1992): Beobachtungen der Moderne. Opladen: Westdeutscher Verlag.

Luhmann, Niklas (2008): Soziologische Aufklärung 6. Die Soziologie und der Mensch. Wiesbaden: VS Verlag für Sozialwissenschaften; 3. Auflage.

Luke, Timothy W. (1997): Ecocritique: Contesting the Politics of Nature, Economy and Culture. Minneapolis: University of Minnesota Press.

Lurija; Alexander Romanowitsch (1932): The nature of human conflicts. An objective study of disorganization and control of human behaviour. New York: Grove Press.

Lurija, Alexander Romanowitsch (1978): Zur Stellung der Psychologie unter den Sozial- und Biowissenschaften. *Gesellschaftswissenschaftliche Beiträge* 31 (1978), 640–647.

Lurija, Alexander Romanowitsch (1986): Die historische Bedingtheit individueller Erkenntnisprozesse. Weinheim: Beltz.

Lurija, Alexander Romanowitsch (1992): Das Gehirn in Aktion. Einführung in die Neuropsychologie. Reinbek: Rowohlt. 6. Aufl. 2001.

Lurija, Alexander Romanowitsch (1993): Romantische Wissenschaft. Reinbek: Rowohlt.

Lutz, Helma (2008): Migrations- und Geschlechterforschung: Zur Genese einer komplizierten Beziehung. In: *Becker, Ruth, Kortendiek, Beate* (Hg.): Handbuch Frauen- und

Geschlechterforschung. Theorie, Methoden, Empirie. Wiesbaden: VS Verlag für Sozialwissenschaften. 2., erweiterte und aktualisierte Auflage. 565–573.
Lutz, Helma, Wenning, Norbert (2001): Differenzen über Differenz – Einführung in die Debatten. in: dies. (Hg.): Unterschiedlich verschieden. Differenz in der Erziehungswissenschaft. Opladen: Leske + Budrich, 11–24.
Lyotard, Jean-François (1986): Das postmoderne Wissen. Ein Bericht, Graz-Wien: Passagen Verlag.
Mae, Michiko (2008): Nation, Kultur und Gender: Leitkategorien der Moderne im Wechselbezug. In: *Becker, Ruth, Kortendiek, Beate* (Hg.): Handbuch Frauen- und Geschlechterforschung. Theorie, Methoden, Empirie. Wiesbaden: VS Verlag für Sozialwissenschaften. 2., erweiterte und aktualisierte Auflage. S 716–721.
Märtens, M., Petzold; H. G. (2002): Therapieschäden. Risiken und Nebenwirkungen von Psychotherapie. Mainz: Grünewald.
Major, Hermann (2006): Wie groß ist der kleine Unterschied? Geschlechtsspezifische Aspekte in der Supervision. Wien: Unveröffentlichte Master Thesis.
Maldame, Jean-Michel (2007): Le Péché originel. Paris: Cerf, Cogitation Fidei.
Manier, Bénédicte (2008): Quand les femmes auront disparu-l'élimination des filles en Inde et en Asie. Paris: La Découverte-Poche
Mannheim, Karl (1929, 1995): Ideologie und Utopie, 8. Auflage 1995. Frankfurt: Klostermann Vittorio.
Marazziti, Donatella (2009): Neurobiology and hormonal aspects of romantic relationships. In: *De Haan, Gunnar* (2009) 265–280.
Marcel, Gabriel. (1967): Die Menschwürde und ihr existentieller Grund, Frankfurt: Knecht.
Marcel, Gabriel (1985): Leibliche Begegnung. In: *Petzold, H. G.* (1985g): Leiblichkeit. Paderborn: Junfermann. 15–46.
Margolin, Jean-Louis (2009): Violences et crimes du Japon en guerre: 1937–1945. Paris: Hachette.
Mark, Heike (2006): Gewalt und Gesundheit. Eine Untersuchung zu körperlichen und sexuellen Gewalterfahrungen im Zusammenhang mit der gesundheitlichen Lage erwachsener Frauen. München: Dr. Hut.
Marková, Ivana (2003): Dialogicality and Social Representations: The Dynamics of Mind. Cambridge: Cambridge University Press.
Martin, Albert (2003): Organizational Behaviour – Verhalten in: Organisationen. Stuttgart: Verlag W. Kohlhammer.
Märtens, Michael, Petzold, Hilarion G. (2002): Therapieschäden. Risiken und Nebenwirkungen von Psychotherapie. Mainz: Grünewald.
Matsuda, Mari J. Lawrence, Charles R., Delgado, Richard, Crenshaw, Kimberle (1993): Words That Wound: Critical Race Theory, Assaultive Speech, And The First Amendment. Boulder, Co.: Westview Press.
Maturana, Humberto, Varela, Francisco (1987): Der Baum der Erkenntnis. Die biologischen Wurzeln menschlichen Erkennens. München: Goldmann.
Mayerhofer, Wolfgang, Meyer, Michael, Steyrer, Johannes (Hg.) (2005): Macht? Erfolg? Reich? Glücklich? Wien: Linde international.
Mayes, Linda, C., Magidson, Jessica, Lejuez, C. W., Nicholla, Sarah, S. (2009): Social relationships as primary rewards: The neurobiology of attachment. In: *De Haan, Gunnar* (2009) 342–377.

McCall, Leslie (2005): The Complexity of Intersectionality. *Signs. Journal of Women in Culture and Society* 30, 1771–1800.
Mcchesney, Robert W. (1999): Noam Chomsky and the Struggle Against Neoliberalism. *Monthly Review.* 11 (01. April 1999) 40–47.
Mead, George Herbert (1934): Mind, self and society. Chicago: University of Chicago Press; dt. (1973): Geist, Identität, Gesellschaft. Frankfurt a.M.: Suhrkamp Verlag.
Merleau-Ponty, Maurice (1966): Phänomenologie der Wahrnehmung. Berlin: Walter de Gruyter Verlag.
Merleau-Ponty, Maurice (1969): La Prose du monde. Paris: Gallimard.
Merx, Andreas, Vassilopoulou, Joana (2007): Das arbeitsrechtliche AGG und Diversity-Perspektiven. In: *Bruchhagen, Verena, Koall, Iris* (Hg.): Diversity Outlooks – Managing Diversity zwischen Ethik, Profit und Antidiskriminierung. Münster: LIT Verlag.
Merz, Veronika (2001): Salto, Rolle, Pflicht und Kür. Gender Manual II. Zürich: Verlag Pestalozzianum.
Mesmer, Beatrix (2007): Staatsbürgerinnen ohne Stimmrecht. Die Politik der schweizerischen Frauenverbände 1914–1971. Zürich: Chronos.
Meuser, Michael, Neusüß, Claudia (2004): Gender Mainstreaming. Konzepte – Handlungsfelder – Instrumente. Bonn: Bundeszentrale für politische Bildung.
Micus-Loos, Christiane (2004): Gleichheit – Differenz – Konstruktion – Dekonstruktion. In: *Glaser, Edith, Klika, Dorle, Prengel, Annedore* (Hg.): Handbuch Gender und Erziehungswissenschaft. Bad Heilbrunn/Obb.: Verlag Julius Klinkhardt. 112–126.
Mills, Debra, Conboy, Barbara, T. (2009): Early communicative development and the social brain. In: *De Haan, Gunnar* (2009) 175–206.
Mitscherlich, Alexander, Mielke, Fred (1978): Medizin ohne Menschlichkeit. Dokumente des Nürnberger Ärzteprozesses. Frankfurt: Fischer.
Möbius, Paul. J.(1900): Ueber den physiologischen Schwachsinn des Weibes. Halle a. S.: Verlag Carl Marhold.
Money, John (1986): Lovemaps: Clinical Concepts of Sexual/Erotic Health and Pathology, Paraphilia, and Gender Transposition in Childhood, Adolescence, and Maturity. New York: Irvington.
Money, John (1994): Sex Errors of the Body and Related Syndromes: A Guide to Counseling Children, Adolescents, and Their Families, 2, Aufl. Baltimore: P. H. Brooks Publishing Company.
Money, John, Ehrhardt, Anke (1972): Man & Woman, Boy & Girl: Gender Identity from Conception to Maturity. Baltimore: Johns Hopkins University Press,; 2. Aufl. (1996): Northvale, N.J.: Jason Aronson.
Money, John, Hampson, John L. (1955): An Examination of Some Basic Sexual Concepts: Evidence of Human Hermaphroditism. *Bulletin of John Hopkins Hospital* 97, 301–319.
Moraga, Cherríe, Anzaldùa, Gloria (Hg.) (1981): This Bridge Called My back: Writings by Radical Women of Color. Latham NY: Kitchen Table Press.
Moscovici, Serge (1961): La psychanalyse, son image, son public, Paris: PUF.
Moscovici, Serge (2001): Social Representations. Explorations in Social Psychology. New York: New York University Press.
Moscovici, Serge (2002): De la Nature. Pour penser l'écologie, Paris: Métailié.

Moscovici, Serge, Markovà, Ivana (2006): The Making of Modern Social Psychology. Cambridge: Polity Press.
Moser, Josef, Petzold, Hilarion G. (2003/2007): Supervision und Ethik – Theorien, Konzepte, Praxis. Düsseldorf/Hückeswagen: SuperVision: Theorie – Praxis – Forschung. Eine interdisziplinäre Internet-Zeitschrift – 03/2007.
Mouchetant-Rostaing, Yolanda, Giard, Marie-Hélène. (2003): Electrophysiological correlates of age and gender perception on human faces. *Journal of Personality and Social Psychology*, 65, 469–485.
Mühlen Achs, Gitta (2003): Wer führt? Körpersprache und die Ordnung der Geschlechter. München: Frauenoffensive.
Müller, Lotti., Petzold, Hilarion G. (2002a): Problematische und riskante Therapie (nicht nur) in der Arbeit mit älteren und alten Menschen in „Prekären Lebenslagen" – „Client dignity?", in: *Märtens, Petzold* (2002) 293–332.
Müller, Lotti, Petzold, Hilarion G. (2002b): Gerontotherapie: Psychotherapie mit älteren und alten Menschen – Forschungsergebnisse, protektive Faktoren, Resilienzen, Grundlagen für eine Integrative Praxis, (Teil 1), Integrative Therapie 1, 2002, 52–90.
Münker, Stefan, Roesler, Alexander (2000): Poststrukturalismus. Suttgart, Weimar: Verlag J. B. Metzler.
Myowa-Yamakoshi, Masako, Tomonaga, Masaki (2009): Evolutionary origins of social communication. In: *De Haan, Gunnar* (2009) 207–221.
Neier, Aryeh (1998): War Crimes: Brutality, Genocide, Terror and the Struggle for Justice, New York: Random House.
Nesseler, Thomas (2010): DGPPN: Schwerstkranke bei psychotherapeutischer Versorgung benachteiligt. Berlin: Deutsche Gesellschaft für Psychiatrie, Psychotherapie und Nervenheilkunde.
Nestvogel, Renate (2000): Konstrukte zum Geschlechterverhältnis und Konsequenzen für eine interkulturelle Pädagogik. In: *Lemmermöhle, Doris, Fischer, Dietlind, Klika, Dorle, Schlüter, Anne* (Hg.): Lesarten des Geschlechts. Zur De-Konstruktionsdebatte in der erziehungswissenschaftlichen Geschlechterforschung. Opladen: Leske + Budrich. 223–244.
Nienhüser, Werner (2003): Macht. In: *Martin, Albert* (Hg.): Organizational Behaviour – Verhalten in: Organisationen. Stuttgart: Verlag W. Kohlhammer. 159–160.
Noetzel, Wilfried (2006): Friedrich Schillers Philosophie der Lebenskunst. Zur Ästhetischen Erziehung als einem Projekt der Moderne. London: Turnshare.
Noetzel, Wilfried (2008): Schillers Sozialästhetik. Zur Republikfähigkeit erziehen. London: Turnshare.
Noetze, Wilfried (2009): Friedrich Schiller – Philosoph und Mediziner. IZPP | Ausgabe 1, 1–15. http://www.izpp.de/fileadmin/user_upload/Ausgabe-1-2009/9-Noetzel_Schiller.pdf.
Noiriel, Gerard (2006): Réfugiés et sans-papiers: La République face au droit d'asile XIXe-XXe siècle. Paris: Hachette.
Norris, Catherin, J., Cacioppo, John, T. (2007): I know how you feel: Social and emotional information processing in the brain. In: *Harmon-Jones, Winkielman* (2007) 84–105.
Norwood, Robin (1993): Wenn Frauen zu sehr lieben. Reinbek: Rowohlt
Nourney, Astrid (2006): Zu alt? Abgelehnt! Berichte aus Deutschland über das Älterwerden. Bremen: Viola Falkenberg Verlag.

Nunner-Winkler, Gertrud (1995): Weibliche Moral. München: dtv.

Nussbaum, Martha C. (1999): Gerechtigkeit oder Das gute Leben. Frankfurt a.M.: Suhrkamp Verlag.

Nussbaum, Martha C., Sihvola, Juha (2000): The Sleep of Reason : Erotic Experience and Sexual Ethics in Ancient Greece and Rome. Chicago: University of Chicago Press

Obermeyer, Carla Makhlouf (2003): The health consequences of female circumcision: Science, advocacy, and standards of evidence. *Medical Anthropology Quarterly*, 3, 394–412.

Ochsner, Kevin, N. (2007): How thinking controls feeling. In: *Harmon-Jones, Winkielman* (2007) 106–136.

Oerter, Rolf, Montada, Leo (2008): Entwicklungspsychologie (6. Auflage). Weinheim: Beltz Psychologie Verlags Union.

O'Hara, Maureen (1997).Relational empathy: Beyond modernist egocentrism to postmodern holistic contextualism. In: *Bohart Arthur C., Greenberg, Leslie S.* (Eds.): Empathy reconsidered: New directions in psychotherapy. Baltimore: United Book Press. 295–319.

Orth, Ilse (1960): G. Eliot's Conception of the Woman Shown at Three Characters in Middlemarch. Staatsexamensarbeit Aachen: Pädagogische Akademie.

Orth, Ilse (2002): Weibliche Identität und Leiblichkeit – Prozesse „konvivialer" Veränderung und Entwicklung – Überlegungen für die Praxis. *Integrative Therapie* 4, 303–324;

Orth, Ilse (2007): Genderperspektiven. In: *Sieper, Johanna, Orth, Ilse, Schuch, H. Waldemar* (Hg.): Neue Wege Integrativer Therapie. Klinische Wissenschaft, Humantherapie, Kul-turarbeit – Polyloge – 40 Jahre Integrative Therapie, 25 Jahre EAG – Festschrift für Hilarion G. Petzold. Bielefeld: Edition Sirius im Aisthesis Verlag. 401–405.

Orth, Ilse (2010): Weibliche Identität und Leiblichkeit – Prozesse „konvivialer" Veränderung und Entwicklung – Überlegungen für die Praxis. In: *Petzold, Hilarion G., Orth, Ilse, Sieper, Johanna* (Hg.): Gewissensarbeit, Weisheitstherapie, geistiges Leben. Moderne Psychotherapie als wertegeleitete Praxis. Wien: Krammer Verlag (im Druck).

Orth, Ilse, Petzold, Hilarion G. (1995b): Gruppenprozeßanalyse – ein heuristisches Modell für Integrative Arbeit in und mit Gruppen. *Integrative Therapie* 2, 197–212. Auch in Textarchiv Petzold 1995, http://www.fpi-publikation.de/artikel/textarchiv-h-g-petzold-et-al-/orth-i-petzold-h-g-1995b-gruppenprozessanalyse

Orth, Ilse, Petzold, Hilarion G. (2000): Integrative Therapie: Das „biopsychosoziale" Modell kritischer Humantherapie. *Integrative Therapie* 2/3, 131–144.

Orth, Ilse, Petzold, Hilarion G. (2008): Leib und Sprache. Über die Poiesis integrativer und kreativer Psychotherapie – Zur Heilkraft von „Poesietherapie" und „kreativen Medien". *Integrative Therapie* 1, 99–132.

Orth, Ilse, Petzold, G., Sieper, Johanna (1995): Ideologeme der Macht in der Psychotherapie – Reflexionen zu Problemen und Anregungen für alternative Formen der Praxis. In: *Petzold, Hilarion G., Orth, Ilse* (1999a): Die Mythen der Psychotherapie. Ideologien, Machtstrukturen und Wege kritischer Praxis. Paderborn: Junfermann, 119–179 und in *Petzold, Orth* 1999a, 269–334.

Orth, Ilse, Petzold, Hilarion G. (2000): Integrative Therapie: Das „biopsychosoziale" Modell kritischer Humantherapie. *Integrative Therapie* 2/3, 131–144.

Oyama, Susan (2000). The Ontogeny of Information. Developmental Systems and Evolution. Second edition. Durham, N.C.: Duke University Press.

Oyama, Susan, Griffiths, Paul E., Gray, Russel D. (2001). Cycles of Contingency. Developmental Systems and Evolution. Cambridge, Mass.: MIT Press.

Page, Scott (2007): *The Difference: How the Power of Diversity Creates Better Groups, Firms, Schools, and Societies.* Princeton, N.J.: Princeton University Press.

Paisley, Pamela O. (1994): Gender Issues in Supervision. Veröffentlicht von ERIC – The Educational Resources Information Center. http://www.ericfacility.net/ericdigests/ed372345.html, [06.10.2004].

Panksepp, Jaak (1998). Affective Neuroscience: The Foundations of Human and Animal Emotions (Series in Affective Science). New York: Oxford University Press.

Papoušek, Hanuš, Papoušek, Mechthild (1992): Early integrative and communicative development: Pointers to humanity. In: *Emrich, H. M., Wiegand, M.* (1992) (eds.): Integrative biological psychiatry. Berlin: Springer. 45–60.

Papoušek, Hanuš (1994): Intuitive Parenting: Arguments for comparative approaches. *Early Development & Parenting* 1, 1–3.

Papoušek, Mechthild (2007): „Augenblicke" der Begegnung in den frühen Eltern-Kind-Beziehungen Entwicklung, Störungen und frühe Hilfen. In: *Sieper, J., Orth, I., Schuch, H. W.* (2007) (Hg.): Neue Wege Integrativer Therapie. Klinische Wissenschaft, Humantherapie, Kulturarbeit – Polyloge – 40 Jahre Integrative Therapie, 25 Jahre EAG – Festschrift für Hilarion G. Petzold. Bielefeld: Edition Sirius, Aisthesis Verlag.

Perko, Gudrun (2005): Queer-Theorien. Ethische, politische und logische Dimensionen plural-queeren Denkens. Köln: PapyRossa Verlag.

Perko, Gudrun, Czollek, Leah C. (Hg.) (2004): Lust am Denken. Queeres jenseits kultureller Verortungen. Köln: PapyRossa Verlag.

Perrin, Evelyne (2004): Chômeurs et précaires au cœur de la question sociale, Paris: La Dispute.

Petzold und MitarbeiterInnen: Die zitierten, hier aber nicht aufgeführten Arbeiten finden sich in: *Petzold, H. G.*: „Gesamtbibliographie Hilarion G.Petzold 1958–2009. Bei www. FPI-Publikationen.de/materialien.htm – *POLYLOGE: Materialien aus der Europäischen Akademie für psychosoziale Gesundheit* – 01/2009 und 1/2010.

Petzold, Hilarion G., (1970c): Thérapie du mouvement, training relaxatif, thymopratique et éducation corporelle comme integration. Paris: Inst. St. Denis. Semin. Psychol. Prof. Vladimir Iljine; auszugsweise dtsch. in: *Petzold, Hilarion G.* (1992): Integrative Therapie. Ausgewählte Werke Bd. II, 2: Klinische Theorie. Paderborn: Junfermann.

Petzold, Hilarion G. (1985d): Die Verletzung der Alterswürde – zu den Hintergründen der Mißhandlung alter Menschen und zu den Belastungen des Pflegepersonals. In: *Petzold, H. G.*, 1985a. Mit alten Menschen arbeiten. Bildungsarbeit, Psychotheapie, Soziotherapie, Pfeiffer, München, 553–572, Neuaufl. Stuttgtart: Pfeiffer-Klett-Cotta (2005a) 265–283.

Petzold, Hilarion .G. (1986a). Psychotherapie und Friedensarbeit, Junfermann, Paderborn 1986.

Petzold, Hilarion G. (1989b): Belastung, Überforderung, Burnout – Gewaltprobleme in Heimen. *Behinderte in Familie, Schule, Gesellschaft* 4, 17–44.

Petzold, Hilarion G. (1989f): Zeitgeist als Sozialisationsklima – zu übergreifenden Einflüssen auf die individuelle Biographie. *Gestalt und Integration* 2, 140–150.

Petzold, Hilarion G. (1989i): Supervision zwischen Exzentrizität und Engagement. *Integrative Therapie* 3/4, 352–363. Repr. in (1998a) 179–190.

Petzold, Hilarion G. (1990o): Konzept und Praxis von Mehrperspektivität in der Integrativen Supervision, dargestellt an Fallbeispielen für Einzel- und Teambegleitung. Gestalt und Integration 2, 7–37; erw. Bd. II, 3, (1993a) 1291–1336 und (2003a) 947–976.

Petzold, Hilarion G. (1996f): Krankheitsursachen im Erwachsenenleben – Perspektiven für Diagnostik, Therapie und Lebenshilfe aus integrativtherapeutischer Sicht. *Integrative Therapie* 2/3, 288–318.

Petzold, Hilarion G. (1996j): Identitätsvernichtung, Identitätsarbeit, „Kulturarbeit" – Werkstattbericht mit persönlichen und prinzipiellen Überlegungen aus Anlaß der Tagebücher von *Victor Klemperer,* dem hundertsten Geburtstag von *Wilhelm Reich* und anderer Anstöße. *Integrative Therapie* 4, 371–450.

Petzold, Hilarion G. (1997p): Das Ressourcenkonzept in der sozialinterventiven Praxeologie und Systemberatung. *Integrative Therapie* 4 (1997) 435–471 und in: *Petzold, Hilarion G.* (2007a). *Petzold, Hilarion G.* (1998a): Integrative Supervision, Meta-Consulting & Organisationsentwicklung. Modelle und Methoden reflexiver Praxis. Ein Handbuch. Paderborn: Junfermann Verlag. 2. erw. Aufl. Wiesbaden: VS Verlag 2007a, 287–320.

Petzold, Hilarion G. (1998a): Integrative Supervision, Meta-Consulting & Organisationsentwicklung. Modelle und Methoden reflexiver Praxis. Ein Handbuch. Paderborn: Junfermann Verlag.

Petzold, Hilarion G. (1998h): Identität und Genderfragen in Psychotherapie. Soziotherapie und Gesundheitsförderung. Bd. 1 und 2, Sonderausgabe von *Gestalt und Integration*. Düsseldorf: FPI-Publikationen.

Petzold, Hilarion G. (1999q): Das Selbst als Künstler und Kunstwerk – Rezeptive Kunsttherapie und die heilende Kraft „ästhetischer Erfahrung". Düsseldorf/Hückeswagen: FPI/EAG. Und in: *Kunst & Therapie* 1-2/1999, 105–145, *Integrative Therapie* 3/2004, 267–299; auch in: Düsseldorf/Hückeswagen. Bei www. FPI-Publikationen. de/materialien.htm – *POLYLOGE: Materialien aus der Europäische Akademie für psychosoziale Gesundheit* – 07/2001.

Petzold, Hilarion G. (2000a): Eine „Grundregel" für die Integrative Therapie als Verpflichtung zur Transparenz und Anstoß, „riskanter Therapie", Fehlern und Ungerechtigkeiten in der Psychotherapie entgegenzuwirken. Vortrag an der EAG, Düsseldorf/Hückeswagen Mai 2000. Bei www.FPI-Publikationen.de/materialien. htm – *POLYLOGE: Materialien aus der Europäischen Akademie für psychosoziale Gesundheit* – 1/2000.

Petzold, Hilarion G. (2000d): Client Dignity konkret – PatientInnen und TherapeutInnen als Partner in „kritischer Kulturarbeit" – eine Initiative. *Integrative Therapie* 2/3, 388–396.

Petzold, Hilarion G. (2000h): Wissenschaftsbegriff, Erkenntnistheorie und Theorienbildung der „Integrativen Therapie" und ihrer biopsychosozialen Praxis für

„komplexe Lebenslagen" (Chartacolloquium III). Düsseldorf/Hückeswagen: Europäische Akademie für Psychosoziale Gesundheit. Überarbeitet 2002 in: Düsseldorf/Hückeswagen, FPI-Publikationen: Materialien aus der Europäische Akademie für Psychosoziale Gesundheit – 01/2002.

Petzold,Hilarion G. (2001m): Trauma und „Überwindung" – Menschenrechte, Integrative Traumatherapie und „philosophische Therapeutik". *Integrative Therapie*, 4, 344–412; auch in *Petzold, Wolf* et al. (2002)

Petzold, Hilarion G. (2001p/2004): „Transversale Identität und Identitätsarbeit". Die Integrative Identitätstheorie als Grundlage für eine entwicklungspsychologisch und sozialisationstheoretisch begründete Persönlichkeitstheorie und Psychotherapie – Perspektiven „klinischer Sozialpsychologie". Düsseldorf/ Hückeswagen, bei www. FPI-Publikationen.de/materialien.htm – *POLYLOGE: Materialien aus der Europäische Akademie für psychosoziale Gesundheit* – 10/2001, Update 2004, *Integrative Therapie* 4 (2004) 395–422, 4 (2005) 374–397.

Petzold, Hilarion G. (2002c): POLYLOGE: die Dialogzentrierung in der Psychotherapie überschreiten. Perspektiven „Integrativer Therapie" und „klinischer Philosophie". Hommage an Mikhail Bakhtin. Düsseldorf/Hückeswagen. Bei www. FPI-Publikationen.de/materialien.htm – *POLYLOGE: Materialien aus der Europäischen Akademie für psychosoziale Gesundheit* – 04/2002, http://www.fpi-publikation.de/images/stories/downloads/polyloge/Petzold-Dialog-Polylog-Polyloge-04-2002.pdf

Petzold, Hilarion G. (2002g): Coaching als „soziale Repräsentation" – sozialpsychologische Reflexionen und Untersuchungsergebnisse zu einer modernen Beratungsform. Düsseldorf/Hückeswagen In: FPI-Publikationen. www.fpi-publikationen.de/supervision – SUPERvISION: Theorie – Praxis – Forschung. Eine interdisziplinäre Internet-Zeitschrift – 02/2002. [05.05.2009]

Petzold, Hilarion G. (2002j): Das Leibsubjekt als „informierter Leib" – embodied and embedded. Leibgedächtnis und performative Synchronisationen. Düsseldorf/ Hückeswagen. Bei www. FPI-Publikationen.de/materialien.htm – *POLYLOGE: Materialien aus der Europäischen Akademie für Psychosoziale Gesundheit* 07/2002 und in 2003a, 1051–1092.

Petzold, Hilarion G. (2002p/2011): „Lust auf Erkenntnis" ReferenztheoretikerInnen und -disziplinen der Integrativen Therapie – Polyloge und Reverenzen. Updating 2006a.Bei www. FPI-Publikationen.de/materialien.htm – *POLYLOGE: Materialien aus der Europäischen Akademie für psychosoziale Gesundheit* – 06/011

Petzold, Hilarion G. (2003a): Integrative Therapie. 3 Bde. Paderborn: Junfermann, überarb. und ergänzte Neuauflage von 1991a/1992a/1993a.

Petzold, Hilarion G. (2003d): Unrecht und Gerechtigkeit, Schuld und Schuldfähigkeit, Menschenwürde – der „Polylog" klinischer Philosophie zu vernachlässigten Themen in der Psychotherapie. *Integrative Therapie* 1 (2003) 27–64. Bei www. FPI-Publikationen.de/materialien.htm. *POLYLOGE: Materialien aus der Europäischen Akademie für psychosoziale Gesundheit* – 2006i http://www.fpi-publikation.de/polyloge/alle-ausgaben/14-2006-petzold-h-g-2003b-updating-2006i-unrecht-und-gerechtigkeit.html.

Petzold, Hilarion G. (2003e): Menschenbilder und Praxeologie. 30 Jahre Theorie- und Praxisentwicklung am „Fritz Perls Institut für Integrative Therapie, Gestalttherapie und Kreativitätsförderung" (1972–2002). Teil II.

Petzold, Hilarion G. Petzold, H. G. (2003h): Wird Psychotherapie Menschen „gerecht"? – Was Patientinnen wirklich brauchen, wird allzuoft übergangen". *Integrative Therapie* 1, 3–10.

Petzold, Hilarion G. (2003m): „Polyloge" in Europa – auf dem Wege zu einer „transversalen europäischen Kultur". Die „Europäische Akademie für psychosoziale Gesundheit und Kreativitätsförderung" – ein Ort der Gespräche und der Konvivialität zwischen Europäern – Düsseldorf/Hückeswagen, bei www.fpi-publikationen.de/polyloge – POLyLOGE: Materialien aus der Europäischen Akademie für psychosoziale Gesundheit – 12/2003.

Petzold, Hilarion G. (2004h): Der „informierte Leib im Polylog" - ein integratives Leibkonzept für die nonverbale/verbale Kommunikation in der Psychotherapie. In: *Hermer, Matthias, Klinzing, Hans Gerhard* (Hg.) (2004): Nonverbale Kommunikation in der Psychotherapie. Tübingen: dgtv. 107–156.

Petzold, Hilarion G. (2005t): Homo migrans. Der „bewegte Mensch" – Frauen und Männer in Bewegung durch die Zeit. Transversale Überlegungen zur Anthropologie aus der Sicht Integrativer Therapie. Hommage an Simone de Beauvoir. www. FPI-Publikationen.de/materialien.htm – *POLYLOGE: Materialien aus der Europäischen Akademie für psychosoziale Gesundheit.* Eine Internet-Zeitschrift für „Integrative Therapie" – Jg. 2005. [08.01.2008].

Petzold, H. G. (2006h): Aggressionsnarrative, Ideologie und Friedensarbeit. Integrative Perspektiven. In: *Staemmler, F., Merten, R.* (2006): Aggression, Zivilcourage. Köln: Edition Humanistische Psychologie 39–72 und in: DGIK Mitgliederrundbrief 1 (2006) 75–99.

Petzold, Hilarion G., (2006i): Unrecht und Gerechtigkeit, Schuld und Schuldfähigkeit, Menschenwürde – der „Polylog" klinischer Philosophie zu Humanessentialien und vernachlässigten Themen in der Psychotherapie. (Updating von 2003d). Bei www. FPI-Publikationen.de/materialien.htm – POLYLOGE: Materialien aus der Europäischen Akademie für psychosoziale Gesundheit – 14/2006.

Petzold, Hilarion G. (2006j): Evolutionspsychologie und Menschenbilder – Neue Perspektiven für die Psychotherapie und eine Ökopsychosomatik, *Integrative Therapie* 1 (2006) 7–23.

Petzold, Hilarion G. (2006n): Für PatientInnen engagiert – Werte, Grundregeln, Ethikprinzipien für die Psychotherapie Schulenübergreifende, integrative Perspektiven. Hückeswagen: Europäische Akademie für Psychosoziale Gesundheit.

Petzold, Hilarion G. (2007a): Integrative Supervision, Meta-Consulting und Organisationsentwicklung. Wiesbaden: VS Verlag für Sozialwissenschaftenn. 2. erw. Aufl.

Petzold, Hilarion G. (2007c): Integrative Therapie Kompakt. Definitionen und Kondensate von Kernkonzepten der Integrativen Therapie – Materialien zu „Klinischer Wissenschaft" und „Sprachtheorie". http://www.FPI-Publikationen.de/materialien.htm-POLYLOGE: Materialien aus der Europäischen Akademie für psychozoziale Gesundheit. Eine Internet-Zeitschrift für „Integrative Therapie" – Jg. 2007. [08.01.2008]

Petzold, Hilarion G. (2008b): „Mentalisierung" an den Schnittflächen von Leiblichkeit, Gehirn, Sozialität: „Biopsychosoziale Kulturprozesse". Geschichtsbewusste Reflexionsarbeit zu „dunklen Zeiten" und zu „proaktivem Friedensstreben" – ein

Essay. Bei: www.FPI-Publikationen.de/materialien.htm – *POLYLOGE: Materialien aus der Europäischen Akademie für Psychosoziale Gesundheit* – 28/2008. Und in: *Thema. Pro Senectute* Österreich, Wien/Graz, Geschichtsbewusstsein und Friedensarbeit – eine intergenerationale Aufgabe. Festschrift für Prof. Dr. Erika Horn 54–200.

Petzold, Hilarion G.. (2009a): Evolutionäres Denken und Entwicklungsdynamiken im Feld der Psychotherapie – Integrative Beiträge durch inter- und transtheoretisches Konzeptualisieren. Hommage an Darwin. Bei www.FPI-publikationen.de/materialien.htm – *POLYLOGE: Materialien aus der Europäischen Akademie für psychosoziale Gesundheit* – Jg. 2009, auch erschienen in *Integrative Therapie* 4, 2008m, 356–396.

Petzold, Hilarion G. (2009c): Körper-Seele-Geist-Welt-Verhältnisse in der Integrativen Therapie. Der „Informierte Leib", das „psychophysische Problem" und die Praxis. *Psychologische Medizin* 1, 20–33.

Petzold, Hilarion G. (2009d): „Macht", „Supervisorenmacht" und „potentialorientiertes Engagement". Überlegungen zu vermiedenen Themen im Feld der Supervision und Therapie verbunden mit einem Plädoyer für eine Kultur „transversaler und säkular-melioristischer Verantwortung", bei www.FPI-publikationen.de/materialien.htm – *Supervision: Theorie – Praxis – Forschung. Eine interdisziplinäre Internet-Zeitschrift* – 4, 2009 [20.05.2009].

Petzold, Hilarion G. (2009n): Stigma – die dunkle Seite der Identität. Tagung: Identität in Beratung und Therapie, 05.06.2009 bis 06.06.2009. Donau Universität Krems. Polyloge: Textarchiv H. Petzold 2009.

Petzold, Hilarion G. (2010f): Sprache, Gemeinschaft, Leiblichkeit und Therapie" Materialien zu polylogischen Reflexionen, intertextuellen Collagierungen und melioristischer Kulturarbeit – Hermeneutica. Bei www.FPI-publikationen.de/materialien.htm – *POLYLOGE: Materialien aus der Europäischen Akademie für psychosoziale Gesundheit* – 7/2010.

Petzold, Hilarion G. (2010g): Integrativ-systemische Arbeit mit Familien. Integrativ-systemische Entwicklungs- und Netzwerktherapie. Integrative Therapie, Schwerpunktheft 3/2010. Wien: Krammer Verlag.

Petzold, Hilarion G. (2011b): „Identität" und Identätsarbeit in Psychotherapie und Humanwissenschaften. Wiesbaden: VS Verlag, in Vorber.

Petzold, Hilarion G., Ebert, Wolfgang, Sieper, Johanna (1999/2001): Kritische Diskurse und supervisorische Kultur. Supervision: Konzeptionen, Begriffe, Qualität. Probleme in der supervisorischen „Feldentwicklung" – transdisziplinäre, parrhesiastische und integrative Perspektiven. Düsseldorf/Hückeswagen: FPI/EAG. Erw. und überarbeitet 2001, in: Düsseldorf/Hückeswagen. Bei www. FPI-Publikationen.de/materialien.htm – SUPERVISION: Theorie – Praxis – Forschung. Eine interdisziplinäre Internet-Zeitschrift – 01/2001.

Petzold, Hilarion G., Engemann, Karla, Zachert, Dorothea (2003): Performanz und Supervision – Neue Wege effektiver Veränderung durch Performance Improvement und komplexes Lernen. Düsseldorf/Hückeswagen. Bei www.fpi-publikationen.de/supervision – SUPERvISION: Theorie – Praxis – Forschung. Eine interdisziplinäre Internet-Zeitschrift – 03/2003

Petzold, Hilarion G., Horn, Erika, Müller, Lotti (2010): HOCHALTRIGKEIT – Herausforderung für persönliche Lebensführung und biopsychosoziale Arbeit. Wiesbaden: VS Verlag.

Petzold, Hilarion G., Leitner, Anton, Orth-Petzold, Susanne, Sieper, Johann, Telsemeyer, Petra (2002): Mythos Supervision? – Zur Notwendigkeit von „konzeptkritischen" Untersuchungen im Hell- und Dunkelfeld zu Risiken, Nebenwirkungen und Rechtsverletzungen. Düsseldorf/Hückeswagen. Bei www. FPI-Publikationen.de/materialien.htm – In: *SUPERVISION: Theorie – Praxis – Forschung. Eine interdisziplinäre Internet-Zeitschrift* – 02/2004

Petzold, H. G., Michailowa, Natalija (2008a): Alexander Lurija – Neurowissenschaft und Psychotherapie. Integrative und biopsychosoziale Modelle. Wien: Krammer.

Petzold Hilarion G., Müller, Lotti, Horn, Erika, Leitner, Anton (2005): Der permanente Skandal – Gefährliche Pflege, sozialtoxische Kontexte, maligner Burnout. Verletzte Menschenwürde und dehumanisierende Heimsituationen – in Tirol und allüberall. Eine sozialwissenschaftliche und supervisorische Felderkundung. In: *Integrative Therapie* 1/2, 28–117 und in: *Petzold, Hilarion G., Müller, Lotti* (2005a): Supervision in der Altenarbeit, Pflege, Gerontotherapie: Brisante Themen – Konzepte – Praxis, Integrative Perspektiven. Paderborn: Junfermann.

Petzold, Hilarion G., Müller Lotti, König, Michael (2007): Supervision in österreichischen Altenheimen – eine Felderkundung. Hückeswagen: EAG:. Bei www. FPI-Publikationen.de/materialien.htm – *SUPERVISION: Theorie – Praxis – Forschung. Eine interdisziplinäre Internet-Zeitschrift* – 09/2008

Petzold, Hilarion G., Müller, Marianne (2005/2007): MODALITÄTEN DER RELATIONALITÄT – Affiliation, Reaktanz, Übertragung, Beziehung, Bindung – in einer „klinischen Sozialpsychologie" für die Integrative Supervision und Therapie. Hückeswagen: Europäische Akademie und in: *Petzold, H. G.*, Integrative Supervision, 2. Aufl. Wiesbaden: Verlag für Sozialwissenschaften. 2007a, 367–431.

Petzold, Hilarion G., Orth, Ilse (1999a): Die Mythen der Psychotherapie. Ideologien, Machtstrukturen und Wege kritischer Praxis. Paderborn: Junfermann.

Petzold, Hilarion G., Orth, Ilse (2004b): „Unterwegs zum Selbst" und zur „Weltbürgergesellschaft" – „Wegcharakter" und „Sinndimension" des menschlichen Lebens – Perspektiven Integrativer „Kulturarbeit" – Hommage an Kant, Europäische Akademie für Psychosoziale Gesundheit, Hückeswagen, mimeogr. Ergänzt in: *Petzold, Orth* (2005a) 689–791.

Petzold, Hilarion G., Orth, Ilse (2005a): Sinn, Sinnerfahrung, Lebenssinn in Psychologie und Psychotherapie. 2 Bände. Bielefeld: Edition Sirius beim Aisthesis Verlag.

Petzold, Hilarion G., Orth-Petzold, Susanne (2009): Probleme des Freudschen Paradigmas – „kritische Diskurse" mit der Psychoanalyse und ihrem Begründer als Aufgabe moderner „Kulturarbeit" – Überlegungen aus Integrativer Perspektive. In: *Petzold, Leitner* (2009) 261–308.

Petzold, Hilarion G., Orth-Petzold, Susanne, Ratz, Caroline (2011): DAS SUPERVISIONS-JOURNAL. Ein methodisches Konzept zur Sicherung und Entwicklung von Qualität in Supervision und klientenbezogener Arbeit Bei www. FPI-Publikationen.de/materialien.htm – SUPERVISION: Theorie – Praxis – Forschung. Eine interdisziplinäre Internet-Zeitschrift – Jg 2011.

Petzold, Hilarion G., Rodriguez-Petzold, Francisca (1996): Geht es nur um Schweigepflicht oder um praktische Ethik? Eine Stellungnahme und empirische Erkundung zur Weitergabe von Geheimnissen und zur Anonymisierung in der Supervision. *Organisationsberatung Supervision Clinical Management (OSC)* 3, 277–288. Erw. in *Familiendynamik* 3 (1997) 289–311 und *Petzold* 1998a, 191–211.

Petzold, Hilarion G., Scheiblich, Wolfgang, Lammel, Ute Antonia (2011): Integrative Suchttherapie. 3. Erw. Auflage von 2004. Wiesbaden: VS Verlag.

Petzold, Hilarion G., Schigl, Brigitte., Fischer, Martin, Höfner, Claudia (2003): Supervision auf dem Prüfstand. Wirksamkeit, Forschung, Anwendungsfelder, Innovation. Leske + Budrich, Opladen, VS Verlag Wiesbaden.

Petzold, Hilarion G., Sieper, Johanna (1993a): Integration und Kreation, 2 Bde. Paderborn: Junfermann.

Petzold, Hilarion G., Sieper, Johanna (1998): Einige Überlegungen zur geschlechtsspezifischen Betrachtung von Identitätsprozessen. In: *Petzold, Hilarion G.* (1998h) 265–299.

Petzold, Hilarion G., Sieper, Johanna (2003a) (Hg.): Wille und Wollen. Psychologische Modelle und Konzepte. 2 Bde. Göttingen: Vandenhoek & Ruprecht.

Petzold, Hilarion G., Sieper, Johanna (2008a): Der Wille, die Neurowissenschaften und die Psychotherapie. 2 Bände. Bielefeld: Sirius.

Petzold, Hilarion G., Sieper, Johanna (2008b): Integrative Soziotherapie – zwischen Sozialarbeit, Agogik und Psychotherapie. Zur Konnektivierung von Modellen der Hilfeleistung und Entwicklungsförderung für optimale Prozessbegleitung. Bei www.FPI-publikationen.de/materialien.htm – *POLYLOGE: Materialien aus der Europäischen Akademie für psychosoziale Gesundheit* – 25/2008.

Petzold, Hilarion G., Orth, Ilse, Sieper, Johanna (2010): Gewissensarbeit, Weisheitstherapie, geistiges Leben. Moderne Psychotherapie als wertegeleitete Praxis. Wien: Krammer Verlag (im Druck).

Petzold, Hilarion G., Sieper, Johanna (2011): Menschenliebe heilt. Altruismus und Engagement. Potentialorientierte Psychotherapie – Die Aktualität des HENRY DUNANT 1828–1910. Wien: Krammer

Petzold, Hilarion G., Sieper, Johanna, Orth-Petzold, Susanne (2011): Integrative Soziotherapie – zwischen Sozialarbeit, Agogik und Psychotherapie - Zur Konnektivierung von Modellen der Hilfeleistung und Entwicklungsförderung für optimale Prozessbegleitung. In: *Petzold, Hilarion G., Scheiblich, Wolfgang, Lammel, Ute Antonia* (2011): Integrative Suchttherapie. 3. Erw. Auflage von 2004. Wiesbaden: VS Verlag.

Petzold, Hilarion G., Wolff, Ulrich, Landgrebe, Brigit, Josić, Zorica, Steffan, Aangela (2000): Integrative Traumatherapie – Modelle und Konzepte für die Behandlung von Patienten mit „posttraumatischer Belastungsstörung". In: *van der Kolk, B., McFarlane, A., Weisaeth, L.*: Traumatic Stress. Erweiterte deutsche Ausgabe. Paderborn: Junfermann. 445–579.

Pfister, René (2007): Der neue Mensch. *In: Der Spiege* 1/2007

Pico della Mirandola, Giovanni (1990): De hominis dignitate/Über die Würde des Menschen, übers. *Norbert Baumgarten*. In: Philosophische Bibliothek, Band 427, Hamburg: Meiner; und (2009): übers. Gerd von der Gönna, Stuttgart: Reclam.

Pichler Marie-Anne Caroline (2010): Völkerstrafrechtliche Problematik der weiblichen Genitalverstümmelung: Voraussetzungen der Strafverfolgung in Österreich. Saarbrücken: VDM Verlag Dr. Müller.

Pieper, Marianne, Gutiérrez Rodriguez Encarnación (2003): Gouvernementalität. Ein Sozialwissenschaftliches Konzept im Anschluss an Foucault. Frankfurt/New York: Campus.

Prengel, Annedore (2004): Zwischen Gender-Gesichtspunkten gleiten – Perspektivitätstheoretische Beiträge. In: Glaser, Edith/Klika, Dorle/Prengel, Annedore (Hg.): Handbuch Gender und Erziehungswissenschaft. Bad Heilbrunn/Obb.: Verlag Julius Klinkhardt. 90–101.

Pühl, Harald (1999): Supervision und Organisationsentwicklung. Opladen: Leske + Budrich. 2. Auflage.

Pufendorf, Samuel (1672): De iure naturae et gentium libri octo; deutsch:mAcht Bücher vom Natur- und Völcker-Rechte. Franckfurt a.M 1711. Nachdruck: Hildesheim: Olms 2001.

Putzke, Holm (2008): Die strafrechtliche Relevanz der Beschneidung von Knaben. Zugleich ein Beitrag über die Grenzen der Einwilligung in Fällen der Personensorge, in: *Holm Putzke* et al. (Hg.): Strafrecht zwischen System und Telos, Festschrift für Rolf Dietrich Herzberg zum siebzigsten Geburtstag am 14. Februar 2008, Tübingen: Mohr Siebeck, 669–709

Rafferty, Edward Charles (2003): Apostle of Human Progress. Lester Frank Ward and American Political Thought,1841/1913. Lanham: Rowman & Littlefield.

Ramachandran, Vilayanu, S. (2000): Mirror Neurons and imitation learning as the driving force behind „the great leap forward" in human evolution *Edge* 6.1.2000, http://www.edge.org/3rd_culture/ramachandran/ramachandran_index.html

Rank, Otto (1932): Art and Artist: Creative Urge and Personality Development. New York: Alfred A. Knopf,, 1932.

Räthzel Nora (2008): Rassismustheorien: Geschlechterverhältnisse und Feminismus. In: *Becker Ruth, Kortendiek Beate* (Hg.): Handbuch Frauen- und Geschlechterforschung. Theorie, Methoden, Empirie. Wiesbaden: VS Verlag für Sozialwissenschaften, 2., erweiterte und aktualisierte Auflage, 276–284.

Rawls, John (1975): Eine Theorie der Gerechtigkeit. Frankfurt a.M.: Suhrkamp.

Reichel, René (2005): Beratung Psychotherapie Supervision. Einführung in die psychosoziale Beratungslandschaft. Wien: facultas Verlag.

Rendtorff, Barbara (1998): Geschlecht und différance. Die Sexuierung des Wissens. Eine Einführung, Königstein: Ulrike Helmer Verlag.

Rendtorff, Barbara (2003): Kindheit, Jugend und Geschlecht. Entwicklungspsychologie der Geschlechtsidentität. Weinheim: Beltz-Taschenbuch.

Rendtorff, Barbara (2004): Theorien der Differenz – Anregungen aus Philosophie und Psychoanalyse. In: *Glaser, Edith, Klika, Dorle, Prengel, Annedore* (Hg.): Handbuch Gender und Erziehungswissenschaft. Bad Heilbrunn/Obb.: Verlag Julius Klinkhardt. 102–112.

Renner, Andreas (1999): Neoliberalismus – Versuch einer Begriffsklärung. In: *Bührer, Walter* (1999): Die Schweiz unter Globalisierungsdruck. Aarau: Sauerländer.

Rich, Adrienne (1983): Zwangsheterosexualität und lesbische Existenz. In: *Schultz, Dagmar* (Hg.): Macht und Sinnlichkeit. Berlin: Sub Rosa Frauenverlag. 138–169.

Richerson, Peter J., Boyd, Robert (2005): Not by genes alone. How culture transformed human evolution. Chicago: University of Chicago Press.

Ricœur, Paul (1983): Temps et récit. Vol. I; (1984) Vol. II: La configuration dans le récit de fiction; (1985) Vol. III: Le temps raconté. Paris: Gallimard; dt.: (1988) Zeit und Erzählung. Band I: Zeit und historische Erzählung; (1989): Zeit und Erzählung. Band II: Zeit und literarische Erzählung; (1991): Zeit und Erzählung. Band III: Die erzählte Zeit. München-Freiburg: Wilhelm Fink.

Ricœur, Paul (1985): Irrationality and the plurality of philosophical systems. *Dialectica* 4, 297–319.

Ricœur, Paul (1990a): Soi-même comme un autre. Paris: Seuil ; dt. (1996): Das Selbst als ein Anderer. München: Wihelm Fink.

Ricœur, Paul (1990b): Liebe und Gerechtigkeit. Tübingen: Mohr.

Ricœur, Paul (2000): La mémoire, l'histoire, l'oubli. Paris: Seuil; dt. (2004): Gedächtnis, Geschichte, Vergessen München: Fink.

Ricœur, Paul (2007a): Reflections on the Just, übers. *David Pellauer*. Chicago: University of Chicago Press.

Ricœur, Paul (2007b): Der Unterschied zwischen dem Normalen und dem Pathologischen als Quelle des Respekts. In: *Sieper, Orth, Schuch* (2007) 259 270.

Ricœur, Paul (2009): Ricoeur across the Disciplines. London: Continuum.

Riedel, Wolfgang (1985): Die Anthropologie des jungen Schiller. Zur Ideengeschichte der medizinischen Schriften und der ‚Philosophischen Briefe'. Würzburg: Königshausen und Neumann.

Riedel, Wolfgang (2006): Die anthropologische Wende: Schillers Modernität. In: *Hinderer Walter*, (Hg.): Friedrich Schiller und der Weg in die Moderne. Würzburg: Königshausen & Neumann, 143–163

Rieder, Anita, Lohff, Brigitte (2008): Gender Medizin. Geschlechtsspezifische Aspekte für die klinische Praxis. Wien: Springer.

Riedl, Rupert (1980): Biologie der Erkenntnis. Die Stammesgeschichtlichen Grundlagen der Vernunft. Berlin/Hamburg: Parey.

Rizzolatti, Giaccomo et al. (1996): Premotor cortex and the recognition of motor actions. *Cognitive Brain Research* 3, 131–141

Rizzolatti, Giaccomo (2008). Empathie und Spiegelneurone: die biologische Basis des Mitgefühls. Frankfurt: Suhrkamp.

Rizzolatti, Giaccomo, Sinigaglia, Corrado (2008): Mirrors in the Brain. How We Share our Actions and Emotions. Oxford: Oxford University Press.

Roberts, Albert R. (2007): Battered Women and their Families: Intervention Strategies and Treatment Programs (3rd ed.). New York: Springer.

Röhl, Bettina (2005a): Die Sex-Mythen des Feminismus. *Cicero* April 2005. http://www.cicero.de/97.php?ress_id=7&item=549

Röhl, Bettina (2005b): Der Sündenfall der Alice Schwarzer? Das schreckliche Schicksal der Zwillingsbrüder Reimer, *Cicero*, 31. März 2005. http://www.cicero.de/97.php?ress_id=7&item=581

Rose, Nikolas (1999): Powers of Freedom. Reframing Political Thought, Cambridge, Cambridge University Press.

Rothardt, Dieter (2005): Gender-Inszenierungen in der Supervision. Supervision. Mensch Arbeit Organisation. *Gender-Perspektiven*. 2, 7–42.

Roughgarden, Joan (2004): Evolution's Rainbow: Diversity, Gender, and Sexuality in Nature and People. Berkeley: University of California Press.

Rouvière, Jean-Marc (2009): Adam ou l'innocence en personne. Paris: Edition L'Harmattan.

Sabeti, Pardis C., Varilly, Patrick, Fry, Ben et al. (2007): Genome-wide detection and characterization of positive selection in human populations. *Nature* 449, 913–918.

Sanford, Victoria (2008): The Blood of Guatemala – A History of Race and Nation. *American Ethnologist*, 4, 949–950.

Saussure, Ferdinand de (1967): Grundfragen der allgemeinen Sprachwissenschaft. Berlin: de Gruyter Verlag, 2. Aufl. Erstveröffentlichung im französischen Original 1949.

Scarr, Sandra (1985): Constructing psychology: Making facts and fables for our times. *American Psychologist* 40, 499–512.

Scheffler, Sabine (1986): Feministische Therapie. *Beiträge zur feministischen Theorie und Praxis*. 17, 25–40.

Scheffler, Sabine (2000): Supervision und Geschlecht – Kritische Anmerkungen aus sozialpsychologischer Sicht. In: *Pühl, Harald* (Hg.): Supervision und Organisationsentwicklung. Opladen: Leske + Budrich. 2. Aufl., 181–195.

Scheffler, Sabine (2003): Vorwort 2. In: *Freytag, Gabriele*: Von der Avantgarde zur Fachfrau. Identitätskonstruktionen feministischer Therapeutinnen. Heidelberg: Asanger. 4–6.

Scheffler, Sabine (2004): Frauengemäße Psychotherapie. In: *Beckermann, Maria* (Hg): Handbuch für Gynäkologie. Basel: Schwabe. 2059–2068.

Scheffler, Sabine (2008): Psychologie: Arbeitsergebnisse und kritische Sichtweisen psychologischer Geschlechterforschung. In: *Becker, Ruth, Kortendiek, Beate* (Hg.): Handbuch Frauen- und Geschlechterforschung. Theorie, Methoden, Empirie. Wiesbaden: VS Verlag für Sozialwissenschaften. 2., erweiterte und aktualisierte Auflage. 651–659.

Scheffler, Sabine (2007): Kritische Anmerkungen zur Traumaforschung aus der Geschlechterperspektive. *Zeitschrift für Frauenforschung & Geschlechterstudien* 2, 75–83.

Scheller, Gitta, Tessin, Wulf (2000): Stadt und soziale Ungleichheit. Opladen: Leske + Budrich Verlag.

Schigl, Brigitte (1992): Psychotherapeutische Intervention. In: *Benetka, Gerhard et al.* (Hg.): Gegen-Teile, Wien: Profil Verlag S 264–268.

Schigl, Brigitte (1999): Frauen-Leben auf dem Land: Psychosoziale Bedingungen einer Lebenswelt, Aspekte von Psychotherapie und Beratung. In: *Lesnik, Maria; Vyslouzil, Monika* (Hg.): Frauen-Sozialarbeit im Ländlichen Raum. St Pölten: Sozaktiv Vlg. S 119–146.

Schigl, Brigitte (2006): „Doing gender by doing therapy" Überlegungen zu einer gendersensiblen Gestalttherapie. *Gestalttherapie. Forum für Gestaltperspektiven*. 20/2, 97–107.

Schigl, Brigitte (2007): „Geschlechtskrankheiten – Geschlechtsgesundheiten": Gendertypische Konstruktionen von Gesundheit und Krankheit. *Integrative Therapie* 3, 299–322.

Schigl, Brigitte (2010a): Frauenspezifische/Feministische Arbeit mit integrativer Gestalttherapie. In: *Frauen beraten Frauen* (Hg.): In Anerkennung der Differenz. Feministische Beratung und Psychotherapie. Gießen: Psychosozial Verlag. S 135–146.

Schigl, Brigitte (2010b): Psychotherapie – Emanzipation oder Anpassung? Eine Betrachtung am Beispiel der Feminismus- und Genderdiskurse. *Gestalt und Integration* Nr. 69, 4–14.

Schigl, Brigitte (2011): Doing gender in der therapeutischen Beziehung: Welche Rolle spielt Geschlechtszugehörigkeit im therapeutischen Prozess? Eine Erkundung. Donau Universität Krems. Department für Psychotherapie u. Psychosoziale Gesundheit.

Schigl, Brigitte, Petzold, Hilarion G. (1997): Evaluation einer Ausbildung in Integrativer Supervision mit Vertiefungsschwerpunkt für den klinisch-geriatrischem Bereich – ein begleitendes Forschungsprojekt. *Integrative Therapie* ½, 85–145.

Schiller, Friedrich (1997): Über Anmut und Würde. Sämtliche Werke; Bd. 5 Philosophische Schriften, Vermischte Schriften. Düsseldorf: Artemis & Winkler; auch (2006): Kallias oder über die Schönheit. Über Anmut und Würde. Stuttgart: Reclam.

Schiller, Friedrich (2000): Über die ästhetische Erziehung des Menschen in einer Reihe von Briefen. Hg. *Berghahn, Klaus L.* Stuttgart: Reclam, 2000.

Schirrmacher, Christine; Spuler-Stegemann, Ursula (2004): Frauen und die Scharia. Die Menschenrechte im Islam. Kreuzlingen: Hugendubel.

Schlotter, Hans-Günther (1997): Ordnungspolitik an der Schwelle des 21. Jahrhunderts. Baden-Baden: Nomos Verlagsgesellschaft.

Schmid-Grether, Susanne (1997): Jesus der Jude oder warum Nikodemus bei Nacht kam: Neutestamentliche Texte auf dem jüdischen Hintergrund neu gelesen und verstanden. Wetzikon: JCFV.

Schmidt, Thorsten Ingo (2005): Samuel von Pufendorf – Wegbereiter des Gleichheitssatzes? – Zwischen Menschenwürde und Staatsklugheit. *Zeitschrift für Rechtsphilosophie*, Jg. 2005, 111–115

Scholz, Sebastian (2006): Vision revisited. Foucault und das Sichtbare. http://www.ruhr-uni-bochum.de/genderstudies/kulturundgeschlecht/pdf/Scholz_Beitrag.pdf

Scholz, Rembrandt (2010): Zur Dynamik der Bevölkerungsentwicklung im höchsten Alter. In: *Petzold, Hilkarion. G., Horn, Erica, Müller, Lotti* (2010): HOCHALTRIGKEIT – Herausforderung für persönliche Lebensführung und biopsychosoziale Arbeit. Wiesbaden: VS Verlag, 23–36.

Schölzhorn, Martin (2009): Differentielle Arbeit mit Missbrauchs- und Gewalttätern im Kontext der Kinderschutzarbeit – Perspektiven Integrativer Therapie *Polyloge* Ausgabe 31/2009. http://www.fpi-publikation.de/downloads/download-polyloge/download-nr-31-2009-schoelzhorn-martin.html

Schrage, Dominik (1999): Was ist ein Diskurs? Zu Michel Foucaults Versprechen, „mehr" ans Licht zu bringen. In: *Bublitz* et al. (1999) 63–74

Schreyögg, Astrid (2004): Supervision – ein integratives Modell, Lehrbuch zu Theorie und Praxis, 4. Aufl. Wiesbaden: VS Verlag.

Schreyögg, Astrid (2006): Die Bedeutung von Coaching für die Identitätsentwicklung von Führungskräften, *Organisationsentwicklung, Supervision, Coaching* OSC 2, 127–139.

Schreyögg, Friedel (1998): Zum Einfluß von Geschlechtsrollenstereotypen auf die Beurteilung der Arbeitsleistung. *OSC Organisationsberatung Supervision Clinical Management*, 1, 27–46.

Schröder, Hannelore (2000): Menschenrechte für weibliche Menschen. Aachen: ein-fach-verlag.

Schubert, Björn Gerd (2003): Affirmative Action und Reverse Discrimination: Zur Problematik von Frauenquoten im öffentlichen Dienst am Beispiel der Bundesrepublik Deutschland unter Einbeziehung des Rechts der Europäischen Gemeinschaft, der Vereinigten Staaten von Amerika und der Republik Südafrika. Baden-Baden: Nomos.

Schu, Sabine (2008): Wie groß ist die genetische Varianz bei Menschen? Was der Haplotyp über die menschliche Evolution verrät. http://evilunderthesun.blogspot.com/2008/02/wie-gro-ist-die-genetische-varianz-bei.html#Mechanisms

Schultheiss, Oliver C., Wirth, Michelle M. et al. (2005): Effects fo implicit power motivation on men's and woman's implicit learning and testosterone changes after social victory or defeat. *Journal of Personality and Social Psychcology* 2, 174–188.

Schultz, Dagmar (Hg.) (1981): Macht und Sinnlichkeit. Berlin: Sub Rosa Frauenverlag.

Schwager, Raymund (2004): Erbsünde und Heilsdrama. Im Kontext von Evolution, Gentechnologie und Apokalyptik (Beiträge zur mimetischen Theorie 4). Münster: LIT-Verlag.

Schwarzer, Alice (1975): Der kleine Unterschied und seine großen Folgen: Frauen über sich – Beginn einer Befreiung. Frankfurt/M.: Fischer.

Schwinn, Thomas (2007): Soziale Ungleichheit, Bielefeld: transcript.

Scott, Clifford H. (1976): Lester Frank Ward,Boston: Twayne Publishers.

Seifert, Helmut, Radnitzky, Gerard (Hg.) (1994): Handlexikon zur Wissenschaftstheorie. München: dtv – Deutscher Taschenbuch Verlag, 2. Auflage.

Seith, Corinna (2003): Öffentliche Interventionen gegen häusliche Gewalt. Zur Rolle von Polizei, Sozialdienst und Frauenhäusern. Frankfurt, New York: Campus Verlag.

Sen, Amartya Kumar (1999): Development as Freedom. New York: Alfred A. Knopf.

Sennett, Richard (2004): Respekt im Zeitalter der Ungleichheit. Berlin: Berliner Taschenbuch Verlag.

Shamay-Tsoory, Simone, G. (2009): Empathic processing: Its cognitive and affective dimensions and neuroanatomical basis. In: *Decety, Ickes* (2009) 215–232.

Shankle, Michael D. (2006): *The Handbook of Lesbian, Gay, Bisexual, and Transgender Public Health: A Practitioner's Guide To Service.* New York: Haworth Press.

Shchtyttsova, Tatiana (2002): Das menschliche Ereignis in der Philosophie von M. Bachtin. „Issues Confronting the Post-European World" Conference Prague, November 2002. http://www.o-p-o.net/essays/ShchyttsovaArticle.pdf.

Shchtyttsova, Tatiana (2006): Ereignis und Differenz. Einführung in die Philosophie Bachtins." In: *Staudigl, Michael, Trinks, Jürgen* (2006): Ereignis und Affektivität. Zur Phänomenologie des sich bildenden Sinnes. Wien: Turia & Kant, 71–84.

Shklar, Judith Nisse (1984): Ordinary Vices. Cambridge: Harvard University Press.

Shklar, Judith Nisse (1990): The Faces of Injustice. New Haven and London: Yale University Press.

Shklar, Judith Nisse (1991): American Citizenship: The Quest for Inclusion. Cambridge: Harvard University Press.

Sieper, Johanna (2006): „Transversale Integration": Ein Kernkonzept der Integrativen Therapie – Einladung zu ko-respondierendem Diskurs. *Integrative Therapie,* Heft 3/4 (2006) 393–467 und erg. in: *Sieper, Orth, Schuch* (2007) 393–467.

Sieper, Johanna (2007): Integrative Therapie als „Life Span Developmental Therapy" und „klinische Entwicklungspsychologie der Bezogenheit" mit Säuglingen, Kindern,

Adoleszenten, Erwachsenen und alten Menschen, *Gestalt & Integration*, Teil I 60, 14–21, Teil II 61 (2008) 11–21. Update 2011, in: . Bei www. FPI-Publikationen. de/materialien.htm – *POLYLOGE: Materialien aus der Europäischen Akademie für Psychosoziale Gesundheit* – Jg. 2011

Sieper, Johanna, Orth, Ilse, Schuch, H. Waldemar (2007): Neue Wege Integrativer Therapie. Klinische Wissenschaft, Humantherapie, Kulturarbeit – Polyloge – 40 Jahre Integrative Therapie, 25 Jahre EAG – Festschrift für Hilarion G. Petzold. Bielefeld: Edition Sirius im Aisthesis Verlag.

Sieper, Johanna, Petzold, Hilarion G. (2002): Der Begriff des „Komplexen Lernens" und seine neurowissenschaftlichen und psychologischen Grundlagen – Dimensionen eines „behavioralen Paradigmas" in der Integrativen Therapie. Lernen und Performanzorientierung, Behaviourdrama, Imaginationstechniken und Transfertraining. Düsseldorf/Hückeswagen, bei www. FPI-Publikationen.de/materialien.htm – *POLYLOGE: Materialien aus der Europäischen Akademie für psychosoziale Gesundheit* – 10/2002 und gekürzt in *Leitner, A.* (2003): Entwicklungsdynamiken der Psychotherapie. Wien: Kramer, Edition Donau-Universität. 183–251.

Sieper, Johanna, Orth, Ilse, Petzold, Hilarion G. (2010): Warum die „Sorge um Integrität" uns in der Integrativen Therapie wichtig ist – Überlegungen zu Humanität, Menschenwürde und Tugend in der Psychotherapie. In: *Petzold, Hilarion G., Orth, Ilse Sieper, Johanna* (2010): Gewissensarbeit, Weisheitstherapie, geistiges Leben. Moderne Psychotherapie als wertegeleitete Praxis. Wien: Krammer, 367–460.

Sieper, Johanna, Petzold, Hilarion G. (2011): Soziotherapie/Sozialtherapie – ein unverzichtbares Instrument gegen soziale Exklusion und für die psychosoziale Hilfeleistung in „prekären Lebenslagen". Bei www.FPI-publikationen.de/materialien. htm – *POLYLOGE: Materialien aus der Europäischen Akademie für psychosoziale Gesundheit* – Jg. 2011.

Silhol, Léa (2001): Lilith et ses sœurs. Paris: Éditions de l'Oxymore.

Sigusch, Volkmar (1992): Geschlechtswechsel. Hamburg: Klein.

Siltanen, Janet, Doucet, Andrea (2008) Gender Relations in Canada: Intersectionality and Beyond. Toronto: Oxford University Press.

Skaine, Rosemarie (1999): Women at War: Gender Issues of Americans in Combat. Jefferson, NC: McFarland.

Sloterdijk, Peter (2009): Du mußt dein Leben ändern. Über echnik. Frankfurt a.M.: Suhrkamp Verlag.

Smith, Winnie (1994): American Daughter Gone to War: On the Front Lines with an Army Nurse in Vietnam. New York: Pocket Books.

Smykalla, Sandra (2000): Theorie als politische Praxis – eine Gratwanderung zwischen Geschlechterdifferenz, Chancengleichheit und Dekonstruktion. In: *Lemmermöhle, Doris, Fischer, Dietlind, Klika, Dorle, Schlüter, Anne* (Hg.): Lesarten des Geschlechts. Zur De-Konstruktionsdebatte in der erziehungswissenschaftlichen Geschlechterforschung. Opladen: Leske + Budrich. 268–279.

Sokal, Alan D. (1996): Konstruktivismus und Naturerkenntnis. Auf dem Weg zum Kulturalismus Frankfurt: Suhrkamp.

Sokal, Alan D. (2010): Beyond the Hoax: Science, Philosophy, and Culture. New York: Oxford University Press.

Sokal, Alan David, Bricmont Jean (1999): Eleganter Unsinn. Wie die Denker der Postmoderne die Wissenschaften missbrauchten. München: C. H. Beck.
Sokal, Alan David, Bricmont, Jean, Hochstedt, Barbara (2005): Pseudosciences et postmodernisme. Paris: Odile Jacob.
Sørensen, Annemette, Petzold, Hilarion G. (2009): Stigma und sexuelle Gewalt. Bei www. FPI-Publikationen.de/materialien.htm – Supervision: Theorie – Praxis – Forschung. Eine interdisziplinäre Internet-Zeitschrift – 10/2009.
Spilles, Georg, Weidig, Ulf (2005): Überlegungen zu männerspezifischen Behandlungsansätzen in der Suchtkrankenhilfe am Beispiel der Ambulanten Rehabilitation Sucht (ARS) unter besonderer Berücksichtigung des Modells der Integrativen Therapie. Bei *www. FPI-Publikationen.de/materialien.htm – POLYLOGE: Materialien aus der Europäischen Akademie für psychosoziale Gesundheit.* Eine Internet-Zeitschrift für „Integrative Therapie" – 10, 2005. http://www.fpi-publikation.de/images/stories/downloads/polyloge/SpillesWeidigPolyloge-10-2005.pdf
Staemmler, F.-M. (2009): Das Geheimnis des Anderen – Empathie in der Psychotherapie. Stuttgart: Klett-Cotta.
Stamenov, Maxim, Gallese Viktorio (2002). Mirror Neurons and the Evolution of Brain and Language. New York, Amsterdam: John Benjamins.
STATISTIK AUSTRIA (2009): Arbeitsmarktstatistik. Jahresergebnisse 2008. Mikrozensus-Arbeitskräfteerhebung. Wien: Statistik Austria.
Stämpfli, Regula (2003): Vom Stummbürger zum Stimmbürger. Ein ABC der Schweizer Politik. Zürich: Orell Füssli.
Stanley, Kevin, Heesacker, Martin, Perrin, Paul, Graf, Kelley (2010): Putting Face to Sexism: Gender Stereotyping inin Interpreting Emotionality from Facial Rxpressions, in: *Freitas-Magalhäes* (2010) 147–169.
Steffan, Angela, Petzold, Hilarion G. (2001b): Das Verhältnis von Theorie, Forschung und Qualitätsentwicklung in der Integrativen Therapie.(Charta-Colloquium IV). Integrative Therapie 1, 63–104 und in: *Leitner, Anton* (2001): Strukturen der Psychotherapie. Wien: Krammer Verlag. 447–491.
Steinberg, Holger (2005): Als ob ich zu einer steinernen Wand spräche. Der Nervenarzt Paul Julius Möbius. Eine Werkbiografie. Bern: Huber.
Stiegler, Barbara (2000): Wie Gender in den Mainstream kommt: Konzepte, Argumente und Praxisbeispiele zur EU-Strategie des Gender Mainstreaming. Bonn: Friedrich Ebert Stiftung.
Stockhammer, Engelbert (2010): Was ist Neoliberalismus? In: *Ötsch, Walter Otto, Hirte, Katrin, Nordmann, Jürgen* (2010): Krise! Welche Krise? Kritische Studien zu Markt und Gesellschaft – Band 3. Marburg: Metropolis.
Stoller, Robert (1968): Sex and Gender: On the Development of Masculinity and Femininity. New York: Science House.
Stone, Valerie, E. (2007): An evolutionary perspective on domain specificity in social intelligence. In: *Harmon-Jones, Winkielman* (2007) 316–349.
Stratigaki, Maria (2005): Gender Mainstreaming vs Positive Action. An Ongoing Conflict in EU Gender Equality Policy, *European Journal of Women's Studies* 2, 65–186.
Striedlmeyer, Erika (2003): Der Andere in der Ethik therapeutischen Handelns. Denkanstöße von Moreno und Lévinas für die Integrative Therapie. In: Graduierungsarbeiten zur „Integrativen Therapie" und ihren Methoden. Aus der Europäischen

Akademie für psychosoziale Gesundheit und dem „Fritz Perls Institut für Integrative Therapie" 05/2003

Strunk, Guido, Hermann, Anett, Praschak, Susanne (2005): Eine Frau muss ein Mann sein, um Karriere zu machen. In: *Mayerhofer, Wolfgang, Meyer, Michael, Steyrer, Johannes* (Hg.): Macht?Erfolg?Reich?Glücklich? Wien: Linde international, 211–242

Stuber, Michael (2004): Diversity. Das Potenzial von Vielfalt nutzen – den Erfolg durch Offenheit steigern. München, Unterschleißheim: Luchterhand.

Sun Tsu (1989): Über die Kriegskunst, Übersetzung Klaus Leibnitz, Karlsruhe: Info Verlag.

Swanton, Helga (2010): Die Bedeutung von Biographie in der Integrativen Supervision. Supervision 10/2010. http://www.fpi-publikation.de/supervision/alle-ausgaben/10-2010-swanton-helga-die-bedeutung-von-biographie-in-der-integrativen-supervision.html

Szymanski, Dawn M., Gupta, Arpana (2009): Examining the Relationship Between Multiple Internalized Oppressions and African American Lesbian, Gay, Bisexual, and Questioning Persons' Self-Esteem and Psychological Distress. *Journal of Gay & Lesbian Social Services*, 21, 267–281 und *Journal of Counseling Psychology*, 1, 110–118.

Tajfel, Henry (1982): Social identity and intergroup relations. Cambridge, Engl.: Cambridge University Press.

Taylor, Sandra C. (1999): Vietnamese Women at War: Fighting for Ho Chi Minh and the Revolution. Lawrence, KS: University Press of Kansas

Teegen, Frauke, Handwerk, Ute (2006): Deutsche Frontkrankenschwestern im II. Weltkrieg. *Zeitschrift für Gerontopsychologie & -psychiatrie* 3, 127–138.

Thelen, Esther, Smith, Linda B. (1994): A Dynamic Systems Approach to the Development of Cognition and Action. Cambridge, Mass.: MIT Press.

Thürmer-Rohr, Christina (1995): Denken der Differenz. Feminismus und Postmoderne. *Beiträge zur feministischen Theorie und Praxis* 18, 87–97.

Thürmer-Rohr, Christina (2008): Mittäterschaft von Frauen: Die Komplizenschaft mit der Unterdrückung. In: *Becker, Ruth, Kortendiek, Beate* (Hg.): Handbuch Frauen- und Geschlechterforschung. Theorie, Methoden, Empirie. Wiesbaden: VS Verlag für Sozialwissenschaften. 2., erweiterte und aktualisierte Auflage. 88–93.

Tiedemann, Paul (2006): Was ist Menschenwürde? Eine Einführung. Darmstadt: Wiss. Buchgesellschaft.

Tomasello, Michael (2009): Die Ursprünge der menschlichen Kommunikation. Frankfurt: Suhrkamp.

Tomasello, Michael (2010): Warum wir kooperieren. Berlin: Suhrkamp.

Toprak, Ahmet (2005): Das schwache Geschlecht – Die türkischen Männer. Zwangsheirat, häusliche Gewalt, Doppelmoral der Ehre. Freiburg: Lambertus

Torrent, Sophie (2003): L'Homme battu, un tabou au cœur du tabou. Québec: Option Santé.

Toussaint, Stéphane (2010): Giovanni Pico della Mirandola (1463–1494). The Synthetic Reconciliation of All Philosophies. In: *Paul Richard Blum*: Philosophers of the Renaissance. Washington: Catholic University of America Press.

Tryfonidou, Alina (2009): Reverse discrimination in EC law. Dordrecht: Kluwer.

Tuana, Nancy (1994): Feminist Interpretations of Plato. University Park, Pa.: Pennsylvania State University Press.

Tyler, Kimberly A., Beal, Morgan R. (2010): High-Risk Environment of Homeless Young Adults: Consequences for Physical and Sexual Victimization. *Violence and Victims* 1,. 101–115.

Uchino, Bert, N., Holt-Lunstad, Julianne, Uno, Darcy, Campo, Rebecca, Reblin, Maria (2007): The social neuroscience of relationships: An examination of health-relevant pathways. In: *Harmon-Jones, Winkielman* (2007) 474–492.

Varela, Francisco J., Thompson, Evan, Rosch, Eleanor (1995): Der mittlere Weg der.Erkenntnis. Der Brückenschlag zwischen wissenschaftlicher Theorie und menschlicher Erfahrung. München: Goldmann.

Verloo, Mieke (2006): Multiple Inequalities, Intersectionality and the European Union. *European Journal of Women's Studies* 13, 211–228

Villa, Paula-Irene (1999): Sexy Bodies. Eine soziologische Reise durch den Geschlechtskörper. Opladen: Leske + Budrich.

Villa, Paula-Irene (2003): Judith Butler. Campus Einführungen. Frankfurt, New York: Campus Verlag.

Villa, Paula-Irene (2008): (De)Konstruktion und Diskurs-Genealogie: Zur Position und Rezeption von Judith Butler. In: *Becker, Ruth, Kortendiek, Beate* (Hg.): Handbuch Frauen- und Geschlechterforschung. Theorie, Methoden, Empirie. Wiesbaden: VS Verlag für Sozialwissenschaften. 2., erweiterte und aktualisierte Auflage. 146–158.

Vollmer, Gerhard (1975): Evolutionäre Erkenntnistheorie. Stuttgart: Hirzel, 8.Aufl. 2002.

Vygotskij, Lev Semenovic (1931/1992): Geschichte der höheren psychischen Funktionen. Reihe: Fortschritte der Psychologie. Band 5. Hamburg, Münster: Lit Verlag.

Vygotskij, Lev Semenovic (1978): Mind in Society: The Development of Higher Psychological Processes. Cambridge: Harvard University Press.

Vygotskij, Lev Semenovic (2002): Denken und Sprechen. Weinheim: Beltz.

Vygotskij, Lev Semenovic, Lurija, Alexander Romanowitsch (1930): Etjudy po istorii povedenija. (Obez'jana. Primitiv. Rebjonok) [Studien über die Geschichte des Verhaltens. (Der Menschenaffe. Der Primitive. Das Kind)]. Moskau/Leningrad. Übers.: *Lurija, A. R., Vygotskij, L. S.* (1992): Ape, Primitive Man and Child. Essays in the History of Behavior. Hemel Hempstead: Harvester Wheatsheaf.

Waibel, Martin J., Petzold, Hilarion G. (2007): Mobbing und Integrative Supervision -Materialien, Modelle, Perspektiven und eine Befragung zu Mobbingberatung und Supervision. Bei www. FPI-Publikationen.de/materialien.htm – SUPERVISION: Theorie – Praxis – Forschung. Eine interdisziplinäre Internet-Zeitschrift – 09/2007

Waldenfels, Bernhard (1986): Verstreute Vernunft. Zur Philosophie von Michel Foucault. *Phänomenologische Forschungen* 18, 30–50.

Walenta, Christa, Kirchler, Erich (2005): Kapitel IV: Führung. In: *Kirchler, Erich* (Hg.): Arbeits- und Organisationspsychologie. Wien: facultas. wuv.

Wallau, Philipp (2010): *Die Menschenwürde in der Grundrechtsordnung der Europäischen Union.* Göttingen: Vandenhoeck & Ruprecht.

Ward, Lester F. (1888): Our Better Halves, *Forum 6* (November) 266–275.

Ward, Lester F. (1903): Pure Sociology. A Treatise on the Origin and Spontaneous Development of Society, Boston: Ginn & Co; dtsch. (1907–1909): Reine Soziologie. Eine Abhandlung über den Ursprung und die spontane Entwicklung der Gesellschaft. Übers. v. J. v. Unger. 2 Bde. Innsbruck: Wagner

Warren, Mary A. (1985): Gendercide: The Implications of Sex Selection. Lanham: Rowman & Littlefield.
Watson, Jeanne, C., Greenberg, Leslie, S. (2009): Empathic resonance: A neuroscience perspective. In: *Decety, Ickes* (2009) 125–138.
Weber, Max (1976): Wirtschaft und Gesellschaft, 1. Halbband. Tübingen: Mohr.
Wedgwood, Nikki, Connell, Robert W. (2008): Männlichkeitsforschung: Männer und Männlichkeiten im internationalen Forschungskontext. In: *Becker, Ruth, Kortendiek, Beate* (Hg.): Handbuch Frauen- und Geschlechterforschung. Theorie, Methoden, Empirie. Wiesbaden: VS Verlag für Sozialwissenschaften. 2., erweiterte und aktualisierte Auflage. 116–125.
Weinkauf, Wolfgang (2001): Die Philosophie der Stoa, Ausgewählte Texte. Stuttgart: Reclam.
West, Candace, Zimmerman, Don H. (1987): Doing Gender. *Gender & Society.* 1, 125–151.
West, Candace, Zimmerman, Don H. (1991): Doing Gender. In: *Lorber, Judith, Farrell, Susan A.* (Hg.): The Social Construction of Gender. Newbury Park, London, New Delhi: Sage, 13–37.
Wester, Stephen R., Vogel, David. L., Pressly, Page K., Heesacker, Martin (2002): Sex differences in emotion: A critical review of the literature and implications for counseling psychology. *The Counseling Psychologist* 30, 630–652.
Westmeyer, Hans (1995): Persönlichkeitspsychologie zwischen Realismus und Konstruktivismus. In *Kurt Pawlik* (Hg.): Bericht über den 39. Kongreß der Deutschen Gesellschaft für Psychologie 1994 in Hamburg. Göttingen: Hogrefe. 748–753.
Wetterer, Angelika (2008): Konstruktion von Geschlecht: Reproduktionsweisen der Zweigeschlechtlichkeit. In: *Becker, Ruth, Kortendiek, Beate* (Hg.): Handbuch Frauen- und Geschlechterforschung. Theorie, Methoden, Empirie. Wiesbaden: VS Verlag für Sozialwissenschaften. 2., erweiterte und aktualisierte Auflage. 126–136.
Wetzels, Peter (1997): Gewalterfahrungen in der Kindheit. Sexueller Mißbrauch, körperliche Mißhandlung und deren langfristige Konsequenzen. Baden-Baden: NOMOS Verlag.
Wex, Marianne (1979): Weibliche und männliche Körpersprache als Folge patriarchalischer Machtverhältnisse. Der Kampf des Mannes gegen die Frau und seine Auswirkungen auf die Körpersprache in der historischen Entwicklung, 2. Aufl. 1990. Hamburg: Verlag Marianne Wex.
Weiner, Thomas, Hagel, Chuck, Cleland, Max (2004): Voices of War: Stories of Service from the Homefront and the Front Lines. Washington: National Geographic Books.
Wilhelm, Wolfgang (2007): Coaching Gender. Supervision und Coaching auf dem Weg zwischen den Geschlechtern. Saarbrücken: VDM Verlag.
Willgerodt, Hans (2006): Der Neoliberalismus – Entstehung, Kampfbegriff und Meinungsstreit. In: ORDO – Jahrbuch für die Ordnung von Wirtschaft und Gesellschaft Bd. 57, 191–207.
Wilz, Sylvia M. (2008): Organisation: Die Debatte um „Gendered Organizations". In: *Becker, Ruth, Kortendiek, Beate* (Hg.): Handbuch Frauen- und Geschlechterforschung. Theorie, Methoden, Empirie. Wiesbaden: VS Verlag für Sozialwissenschaften. 2., erweiterte und aktualisierte Auflage. 505–511.
Winkler Gabriele, Degele Nina (2009): Intersektionalität. Zur Analyse sozialer Ungleichheiten. Bielefeld: transcript Verlag.

Yoshiaki, Yoshimi (2001): Comfort Women: Sexual Slavery in the Japanese Military during World War II. New York: Columbia University Press.

Young, Iris Marion (2002): Fünf Formen der Unterdrückung, in: eadem: Philosophie der Gerechtigkeit. Frankfurt a.M.: Suhrkamp Verlag.

Zastrow,Volker (2006a): Politische Geschlechtsumwandlung. 20. Juni 2006, F.A.Z, Nr. 139, 8.

Zastrow,Volker (2006b): Der kleine Unterschied. 07.09.2006, F.A.Z., Nr. 208. 8.

Zastrow, Volker (2006c): Gender – Politische Geschlechtsumwandlung. Waltrop: Manuscriptum Verlag.

Zajcek Jasna (2010): Unter Soldatinnen: Ein Frontbericht. München: Piper.

GPSR Compliance

The European Union's (EU) General Product Safety Regulation (GPSR) is a set of rules that requires consumer products to be safe and our obligations to ensure this.

If you have any concerns about our products, you can contact us on ProductSafety@springernature.com

In case Publisher is established outside the EU, the EU authorized representative is:

Springer Nature Customer Service Center GmbH
Europaplatz 3
69115 Heidelberg, Germany

Batch number: 10809466

Printed by Printforce, the Netherlands